GENDER
DEVELOPMENT
AND GLOBALIZATION

젠더 발전 지구화

LOURDES BENERÍA · GÜNSELI BERIK · MARIA S. FLORO 공저
이현옥 · 이윤영 · 강소정 · 허나영 · 나혜선 · 이하림 공역

박영사

추천사

젠더, 발전, 지구화는 글로벌 페미니스트 경제학과 젠더와 발전(Gender and Development)에 관한 입문서이다. 이 개정판은 페미니스트 경제학 분야의 선구자인 로데스 베네리아가 권셀리 베릭, 마리아 플로로와 함께 지난 10년간의 이론적, 실증적, 방법론적 기여와 지구 곳곳에서 관찰된 발전과정을 반영하여 업데이트를 했다. 학제간 연구를 기초로 하고 있기 때문에 지구화 과정이 발전과 인간의 안녕에 미치는 영향, 특히 사회적 불평등과 성불평등을 분석하는 데 관심이 있는 보다 많은 사람들이 접근할 수 있다.

이 책은 공평하고 지속가능한 발전을 위한 전략과 정책에 관한 폭넓은 논의를 담고 있다. 현재 우리가 당면한 전지구적 금융위기, 식량위기, 기후변화, 빈곤, 사회불평등, 북반구와 남반구간의 불평등과 같은 문제를 분석하는데 페미니스트 경제학이 유용한 분석틀이라는 것을 보여준다. 저자들은 페미니즘과, 역량접근법을 포함한 인간개발의 지적 전통에 기반하고 있다. 또한 신자유주의적 구조조정이 지속가능한 발전과 빈곤, 불평등, 위기에 대한 취약성을 줄이는데 실패함으로써 나타난 일련의 현상이 여성의 부담을 증가시키고 돌봄 경제의 중요성을 더욱 부각시키고 있다는 데 초점을 맞추고 있다.

로데스 베네리아(Lourdes Beneria)는 미국의 코넬대학교(Cornell University) 도시, 지역 계획 학과(Department of City and Regional Planning) 교수로 재직했으며, 젠더와 글로벌 변화(Gender and Global Change) 및 라틴 아메리카 연구 프로그램 디렉터를 역임했다. 페미니스트 경제학의 근간이 되는 젠더와 발전, 유급/무급 노동, 지구화, 노동 시장 등에 관한 폭넓은 연구를 진행하였으며, 특히 라틴 아메리카의 구조조정 정책에 관심을 가지고 있다.

권셀리 베릭(Gunseli Berik)은 미국 유타대학교(University of Utah) 경제학 교수로 개발 경제학, 젠더와 발전, 페미니스트 경제학, 노동 경제학 분야를 연구하고 가르치고 있다. 『페미니스트 경제학(Feminist Economics)』 저널의 공동 편집자이기도 하다.

마리아 플로로(Maria S. Floro)는 미국의 아메리칸 대학교(American University) 경제학 교수로 재직했으며, 경제학에서의 젠더분석 프로그램(Gender Analysis in Economics)의 공동 디렉터를 역임했다. 저서로는 『신용 시장과 새로운 제도 경제학, 여성의 일』, 『세계 경제에서 여성의 일』이 있으며, 시간 할당, 무급 노동, 금융, 비공식 고용, 취약성, 빈곤에 관한 연구를 진행했다.

저자 서문

『젠더 발전 지구화』 한국어판 서문

『젠더 발전 지구화』 한국어판의 서문을 쓰게 되어 기쁘게 생각합니다. 이 책이 한국어로 번역된다는 것은 이 책의 성공을 의미하기도 하지만, 무엇보다도 빠른 발전 과정과 사회 변화 과정을 통해 많은 개발도상국들에게 영감을 줄 수 있는 한국에서 이 책이 사용된다는 점에서 더욱 뜻 깊습니다. 한국은 급속한 경제발전과 사회변화를 겪었으며 이는 다른 개발도상국들에 많은 영감을 줄 수 있기 때문입니다. 실제로 한국은 1948년 당시 매우 빈곤했지만, 몇 십 년 만에 놀라울 정도로 선진화된 사회로 변모했는데, 이 과정에서 나타난 심대한 정치경제적, 사회적 변화가 시사하는 바는 매우 큽니다. 한국은 성공적인 산업화 과정과 더불어 매우 빠른 사회변화를 거쳐 현재 1인당 국민소득 수준이 스페인을 넘어섰고 이탈리아에 근접하는 등 경제협력개발기구(OECD) 국가 중 선도적인 성공 사례 중 하나로 꼽히고 있습니다. 개방적이고 역동적인 경제를 기반으로 한국은 1970~1980년대부터 현재까지 대외 무역과 점점 더 세계화되는 경제 속에서 막대한 혜택을 누리고 있습니다. 지난 50년간의 한국 경제 발전의 특징은 눈부신 경제 성장과 점점 더 세계화되는 경제에 대한 높은 수준의 참여로 볼 수 있습니다.

그러나 이러한 성공에는 몇 가지 결함이 있습니다. 이는 일정 정도는 사회적 불평등과 일부 계층의 희생을 대가로 달성한 성과입니다. 희생된 이들 중에는 여성들이 포함됩니다. 성별임금격차에서 나타나는 바와 같이 성불평등이 존재함에도, 많은 여성들은 빠르게 노동시장에 진입했고 또 열심히 일했습니다. 수출 주도 발전 전략을 채택하여 성공을 거둔 다른 성공적인 아시아 경제와 마찬가지로 젊은 여성은 유급 노동력에서 큰 비중을 차지했습니다. 그러나 이들은 남성보다 지속적으로 낮은 임금을 받았고 이는 수출 가격 절감과 흑자로 이어졌습니다. 따라서 성불평등은 한국이 대외 무역에서 성공하는 데 중요한 요인이라고 볼 수 있습니다. 물론 성별 격차는 점차 줄어들고 있지만 완전히 해소되지는 않았습니다. 다른 나라의 경험에서 알 수 있듯이 여성의 저임금은 사회에 만연한 심각한 성불평등과 해묵은 가부장적 태도의 결과입니다. 이러한 불평등을 해소하기 위해서는 근본적인 경제적, 사회적 변화가 필요합니다. 이러한 변화를 만들어내는 것은 어렵지만 불평등을 해소하는 것이 불가능하지는 않습니다.

이 책은 성불평등과 관련된 여러 요인과 이에 영향을 미치는 발전 과정에 대해 다룹니다. 이론적 관점과 경험적 관점을 결합한 이 책은 2003년에 출간된 초판을 기초로 하고 있습니다. 업데이트 과정에서 지구화에 따른 경제적, 사회적 변화가 성불평등과 여성의 현재 상태에 미치는 영향과 역학 관계를 분석하는 데 중점을 두었습니다. 먼저, 1970년 이후 국제 담론에서 새로운 주제로 떠오른 '젠더와 발전'에 대한 논의를 조망합니다. 자유주의적 접근과 신자유주의적 접근과 같은 경제학 논의를 다루고, 이에 대한 비판으로 공정함에 대해 설명합니다. 역량 및 인권 접근과 같은 대안적 프레임워크를 사용하여 이를 비판합니다. 또한 경제학에서 젠더의 의미를 살펴보고 페미니즘 경제학 분석의 초점이 "여성"이 "젠더"로 바뀐 것이 의미하는 바가 무엇인지 설명합니다. 둘째, 여성, 젠더, 경제학 연구에 대한 대안적 접근법의 역사와 분석을 제공하며, 주류 경제학 이론에 대한 비판과 대안적 이론적 틀의 구분을 통해 페미니스트 접근법의 의미를 명확히 합니다. 셋째, 시장과 세계화에 관련된 젠더 이슈를 조망하고, a) 시장의 상업화와 금융화, b) 부의 편중과 사회적 불평등 및 취약성, c) 노동력의 여성화 및 성별 관계의 역학 등 기본적인 질문을 분석할 수 있는 틀을 제공합니다. 또한 이러한 과정이 전개되고 급속한 경제 성장이 이루어지면서 시장과 기업의 구조조정이 초래한 결과, 특히 노조의 쇠퇴, 시장의 비공식화, 노동 조건의 악화, 사회 양극화, 불평등의 증가에 대해서도 다루고 있습니다. 넷째, 생계유지 활동, 비공식 노동, 가사 노동, 자원활동 등 무급 노동에 대한 측정과 평가, 통계적 문제를 포함하여 무급 노동의 의미와 여성 억압에 대한 논의에서 무급 노동이 갖는 중요성을 분석합니다. 또한 빈곤, 불평등, 복지에 대한 이해를 높이는 국가연구 및 국가 간 비교연구를 포함하여 1980년대 이후 무급 노동의 개념화, 측정, 가치 평가에 대한 중요한 진전을 살펴봅니다. 마지막으로, 신자유주의 개발의 전반적인 의제를 평가하며, 신자유주의 개발이 불평등을 심화시켜 전 세계 대다수 사람들의 생활 및 노동 조건을 개선하는 데 실패했다는 점을 강조합니다. 마지막으로 변화를 위한 대안적인 접근 방식과 의제를 제시합니다. 탈지구화 논의가 나올 정도로 급변하고 있는 국제정치경제 국면에서 이 책이 여러분들이 젠더 관점을 가지고 현실을 분석하고 대안을 찾아 나가는 길에 도움이 되기를 바랍니다.

2023년 1월
저자들을 대표해서 로데스 베네리아(Lourdes Beneria)

역자 서문

　　2000년 대 후반 이후 현재까지 한국 사회에서 나타난 페미니즘에 대한 관심
은 폭발적이었다. 안타까운 점은 페미니즘이 무엇인가에 대한 관심보다는 페미
니즘을 둘러싼 오해와 그것을 기반으로 한 일련의 비판들이 꼬리를 물면서 악순
환에 빠져, 그 누구도 페미니즘에 대해 이야기하고 싶어 하지 않는 상황에 이르
렀다는 점이다. 한편으로는 다양한 페미니즘 관련 서적들이 출간되었지만, 페미
니즘에 대한 무지와 오해를 불식시키기에는 여전히 충분하지 않아 보인다.

　　페미니스트 정치경제학이라는 다소 낯선 분야에 대해 관심을 갖게 된 것은
한국의 IMF 외환위기를 경험하면서였다. 개인적인 것이 정치적인 것이라는 구호
에 이끌려 페미니즘에 관심을 갖게 되었지만, 이러한 거대한 경제구조의 변화를
경험하면서 스스로에게 질문을 하게 되었다. 거시경제적 변화와 국제정치에 대
한 페미니스트 분석은 가능한 것인가? 이 책은 이 질문에 대한 선배 페미니스트
학자들의 답이다. 저자들은 경제학자들이지만, 이 책에서 인용된 많은 연구들은
페미니스트 경제학, 정치학, 사회학, 사회정책학, 인류학 등 다양한 학제에서 진
행된 연구의 결과이다.

　　몇 년 전 "우리에게도 계보가 있다"는 제목의 페미니스트 서적이 출간된 적
이 있다. 굳이 이 책의 성격을 말하자면 우리에게도 페미니스트 사회과학 연구의
계보가 있다는 것을 보여주는 책이 아닐까 싶다. 손쉽게 접근할 수 있는 주제도
아니고 쉽게 읽히는 책도 아니지만, 이 책은 지금까지 진행된 폭넓은 페미니스트
연구와 논의를 차분하게 보여준다. 이 책을 읽다 보면 선배 페미니스트 학자들의
연구의 깊이와 통찰에 놀라지 않을 수 없다. 또한 여전히 우리는 이 분석에서 그

다지 앞으로 나아가지 못했다는 것을 깨닫고 겸손해질 수밖에 없다. 이 책은 빨리 보는 책이 아니라, 사전처럼 옆에 두고 계속 찾아보는 책이다.

　이 책의 번역은 학계와 국제개발 현장에서 활동하는 젠더와 발전문제에 관심이 있는 6명의 사람들이 함께 책을 읽어가는 과정에서 시작되었다. 모두 함께 읽고, 각자 맡은 장을 번역해서 다시 함께 읽고 문장을 다듬는 토론의 과정을 여러 번 거치면서 느리게 진행되었다. 읽기와 쓰기를 함께하며 서로의 안부를 묻는 과정이 번역의 결과물보다 오히려 값진 경험이었다고 생각한다. 함께 여러 번 토론을 거쳐서 번역을 완성하였지만, 여전히 원문의 문장이 담고 있는 재치와 명료함을 충분히 담아내지는 못한다고 느껴져, 원저에 대한 마음의 빚으로 남아있다. 의미가 모호한 부분은 책의 원저자인 로데스 베네리아(Lourdes Beneria) 선생님과 토론을 통해서 정리하였다. 그러나 혹시라도 나타날 오류나 오역은 온전히 역자들의 몫이다. 오류를 발견하신 독자가 있다면 기쁜 마음으로 책에 대해 함께 토론하길 기대해 본다.

차례

Chapter 01
젠더와 발전: 역사적 개요

Chapter 02
여성과 젠더에 관한 경제학 연구

Chapter 03
시장, 지구화 그리고 젠더

Chapter 06
"모두를 위한" 발전

표 그림 차례

서론

이 책은 1970년대 이후 발전과 지구화 과정에서 다양하게 나타난, 노동시장과 여성노동의 젠더적 성격에 관한 것이다. 기본적으로 페미니스트 경제학적 접근에서 시작하여 학제 간 접근법을 통해 이러한 주제에 대한 경험적, 역사적 분석뿐 아니라 이론적·개념적 분석을 시도한다. 그럼으로써 이 책은 여러 측면에서 주류 경제학에 도전한다. 이 도전의 중요한 부분은 젠더와 발전 분야의 페미니스트 연구로부터 나왔는데, 이는 여성 삶의 다양성 그리고 지식을 구축하는 새로운 관점에 귀중한 통찰력을 제공했다.

이 책의 구조는 우리의 페미니스트 경제학적 관점과 사회 변화에 대한 비전을 반영한다. 1장과 2장에서는 경제 발전과 지구화에 대한 질문을 젠더 관점에서 분석하기 위한 개념적 토대를 마련한다. 1장에서는 젠더와 발전이라는 정책 지향적 분야에 대한 개요를 비판적인 GAD 관점에서 살펴본다. 2장에서는 페미니스트 경제학의 역사를 짚어가면서, 경제학 분야의 다양한 이론적 흐름과 다른 분야의 페미니즘 이론 및 연구 속에서 어떻게 페미니스트 경제학이 출현하고 발전해왔는지 살펴본다. 3, 4, 5장에서는 현재 지구화 과정이 유급 및 무급 경제 활동을 통해 생계를 꾸려가는 노동자의 능력과 그들의 안녕에 어떤 영향을 미쳤는지 평가한다. 6장은 사람들의 생계와 안녕을 우선시하는 방향으로 발전 과정을 재설정하기 위한 정책과 행동에 대한 질문이 이어진다. 우리는 경제 발전 전반에, 특히 젠더와 발전에 관련된 이슈에 초점을 맞추어 페미니스트 경제학적 관점에서 변화를 위한 대안적 의제를 정리한다. 각 장의 내용은 다음에서 더 자세히 설명한다.

이 책을 통해 우리는 발전, 지구화와 같은 정치경제적 이슈와 젠더 불평등의 역학을 젠더 관점에서 분석하고 설명하는 데 관심이 있는 교육자, 연구자, 활동가, 정책 입안자, 일반 독자를 대상으로 유용한 통찰력과 방법론을 제공하고자 한다. 우리는 다양한 학문 분야의 독자층을 염두에 두고 개념을 설명하였다. 6개의 장은 각각 독립적으로 사용될 수 있지만, 각 장에서 신자유주의 구조조정이나 2007~2008년 금융 위기 등과 같은 공통적인 주제를 각기 다른 측면에서 다루고 있다. 크로스커팅 이슈를 심도 있게 이해하기 위해서는 각 장 안의 절들을 선택적으로 읽을 수도 있다. 각 장은 다양한 논쟁에 대한 역사적 관점을 제공하는데 특히 1970년대 이후에 발전된 논의에 집중한다. 또한 독자들에게 각각의 논쟁에 관한 구체적인 자료와 맥락을 충분히 제공하여, 독자들이 특정 주제에 더 깊이 들어가기를 원할 경우 추가 연구를 진행할 수 있는 길잡이를 제공하고자 한다.

자본주의 발전은 남반구는 물론 북반구에서도 나타나는 불균등한 과정이다. 따라서 우리는 다양한 국가와 지역에서 나타난 증거를 바탕으로 지역들 간 경제과정의 연관성을 파악한다. 또한 사용하는 근거의 다양한 지리적, 사회적 맥락을 고려함으로써 저소득 또는 고소득 지역에 대한 일반화를 피하고자 하였다. 그러나 이 책이 다루는 범위의 방대함을 고려할 때, 우리가 세계 각 지역의 경제과정을 다룰 수 있는 정도에는 차이가 있다. 또한 젠더와 계급은 책에서 일관되게 사용된 분석의 렌즈이지만, 인종, 민족, 성적지향성의 교차성이 세계 각지에서 어떻게 작용하는지에는 대해서는 충분히 고려하지 못한 한계가 있다.

***

1장에서는 정책 중심의 젠더 및 발전 분야에 대한 개략적 소개와 1970년대 초부터 나타난 개념적 변화와 혁신의 흐름을 살펴본다. 이 분야는 에스터 보세럽(Ester Boserup)의 연구를 시작으로 이에 대한 토론과 비판, 행동을 통해 다양한 방향으로 연구 의제가 확장되었다. 우리는 '발전 속의 여성(WID, Women in Development)', '여성과 발전(WAD, Women and Development)', '젠더와 발전(GAD,

Gender and Development)' 프레임워크가 이 분야에 기여한 바와 함께, 포스트모더니즘과 탈식민지주의가 이 분야에 제기한 문제를 검토한다. 신자유주의의 등장과 더불어 GAD는 신자유주의에 대한 반대 담론을 형성했고, 인권과 역량 접근법도 등장했다. 개발 정책 의제에서 젠더 이슈가 통합된 것은 괄목할 만한 성취이지만, 이러한 통합이 진행된 방식에 대해서는 여전히 우려의 지점이 있다. 우리가 가장 우려하는 바는 정책 설계에서 여성의 도구화, 정책에서의 성주류화에 대한 기계적인 접근, 그리고 다른 사회적 불평등과의 연관성을 고려하지 않고 성평등만이 논의되는 것이다. 성주류화의 이러한 특징은 공정하게 모두의 안녕을 추구하는 의제를 발전시키는 데 장애물이 된다. 젠더와 발전 분야에 드리워진 강력한 신자유주의적 영향의 징후에도 불구하고, 우리는 역량 접근법, 인권 접근법, 페미니스트 경제학의 사회적 공급 체계(social provisioning) 접근법과 함께 비판적 GAD 관점이 연구와 정책 결정에서 유의미한 반대 담론을 제공한다고 믿는다.

2장에서는 페미니스트 경제학의 기원, 핵심 원리, 주요 학문적 기여 및 새로운 연구 의제에 대해 설명한다. 경제학 분야에서 젠더 연구는 분명하게 구분되는 한 지류로서, 다른 이론적 논의들(주류 경제학, 마르크스 이론, 제도 경제학)과의 관계 속에서 비판과 참여를 통해 발전해왔다. 1990년대 초에 페미니스트 경제학은 페미니스트 사상의 발전뿐만 아니라 페미니스트 비판의 축적을 통해 나왔다. 이 장에서는 첫째, 페미니스트 경제학과 주류 경제학에 대한 비판의 중심 논의에 대해 살펴본다. 둘째, 지적 프로젝트로서 페미니스트 경제학에 일관성을 제공하는 데 가장 근접하며 우리 관점에서 진보적인 정책과 사회 변화를 위한 도구가 되는 사회적 공급 체계 접근법을 검토한다. 간단히 말해서, 이 접근법은 경제를 인간의 생계를 꾸리기 위한 광범위한 시장 및 비시장 활동을 수반하는 것으로 개념화하고, 경제적 과정이 지속 가능한 인간 개발이라는 매우 중요한 목표를 얼마나 잘 지원하는지에 따라 평가되어야 한다고 강조하며, 계급, 인종, 민족에 기반한 다양한 사회적 차별에 관심을 기울인다. 셋째, 우리는 사회적 공급 활동 및 가계 역학의 분석에 대한 페미니스트 경제학의 기여도에 초점을 맞춘다. 넷째, 우리는 지속 가능한 경제를 구축하기 위한 대안 경제 정책 구상의 중심인 거시경제학과 생태경제학에 대한 페미니스트 경제학의 기여도를 검토한다.

이 책을 관통하는 주제인 젠더, 발전, 지구화에 관한 내용은 3장과 4장에서 상세히 검토한다. 3장과 4장에서는 1970년대 이후 지구화의 역동성과, 지구화가 경제 관계와 사람들, 구체적으로는 여성의 삶에 미친 심오한 영향을 분석한다. 3장에서는 국가와 지역에 걸쳐 나타난 신자유주의의 발흥 및 강화와 함께, 시장의 확대와 심화에 대해 면밀히 살펴본다. 이 장은 먼저 신자유주의에 대한 역사적 관점과 그 이론적 토대를 제공하며, 1970년대 이후 개발도상국과 고소득국 모두에 도입된 신자유주의 정책에 대한 논의를 제공한다. 이어 시장의 전지구적 팽창과 주류 경제학의 개념적 뿌리의 연관성을 살핀다. 예컨대 경제적 합리성과 '경제적 인간(economic man)'과 같은 가정이 주류 경제학의 개념적 뿌리라고 볼 수 있다. 둘째로, 자본주의 발전의 본질적 특징인 시장 확대를 통한 자본 축적, 자본의 집중, 프롤레타리아화를 살펴본다. 1980년 이후는 불평등 확산과 부의 집중, 일상생활의 금융화와 상업화, 그리고 많은 저소득 국가에서 노동의 프롤레타리아화가 가속화된 것이 특징이다. 우리의 분석은 이러한 과정의 젠더 차별적 특성을 강조한다. 특히 일반적으로 나타나는 노동력의 여성화와 제조업, 농업, 서비스 같은 특정 분야에서 나타나는 노동력의 여성화, 그리고 인신매매 증가에 초점을 맞추고 있다. 끝으로 여성이 유급 고용으로 통합되는 양상에 대해서 살펴보는데, 성불평등, 노동시장 하위 계층에 머무는 여성의 위치, 젠더 관계 변화 양상에 대해 논의한다.

4장은 전지구적 경제 통합의 기초가 되는 노동시장 과정에 대해 구체적으로 살펴본다. 이 장은 노동시장 구조조정에 초점을 맞추고 있는데, 이는 기술 변화와 신자유주의 정책이라는 지구화의 두 엔진이 견인한 확고한 구조조정 및 생산 재편과 관련이 있다. 특히, 북반구의 노동조합 쇠퇴로 상징되는 자본에 대한 노동의 영향력 상실, 고용 불안 증가, 임금노동자들 사이의 불평등과 양극화, 그리고 특히 2008년 경제 위기 이후 고소득 국가의 노동 비공식화와 같이 노동자가 생계를 꾸리고 가족의 안녕을 지키는 능력에 영향을 미치는 동향들을 젠더 렌즈로 살펴본다. 이 장에서는 또한 개발도상국 비공식 경제의 주요 특징과 다양한 형태의 비공식성 및 취약성에 특별히 주목하고, 이러한 비공식성과 취약성이 여성에게 영향을 미치는 방식을 여성에게 일차적으로 부과되는 가사노동과 보육 책임과 함께 분석한다. 마지막으로, 우리는 노동 조건의 하향 조정에 대응하기 위한 국제적인 노동 기준 마련, 국제노동기구(ILO)의 질 좋은 일자리 의제, 기업의 사회적 책임 제도, 인도의 자영업여성협회(SEWA) 사례와 같은 여성 공장 노동자와 비공식 노동자들의 조직화 등 국제적인 차원에서 혹은 국가 차원에서 나타난 전략의 역사에 대해 개략적으로 살펴본다. 새천년 노동과 자본의 경쟁의 장은 결코 평등하지 않지만, 우리는 국제 연대 활동으로 연계된 노동자의 조직화 활동이 국내외 노동 기준 개선의 핵심이라고 생각한다.

　　5장에서는 여성이 무급 노동에서 유급 노동으로 넘어가면서 대두된 여성의 노동에 관한 또 다른 중요한 문제, 즉 전통적으로 여성에게 집중되어온 무급 가사노동과 가족 돌봄 책임의 중요성에 대해 탐구한다. 이 장에서는 우리가 말하는 '여성 노동 계정 프로젝트(Accounting for Women's Work Project)'와 관련된 개념적 도전과 통계적 질문들을 살펴보고, 시간이 지남에 따라 이 프로젝트가 실질적으로 어떻게 발전해왔는지 살펴본다. 이 장에서는 1970년대까지 국민계정에서 개념적으로나 실제적으로 거의 다루어지지 않았던 무급 노동이, 페미니스트들이 무급 노동의 경제적, 사회적 의미와 그 측정에 대해 질문하기 시작한 1980년대 이후 어떻게 진화해왔는지 설명한다. 계정 프로젝트는 가사노동과 돌봄노동뿐만 아니라 자원 활동가들의 노동과 농장 및 영세기업에서 발생하는 다양한 형태의 비공식 노동과 가족 노동에 대한 무관심을 문제 삼고 있다. 이 프로젝트는 학계, 연구자, 여성운동 단체 및 네트워크 그리고 다양한 유엔(UN) 기구와 각국 정부의 도움을 받아 수행되었다. 또한 여성의 일을 더 가시화하려는 노력의 중요성을 강조하면서, 이 프로젝트가 맞닥뜨린 다양한 어려움과 성과에 대해 설명한다. 우리는 이 프로젝트를 통해 이루어진 경험적, 이론적 기여가 성불평등, 빈곤 그리고 전반적인 인간의 안녕에 대한 이해를 증진시켰다고 생각한다. 이 장은 가정과 노동시장에서 이루어지는 유급 노동과 무급 노동을 조정하는 문제에 대한 정책 토론으로 끝을 맺는다.

마지막으로 6장은 정책과 행동에 대한 더 넓은 질문으로 우리를 안내한다. 특히 자본주의, 불평등 확산, 기후변화 등 지구화된 세계에 영향을 미치는 가장 중요한 문제들과 공정하고 지속 가능한 인간 발전을 가로막는 문제들을 언급한다. 첫째, 우리는 정책과 행동에 영향을 미치는 세 가지 장애물을 다음과 같이 정리한다: (1) 빈곤 감소를 전반적인 사회적 불평등, 분배, 지속 가능한 발전과 동떨어진 경제발전의 문제로 보는 경향 (2) 점점 더 파괴적인 금융 위기가 자본을 더 강하게 하고 더 확고한 신자유주의적 해결책을 만들어냈다는 사실 (3) 경제 성장을 극대화하는 신자유주의적 목표에 여성이 도구로 사용되는 결과를 초래한, 개발 의제에서의 성주류화의 과정. 둘째, 이 장에서는 정책과 행동에 대한 대안적 질문에 초점을 맞추고 페미니스트 경제학의 관점에서 변화의 의제를 제시한다. 이러한 노력에는 경제에 대한 다양한 다른 관점, 지속 가능한 발전을 구축하고 진보적인 사회 변화를 형성하는 방법을 위한 대안적 관점, 그리고 대화에 참여하는 것이 포함된다.

이 의제는 환경적, 사회적, 경제적 지속 가능성과 소득 불평등, 빈곤, 노동시장 불안 감소와의 연관성에 대한 이해를 내포한다. 이 의제를 진전시키기 위해서는 전지구적 차원의 규제와 글로벌 지배 구조 개혁의 필요성을 강조할 필요가 있다. 그리고 우리는 여성운동을 포함해서, 이러한 질문에 대한 혁신적인 정책을 추진하는 국가, 지역 및 국제적 차원의 주체와 사회운동의 중요성을 강조한다.

01

젠더와 발전
: 역사적 개요

우리는 더 이상 여성을 피해자로 보지 않는다. 오히려 여성은 세계 문제를 해결하는 데 필수적 존재다.

—1995년 베이징, 유엔 여성회의 연설자

들어가며

에스터 보세럽(Ester Boserup)의 저서 『경제 발전에서 여성의 역할』(1970)이 출간되기 전까지는 경제 발전이 성별에 따라 다른 영향을 미친다거나, 발전이 여성과 관련이 있을 수도 있다는 것을 상상도 하기 어려웠다. 엄밀히 따지면, 1960년대에 엘리너 리콕(Eleanor Leacock), 준 내쉬(June Nash), 헬렌 사파(Helen Safa)와 같은 여성 인류학자들이 다른 지역의 사회경제적 변화에 대한 연구에서 여성을 고려하기는 했다. 그보다 더 이전에는 마거릿 미드(Margaret Mead)가 태평양의 작은 지역사회에서 성 역할이 어떻게 다른지를 보여주면서, 서양의 젠더 규범이 보편적이라는 통념에 도전했다(Mead 1958). 이러한 연구의 흐름에 더해 보세럽의 책은 식민주의와 "근대화"가 구체적으로 여성에게 어떤 영향을 미쳤는지를 조명하는 전환점이 되었다. 이와 같은 학문적 성과는 두 가지의 큰 역사적 흐름 속에서 나타났다. 하나는 아시아, 중남미, 카리브해, 아프리카 지역에서 새로 독립한 국가들이 경제 발전을 추구하면서 경제 개발 정책에 대한 관심이 높아지고 있었다는 점이고, 다른 하나는 북아메리카와 유럽의 부유한 국가들에서 사회운동, 특히나 여성운동이 매우 활발하게 일어났다는 점이다. 그래서 1970년대에는 이른바 "발전 속의 여성(WID)"이라는 정책 중심의 연구 분야가 탄생하였다. 현재 통칭 "젠더와 발전(GAD)"으로 논의되고 있는데, 이 장에서는 젠더와 발전 분야에 대해 전반적으로 살펴보면서 그간에 나타난 개념적 변화 및 혁신에 대해 알아보고자 한다.

세계 여성 대회(World Conference on Women 1975, 1980, 1985, 1995)와 다양한 유엔 기구들을 통해 유엔은 국가와 국제기구 차원에서 연구와 정책의 제도적 틀을 만드는 촉매 역할을 했다. 이어서 1979년 여성차별철폐협약(CEDAW, Convention on the Elimination of All Forms of Discrimination Against Women)과 빈(1993) · 카이로(1994)에서 열린 주요 국제회의를 통해 여성의 복지와 성불평등 문제에 대한 정책적 관심이 국제사회에서 지속적으로 높아졌다. 이러한 정책적 관심은 여성과 남성 간의 평등을 추구하지 않으면 발전할 수 없다는 메시지를 강화한 2000년

밀레니엄 선언으로 최고조에 이르렀다. 실제로 1990년대 후반부터 소액 대출과 조건부 현금 지급 제도를 포함한 전 세계적인 주요 빈곤 퇴치 정책들은 여성들을 핵심 주체로 내세웠다. 수년간 이러한 정책적 관심은 유엔 기구, 국제공여기관, 비정부기구로부터 경제 지구화와 신자유주의 정책을 뒷받침하는 주요 국제 금융기구인 세계은행과 국제통화기금(IMF)으로 확산되었다. 세계 경제 엘리트들을 대표하는 세계경제포럼(WEF, World Economic Forum)조차 성평등이 왜 중요한가에 대해서 강조하는 지점은 다를 수 있지만 젠더 이슈 자체를 다루지 않을 수는 없다고 여겼다.

젠더와 발전(GAD)에 관한 연구와 교육은 1970년대부터 경제학을 포함한 다수의 사회과학적 틀을 이용하여 연구의 주제 범위를 확장하고, 이를 아우르면서 진화해왔다. 이 분야에서 사용되는 개념에도 여러 가지 변화가 있었다. 1970년대에 나타났던 발전 속의 여성(WID)과 여성과 발전(WAD)의 관점은 젠더와 발전(GAD) 관점에 자리를 내주었다. 이는 1980년대에 페미니즘 이론을 바꿔놓은 중요한 이론적 변화의 영향 속에서 일어났다.[1] WID와 WAD의 출현 배경을 간단히 설명하자면 WID는 보세럽의 여성과 발전에 대한 분석을 통합한 자유주의 페미니스트 그룹에서 나온 반면, WAD는 자유주의 페미니즘과 전통적인 발전론에 대한 비판에서 나왔다. WAD 옹호자들은 여성의 불리한 지위가 성별 불평등과 불안정한 유형의 고용을 재창조하는 경제 체제의 결과라고 지적하며, 여성들이 포함될 수 있는 발전모델은 무엇인지 질문을 던졌다(Benería and Sen, 1981; 1982).

시간이 지나면서 GAD는 주요 분석 범주인 젠더 개념을 중심으로 WID와 WAD 관점을 모두 통합했다. 차이점을 중시하고 특정한 맥락과 정체성 문제에 주의를 기울이는 포스트모더니즘의 출현 또한 이러한 통합 과정에 기여했다. 그러나 GAD의 큰 틀 안에는 다양한 페미니스트 학파와 운동이 존재한다. 크게 나눠 본다면 자유주의 페미니즘에 더 가까운 WID에 속한 이들과 WAD의 확장형에 속한 이들로 나눌 수 있다. 젠더와 지구화, 계급 불평등, 자본주의의 본질 그

---

1) WID와 GAD는 "발전 속의 여성"으로 시작해서 나중에 "젠더와 발전"으로 불리게 된 이 분야의 뚜렷한 관점을 말한다.

리고 시장의 역할과 규제에 대해 얼마나 비판적 사고를 하는가에 따라 GAD 페미니스트 간에 입장 차이가 나타났다. GAD가 무엇을 의미하는가에 대한 다양한 해석이 존재하지만, 이 책에서 우리는 GAD를 젠더와 발전 분야의 중요한 비판적 관점인 WAD의 확장형으로 본다.

　　젠더와 발전 분야는 이론적으로, 경험적으로 그리고 정책과 실천 면에서 많은 성과를 이루었다. 이제는 성별 분리 통계가 만들어졌고, 복지를 평가하는 척도에 젠더가 들어가 있으며, 젠더에 대한 관심과 성별 역량 강화 목표가 개발 정책 의제에 포함되어 있다. 이렇게 국제기구와 개발 원조 기관이 개발 정책에 젠더 문제를 포함시켰다는 측면에서는 엄청난 진전을 이뤘지만, 젠더가 개발 정책에 통합되는 방식이 모두의 안녕을 위한 공정한 어젠다를 발전시키는 것을 가로막고 있다는 점에서 여전히 여러 문제가 남아 있다.

　　첫째로, 도구화의 위험이 있다. 젠더를 프로젝트와 프로그램 내용에 포함시키는 것이 반드시 성평등과 여성 복지 향상이라는 목표에 기여하지는 않으며 도리어 충돌할 수도 있다는 것이다. 페미니스트들은 오랫동안 여성 문제에 대한 도구적 접근을 경계해왔다(Benería and Sen 1981; Moser 1989; Elson 1991a). 이러한 예는 수없이 많다. 인구 조절 프로그램은 여성 복지나 성평등을 목표로 하기보다는 인구 정책의 목표를 달성하기 위해 여성을 이용해왔다. 마찬가지로 여성을 위한 단기 고용 프로그램은 여성의 장기적인 이익보다는 남성의 실업으로 인한 부정적인 영향을 줄이는 것을 목표로 했다. 세계은행과 지역개발은행, 공여기관, 정부 부처는 성평등에 대한 도구적 관점이 담긴 주장들을 쏟아냈는데, 가구와 시장의 생산성을 높이는 데 도움이 되기 때문에 여성 교육이 중요하다고 한 것을 예로 들 수 있다. 여성 교육을 통해서 여성에게 힘을 실어주고 그들의 역량을 기르는 것을 목표로 하기보다는 주로 경제 성장에 대한 여성의 기여에 논의의 초점을 맞춘 경우가 많았다. 2012년 세계은행의 『세계 개발 보고서(WDR, World Development Report)』가 발표되자 페미니스트들은 이런 "효율성" 또는 "스마트 경제학"적 접근을 비판하면서 경제 성장은 그 자체가 목적이 아니라 하나의 수단으로 봐야 하며 여성의 복지 증진이 주요 목표가 되어야 한다고 지적했다(Global

Social Policy 2012; Razavi 2012).[2] 이 비판은 효율성에 대한 고려가 성평등의 목표와 여성 권리 증진이라는 근본적인 목표를 가리지 않아야 한다고 강조한다.

　　개발 정책에 젠더가 통합되는 것에 대한 두 번째 우려는 "성주류화"의 관행과 관련이 있다. 성주류화는 이제까지 젠더 이슈를 포함하지 않았던 국제기구와 국가기관, 단체 및 공여기관의 프로그램과 프로젝트를 계획, 실행 그리고 모니터링하는 활동 전반에 젠더 이슈를 포함시키려는 노력을 의미한다. 젠더라는 용어가 개발 정책 담론에 통합되어왔지만, 정책과 조직 차원에서 이루어진 성주류화는 종종 성평등과 여성 역량 강화라는 목표를 단순화하거나, 페미니스트적 사회 변혁 과정을 관료제하에서 관리되는 기술적 과정으로 변화시켜 탈정치화하는 결과를 낳았다(Rai 2002; Mukhopadhyay, 2004; 2013). 이로 인해 나타난 정책적 접근들은 당면한 문제의 젠더적 측면들을 통합적으로 인식하지 못했다. 여성 역량 강화 프로젝트에서 여성이 젠더 관계에 따라 제약을 받는 다양한 맥락을 간과하고 단순히 경제 활동에 부족한 요소(예: 신용대출 또는 사업적 기술)를 공급함으로써 문제를 해결하려는 것이 그 예이다.[3]

　　세 번째 우려는 21세기까지도 개발 정책 의제에서 성평등이 독자적인 목표로 추구되고 있으며, 여성과 남성을 성별로만 구분된 동질적인 집단으로 보고 같은 성별 안에서의 계급, 인종, 민족과 같은 다른 사회적 불평등을 고려하지 않는 것이다. 성평등이라는 목표가 폭넓게 수용되는 이유는 여성의 노동시장 참여와 소규모 상업 활동을 증대시키거나, 여성을 부동산 소유자로 만드는 성평등 전략들이 지배적인 사회 경제 질서에 도전하지 않기 때문이다. 경제적 변화가 만들어낸 새로운 기회의 혜택을 받은 여성들에게는 분명히 긍정적인 변화가 일어났지만, 국가 경제와 세계 경제에서 소외되고 배제된 이들은 그 혜택을 받지

---

2) 세계은행 총재 김용(Jim Yong Kim)의 다음 인용문은 이러한 스마트 경제학 접근을 전형적으로 보여준다. "우리는 직업 세계에서 성별 격차를 줄임으로써 아동 건강과 교육 향상, 빈곤 감소, 생산성 촉진과 같은 광범위한 개발의 배당수익을 올릴 수 있다는 것을 알고 있다"(서문, World Bank, 2014a: ix).

3) 예를 들어, 세 번째 밀레니엄 개발 목표인 성평등을 달성하는 핵심 방법이 소액 대출 프로그램 또는 일하는 여성의 비즈니스 환경 활성화를 통해 "여성이 시장에서 경쟁할 수 있도록 하는 것"이라는 관점은 이러한 문제를 잘 보여준다(Ward Bank, 2006: 4).

못했다. 성평등은 다른 사회적 불평등과 결합되지 않았을 때 정치적으로 패권 체제에 위협이 되지 않는 것으로 비춰진다. 그러나 GAD의 입장을 취하는 많은 이들이 오랫동안 주장해왔듯이, 젠더가 다른 불평등의 지점과 교차하는 것에 대해서 말하지 않고는 젠더에 대해 말할 수 없다. 성평등은 근본적인 사회적 평등을 이루고자 할 때 필요한 노력의 일부이기 때문이다. 그러나 신자유주의는 성평등만을 조명하는 방식으로 페미니스트적 의제를 수용하였고 이 과정에서 페미니스트 논자들은 페미니즘이 신자유주의적 과정에 영합하였다고 비판했다 (Eisenstein 2009; Fraser 2013).

이 장에서 우리는 먼저 젠더와 발전에 관한 지배적 담론의 현 상태에 문제를 제기하고 이 분야를 현재의 상태로 이끈 개념적, 정책적 변화의 역사를 검토한다. WID에서 시작해서 GAD에 이르는 연구, 정책, 운동에 가장 큰 영향을 끼친 프레임워크에 초점을 맞춘다. 둘째, 1980년대 이후 이 분야의 연구 의제를 형성해온 두 가지 이질적인 흐름을 살펴본다. 하나는 개발도상국의 포스트모던 학자, 페미니스트, 여성 단체에 의한 WID 프레임워크에 대한 비판이고 다른 하나는 대부분의 국가에서 여전히 시행되고 있는 신자유주의적 경제 정책의 부상이다. 이와 함께 신자유주의 정책을 넘어서는 개념적 도구가 될 수 있는 세 가지 대항 담론, 즉 페미니스트 비판, 역량 접근법(capabilities approach)과 인간 발전 패러다임(human development paradigm) 그리고 경제적, 사회적 권리를 강조하는 인권적 접근을 검토한다.

태초에 WID가 있었다

1970년대 초까지만 해도 여성들은 경제 발전 분석에서 배제되었고 정책 입안자들은 어머니와 아내 이외의 여성 역할은 고려하지 않았다. 아이에 초점을 맞춘 건강과 영양 정책 그리고 가족계획 프로그램은 여성들을 더 나은 엄마로 만들고자 하는 정책들이었다. 모저(Moser, 1989)가 지적한 바와 같이, 개발도상국의 여성에 대한 이러한 "복지 접근법"은 후기 식민지 시대와 이후 독립을 거치면서 나타난 특징이다. 1940년대부터 1960년대까지의 특징인 케인스주의적 거시경제 정책과, 복지 정책의 근간이 된 남성 생계부양자 모델과 피부양자로서의 여성 정체성은 한 쌍을 이룬다. 여성과 아이들은 사회 보장 및 실업 보험에 가입할 자격이 있는 남성 임금근로자의 피부양자로 간주되었다(Elson and Çağatay, 2000). 개발도상국의 이러한 여성 대상 프로그램들은 대부분의 사회에서 전통적인 젠더 규범과 조화를 이루며 사회 질서를 위협하지 않았다. 21세기 초에도, 조건부 현금 지급과 같은 정책은 어머니로서의 여성 역할을 강조하고 있다. 그러나 1970년대부터 여성운동과 페미니즘 확산의 결과로 정책 담론에서 여성의 이상적인 역할에 대한 인식이 극적으로 변화했으며 활동가, 실무자, 학자들은 여성이 경제에 기여하는 생산적인 역할에 주목했다. 이러한 여성의 새로운 정체성은 다학제적이면서 정책 지향적인 분야인 WID 관점의 특징이 되었다. WID 옹호자들은 개발도상국에서 여성의 지위 향상을 위해 여성이 남성과 동등한 입장으로 경제에 통합되어야 한다고 보았다.

이 시기의 WID 접근법은 자유주의 페미니즘과 결합하여 여성들이 사회에서 비생산적인 구성원이라는 통념에 도전했다. 이 분야의 출현과 논의 형성에 중요한 영향을 끼친 몇 가지 흐름은 다음과 같다. 첫째로, USAID 같은 공여국 개발기구에서 근무하는 여성 실무자들이 WID의 주장을 구체화하는 경험적 지식을 제공했다(Tinker, 1990). 그들은 개발도상국 여성들이 공장과 들판에서 어떻게 일을 했는지 그리고 개발 정책이 여성과 남성에게 어떻게 다르게 영향을 미치는지를 경험을 통해 알고 있었다. 둘째로, 1960년대와 1970년대의 인구 조절 로비가 여성의 일과 출산의 관계를 정의하는 방식에 관심을 기울였다. 그들은 여성의 교육과 고용 증가는 잠재적으로 출생률을 감소시켜 인구 증가율을 감소시킬 수 있다고 주장하였다.

셋째, 개발 정책 논의에서 여성의 정체성이 엄마 또는 아내에서 경제 주체로 옮겨 간 것도 1970년대의 여성운동 제2물결과 조응한다. 특히 미국의 자유주의적 페미니스트 의제와 여성운동은 성별 불평등의 근원을 여성을 가정에만 머무르게 한 젠더 규범과 고정관념, 즉 어머니와 아내로서의 여성 역할로 보았다. 이에 따라 남녀 불평등의 해결책은 여성 교육과 훈련 그리고 고용의 장애물이 되는 법적 제도를 철폐하는 것이었으며, 활동가들은 형평성을 여성운동의 핵심 목표로 강조했고 여러 분야에서 제도적 변화를 추진했다.

넷째, 경제 개발에 관한 1970년대의 사고 변화도 젠더와 발전 연구의 재구성에 기여했다. 이 변화는 1950년대와 1960년대의 산업화 정책을 통해 경제 성장을 추구하는 것이, 개발도상국 대다수 사람의 삶을 향상시키지 못했다는 깨달음에서 비롯되었다. 대안적 접근 방식을 모색하는 중에 1976년 국제노동기구(ILO)가 주도하여 기본욕구접근법(BNA, Basic Needs Approach)을 만들어냈고 이는 사회적·물리적 인프라 투자를 통해 농촌 빈곤을 완화하는 데 주력하였다. 기본욕구접근법은 농촌 여성들의 빈곤 문제에 관심을 불러일으켰고 농촌 여성의 일과 농가의 성별 분업에 대한 연구를 촉진했다. 또한 경제 성장과 재분배라는 형평성의 목표를 결합할 필요성을 제기하였다. 이는 개발 정책 형성에 있어 형평성과 효율성을 고려해야 한다는 WID 입장과 조응한다.

다섯째, 에스터 보세럽의 『경제 발전에서 여성의 역할』은 젠더와 발전 분야의 출현과 성장에 큰 영향을 미쳤다. 보세럽은 여성을 어머니와 아내로 보는 편협한 시각을 거부하고 개발도상국의 여성들이 수행하는 광범위한 생산 활동을 부각하며 여성의 생산성을 높이기 위한 정책적 관심을 촉구했다. 팅커(Tinker, 1990: 30)의 표현대로, 보세럽은 "개발 정책이 정의와 효율을 결합해야 한다는 주장에 정당성을 부여했다." 보세럽의 책은 1970년대와 1980년대 초에 뒤이어 나온 이러한 문제들을 다룬 많은 작업에 영감을 주었다. 그녀는 섹터, 국가, 지역에 걸친 노동의 성별 분업에서 여성의 가사노동과 무급 노동에 대한 평가 절하와 산업 부문 고용에서의 여성 배제에 이르기까지, 개발도상국에서 여성의 상황에 영향을 미치는 주요 문제들을 제기했다.

보세럽의 저서를 관통하는 중요한 두 가지 주제는 다음과 같다. (1) 노동의 성별 분업은 장소와 시간에 따라 변화하는 사회적 범주라는 점 (2) 여성은 근대화 과정에서 피해를 입었으며 여성의 지위는 남성들에 비해 상대적으로 뒤처지거나, 오랜 시간에 걸쳐 절대적인 불이익을 경험했다는 점을 보여준다. 첫 번째 주제와 관련하여, 보세럽은 활용 가능한 극히 제한된 데이터를 기반으로 노동의 성별 분리에 대한 부문별 조사를 실시했다. 그녀는 농업 생산에서 사하라 사막 이남 아프리카와 남아시아의 농업 시스템을 구별했다. 아프리카의 "여성 농업 시스템"에 대한 논의를 통해 남성들이 전 세계의 식량을 공급하는 주체라는 가정에 의문을 제기했고 또한 토지에 대한 인구 압박 증가와 누가 농부가 되어야 하는가에 대한 식민지 정부의 편견이 아프리카 여러 지역의 여성 농업을 남성 농업으로 이행하게 하였음을 밝힘으로써 역사적으로 성별 노동 분업이 어떻게 변화했는지 보여주었다.

이러한 변화를 가져온 동력에 대한 보세럽의 진단은 농업(또는 산업, 서비스)의 근대화가 여성에게 이득이 되지 않았다는 책의 두 번째 주제를 잘 보여주고 있다. 그녀는 식민지 시기와 식민지 시기 이후의 발전 과정이 인류에게 혜택을 가져다준 것과는 별개로 여성을 주변화시킨 것을 유일한 단점으로 보았다.[4] 보세럽은 식민지 정책 입안자들이 그들 자신의 젠더 관점에 따라 남성들에게 농업 기술과 환금 작물을 소개하고 훈련을 제공하고 토지 소유권을 주었다고 주장했다. 그 결과 남성은 농부가 되고 여성은 조력자가 되어 지위를 잃게 되었다.[5] 보세럽에 따르면, 여성과 남성 간 경제적 불평등의 원인은 생산성 차이였다. 즉 수행하는 일의 생산성이 낮을수록 소득은 낮아질 수밖에 없다.

보세럽은 이와 유사하게 산업화 과정에서도 여성이 주변화되었다고 언급했다. 전통적인 제조업에서 직업을 잃은 여성들은 근대화된 제조업 기업에 고용되지 않았다. 내수 지향적 수입 대체 산업화는 섬유나 식품 가공과 같은 몇 가지 산업을 제외한 대부분의 산업에서 남성 노동력을 끌어들였다. 초기 산업화에서 나타난 성별 영향에 대한 보세럽의 통찰은 최근 칠레, 우루과이, 말레이시아, 대

---

4) 보세럽은 경제 발전의 기본 원칙이 인구 증가에 대응하는 기술 변화로 추진되는 과정이라고 보았다.
5) 라자비와 밀러(Razavi and Miller, 1995)가 지적했듯이, 보세럽이 아프리카 농업에서 여성의 주변화를 논의할 때 과거에는 생산성은 물론 지위에 있어서도 성평등했다고 암시하고 있는데, 이는 식민지 이전 사회에도 가부장적 규범이 작동했다는 증거와 일치하지 않는다.

만, 한국 등 여러 국가의 경험과 일맥상통한다(Berik et al., 2008). 보세럽은 산업화와 함께 여성의 고용 점유율이 감소한다고 분석하였으며 이 과정은 현대 젠더와 발전 담론에서 흔히 "탈여성화(defeminization)"라고 불린다. 1970년대 후반 이후 개발도상국의 수출 제조업에서 여성 노동에 대한 의존도가 증가함에 따라, 보세럽의 주장은 여성 노동력 참여가 먼저 감소하고 그 뒤에 한 나라의 평균 소득 수준의 상승과 함께 다시 증가한다는 U자형 여성화 가설(feminization U−hypothesis)로 대체되었다. 이 가설은 미국과 서유럽의 경제사적 측면에서뿐만 아니라 현재의 개발도상국 맥락에서도 계속 검토되고 있다(Goldin 1995; Çağatay and Özler, 1995; Humphries and Sarasua, 2012; Kucera and Tejani, 2014). 최근에는 산업 노동의 탈여성화가 다시 일어나고 있는데, 산업 구조가 업그레이드되었거나 저임금 남성 노동력의 유입이 많아지는 경우에 나타난다. 그 예로 한국과 대만의 수출 분야나 멕시코의 마킬라도라 산업에서 여성의 비율이 감소하였다.

이어 보세럽은 농촌과 도시 간의 이동이 여성의 일에 미치는 영향을 논의했다. 도시 환경에서는 여성들이 자급농과 같은 생존을 위한 노동을 할 수 없었고, 생존을 위한 노동은 좁은 의미의 가사 활동으로 대체되었다. 보세럽은 생존을 위한 노동이 노동력 통계에서 누락되었으며 이것은 여성 노동의 상당 부분을 통계적으로 비가시화하는 결과를 가져온다고 문제 제기했다. 해당 문제 제기 이후 페미니스트들은 계정 프로젝트(accounting project)를 시작했는데, 이는 자급노동을 포함한 가사노동, 자원활동, 비공식 노동까지 가시화하려는 프로젝트다(Benería, 1981).

성별 노동 분업의 변화에 대한 보세럽의 분석을 요약하자면, 경제의 모든 분야에서 남성이 근대적인 활동으로 나아가는 동안 여성들은 생산성이 낮은 분야에 남겨졌다는 것이다. 결과적으로 남성과 여성의 생산성, 임금, 전망과 태도의 격차는 크게 벌어졌다. 보세럽은 국가가 발전 과정에 여성을 포함시켜야 한다고 주장했다. 특히 여성의 교육과 훈련을 강조했는데 이를 통해 생산성에 있어서 남성과의 격차를 좁힐 수 있다고 생각했기 때문이다.[6] 또한 여성의 생산 노동을

---

6) 보세럽은 개발에 여성들을 통합하는 것은 실업을 늘리기보다는 식량 생산을 증가시키고 도시 실업률을 감소시키며 노동 생산성을 높일 것이라면서, 정책 입안자들에게 여성을 일반

활용하지 않는 것은 자원을 효율적으로 활용하지 못하는 것이라고 주장했다. 이러한 생각의 지류는 후에 "효율성 접근(efficiency approach)"으로 이어지는데, 이는 몇몇 국제기구의 작업에서 특징적으로 나타났으며 21세기에 이르러 주류적 접근법이 되었다. 예를 들어 2006년 세계은행의 "젠더 행동 계획"에서는 "여성의 경제 활동 기회를 증대시키는 사업이야말로 (…) 스마트 경제학이다"라고 주장했다(World Bank, 2006: 2).

WID의 제도화: UN, CEDAW 그리고 형평성 의제

여성운동은 1970년대부터 젠더와 발전 분야가 제도화되는 데 중요한 동력이 되었다. 여성운동은 풀뿌리 비정부 기구에 지속적으로 영향을 주었으며 각 국가의 여성들이 처한 조건과 불평등에 대한 이해를 높이는 데 막대한 기여를 한 여러 국제 네트워크를 만들어냈다. 여성운동은 미국에서 WID에 영감을 받은 해외 원조 프로그램을 만드는 데 중요한 역할을 했으며, 이 프로그램은 발전 과정에 여성을 포함시키는 것을 미국의 해외 원조 조건으로 명시하고 있다. 또한 유엔에서 젠더와 발전에 관한 연구를 제도화하는 데 큰 역할을 했다는 점 역시 괄목할 만한 성과다. 유엔은 특히 여성지위향상국(DAW), 유엔여성개발기금(UNIFEM), 여성 지위 향상을 위한 국제 여성연구훈련원(INSTRAW)을 통해 연구 활동을 주도했다(Pietilä and Vickers, 1990). 이러한 기관들은 2010년에 단일 기구인 유엔 여성기구(UN Women)로 통합되었다.

국제적으로나 국내적으로 세계 여성운동의 영향력을 반영한 유엔의 가장 눈에 띄는 노력은 1975년 멕시코시티에서 시작된 유엔 여성대회 개최이다. 이는 1980년 코펜하겐, 1985년 나이로비 그리고 1995년 베이징까지 이어졌다. 이러한 회의들은 여성이 처한 조건과 당면한 문제들을 전 세계적으로 토론하고, 국제적인 수준에서 의제를 정할 수 있도록 의식을 높이는 강력한 기제가 되었다. 유엔 여성대회는 각기 다른 배경을 가진 여성 활동가, 페미니스트, 학자들과 실무자들이 함께 경제 발전의 방향과 우선순위를 논의하는 중요한 장이 되었다. 이러한

적인 개발 관심사로 포함시킬 것을 호소했다.

논쟁 속에서 1995년 유엔 여성대회는 베이징 선언과 행동 강령을 이끌어냈고, 이는 "모든 여성의 역량강화"와 "모든 여성의 인권과 근본적인 자유의 실현"을 목표로 하는 포괄적인 의제를 제공했다(UN, 1996: 21). 또한 여성대회는 각국 정부가 형평성에 대해 부정적 입장을 취하고 있는 상황에서 효율성과 형평성이 결합된 주장을 강화하는 데 일조했다(Razavi and Miller, 1995). 1994년 카이로 인구개발회의, 1993년 빈 인권회의 등 유엔이 주관한 다른 국제회의에서도 젠더 문제가 중심이 됐다. 20세기 말까지 국제노동기구(ILO), 유엔 인구기금(UNFPA), 유엔 사회발전연구소(UNRISD), 유엔 식량농업기구(FAO), 유엔 개발계획(UNDP) 등 사실상 모든 유엔 기관들이 자신들의 고유한 업무 영역에 젠더 관련 연구와 프로그램을 포함시켰다.

마찬가지로, 유엔은 국가들이 함께 모여 1979년 여성 차별 철폐 협약(CEDAW)을 채택하도록 한 장이었으며 이 협약은 1981년 국제 조약으로 발효되었다. 여성 차별 철폐 협약은 1948년 유엔 총회에서 채택된 세계인권선언서를 여성의 관점에서 상세히 설명하기 위한 수십 년간 노력의 정점으로 볼 수 있다. WID의 형평성 강조와 일치하는 원칙을 반영하는 본 협약은 1979년 이래 "여성을 위한 권리장전"으로 자주 묘사되어 왔으며, 국제적으로 성평등을 촉진하는 주요 매개체 역할을 해왔다(Simmons, 2009; Byrnes and Freeman, 2012).

다른 국제 협약과 달리 CEDAW는 공적 영역의 권리뿐만 아니라 사적 영역에서의 권리, 즉 차별받지 않을 권리와 배우자를 선택하고 아이를 양육하고 재산을 사용하는 데 있어 남성과 여성의 동등한 권리와 의무를 포함한다. 또한 가족을 형성하고 계획하는 데 동등한 권리를 갖는 것의 의미가 무엇인지 명시함으로써 여성의 재생산권에 대한 논의의 장을 열었다. 조약의 서문은 "출산에 있어 여성의 역할이 차별의 근거가 되어서는 안 된다"고 강조하고 있다.[7] 가족계획과 인구 조절은 1994년 카이로에서 열린 유엔 인구개발회의에서 많은 논쟁을 불러

---

[7] 여성 차별 철폐 협약 제1조는 여성 차별을 "정치적, 경제적, 사회적, 문화적, 시민적 또는 다른 분야에서 성별에 기초한 모든 구별과 배제"라고 정의하고 삶의 모든 영역에서 차별을 없애기 위해 노력했다(UN Women, 2014).

일으킨 권리의 영역이었다.

CEDAW는 법 앞에서 남성과 여성의 동등한 권리, 다시 말해 형식적 평등이 실질적 결과로서의 평등을 이루기 위한 조건이라는 입장을 취했다. 그렇게 함으로써 어디에서나 동일한 평등 가치를 제고하고, 정책에서 여성의 권리를 제한할 수 있는 문화적 해석의 여지를 열어두지 않았다. 그러나 CEDAW는 형식적인 평등의 요구를 넘어서고 있다. 몇몇 조항은 평등을 이루기 위한 수단을 명시한다. 예를 들어, 제11조는 성평등을 이루기 위해서는 차별 없는 법적 환경을 조성하는 것만으로는 충분하지 않다고 지적하며 국가 정책은 육아와 유급 출산 휴가를 제공함으로써 임신과 육아가 평등한 고용에 장애물이 되지 않도록 부모들을 지원해야 한다고 제안한다. CEDAW의 기초가 되는 평등의 개념은 여성과 남성의 생물학적 차이를 인식하고 있지만, 이러한 차이가 불평등한 처우의 기반이 되지 않도록 보장하고자 하는 것이다. 제4조에서는 CEDAW에 언급된 적극적 조치는 "임시적 또는 특수한 조치"로서, 해당 조치가 남성에게 차별적인 것으로 간주되어서는 안 되며 이는 과거 여성에 대한 차별의 영향을 보충하기 위해 시행되는 평등을 위한 길이라고 명시하고 있다. 또한 CEDAW 위원회의 각국 정부에 대한 일반 권고 사항은 조약에서 다루고 있지 않은 이슈를 폭넓게 다룬다. 1992년 일반 권고 사항 19번에서 제기된 여성에 대한 폭력이 그 예가 될 수 있다.

CEDAW를 승인함으로써 각 국가는 본 협약에 부합하는 법을 도입하기로 결의한다. 그러나 CEDAW가 통상적인 정치, 경제, 교육 분야를 넘어 가족 및 문화적 관행의 영역까지 포괄하고 있기 때문에 많은 나라가 협약의 일부 조항에 대해 "유보적" 입장을 취했고, 일부 국가는 아직 CEDAW를 비준하지 않았다.[8] 2014년 말 기준 187개국이 이 협약을 비준했으며 아직 비준하지 않은 7개국은 이란, 소말리아, 수단, 남수단, 통가, 팔라우, 미국으로 이들 간의 공통점을 찾아보기는 어렵다.[9] 조항에 대해 유보적인 태도를 취한다는 것은 해당 국가가

---

8) 앤드류 번스와 마사 프리먼(Andrew Byrnes and Marsha A. Freeman, 2012)이 제시하듯, 2011년까지 협약을 비준한 187개국 중 29개국이 제16조(결혼과 가족에 관한 모든 문제에서 차별 철폐를 요구하는 조항)를 완전히 승인하지 않았다.

9) 카터 대통령은 1980년 미국을 대표해 여성 차별 철폐 협약(CEDAW)에 서명했지만 미 상

CEDAW의 조항이 갖는 포괄성을 수용할 수 없다는 것을 의미했는데, 경우에 따라서는 협약 자체에 반하는 경우도 있었다.[10] 이러한 한계에도 불구하고 CEDAW 프로세스, 즉 CEDAW 이행 성과에 대한 국가별 정기 보고서는 각국을 국제적인 주목 아래 두었고 각 국가의 활동가들이 국가의 법제 개정을 추진하고 성평등 문제에 대한 인식을 제고할 수 있는 정치적 공간을 열어주었다. 그 결과, 몇몇 국가에서는 성평등 원칙을 반영하는 법제를 개정하거나 도입했고 CEDAW에 대한 유보적 입장을 철회했다. 최근에는 여성의 정치적 권리, 적어도 사회적 권리 면에서는 긍정적인 "여성 차별 철폐 협약 효과"가 있었다는 증거가 드러나고 있다(Engelhart and Miller, 2014).

궁극적으로, CEDAW의 효과는 이러한 법들이 국가 차원에서 발효되고 실행된다는 것이다. 통치자들은 다수의 의견에 반응하고 그들의 가치나 감성을 뒤엎을 조치를 거의 취하지 않기 때문에, CEDAW나 다른 국제 조약들을 이행하는 데 있어 핵심적인 장애물은 경제, 정치, 사회 그리고 일상생활에 스며들어 있는 끈질긴 가부장적 가치와 규범이다. 사회 변화를 위한 법적 접근의 모든 사례가 그렇듯이 성평등을 향한 중요한 진전을 이루기 위해서는 한 사회의 구성원 상당수가 법의 근간이 되는 성평등의 이상을 수용해야 한다. 따라서 그 원칙을 현실로 만드는 데 중요한 것은 "CEDAW에 대한 이해와 의식 함양"을 제고하는 일이다. 이는 이러한 논의에 직접 참여하지 않은 지역에서도 여성과 남성이 그들의 존재와 권리가 유엔협약 아래 평등함을 확실히 인식할 때 가능하다.

1993년 빈에서 개최된 세계인권회의도 유엔이 수년간 노력해 온 의제 정립

원이 이를 비준하지 않았다. 성평등과 공정성의 원칙은 미국 인구의 대다수에 의해 받아들여진다. 그러나 미국 상원의 정서는 1980년대 여성 인권에 대한 반발과 미국의 주권을 위협할 수 있는 국제협약에 서명하는 데 대한 저항이 반영된 것으로 보인다. 국가적으로 CEDAW를 비준하면 임금 차별, 교육, 가정폭력, 성매매 등 여러 분야에서 성평등을 위한 투쟁을 지원하는 미국의 노력이 강화될 수 있었다. 그러나, 비준을 하지 않음으로써 미국은 세계 여성들과 소녀들의 권리 옹호자로서 신뢰를 거의 얻지 못하게 되었다.

10) 예를 들어 제2조를 유보한다는 것은 국가가 차별적 법률을 없애거나 법률에 성평등을 공식화해야 하는 의무를 지킬 수 없다는 것을 의미한다. 제16조와 같은 다른 유보조항들은 CEDAW의 범위 밖에 있는 해당 국가의 중요한 사회적 생활 영역에 해당된다. 여기서 CEDAW는 종교법의 규범을 반영하는 국가의 "신분법"과 충돌했다.

과 관련한 중요한 행사였다. "여권은 인권"이라는 슬로건 아래 여성의 권리 전반을 강조하며 종합적으로 한발 나아가게 되었다. CEDAW의 여정과 마찬가지로, 빈 인권회의와 카이로 인구발전회의에서 이루어진 여성에게 영향을 미치는 인권 담론과 평등을 요구하는 젠더 문제 관련 논쟁은 수년에 걸쳐 페미니즘과 여성운동이 획득한 영향력을 반영하는 것이었다.

또한 1970년대와 1980년대의 WID 의제는 각 국가의 정부에서 "WID 유닛"과 프로그램으로 나타났다. 이들 부서는 정부 부처의 정규 정책 의제에서 여성을 분리하여 집중적으로 다루는 경향을 띠었다. 원조 기금에 의해 운영되던 여성만을 위한 경제 활동은 의도와는 달리 여성들을 주변부에 머무르게 했고, 결국 여성들의 경제적 지속 가능성을 확보하지 못했다(Buvinić 1986). "성주류화"를 위한 노력은 부분적으로 이러한 문제들에 대한 대응이었다.

WID에서 WAD로 그리고 GAD로

WID의 관점과는 대조적으로, 1970년대 후반에는 사회경제적 관점이나 페미니스트적 관점에서 발전 과정에 대한 보다 비판적인 시각이 나타났다. 페미니즘, 마르크스주의 그리고 신좌파에게서 영감을 받은 질문에 초점을 맞춘 이 관점은 주류 경제학적 분석, 그를 바탕으로 한 경제 성장 모델과 근대화 이론, 자본주의와 계급 불평등에 대한 비판적인 견해를 표방했다. "여성과 발전" 또는 WAD라고 불리는 이 접근 방식은 여성의 생산성과 소득의 증가뿐만 아니라, 여성과 남성에게 다른 방식으로 영향을 미치는 사회경제적 착취를 드러내는 데에도 관심이 있었다(Deere, 1977; Croll, 1979; Elson and Pearson, 1981; Benería, 1979; Benería and Sen, 1982; Sen and Grown, 1987). WAD 옹호자들은 WID 논의가 남녀 불평등을 야기하는 경제 체제에 대한 의문을 제기하지 않고 이루어졌음을 지적했다. WID 접근법과는 대조적으로, WAD 접근법은 성평등을 달성하기 위해서는 부의 재분배와 양질의 일자리 창출을 통해 개발 과정 자체의 구조적 변화와 변혁이 필요하다고 보았다.

베네리아와 센(1981)은 보세럽의 작업을 체계적으로 평가했는데, WID 접근 방식과 보세럽의 관점 사이에는 방법론적으로 차이가 있음을 보였다. 또한 젠더와 발전(GAD) 관점의 개념적 토대를 부분적으로 마련했다. 베네리아와 센(1981)은 보세럽이 식민주의의 영향을 충분히 설명하지 않았다고 지적했다. 식민주의는 가치 체계 그 이상으로 자본 축적을 위해 고안된 경제 체제였고, 계급화를 야기했다. 예를 들어 보세럽은 환금작물의 도입이 남성에게 유리하게 작용했다고 보았지만, 모든 남성들이 이 과정에서 혜택을 본 것은 아니었다. 식민지 정책은 아프리카인들을 좁은 지역에 모여 살게 했고 이로 인해 충분한 식량을 생산하기 어렵게 만들어, 땅을 더 집중적으로 일구거나 일자리를 찾기 위해 다른 곳으로 이주하게 했다. 더구나 보세럽이 생산 영역의 변화(농경)에만 집중한 것은 자본주의적 발전에 따라 여성의 사회적 지위가 어떻게 변했는지를 설명하기에 부족했다. 그리고 보세럽은 성별 격차 해소의 해결책으로서 교육을 제안했으나 이는 온 가족이 땅에서 쫓겨난 경우에는 적용될 수 없다. 땅을 뺏긴 자급농 여성들에게 더 나은 기술을 가르치는 것이 무슨 소용이 있겠는가? 이 해결책은 "반창고로 암을 치료하는 것"과 같다고 주장했다(p.287).

베네리아와 센(1982)은 자본주의 발전 과정이 여성과 남성에게 왜 그리고 어떻게 다르게 영향을 미치는지에 대한 보다 적절한 설명을 위해 대체 개념틀을 만들었다. 이들은 자본 축적과 재생산 개념을 이용해 새로운 개념 틀을 짜야 한다고 주장했다. 자본 축적의 개념은 자본주의 발전을 경험하는 특정 사회에서 진행 중인 불균등하고 파괴적인 사회적 (계급)차별화 과정에 대한 통찰력을 제공하고 노동의 성별 분업에 대한 각기 다른 영향을 구분하는 데 도움이 된다고 보았다. 이 관점에서 발전은 선형적인 성장의 과정이 아니라, 다수로부터 노동력을 제외한 생계 수단을 빼앗고 소수의 손에 부를 집중시키는 과정이다.

또한 베네리아와 센은 여성의 재생산 노동과 유급 노동 간의 관계를 이해하기 위해서는 재생산 개념에 관심을 기울여야 한다고 주장했다. 이때 재생산은 출산에 국한되지 않고 육아와 돌봄 제공 등 가족의 생계와 노동력 재생산을 위한 매일의 활동을 포함한다. 베네리아와 센은 역사적으로 여성이 재생산 분야에 집중되어왔음을 감안할 때 자본 축적과 생산의 과정이 재생산 영역에 결합되는 다양한 방식이 여성의 사회적 지위, 성 역할, 불평등 등을 이해하는 데 크게 관련이 있다고 주장했다.

재생산 개념은 프리드리히 엥겔스(Frederick Engels)로 거슬러 올라가는 사회적 재생산 접근법 프레임워크의 일부였으며, 특히 1970년대에 페미니스트들에 의해 발전되었다.11) 엥겔스는 1884년 『가족, 사유재산, 국가의 기원』 서문에서 사회생활(social life)의 이중적 성격을 강조했다. 그는 가정이나 가사노동의 분업 등 재생산과 관련된 제도의 진화를 분석하지 않고 생계나 시장을 위한 상품과 서비스의 생산에만 초점을 맞추면 사회 변화에 대한 완전한 분석을 하기 어렵다고 주장했다(Engels [1884] 1981). 이러한 논의에 이어 발전된 사회적 재생산에 관한 페미니즘 이론은 사회적 재생산과 돌봄 경제에서 여성의 역할을 강조하는 데 크게 기여했다(Picchio, 1992; Folbre, 1994).

방법론적으로 WAD와 초기 GAD 이론가들은 자본주의적 발전 과정이 여성의 삶에 미치는 영향에 대한 맥락적 분석을 주장했는데, 이는 손쉬운 일반화를 허용하지 않았다. 예를 들어, 베네리아와 센은 개발이 여성의 노동 강도를 강화하는지, 토지에 대한 통제력을 상실시키는지, 이주를 발생시키는지, 가부장적 통제를 약화하는지에 대해 일반화된 결론을 내릴 수 없다고 보았다. 이러한 질문들은 자본주의 발전의 본질에 대한 구체적이고 맥락적인 분석을 필요로 한다. 마찬가지로 엘슨과 피어슨(1981)은 개도국 여성들이 수출자유무역지대에서 공장노동을 하게 된 것이 여성들의 사회적 지위를 향상시키는지, 악화시키는지에 대해 질문했는데, 연구를 통해 그 영향이 모순될 수 있다는 점을 인정했다.

---

11) 페미니스트 분석에 재생산 개념을 사용한 것은 1970년대 후반으로 거슬러 올라가는데, 당시 노동력의 성별 분업과 여성의 노동력 재생산에 대한 질문을 분석하기 위해 사용되었다(Benería, 1979). 시간이 흐르면서 재생산 분석의 중심은 무급 가사노동에서 육아로 옮겨갔고, 무급 돌봄노동의 지속적인 시장화를 포함하게 되었다(Folbre, 1994). 이러한 유형의 분석은 돌봄 사업, 돌봄 경제, 복지 제도 및 사회 정책과 관련된 광범위한 문헌으로 확장되었다.

베네리아와 센(1981)은 개발 과정에 대한 분석을 할 때 자본 축적과 재생산이라는 넓은 개념과 더불어, 젠더와 사회 계급의 차이에 유의해야 한다고 주장했다. 1980년대 초 연구자들은 젠더와 사회 계급의 교차점에 중점을 두었으며, 이후 인종·민족성 및 성적 지향과 같은 다른 형태의 정체성을 포함하는 방향으로 확대되었다. WID 접근법의 중심인 여성이라는 범주는 여성의 다양한 경험을 드러내지 못하고 아동과 남성의 경험을 배제하는 한계가 있다. 성별 노동 분업이나 성별 자원 분배처럼 젠더 관계는 하나의 관점으로 볼 필요가 있다. 베네리아와 센은 여성의(그리고 남성의) 경험은 사회 계급에 따라 다르며 이 경험이 젠더의 구체적인 의미를 형성한다고 주장했다. 결국 서로 다른 경험은 서로 다른 이해관계를 낳는데, 이것은 정치적 조직화에 영향을 미친다. 만약 가난한 여성들의 삶이 과로와 영양 부족으로 점철되어 있다면, 어떻게 이 여성들이 부유한 여성들과 비슷한 경험을 공유하고 공통의 목표를 가지고 단결할 수 있겠는가?

베네리아와 센(1982)에 따르면, 가난한 여성들이 시달리는 과중한 노동과 질병 문제를 해결하는 것이야말로 자본주의 발전에 따른 불평등을 해소하기 위한 전략이다. 가난한 여성들은 자기 조직화를 통해 일상생활에서 자신에게 필요한, 기반시설에 대한 투자와 같은 즉각적인 정책 변화를 위해 싸울 수 있다. 이렇듯 당장의 어려움을 해결하려는 노력은 불평등한 사회 질서 전반에 문제를 제기하고 장기적으로 근본적인 사회 변혁을 가져오기 위한 전제 조건이다. 이를 통해 우리는 더욱 평등한 제도와 경제 체제를 만들 수 있다. GAD 이론가들은 사회 변혁의 단기적 정책 목표와 장기적 목표를 여성의 "실용적"(더 즉각적) 젠더 요구/이해와 "전략적"(장기적) 젠더 요구/이해를 구분함으로써 더욱 구체화했다(Molyneux, 1985; Moser, 1989).

센과 그로운(1987)은 개발도상국 학자, 실무자, 활동가들로 구성된 그룹인 "새로운 시대를 위한 여성 발전 대안(DAWN, Development Alternatives with Women for a New Era)"의 비전을 밝히면서 변화의 전략을 강조하였다. DAWN은 성평등이라는 목표를 넘어, 개발의 본질과 개발도상국에 대한 부유한 국가의 지배에 문제를 제기했다.[12] 이 저자들은 제3세계의 가난한 여성들 입장에서 개발 정책을 구상, 수정, 평가해야 한다고 주장했는데, 이 집단이 수적으로 가장 많으면서도 매우 취약한 집단이기 때문이다.[13] 또한 저자들은 이 여성들의 삶을 향상시킬 변화는 제3세계 여성 조직의 아래로부터의 움직임과 전지구적 수준의 운동을 통해서만 이루어질 수 있다고 주장했다.

포스트모더니즘의 도전과 남반구의 여성

"제3세계 여성" 혹은 "가난한 제3세계 여성"이라는 동질적 집단이 있을 수 있는가? 누가 경제 개발 전략의 변화를 추진할 수 있는가? 이는 아이화 옹(Aihwa Ong, 1987)과 찬드라 모한티(Chandra Mohanty, 1988), 남반구의 다른 페미니스트들이 젠더와 발전 문제를 고민하는 사람들에게 던지는 질문이었다. 남반구 페미니스트 모두 한결같이 "아니요"라고 답했지만, 포스트모던 비평가들의 주장은 남반구 페미니스트 일반의 주장과는 구별된다.

포스트모던 비평가들은 "제3세계 여성"이라는 일반적이고 일관성 있는 범주는 있을 수 없다고 주장했다. 또한 "가부장제"와 "자본주의" 같은 일반적인 범주에 의존했던 1970년대의 구조적 접근과 패러다임에 도전했다. 지금까지 사용된 개념이 가지고 있는 본질주의를 거부하면서, "노동", "성별 분업", "생산"과 같은 일반적 개념의 사용 그리고 지금까지 가정해온 여성과 남성에게 영향을 미치는 경제 구조와 사회-경제적 조건 사이의 연관성에 의문을 제기했다.

포스트모더니즘의 전개는 페미니즘 이론의 중요한 전환점이었다. 포스트모

---

12) DAWN은 1985년 나이로비에서 열린 제3차 유엔 여성대회에서 WID에 대한 불만을 표하고 제3세계 여성의 관점을 명확히 하기 위해 결성되었다.

13) 관점 이론(standpoint theory)과 비슷하게 낸시 하트삭(Nancy Hartsock, 1983)은 노동계급만이 자본주의의 작동에 대해 가장 완전한 관점을 가지고 있다는 마르크스의 주장을 활용해, 성별 분업으로 인해 돌봄노동에 종사하는 여성들이 자본주의의 형태를 띤 가부장제가 어떻게 작동하는지에 대해 가장 잘 이해하고 있다고 주장했다.

던 비판은 페미니즘 이론이 1980년대 중반에 겪은 심오한 변화 속에서 일어났다. 페미니즘 이론가들이 젠더의 사회적 구성에 대해 더 깊은 이해를 촉구하면서 이 흐름의 중요한 원천이 되었다. 스콧(Scott, 1986)은 젠더가 문화적으로 이용 가능한 기호, 젠더 의미, 친족 체계, 주관적 정체성에 대한 해석을 제시하는 규범적 개념 등을 포함한다고 주장했다. 이러한 요소들의 모든 것을 아우르는 포괄적 성격이 "젠더는 어디에나 있다."고 주장하게 만들었다. 스콧이 "문화적 구성물"을 나타내는 한 가지 방법으로 젠더 개념을 강조한 것은 페미니즘이 문화 연구로 방향을 전환하는 데 지대한 역할을 했다. 또 다른 영향으로는 페미니스트가 강조한 교차성 분석을 들 수 있는데, 이는 젠더와 사회적 계급, 인종, 민족성, 성 정체성을 포함한 다른 차원의 정체성과의 연관성을 강조한다. GAD 연구자들 역시 점점 더 이를 강조하고 있었다.

그들의 연구가 남반구와 만나면서 많은 포스트모던 비평가가 "탈식민(postcolonial)" 이론가로 명명되었다. 다른 한편으로, 탈식민주의는 서구화된 젠더와 성평등에 대한 개념을 비판하였다. 예컨대 제인엘랍딘과 차루쉴라(Zein-Elabdin and Charusheela 2004)와 같은 탈식민 페미니스트 학자들의 연구는 발전주의자든 페미니스트든 할 것 없이 대부분이 서구 중심적인 관점을 가지고 비서구 여성의 상황과 경험에 대해 해석하고 있다고 말한다. 그들에 따르면 서구 또는 서구에 영향을 받은 여성들은 근대적 사회 조직을 발전의 기준으로 삼는 경향이 있으며 그러한 접근 방식은 비서양 사회의 젠더 종속 문제에 적절한 해결책을 제공하지 못한다.14)

이러한 맥락에서 옹, 모한티 그리고 더 뒤로는 파르파트와 마찬드(Parpart and Marchand 1995)가 WID와 1970~1980년대의 비판적 젠더와 발전 연구가 가진 서구 중심적이고 중산층 중심적인 페미니스트 시각에 문제를 제기했다. WID를 비판하는 페미니스트들(즉, WAD의 옹호자)도 여성들 간의 계급 차이에 주목했지

---

14) 몇몇 탈식민 이론가들은 자신을 포스트모더니즘과 동일시한다. 우리는 포스트모던 비평가와 탈식민 비평가들이 분석적으로 서로 다른 출발점을 가지고 있다는 것을 인정하고, 반면에 이들이 어떠한 지점을 공유하고 있는지 논의한다.

만, 이러한 탈식민지 비판에서 자유롭지는 못했다. 모한티는 개발도상국의 여성에 대한 글이 제3세계 여성에 대한 일관된 이미지를 만들어냈다고 주장했다. 제3세계 여성은 가난하고, 의존적이며, 수동적이고, 억압받고, 교육받지 못하고, 무력하고, 전통에 얽매인 피해자였다. 암묵적으로 제3세계 여성은 제1세계/서구 여성과 비교된다. 제1세계 여성들은 비슷하게 동질화된 방식으로 재현되는데, 그들은 독립적이고, 잘살고, 교육받고, 자율적이고, 해방된 것으로 간주된다. 이 이분법에서 제1세계 여성은 우월성을 가지며 제3세계 여성의 진보를 가늠할 수 있는 표준이자 역할 모델이었다. 모한티는 WID와 WAD 연구자들이 공통적으로 사용하는 텍스트 전략을 통해 이러한 이미지가 담론적으로 생성되었다고 주장했다. 예를 들어, 탈식민주의 비평가들은 저자들이 경제 발전, 이슬람교, 가족 구조와 같은 어떤 요소가 여성에게 미치는 영향을 언급할 때마다 제3세계 여성들을 대상화시키면서 주체성을 빼앗았다고 주장하였다.

탈식민주의 비평가들은 또한 "산술적 방법"을 통해 제3세계 여성들의 무력함을 기록하려는 시도를 문제 삼았다. 예를 들어, 이슬람 여성들이 베일을 쓰고 있는 것과 베일이 무력함을 나타낸다는 추정에 근거하여 베일을 쓴 이슬람 여성들은 억압받고 무력한 것으로 가정한다. 모한티 등 탈식민주의 이론가들은 젠더 분석에 사용된 노동, 성별 분업, 정의 등과 같은 일반적인 개념들이 제3세계 여성의 경험에 대한 왜곡된 이미지를 만들어냈다고 주장했다. 그러한 이론적 진입 지점은 보편적인 설명을 상정하나, 어떤 특정한 그룹의 여성들이 경험하는 현실은 반드시 이와 같지 않을 수 있다고 설명했다.

탈식민주의 비평가들은 이러한 재현의 방식에는 대가가 따른다고 주장했다. 일반화는 제3세계 여성의 복잡성(즉 계급, 민족, 국적, 나이, 문화적 차이)을 충분히 드러내지 못한다. 게다가 그러한 특징적인 이미지들은 제3세계 여성들을 "식민화"하며, 제3세계 여성의 주체성과 지식을 억압하고 제3세계에 대한 서구의 지배를 영속시킨다. 이 이미지들은 개발도상국 문제에 부유한 국가의 개입이 필요하다는 것을 정당화하고 부유한 국가의 전문가와 기술 원조에 대한 의존을 촉진하는 데 이용되었다(Parpart and Marchand, 1995; Parpart, 1995). 포스트모더니스트에 따르면, 이러한 이미지들은 서구식 발전 모델, 외국의 개입, 외국의 원조를 통해 여성을 교육하고, 문명화하고, 해방시키는 정책에 찬성하는 주장을 뒷받침했다. 서구식 발전 모델과 외국의 개입과 원조가 항상 의롭지만은 않다는 것은 주지의 사실이다. 또한 모한티(1988)는 이 이미지가 암시하는 서구 여성의 우월성과 제3세계 여성의 열등한 위치에 대한 메시지를 고려할 때, 이러한 재현 방식은 제3세계 여성 단체들이 서구 여성 단체와 정치적 연대를 형성하는 것을 더욱 어렵게 만들고, 따라서 그들은 전지구적 페미니즘 운동의 장애물이 된다고 주장했다.

　　포스트모던 비평가들은 구체적인 현실, 토착 지식 그리고 여성의 지역적 전문지식에 주목하는 인류학적 접근과 민족기술지 연구를 선호했다. 그들은 권력과 의미 그리고 차이에 대해 충분한 관심을 가지고, 지역에 기반을 둔 소규모의 주의 깊은 사례 연구를 통해 제3세계 여성들의 경험을 발견할 것을 촉구했다. 이것은 여성들 간의 차이와 여성의 삶을 빚는 여러 가지 정체성을 강조한다는 것을 의미했다. 모한티는 마리아 미스(Maria Mies)의 나르사푸르(인도의 도시) 레이스 공장 여성 노동자에 대한 연구(1982)를 특정 장소, 특정 카스트의 여성에 초점을 맞춘 연구 본보기로 삼는다. 미스의 연구는 포스트모던 비평가들에게 매력적인 특징을 많이 가지고 있지만, 우다야기리(Udayagiri, 1995)가 지적한 바와 같이, 마르크스주의–페미니스트 프레임워크 및 이와 관련된 일반적인 분석 범주를 사용한 것은 포스트모던적이지는 않다. 심지어 책 부제조차 "인도 주부들이 세계 시장을 위해 생산한다"고 언급함으로써 인도 여성들의 경험을 무서울 정도로 전체화하고 세계 시장을 본질화했다고 비판한다.

　　남반구의 많은 여성 학자는 WID에 대한 포스트모던 비판에 상당 부분 동의하면서도, 국내적, 국제적 정치운동을 형성하고 사회 변화를 가져오는 데 대한 포스트모더니즘의 약속에 의문을 제기했다. 특히 포스트모더니즘이 강조하는 해체와 재현의 영역과 관련한 투쟁에 관심을 가졌는데, 재현을 둘러싼 투쟁은 동성애자나 원주민운동에서와 같이 정체성과 그에 상응하는 투쟁의 문제에 관해서는 유용하지만 고소득 국가나 저소득 국가 모두가 경험하는 즉각적인 위기와 사회 문제를 해결하는 데는 도움이 되지 않았다. 우다야기리(1995)는 여성의 경험을 지역적이고 문맥적으로 보는 이론적 입장에 근거해 연대운동을 형성하는 일이 어렵다는 것을 지적했다. 우다야기리는 페미니스트 정치운동의 전제 조건은 부정의에 대한 공동의 인식을 통해 이루어진 제3세계 여성운동이라고 주장했다. 그는 또한 사람들의 지역적이고 맥락적인 경험에 대한 이해를 이끄는 접근법으로 포스트모더니즘만 존재하는 것이 아니며 남반구의 많은 학자와 활동가가 이미 차이와 맥락에 대한 관심을 강조하고 있다고 지적했다.

　　포스트모더니즘에 대한 남반구의 비판은 케냐 민주화 운동의 활동가인 마리아 은조모(Maria Nzomo 1995)의 주장에서 잘 드러난다. 은조모는 특정 지역 수준에서 지식을 창출해야 한다는 포스트모더니즘의 주장과 달리, 케냐 활동가들은 평등을 위한 투쟁에서 민주주의의 보편적 이상에 호소할 수 있어야 하며 민주적 이상을 재창조하기보다는 케냐의 맥락에 적용시켜야 한다고 주장했다. 그녀는 케냐 여성들이 어디에서나 목표로 받아들여지는 것을 요구하고 있음을 보여주기 위해 보편적인 이상을 갖는 것이 중요하다고 주장했다.

　　파르파트와 마찬드(1995)와 마찬가지로, 은조모는 또한 포스트모더니즘이 여성의 차이에 지나치게 집중하는 것은 오히려 여성의 집단행동을 저해할 수 있다고 경고했다. 은조모는 다름을 강조하는 일이 공통의 목표를 중심으로 결속시키기보다는 서로 다른 배경과 관심사를 가진 여성들 사이의 분열을 부채질할 것이라고 주장했다. 또한 포스트모더니즘의 영향으로 인해 모든 케냐 여성이 가난하지 않다는 것을 근거로 빈곤을 케냐 여성들의 가장 중요한 이슈로 삼는 것을 반대하는 상황을 우려하면서, 빈곤이 대부분의 여성에게 가장 시급한 문제임을 주장했다.

　　다른 비평가들은 보편적 도덕 원칙을 거부하는 포스트모더니즘이 여성에게 해롭고 의심스러운 오랜 관행을 묵인하는 결과를 초래할 수 있다고 주장했다. 비슷한 맥락에서, 모기시(Moghissi, 1999)는 사회가 이슬람화되는 맥락에서 포스트모더니즘이 보이는 상대론적 입장에 문제를 제기했다. 모기시는 다양한 여성의 경험에 의미를 부여하려는 포스트모더니즘의 입장이 이슬람 여성의 삶을 문화적으로 특수한 것이라고 주장하는 이슬람 근본주의 견해와 결탁하여 여성들이 경험하는 냉혹한 일상적 현실을 축소하는 데 일조했다고 주장했다. 아이러니하게도, 제3세계 여성들을 대변함으로써 그들을 식민화한다고 WID와 WAD를 비판해온 포스트모던 비평가 자신들도 이 비판에서 자유롭지 못했다(Udayagiri, 1995).

이러한 단점에도 불구하고 포스트모더니즘은 인문학과 문학 분야뿐만 아니라 사회과학에도 강한 영향을 미쳤다. 노동, 성별 분업, 재생산과 같은 이전의 안정적인 분석 범주를 흔들면서 성불평등에 대한 가장 효과적인 이론화, 연구, 행동을 증진하는 방법에 대한 새로운 질문을 열었다. 가장 주목할 만한 것은, 포스트모더니즘이 페미니즘의 강조점을 물적 조건에서 문화적 이슈로 이동시켰다는 점이다. 배럿(Barrett, 1999)이 지적했듯이, 페미니즘에서 물적 조건의 역할은 문화, 의미, 정체성에 대한 새로운 강조로 대체되었고 이는 학문적 작업에서 사회과학이 인문학에 밀려났음을 암시한다. 낸시 프레이저의 용어로 말하자면, 정체성, 담론 분석, 시민권과 같은 "재현"의 이슈는 재분배 이슈를 포함한 경제적 질문보다 우선시되었다(Fraser, 1997).

이와 동시에 페미니즘 내의 포스트모던 영향에도 불구하고 "물적 조건" 이해의 중요성에 대한 인식은 줄어들지 않았다. 1992년 국제여성경제학회(IAFFE)의 탄생과 함께한 페미니스트 경제학의 성장은 이를 설명해주고 있다. 그럼에도 포스트모던 감성은 주류 경제학을 비판하는 많은 페미니스트 경제학자에게 영향을 미쳤다. 2장에서 논의되는 바와 같이, 페미니스트 경제학자들은 다양한 페미니스트 사상을 아우르는 방법을 모색했으며 이 작업은 다양한 학제에서 이루어지는 젠더 분석의 공통점을 찾고 그 경계를 넘어서는 다학제적 젠더 분석 틀을 구축하려는 노력을 통해 이루어졌다(Ferber and Nelson, 2003a; 1993). 탈식민 사상의 영향은 페미니즘 운동에서도 감지되었다. 예를 들어, 페미니즘이 좌파 정당과 연결되어 있던 중남미에서는 정당정치에서 벗어나 모든 수준의 성불평등을 더욱 중심에 두는 페미니스트 정치로의 변화가 있었다. 남반구의 페미니즘은 젠더 관계 및 젠더의 구성에 대한 이해와 남반구와 북반구 간의 차이와 더불어, 정체성과 문화적 규범을 강조하면서 강하게 재확립되었다(Kapadia, 2002; Saunders, 2002).

포스트모더니즘의 영향력은 계속해서 감지되었고, 제3세계 여성의 재현에 대한 현재 논의에서 '주류'가 되고 있다. 세계적으로 여성에 대한 폭력이 증가하고 수단, 아프가니스탄, 인도, 예멘 등 세계 각지에 여성의 삶에 대한 극심한 제약이 있다는 인식이 확산되면서, 포스트모더니즘은 여성의 삶을 선정적으로 드러내는 것에 대해 그 어느 때보다도 강한 경각심을 보였고, 이는 동시에 여성문제의 우선순위를 바꾸는 사인이 되기도 했다. 그러나 이러한 경각심이 정말 여성들이 경험하는 가혹한 현실을 축소하는 것은 아닐까? 이러한 경각심은 삶의 안녕을 보장하는 데 공정성을 추구하는 정치적 의제를 어느 방향으로 이끄는가?

이슬람 여성들이 착용하는 베일은 다양한 형태로 정치적 의미를 가지며 지속적인 논쟁의 대상이 되어왔다. 아부루고드(Abu-Lughod, 2002)는 모한티의 "무슬림 여성들은 정말 구원이 필요한가?"라는 질문을 반복하며, 미국이 아프가니스탄 침공을 정당화하기 위해 아프간 여성 복장을 이용한 것을 문제 삼았다. 9.11 이후 탈레반 통치하 아프간 여성에 대한 억압은 아프간 전쟁을 정당화하는 하나의 명분으로 두드러지게 활용되었다. 아부루고드는 베일이 어떤 역할을 하고 무엇을 나타내는지에 대한 여러 논쟁을 열거하고 침략을 찬성하는 담론이 어떻게 베일을 이용하는지 설명하면서, 베일이 그 자체로 아프간 여성들의 부자유를 나타내는 것은 아니라고 주장했다.[15] 아부루고드는 다른 젠더 규범에 대한 존중의 윤리를 제안했다.[16] 그녀에게 베일은 사소한 문제다. 아프가니스탄 여성들은 베일 때문에 "구원"될 필요가 없다. 그 먼 땅에서 여성들의 삶을 개선하기 위한 전략이라면 반드시 가장 긴급한 문제이자 그 나라 역사의 산물인 일상적 빈곤의 처참한 상황을 다뤄야만 한다. 따라서 그녀의 주장은 베일과 관련된 제약보다는 여성의 삶에서 빈곤이라는 제약을 없애는 것을 우선시한다. 이러한 입장은 빈곤감소 외에 다른 목표를 갖는 운동과 재현 논의와는 거리가 있다.

---

15) 아부루고드가 정리한 목록에는 베일의 실질적인 이점("휴대용 은둔"의 형태; 여성과 남성의 상징적인 분리; 특정 집단에 소속감을 느끼고 도덕을 지킴)과 베일을 쓴 여성에 대해 주체성이나 자유의 박탈이라는 성급한 결론을 내리는 것에 대한 경고가 모두 포함된다.
16) 아부루고드는 문화 상대주의와 거리를 두고, 아프가니스탄 정부가 여성에게 부과한 제약을 묵인하고 있지 않다고 주장하지만, 그녀는 여성의 삶에 부과된 제약보다는 친침략 단체들의 의제에 대한 비판에 더 신경을 쓰는 것처럼 보인다.

제3세계 여성들의 재현의 힘을 예견한 카비어(Kabeer, 2004) 역시 비슷한 주장을 펼쳤다. 수출 자유 지역의 여성 공장 노동자들이 미국 언론에서 어떻게 재현되고 그것이 근로 조건에 대한 국제 최저기준 시행을 정당화하는 데 어떻게 이용되는지 비판하면서, 카비어는 수출 공장 고용이 여성 노동자 자신에게 어떤 의미가 있는지를 살펴봐야 한다고 역설했다. 이러한 "아래로부터의 시각"은 사실상 여성에게 일자리 대안이 없는 상황에서 여성을 위한 혜택이 무엇인가에 대한 보다 복잡한 그림을 보여준다. 카비어는 이러한 일자리들이 노동 조건에 문제가 있는 것은 분명하지만 여성들에게 무시할 수 없는 혜택을 제공하는 것은 사실이며, 이런 일자리의 질을 향상시키기 위한 계획 때문에 일자리 자체가 사라질 위험에 처해서는 안 된다고 주장한다. 아부루고드와 비슷하게, 카비어는 저소득 국가에서의 행동을 위한 목표로서 빈곤 감축을 강조한다. 여성의 고용을 건드리지 않으면서 노동 조건을 개선하기란 거의 불가능하다는 것이다. 카비어가 보편적인 최저임금 상승을 통해 빈곤을 줄이기 위한 정책을 설파한 반면, 포스트모던 논자들은 빈곤이나 여성들이 경험하는 다른 박탈을 문제 삼지 않는 경향이 있다. 또한 이러한 박탈이 어떻게 줄어들 수 있는지 다루지 않는다. 이러한 유형의 논의는 관찰된 상황에서 무엇이 잘못되었는지 확인하기 위해 보편적인 잣대를 적용하는 것을 회피한다. 또한 국제 연대운동의 둔화 역시 포스트모더니즘의 유산이라고 볼 수 있다.

그럼에도 불구하고 포스트모던 페미니즘과 탈식민 페미니즘은 최근의 젠더와 발전 연구에 중요한 영향을 미쳤다. 이제 연구자들은 포스트모던 비평을 받아들여 개발도상국 여성과 남성들의 삶에 영향을 미치는 경제적 문제들을 다룬다. 구체적으로는 성급한 일반화를 경계하고, 현지 맥락과 여성들 자신의 목소리에 더욱 관심을 가지며, 감수성을 가지고 다양한 관점에서 경험과 목표를 설명하려고 한다. 우리는 포스트모던/탈식민 비평의 이러한 특징들이 매우 가치 있다고 생각한다. 이 특징들은 사회 정의를 추구하는 젠더와 발전 연구와 결합된다면 그 잠재력을 강화하여, 인간의 안녕을 평가하기 위한 규범적 프레임워크 구축에 기여할 수 있다. 아래에서 설명하는 바와 같이, 인권 주장으로 보완되는 역량 접근법은 그러한 체계를 제공한다. 또한, 2장에서 논의되는 바와 같이, WAD 접근법에 뿌리를 둔 페미니스트 경제학은 성평등한 생계와 복지를 위한 정책을 견인하는데, 필요한 핵심적인 개념적 프레임워크를 제공한다. 페미니스트 경제학자들은 특히 사회적 재생산과 인간 삶의 지속 가능성에 주의를 기울였는데, 이는 오늘날 세계가 직면한 금융, 경제, 정치, 윤리, 생태학적 여러 위기에 접근할 수 있도록 하는 프레임워크다.

신자유주의의 부흥[17]

1970년대 말과 1980년대 초는 거시경제학이 케인스주의적 접근 방식에서 주류 경제학적 자유 시장 접근 방식으로 전환되는 시기였다. 자유 시장 접근 방식은 당시 세력을 넓혀가던 보수적인 정치 경제 세력이 선호한 접근법이었다. 신자유주의 경제 정책이 세계 무대에 등장함에 따라, 젠더와 발전 연구, 특히 GAD 관점 연구의 상당 부분이 이러한 신자유주의 정책의 성별화된 영향에 관심을 집중했다.

케인스주의 경제학은 고용, 경제 성장, 안정을 촉진하기 위해 재정 및 통화 정책과 정부 규제에 의존했다. 이러한 접근은 1950년대와 1960년대의 많은 고소득 및 저소득 국가의 발전 전략에 영향을 미쳤으며 저소득 국가에서는 수입 대체 산업화와 공공투자를 강조하였다. 그러나 케인스주의는 1970년대 유가 상승의 여파로 인한 고소득 경제의 인플레이션과 실업 문제를 해결하기에는 역부족으로 보였다. 한술 더 떠서, 북반구의 보수주의자들은 북반구가 당면한 경제 문제의 책임이 저소득 국가들이 축적한 지속 가능하지 않은 국내외 부채에 있다고 몰아갔다.

이렇게 케인스주의적 정책이 실패했다고 인식하자 "공급 측면", "자유 시장"

---

17) 2008년 위기 이후 주로 나타난 정책적 대응은 신자유주의 경제 정책의 놀라운 회복력을 드러낸다. 이 제목은 루스 피어슨의 "젠더와 발전의 부흥"(Ruth Pearson, 2005)에서 가져왔다.

혹은 "신자유주의적" 정책으로 다양하게 불리는 정책으로의 변화가 이어졌다. 이러한 변화에는 강한 이념적 요소가 있었다. 신자유주의 정책의 지지자들은 정부의 지나친 개입으로 인해 경제 성장이 저해되고 있으며 해결책은 시장이 자유롭게 경제를 운용하는 것이라고 주장했다. 표준적인 신자유주의 정책은 경제 규제 완화, 공기업 민영화, 정부 예산 삭감, 무역 자유화, 경제의 수출 지향과 외국인 투자 및 금융 흐름에 대한 개방으로 구성된다. 이 정책들은 각각 개발도상국들이 직면하고 있는 국제수지 문제를 줄이고 급증하는 국내 부채와 이와 관련된 인플레이션 문제를 억제하기 위한 것이었다. 개발도상국에서는 구조조정 프로그램(SAPs, Structural Adjustment Policies)을 통해 신자유주의 정책을 시행했는데 이는 불황과 경기 침체로 이어져 저소득 집단의 생계에 악영향을 미쳐, 빈곤을 증가시켰다. 라틴아메리카와 사하라 이남 아프리카에서는 1980년대와 1990년대에 "잃어버린 10년"을 겪었다. 신자유주의 정책의 지지자들은 경기 침체는 한시적일 뿐 경제가 새 규칙에 적응하고 나면 경제 성장이 더욱 활성화될 것이라고 주장했다.

고소득 국가의 신자유주의 정책은 1980년대 보수 정권 집권 이후 미국, 영국, 캐나다와 같은 앵글로색슨 국가에서 처음 채택되었다. 저소득 국가에서는 1970년대 아르헨티나(군부 통치), 칠레(피노체트 통치), 필리핀(마르코스 통치)이 일찍이 신자유주의적 정책을 받아들였고 1980년대 초에는 멕시코와 볼리비아, 곧이어 다른 나라들이 "워싱턴 컨센서스"의 압박에 시달렸다. 많은 아프리카와 라틴아메리카 국가에서는 구조조정 프로그램이 1980년대의 부채 위기에 대한 해결책으로 제시되었다. 튀르키예와 필리핀 같은 일부 국가에서는, 민주적 통치의 중단과 계엄령 선포가 구조조정 프로그램을 실행하는 전제 조건임이 증명되었다. 일부 중남미 국가에서는 군부 통치가 끝나는 시점과 끝난 후에 정부에 의해 긴축 정책이 채택되었는데 이는 친시장적 개혁으로 가는 길이라고 정당화되었다. 20세기 말로 가면서 부채 위기가 그 중요성을 잃었음에도 불구하고 신자유주의 정책은 계속되었고 선진국과 개발도상국 모두에게 거시경제 정책 체제에서 새로운 기준으로 자리 잡았다. 세계은행, IMF, 유럽 중앙 은행과 같은 국제 금융 기관은 정책의 집행자 역할을 했다.

신자유주의 정책에 대한 페미니스트 비판

아시아, 중남미, 아프리카에서 수행된 구조조정 프로그램의 사회적 비용을 인식하자 구조조정과 사회적 비용의 성별화된 성격이 분명히 드러났다. 코니아, 졸리, 스튜어트(Cornia, Jolly, and Stewart, 1987)와 같은 비평가들과 함께, 페미니스트 경제학자들은 성별과 계급적 관점에서 구조조정에 따른 사회적 비용에 대한 비판적인 평가를 내놨다(Elson, 1991b; Benería and Feldman; 1992, Çağatay et al., 1995). 구조조정 프로그램이 여성에게 미치는 구체적인 영향을 이해하려고 시작된 연구를 통해, 거시경제 정책이 사실상 젠더 중립적이지 않다는 점이 새롭게 조명되었다. 구조조정 프로그램 연구에 따르면, 구조조정에 따른 사회적 비용은 서로 다른 사회 집단 간, 특히 여성과 남성 간에 균등하게 부과되지 않는다(Elson, 1991b; Sparr, 1994; Benería, 1999a). 구조조정 프로그램 및 긴축 정책은 가계 소득이 감소하는 한편, 예산 삭감으로 인해 공공서비스의 질을 악화하거나 축소시킴으로써 여성의 무급 노동 강도를 증가시킨다. 이러한 정책들이 여성의 노동시장 참여를 증가시키는 경향이 있다는 점을 감안하면, 결국 이 같은 정책들은 여성의 무급 노동과 노동시장 참여를 조화시키는 문제를 악화시킨다고 볼 수 있다. 마찬가지로 2008년 금융 위기 이후 페미니스트 분석에서도 유사하게 젠더화된 영향이 나타났다(Benería and Martinez-Iglesias, 2014; Elson, 2012a; Antonopoulos, 2013; Albelda, 2014).

또한 페미니스트 연구자들은 무역 및 재정 정책과 같은 광범위한 거시경제 정책과 지구화의 효과에 대한 비판적인 논의를 생산했다. 이에 대해서는 다음 장에서 자세히 논의한다(Seguino, 2000a; Berik, 2000; Van Staveren et al., 2007). 이러한 연구는 무급 노동 측정 및 성인지 예산 이니셔티브 작업에 박차를 가했다(Floro and Messier, 2010; Floro and Komatsu, 2011; Budlender, 2000; Sharp and Broomhill, 2002). 유니세프(UNICEF), 국제노동기구(ILO), 국제여성훈련연구기구(INSTRAW), 유엔사회개발연구소(UNRISD)와 같은 일부 유엔 기구들도 신자유주의 정책에 대한 비판적인 분석을 제공했다. 이 연구의 대부분은 GAD 접근법을 취하는데, 이는 지배적인 자원 분배와 재분배 방식에 의문을 제기하고 성불평등뿐만 아니라 계급, 민족 그리고 다른 형태의 불평등을 다루는 사회 정책을 강조하는 경향이 있다.

동시에 페미니스트 연구자들은 이러한 정책을 인권 범주 아래에서 연구했다. 발라크리슈난과 엘슨(Balakrishnan and Elson, 2011)은 1948년 세계인권선언과 그 이후의 국제인권규약 및 협약에 포함된 경제적·사회적 권리를 사용하여 거시경제 정책의 효과를 평가하기 위한 대안적인 범주를 구축한다.[18] 핵심적인 경제적·사회적 권리는 일할 권리, 휴식할 권리, 적절한 생활 수준에 대한 권리, 교육의 권리이며 이는 모든 정부가 보장해야 한다.[19] 이러한 경제적 권리를 유지하기 위해서는 원칙적으로 모든 정부에 국제적인 의무를 지우는 프로그램을 운영하기 위한 적절한 기금을 조성할 필요가 있다.[20] 발라크리슈난과 엘슨은 정부가 건강권을 증진하고 있는지 여부를 평가하기 위해 거시경제 정책(재정, 무역, 통화 정책)을 분석한다.[21]

발라크리슈난과 엘슨(2011), 엘슨(2012a)은 경제적·사회적 권리의 틀을 사용해서 거시경제 정책을 평가하면서 멕시코, 미국, 영국이 국제적 의무를 제대로 이행하지 못하고 있음을 보여준다. 엘슨(2002a; 2012a)은 국가의 역할을 축소하는 동시에 민간 부문을 확대하는 것이 효율성과 성장을 촉진하고 인권을 실현할 것이라는 신자유주의적 가정에는 근거가 부족하다고 주장한다. 오히려 시장의 규

---

18) 이들은 경제, 사회, 문화 권리에 관한 국제규약(ICESCR), 직장에서의 기본 원칙과 권리에 관한 ILO 선언(1998) 그리고 지역 협약들이다.

19) 이러한 권리는 1948년 유엔 총회에서 채택된 세계인권선언 23조 26항에 명시되어 있다.

20) 핵심 원칙은 다음과 같다. 진보적 실현(정부가 지속적인 권리 추구에 관여하는지 여부), 가용 자원의 최대 사용(국내에서나 국제 협력 모두 포함, 정부의 의무를 실행하기 위해 국내 자금 동원을 시도), 역행 방지(이러한 프로그램의 자금 조달을 위해 필요한 공공지원이나 세금을 삭감함으로써 권리를 침식하는 것을 방지), 최소한의 필요 수준의 경제적, 사회적 권리 충족(자원의 제약과 관계없이 가장 가난하고 가장 취약한 그룹의 권리까지 보장), 비차별과 평등(모든 집단에 대한 형식적이고 실질적인 평등에 대한 약속), 인권 추구와 증진을 위한 참여, 투명성 및 책무성.

21) 이 평가는 미국과 멕시코의 성과를 비슷한 소득 수준의 국가(OECD와 중남미 각각)와 비교하며, 시간에 따른 미국과 멕시코의 변화를 살펴본다. 발라크리슈난과 엘슨은 각각의 국가에서 다른 사회적 그룹들 비교하기도 했다.

제 완화, 민영화, 긴축 정책 그리고 다른 신자유주의 정책의 이행으로 인해, 유엔 선언에서 제공하는 가장 기본적인 경제적 권리와 많은 나라가 비준한 이후의 협약이 약화되었다고 주장한다.

신자유주의 정책에 대한 페미니스트 비평은 2007~2008년 금융 위기와 그 결과에 대한 분석으로 이어진다. 특히 금융 위기로 인해 높은 실업률이 발생하고 긴축 정책을 채택한 국가들에 초점을 맞춘 연구들이 이에 속한다. 여기에는 몇몇 유럽 국가와 정도는 덜하지만 미국과 개발도상국들이 포함된다. 해당 연구는 특히 보건과 교육 분야에서의 복지국가 해체를 포함한 위기의 성별화된 영향, 예를 들어 무급 노동과 시장 노동을 조화시키기 위한 정책들의 축소 그리고 여성과 남성의 노동시장 참여에 대한 차별적 영향을 지적한다.[22] 이 문제에 대해서는 이후에 논의하기로 한다.

페미니스트 비판과는 대조적으로, 신자유주의 담론은 지구화된 생산 과정과 세계 시장의 확장이 여성의 역량 강화와 성평등에 긍정적이라고 보았다. 성평등에 관한 신자유주의의 기본적인 주장은 자유 시장과 국내외 수준의 규제 완화가 성평등을 추구하는 데 중요한 수단이라는 것이다. 그리고 1980년대와 1990년대의 기록을 보면, 어떤 면에서는 여성의 필요와 권리에 관한 페미니스트 담론과 행동이 신자유주의 질서와 양립할 수 있음이 명백하다. 신자유주의적 지구화는 개발도상국 노동력의 여성화 추세를 증가시켰다. 대다수 부문에서 여성의 고용 점유율이 증가하였는데 특히 세계 시장을 겨냥해 만들어진 비공식 부문과 제조업 부문에서 그러했다(Chen and Car, 2004; Chen et al., 2005; 1989). 여성들은 수출 분야에서 바람직한 일꾼이 되었다. 여전히 차별, 유리천장, 새로운 형태의 고용 차별에 계속 직면했지만, 그동안 여성들이 부재하던 직군에 진출했다(Anker, 1998; Seguino, 2000b; Salzinger, 2003; Rio and Alonso−Villar, 2012). 중동이나 북아프리카처럼 전통적으로 교육 수준이 낮았던 나라들을 포함하여, 여성들은 교육에

---

22) 2007~2008년 금융 위기 이후 만들어진 이러한 정책의 효과와 이후 경기 침체에 대한 페미니스트 경제학자의 평가 및 분석은 2013년 『페미니스트 경제학(Feminist Economics)』 특별호에 실려 있다. 이 논문들에서는 캐나다, 스페인, 튀르키예, 영국 및 미국에 초점을 맞추어 국가 간 및 지역 간(라틴아메리카) 영향을 검토한다.

서도 많은 진전을 경험했다. 비록 교육에서의 성별 격차 감소가 대다수 여성이 갖는 직업의 변화로 이어지는 과정은 더디지만, 일부 여성들은 한 나라의 대통령, CEO, 입법자, 최고 행정관이 되는 등 이전에는 한 번도 이르지 못한 위치에 도달했다. 동시에 대다수의 여성은 여전히 빈곤을 면치 못하는 수준의 소득으로 노동시장의 밑바닥에 머물러 있다(3장과 4장 참조).

정치적 관점에서, 신자유주의적 접근은 "시장"을 "민주주의"와 "선택의 자유"(Friedman and Friedman, 1980)와 연관짓는 패권적 담론과 함께해왔다. 1980년대 이후 신자유주의 정책과 함께 정치적 민주주의나 특정 형태의 선거 시스템이 도입된 많은 개발도상국은 이 연관성을 보여주는 새로운 증거가 되었다. 1970년대와 1980년대의 군부통치 이후 새 정부들에 의해 친시장적 개혁이 도입된 라틴 아메리카의 경우가 그러했고, 아르헨티나, 브라질, 칠레, 우루과이와 같은 나라들에서는 민주주의 체제로의 전환이 신자유주의 정책으로 이어졌다. 새로운 민주주의는 1990년대에 경제 및 정치 생활에 여성의 참여를 지속적으로 확대하였고 이는 특히 2000년대에 칠레(2005년), 아르헨티나(2007년), 브라질(2010년)에서 여성 대통령이 선출되면서 더욱 두드러졌다.

신자유주의 틀 안에서 여성의 자율성, 정치 참여, 대표성에 관한 많은 페미니스트의 목표가 부분적으로 달성되었고, 노동시장의 일부 분야와 직업에서 성 불평등이 줄어들었으며, 여성의 재산권과 같은 주요 측면에서도 진전이 있었다(Deere and Leon de Leal, 2001a; World Bank, 2011). 성주류화는 다자 기관 및 그 기관의 프로그램에 도입되었지만, 이들의 작업이 페미니즘의 목표를 항상 반영하는 것은 아니었다. 일반적으로 성평등의 목표는 추진되었지만 계급과 같은 다른 형태의 사회적 불평등을 줄이기 위한 의제를 지지하지는 않았다.

특히 신자유주의 프레임워크에 따르면 성평등은 기존의 사회 구조와 국제 경제 질서 내에서 추구되어야 할 목표다. 이런 점에서, 신자유주의는 소득과 부의 분배에 있어서 계급 차이와 패턴 그리고 그들의 정치 권력에 대한 영향을 문제 삼지 않는 자유주의 페미니즘과 일치한다. 젠더와 발전 분야에서, 자유주의 페미니즘은 WID 접근 방식으로 나타난다. WID 접근 방식은 노동시장 참여의 격차 또는 생산 자원에 대한 불평등한 접근과 같은 시장의 성불평등에 주로 주의를 기울여왔으며, 이러한 불평등에 대해 시장적 해결책을 강조한다.

2012년 세계개발보고서

세계은행의 『2012년 세계 개발 보고서, 성불평등 및 개발』(World Bank 2011)은 주류 경제학이 젠더 문제를 다루는 방법에 대한 흥미로운 설명을 제공한다. 해당 보고서는 젠더 문제를 프로그램에 통합하려는 세계은행의 노력의 정점이며, 젠더 문제를 해결하기 위해 2007~2011년에 시행된 세계은행의 "젠더 행동 계획"(World Bank, 2006)으로 구체화된 "성평등은 스마트 경제학"이라는 접근 방식의 연장이다.[23]

『2012년 세계 개발 보고서』는 성불평등을 분석하는 데 관련성이 아주 높은 이슈에 대한 방대한 정보의 집합체이다. 성평등과 발전의 관계, 여성의 목소리와 주체, 젠더 규범, 고용, 무역과 지구화, 공공정책, "성평등을 위한 개혁의 정치 경제"(p.35)에 이르기까지 다양한 주제를 담고 있다. 이 보고서는 사회적 측면을 다루면서 발전에 대해 폭넓은 시각을 취하는데, 남성과 여성이 사회에서 각기 다른 위치를 점하고 그것이 경제적 결과로 나타나는 데 있어서 문화적 규범과 사회 관습의 역할을 인정한다. 그러나 이 보고서는 또한 주류 경제학과 자유주의적 틀 내에서 성불평등을 다루는 한계를 보여준다. 주류 접근 방식의 전형으로, 이 보고서는 1980년대 초부터 계급 불평등(남성과 여성 모두에게 영향을 미치는)을 증가시킨 신자유주의 거시경제 정책을 문제시하거나 언급하지 않는다. 동시에 이 보고서는 지구화와 관련된 영향력을 매우 긍정적으로 보고 있는데, "시장과 공식적 및 비공식적 제도를 통해 작동하여 성불평등을 악화시키는 요소들 중 일부를 제거했다는 점"을 근거로 든다(p.256).

---

23) 젠더행동계획(GAP)은 성평등이라는 밀레니엄 개발 목표의 이행을 가속화하기 위해 "(정책 수준에서) 여성을 위한 시장을 작동시키고, (주체성의 수준에서) 여성들이 시장에서 경쟁할 수 있는 역량 강화"를 강조한다(World Bank, 2006: 4). 이에 젠더행동계획은 여성의 시장 참여를 높이기 위한 인센티브와 인프라 투자, 토지·노동·금융·농산물 시장에서 여성에 대한 정책 및 제도 환경 개선 같은 거래 비용 절감 방안을 강조했다.

해당 보고서는 경제 성장을 달성하기 위해 성불평등을 줄이는 데 찬성하는 세계은행의 가장 잘 알려진 주장을 보여준다. 이 보고서는 성평등을 촉진함으로써 얻을 수 있는 이익에 대한 두 가지 표준적인 예를 드는데, 하나는 그것이 본질적으로 중요한 문제라는 점과 다른 하나는 경제적으로 의미가 있다는 것이다. 젠더가 그 자체로 중요하다는 주장에 대해 아마르티아 센(Amartya Sen)의 "자유로서의 개발"의 정의를 언급하고 있으며, 이 개념은 성평등한 자유의 확장을 요구하고 있음을 강조한다. 또한 성평등을 추구하는 것이 여성 차별 철폐 협약(CEDAW)과 밀레니엄 선언의 당사자인 정부들의 국제적 약속의 일부임을 독자들에게 상기시킨다.

세계은행의 주된 사명을 고려할 때, 이 보고서가 도구적 주장을 강조하는 것은 당연하다. "성평등은 스마트 경제학"이라는 주장을 만드는 과정에서 이 보고서는 1990년대와 2000년대 초 페미니스트 연구자들에 의해 생산된 풍부한 성 인지적 연구에 주목하고 세계은행의 연구와 위탁 연구 보고를 보완하는 데 활용했다. 성평등이 경제적 의미가 있다는 세계은행의 도구적 주장에는 네 가지 갈래가 있다. 먼저 두 가지는 직접적인 효율성 이득을 강조한다. 마찬가지로 이 보고서는 기금(자원)과 경제적 기회에 대한 균등한 접근이 단기적으로나 장기적으로 생산성을 증대시킬 것이라고 주장한다. 단기적으로, 소녀와 여성 대상 교육, 고용, 토지 및 기타 생산적인 투입물에 대한 접근에서의 차별이 줄어들면 생산량이 증가할 것이다. 이 보고서는 보세럽을 인용하며 더 많은 교육을 받은 여성, 더 나은 장비를 갖춘 여성 농부, 더 많은 수의 여성 고용주가 경제 분야 전반에서 더 높은 효율성과 성장에 기여할 것이라고 제안하고 있다.

장기적으로 성평등은 다음 세대의 역량을 향상시키기 위해 중요하다고 여겨진다. 『2012년 세계 개발 보고서』는 여성들이 가계 자원에 대한 통제력을 더 많이 갖게 된다면 어린이들의 건강과 교육에 더 많이 투자하게 될 것이고 이것은 미래의 경제 성장을 촉진할 것이라고 주장한다. 게다가 여성 자신의 교육과 건강을 개선하는 것은 아이들의 건강과 생존을 향상시킬 것이다. 즉 교육을 받은 엄마들(그리고 아빠들)은 그들의 아이들에게 예방접종을 찾아 시키고, 더 나은 영양을 공급하며, 따라서 그들 아이들의 생존 가능성을 향상시킬 가능성이 더 높다. 더불어 삶에 더 많은 통제력을 가진 엄마들은 가정폭력을 덜 경험할 것이다. 그러므로 그들의 아이들은 가정폭력에 덜 노출될 것이고, 이로 인해 다음 세대에 파생되어 나타날 각종 해악(알코올중독, 가정폭력, 건강문제)을 감소시킬 것이라고 주장한다.

성불평등을 줄이기 위한 세계은행의 세 번째 주장은 거버넌스에 있어서 여성적 손길의 가치와 관련이 있다. 이 보고서에서는 특히 다양한 기관의 의사결정에서 권력의 성별 격차를 줄이기 위한 조치를 권고한다. 이를 통해 제도적 변화를 만드는 데 있어 여성 개인 또는 집단적 주체가 이익을 볼 수 있다고 본다. 또한 이 논쟁의 구성 요소는 정치적 결정에 더 많은 여성이 참여한다면 거버넌스에 긍정적인 영향을 미칠 것이라 보았던 2001년 세계은행 논의의 연속선상에 있다(World Bank, 2001). 주목할 만한 예로, 이 보고서는 인도의 마을에서 나타난 할당제의 효과를 증거로 들며 여성 대표자들이 뇌물수수에 덜 취약하고 공공재 공급을 지원할 가능성이 더 높다고 지적한다. 거버넌스에 대한 긍정적인 효과의 예는 명백히 성평등을 촉진하기 위한 윈-윈 가능성을 보여주지만, 여성 리더가 있음에도 현상을 유지하고 있는 정책이 바뀌지 않음을 보여주는, 세계은행에서 다루지 않은 다른 사례도 여러 나라에 걸쳐 나타난다.

여성과 소녀에게 투자함으로써 경제 성장에 기여하도록 한다는 도구적 입장은 항상 윈-윈 시나리오의 관점에서 제시되지만, 페미니스트들은 이러한 효율성에 입각한 주장이 여성에게 억압적인 젠더 규범을 종식시키고 성평등을 추구하려는 논의의 본질을 침식할 우려가 있다고 지적한다(Chant and Sweetman, 2012). 그들은 성평등과 여성의 권한을 증진하는 것이 "'저렴한 개발' 및/또는 경제 자유화를 확대하는 것"보다 얼마나 우선순위에 있는지에 의문을 제기한다 (Chant, 2012: 202). 이렇게 회의적인 태도에는 여러 가지가 이유가 있다. 첫째, 『2012년 세계 개발 보고서』는 거시경제 정책을 고려하지 않고 미시적 또는 부문 수준의 정책에 초점을 맞춘 제한된 변화 의제를 제시한다. 그러나 신자유주의적 거시경제 정책은 가정과 시장의 성불평등을 악화시키고 일자리를 파괴하는 데 공모했을 뿐만 아니라 세계은행 내부의 성불평등을 줄인다는 최소한의 의제를 이행하는 데조차 방해가 되고 있다(Berik and van der Meulen Rodgers, 2012; Elson, 2012b).[24)] 둘째로, 이 보고서의 윈-윈 수사법은 가난한 지역과 가정의 여성들이 실제로 살아온 경험과 대조된다(Chant and Sweetman, 2012). 공공지원이 축소되거나 사라지면서 가난한 여성들은 더 많은 부담을 지도록 요구받고 있으며, 실제로 부담이 증가하고 있다. 셋째, 소녀들의 안녕을 강조하는 것은 우선적으로 논의되어야 할 중요한 의제이지만 나이 든 여성들의 사회적 기여와 필요를 무시하는 것처럼 보인다. 여성과 소녀들이 "세상을 고칠 수 있을 때"에만 투자할 가치가 있는 것처럼 말이다(Chant and Sweetman, 2012: 527).

현재 전략적 윈-윈 주장은 널리 퍼져 있다. 다자간 조직의 페미니스트 연구자들은 공여기관이 젠더 문제에 거의 관심이 없다는 것을 알면서도, 이러한 주장에 기대서 여성과 소녀들에게 정책적 관심과 예산 분배의 정당성을 확보한다. 그리고 스마트 경제학 주장은 윈-윈 시나리오를 따르는 다른 주장들과도 일맥상통한다. 예를 들어 사회적 기업가 정신이 점점 더 부각되고 있는 것에서 알 수 있는데, 사회적 기업가는 그들이 생각하기에 소외된 사람들의 삶을 개선하는 프로젝트에 투자하면서 이익을 얻는다. 투자자가 이익을 기대할 수 있는 경우에만 소외 계층은 수혜자가 될 수 있으며, 투자자가 적절하다고 생각하는 방식으로만 가능하다. 소외 계층이 받는 혜택의 규모는 사업 계획에 따라 달라지며, 실제로 혜택을 받을 수 있는지 여부는 고려 대상이 아니다. 사적인 수익이 보장될 경우에만 도덕적 의지가 작동하는 이 상황은 시장 확대와 공적 자금 감소가 얼마만큼 우리의 도덕적 의지를 좀먹고 있는지 알 수 있게 한다.

신자유주의적 접근법은 젠더와 발전 분야를 어디까지 장악했을까? 이 분야가 지난 20년 동안 신자유주의 담론과 정책적 헤게모니의 영향을 많이 받았다고 주장하는 데는 이유가 있다. 이러한 영향은 젠더와 발전 분야에서만 두드러진 것

---

24) 예를 들어, 『세계 개발 보고서』가 산모의 건강을 개선하기 위해 제안하는 인프라 투자와 같은 해결책은 정부 예산에 대한 신자유주의적 접근으로 생긴 재정적 제약에 직면할 가능성이 높다.

이 아니다. 헤스터 아이젠스타인(Hester Eisenstein, 2009)은 페미니스트 학자들 일반과 특히 페미니스트 경제학자들을 언급하며, 그들이 신자유주의 시대에 여성의 성취와 성평등의 긍정적인 변화에 "미혹되었다"고 주장했다. 그녀는 이것이 신자유주의적 헤게모니를 너무 많이 확장시키는 결과를 초래했다고 주장한다. 프레이저(2013)도 비슷한 선에서 "잔혹한 운명의 꼬임에 빠져" 페미니즘이 "신자유주의적 시장 사회와 위험한 관계에 말려들었다."고 지적하며 논쟁을 벌여왔다. 비록 두 저자가 페미니즘 일반을 언급하고 있지만, 우리는 젠더와 발전 분야에서 1990년대와 2000년대에 이루어진 작업의 상당 부분이 신자유주의에 대한 비판적 관점을 결여하고 있다는 의견에 동의한다. 그러나 2장에서 논의하는 바와 같이, 페미니스트 분석이 이 시대를 수용했다는 증거가 있다고 하더라도 페미니스트 경제학에서는 이 기간에 비판적 사고가 많았다. 많은 연구가 신자유주의 정책의 부정적인 영향을 다른 관점에서 분석해왔다. 또한 우리는 우선 역량 중심 접근법과 더 최근의 것으로는 인권 프레임워크를 강조한다. 두 접근법 모두 개발도상국의 성불평등 문제에 경험적으로 뿌리를 두었고 신자유주의 정책 비판을 위한 이론적, 경험적 토대를 제공했음을 강조해두겠다.

역량 중심 접근과 인간 개발

1980년대 이후 신자유주의적 접근법에 대한 가장 강력한 반대 담론은 아마르티아 센과 마사 누스바움(Martha Nussbaum)이 고안한 역량 중심 접근법(capabilities approach)이었다. 이 접근법은 1990년에 유엔개발계획(UNDP)이 인간개발지수(HDI)를 조사하고 그 결과를 『인간 개발 보고서(HDR)』로 출판함으로써 경제개발계에서 명성을 얻었다. 역량 중심 접근 방식은 개인의 안녕과 정책의 효과를 평가하기 위한 규범적인 프레임워크를 제공한다. 핵심 아이디어는 개발이 사람들의 역량 확장을 수반한다는 것이다. 여기서 역량이라 함은 각 개인에게 존재하는 것과 그들이 할 수 있는 것으로 정의할 수 있다. 이 접근법의 옹호자들은 주류 경제학의 소득이나 선호에 기반한 기준보다 역량이 개인의 안녕(사람이 얼마나 잘 사는지)을 측정하는 데 더 적절한 기준을 제공한다고 주장해왔다. 이 접근법은 사람들의 온전한 삶을 방해하는 장애물을 제거하는 정책을 추구하며, 그래서 "사람들이 자신이 가치 있다고 생각하는 삶을 살아갈 자유를 더 많이 가질 수 있도록" 한다(Robeyns, 2003a: 6).

역량은 개인의 다차원적인 잠재력을 나타낸다. 역량(capability)은 개인이 원하는 대로 존재하고 원하는 것을 할 수 있는 능력(ability)이다. 자전거를 탈 수 있는 것과 같은 가장 기본적인 것에서부터 경제 개발 정책에서 논쟁의 중심이 되는 영양을 섭취할 수 있는 능력, 교육을 받거나 차별에서 자유로울 수 있는 것까지 다양하다. 역량 중심 접근법에서 채택하는 프레임워크는 역량과 기능을 구별한다. 전자는 개인이 할 수 있는 일 또는 가능성과 원하는 것을 나타내며 후자는 실제로 달성한 것이다(Nussbaum, 2004; Robeyns, 2003a: Robeyns, 2005).

센과 누스바움의 주장처럼, 국민소득의 확장은 역량의 확장을 위한 수단이지만 그 자체가 목적은 아니다. 1990년대 초부터 몇몇 국가들의 경제 성장에 대한 비교 연구를 통해서, 센(1999)은 높은 수준의 국민소득은 그 나라 국민의 역량을 확장하기에 충분하지 않다고 주장했다.[25] 심지어 저소득 국가의 시민이 가장 기본적인 역량을 갖는 데에 더 높은 국민소득이 필요하지 않을 수도 있다. 시민의 역량을 증진시키는 국가의 역량은 성장 과정의 활용, 즉 분배가 제도적으로 구현되는 방식과 정책에 달려 있다는 것이 센의 기본 요지다. 센은 저소득 국가들도 더 높은 소득 수준 달성을 기다리기보다는 더 나은 건강과 교육 성과를 우선시할 수 있다고 주장한다. 보건과 교육은 노동 집약적인 서비스이기 때문에, 이러한 분야에 대한 투자는 기본적인 역량을 향상시키기 위한 필수적인 서비스를 제공할 뿐만 아니라 고용을 창출하고, 이는 다시 발전의 선순환을 촉발할 수 있다. 역량 중심 접근법은 사람들의 생계를 지원하기 위해 필요한 정책의 핵심을 설명하지는 않지만, 그들의 역량 활성화를 강조한다. 그러므로 역량 중심 접근법

---

25) 센은 브라질과 한국이 모두 1인당 GNP의 높은 성장률을 경험했지만 브라질의 경제 성장이 한국과 비교해 같은 수준의 기대 수명 향상을 가져오지는 않았다고 지적했다.

은 산출물 확장에 집중하는 주류적 경제 개발 개념과 대조되는 사람 중심의 발전 개념을 제공한다.

누스바움(2000a; 2003; 2004)은 센의 일반적인 접근 방식을 넘어섰다. 누스바움은 역량 중심 접근법을 정의 이론으로 발전시켰고, 여성의 역량을 보편적으로 증진시키기 위한 논거를 만들었다. 누스바움은 특정한 사회경제적 조건과 문화적 요인에 따라 요구되는 역량이 다를 수 있다고 인정하면서도, 모든 곳에서 증진되어야 하는 축소 불가능한 열 가지 목록을 만들었다. 이 목록은 "삶"(통상 인간의 수명이 다할 때까지 살 수 있는 것), "건강"(건강한 상태일 수 있는 것)에서부터 "신체의 자유"(이곳저곳 자유롭게 움직일 수 있고 … 폭력적인 공격으로부터 안전하게 보호받을 수 있는 것), "환경에 대한 통제" 등과 같은 것으로 여기에는 정치적 참여와 재산 소유처럼 인간 삶의 물질적인 측면과 같은 것들이 포함된다. 이 목록에는 인간은 신체적인 존재이며, 보살핌을 받고, 다른 사람을 돌볼 수 있는 역량을 가진다는 개념이 전제되어 있다.[26] 이 목록은 가정폭력으로부터 안전하고 출산에 관한 선택을 할 수 있는 것과 같이 여성에게 특히 중요한 역량을 포함한다는 점에서 성인지적이다.

역량의 목록을 기술하는 것은 인간의 안녕에 대한 지표를 설계하고 사회적 목표와 정책을 설계하는 데 사용될 수 있다는 점에서 매우 중요하다. 예를 들어 베네리아(2008)는 볼리비아 지역 여성 그룹과의 토론을 기반으로, 무급 가사노동과 시장 노동의 균형을 맞추고 여성의 노동 부담을 줄이는 정책을 찾아내는 역량 정책 매트릭스를 개발했다.[27] 마찬가지로 누스바움의 목록은 여성이 경험하는 역량 부족과 그 원인을 설명하기 위한 "역량 진단" 프레임워크로 사용될 수 있다. 예를 들어, 특정한 맥락에서 여성의 소위 명예 살해(삶의 역량 상실의 예) 또

---

26) 인간 본성에 대한 이러한 개념은 주류 경제학의 밑바탕이 되는 자유주의 이론과는 매우 다르다(Jaggar, 1983).

27) 로빈스(Robeyns)가 작성한 역량 목록과 지역 그룹과의 논의(2003b)를 바탕으로, 베네리아는 시간 분배와 시간빈곤의 불평등과 관련 있는 지역민들의 요구가 반영된 6가지 관련 역량을 정의한다. 또한 지역 단체와의 협력을 통해 이러한 역량을 증진할 수 있는 일련의 공공정책을 정리했다.

는 건강 악화(신체적 건강의 박탈)는 역량 중심 접근법의 관점에서 그 원인을 분석함으로써 잠재적 해결책을 찾아낼 수 있다.[28]

누스바움은 어디에서나 헌법으로 보장되어야 할 역량의 보편성에 대해 주장함으로써, 포스트모던 비평가들로부터 이러한 규범이 (일부)제3세계 여성을 대신하여 목표를 제시한다는 혐의를 받는다. 그러나 누스바움이 제시한 것은 역량의 목록이며, 이는 각 개인이 어떠한 역량을 추구할지 선택할 수 있음을 뜻한다.[29] 누스바움의 기본 요점은 여성(및 남성)에게 그들이 추구하는 삶을 선택할 자유가 있는 한, 그것이 폐쇄적이거나 격리된 삶이든, 공공의 참여이든, 베일을 쓰든 말든, 무엇을 선택할지는 그들에게 달려 있다는 것이다.[30]

삶의 안녕을 위한 대안적 프레임워크에는 대안적 척도가 필요하다

일단 인간의 안녕(Well-being)을 위해서는 소득 이상의 것이 필요하고 1인당 평균 소득이 성불평등을 포함한 불평등을 은폐한다는 것을 인식한다면, 성평등과 여성 역량 강화를 향한 목표가 얼마나 진전되었는지 혹은 달성되었는지 평가하기 위한 성인지적 척도를 확립하는 것이 중요하다. 21세기 초, 연구자들은 UNDP의 성불평등지수(GII, Gender Inequality Index)와 같이 인간의 안녕에 대한 성과를 측정하는 지수에서부터 성평등을 방해하는 제도적 장애물을 측정하는 사회 제도 및 젠더지수(SIGI, the Social Institutions and Gender Index)에 이르기까지

---

28) 예를 들어, 파키스탄에서 명예 살인의 경우, 이슬람 종교법과 국가법을 무시하는 부족의 문화 규범과 제도가 다양한 여성의 역량을 심각하게 제약한다(Appiah, 2010). 규범을 바꾸는 것이 이 문제의 해결책이 될 수 있으나, 필요한 것은 학살을 묵인하거나 장려하는 제도에 대해 (국제 단체들과 연대하여) 전국적인 행동을 조직함으로써 무엇이 명예인가의 의미를 재구성하는 일이다.

29) 목록의 문제는 역량 연구자들 사이에서 논쟁의 대상이 되어왔다.

30) 누스바움은 여성의 역량을 제약하는 특정 관행의 문화적 뿌리를 주장하는 사람들에게 다음과 같이 반박한다(2004). 첫째, 문화는 단일하거나 고정된 것이 아니며, 특정한 규범/전통이 한 나라의 전통을 대표하는 것으로 받아들여질 수 없다. 둘째, 하나 이상의 역량, 특히 사람을 해치는 전통적인 관행, 예컨대 사람의 신체적인 온전함을 해치는 관행은 유지되어서는 안 된다. 셋째로, 자신의 기본 역량 목록이 서구의 가치를 강요하는 것으로 해석될 수 없다. 왜냐하면 그 자신은 자유를 제한하기보다는 넓히는 것을 요구하며 여성의 자유를 제한하려는 목소리에 반대하고 있기 때문이다.

다양한 국가 간 비교를 가능하게 하는 성인지적 종합 지수를 만들어냈다.

젠더를 포함하는 척도를 마련하기 위한 선구적인 노력은 1995년에 도입된 UNDP의 젠더발전지수(GDI)와 여성권한척도(GEM)에서 시작됐다. 이러한 척도는 역량 중심 접근법에 영감을 받은 UNDP의 인간 개발 프로젝트로부터 발전되었다. UNDP는 1990년에 몇 가지 핵심 분야에서 어느 나라가 인간의 역량을 쌓기 위해 어느 정도 진척을 보이고 있는지를 평가하기 위해 인간개발지수(HDI)를 발표하기 시작했다. 인간개발지수(HDI)는 한 국가의 역량을 달성하기 위한 수단을 대표하는 보건, 교육, 소득 수준에 대한 지표를 포함한다.[31] 인간개발지수(HDI)는 소득 수준이 같은 국가들이 반드시 같은 인간 개발 수준을 나타내지 않는다는 것을 보여주었고, 이것은 인간의 안녕을 촉진하는 데 어떤 정책과 경제 체제가 효과적인지를 평가할 수 있게 해주었다.

1995년 『인간 개발 보고서』는 시간의 흐름에 따른 성불평등의 변화나 국가 및 지역 간 성불평등을 비교할 수 있도록 어느 정도의 정량화를 위해 젠더발전지수(GDI)와 여성권한척도(GEM)를 도입했다.[32] 이러한 종합 지수는 성불평등과 여성의 권한을 평가하기에는 한계가 많은 방법이다. 소규모의 정성적 연구에서 생성된 맥락이 살아 있는 젠더 관계에 대한 정보의 가치에는 필적할 수 없지만, 이러한 노력은 성불평등 관련 정책 분석에 중요한 장점을 가지고 있다. 국가의 상대적 성과를 강조하는 종합적인 척도는 보다 상세한 정보와 지표로는 할 수 없는 직관적이고 직접적인 방법으로 정책 입안자들이 성불평등 문제에 관심을 가질 수 있도록 한다. 더욱이, 그러한 척도는 다양한 정책이나 경제 성장이 성불평등에 미치는 영향을 평가하고 이러한 불평등의 상관관계를 분석하는 국가 간 비교연구 또는 국가 차원의 연구에 사용될 수 있다. 따라서, 이 평가들은 성불평

---

31) 이 구성 요소들은 초기에는 출생 시 기대 수명, 성인 문해 능력 및 학교 등록 비율, 1인당 실질 GDP로 측정되었다. 이후 교육 및 소득 척도에 변화가 있었다.

32) 젠더발전지수(GDI)는 인간개발지수(HDI)에 포함된 동일한 측면의 성별 차이를 측정하여 특정 국가의 성불평등으로 대표되는 인간 개발의 손실을 측정하였다. 여성권한척도(GEM)는 여성과 남성이 경제 및 정치 활동에서 의사 결정에 참여할 수 있고 일정 정도 권력에 접근할 수 있는 정도를 조사하기 위해 구성되었다.

등을 줄이고 여성의 권한을 증진시키기 위한 정책 설계를 가능하게 한다.

　　UNDP의 이러한 선도적인 노력은 환영받았지만, 젠더발전지수(GDI)와 여성 권한척도(GEM)는 여러 가지 이유로 문제시되었다. 그중 가장 중요한 것은 둘 다 성평등의 척도가 아니라는 점이다(Dijkstra and Hanmer, 2000; Dijkstra, 2006; Schüler, 2006). 구성된 소득 척도(constructed income measure)를 사용하고 고소득 국가에 높은 순위를 부여하는 소득 요소를 포함한 것도 비판의 대상이 되었다. 또한 종합지수는 요약 척도라서 국가 간 다양한 지표 차이나 정보가 수집된 시기가 일정치 않다는 점을 투명하게 드러내지 못해 비판을 받았다. 이러한 이유로, 이를 개선하자는 제안이 쇄도했다(Benería and Permanyer, 2010; Klasen and Schüler, 2011).

　　이러한 비판에 대응해 인간개발지수(HDI)의 방법론을 수정하는 과정에서 UNDP는 젠더발전지수(GDI)와 여성권한척도(GEM)를 대체하기 위해 2010년 성불평등의 새로운 척도인 성불평등지수(GII)를 도입했다. 새로운 지수는 여성의 재생산 건강 요소, 권한 부여, 노동시장이라는 완전히 새로운 세 가지 요소로 구성되어 있다. 그러나 페르마니에르(Permanyer, 2013)의 주장처럼, 성불평등지수(GII)는 문제를 해결하기보다는 더 많은 문제를 일으켰다. 개념적 수준에서의 한 가지 문제는 성불평등 척도로서 지수가 가지는 편파적 성격이다. GII는 여성의 재생산 건강을 건강 요소로 선택함으로써 남성에게는 없는 절대적인 척도에 만족하는 반면, 다른 요소는 상대적인 척도를 취한다. 더욱이 고소득 국가가 높은 순위(낮은 성불평등)를 차지하는 문제는 GII에서도 여전한데, 이는 GII의 국가 순위가 전적으로 여성에 대한 차별적 규범과 관행을 반영하지 않는다는 것을 의미한다.[33] 이러한 문제에 대한 한 가지 해결책은 GII를 수정하거나 새로운 지수를 만드는 것이다. 예를 들어 출생 시 여성 및 남성의 기대 수명으로 건강 구성 요소를 측정하는 것처럼, 모든 구성 요소를 남성과 비교한 여성의 상대적 지위로 측정하고 구성 요소 간의 간단한 평균을 활용하는 방식을 생각할 수 있다(Benería and

---

33) 또 다른 문제는 지수의 구성 방법론에 기인한다. 성불평등지수(GII)의 대칭적인 구성으로 인해, 교육 및 노동력 참여 요소에서 남성의 불이익이 크기 때문에 불평등이 적은 경우 국가의 순위가 더 유리할 수 있다.

Permanyer, 2010; Permanyer, 2013).

사용할 수 있는 국가 간 비교 데이터가 많아짐에 따라 연구자들은 성별을 포함한 몇 가지 다른 척도를 활용할 수 있게 되었다. 그러나 이레너 판스타베런(Irene Van Staveren, 2013)이 보여주듯이, 모든 성별 지수가 동일한 것은 아니다. 가장 잘 알려져 있고, 가장 많은 나라를 포함하며, 쉽게 접근할 수 있는 UNDP의 GII를 포함한 다섯 가지 성별 지수에 초점을 맞추어, 판스타베런(2013)은 사용되는 지수에 따라 국가 순위는 달라지며, 따라서 이러한 지수를 서로 혼용할 수 없고, 각각의 개념적, 방법론적 근거를 이해하는 것이 적절한 분석을 위해 중요하다는 것을 보여준다.34) 어떤 성별 지수를 선택하는가는 연구자의 목표에 달려 있다. 각 지수는 역량 중심 접근법에서 다루는 성불평등의 각기 다른 측면을 강조한다. 이는 자원과 제도에서 역량과 기능에 이르기까지 다양하다. 대부분의 척도는 여성의 성과를 절대적인 측면에서 측정하거나 혹은 GII처럼 남성과 비교하여 상대적으로 측정한다. 이들과 구별되는 것은 성평등에 대한 법적 및 비공식적 제도적 장벽을 측정하는 OECD의 사회 제도 및 젠더 지수(SIGI)이며, 결과 척도를 보완하는 데 유용하다(Branisa et al., 2014).35)

성별을 포함하는 척도의 확산에도 불구하고 이러한 노력을 방해하는 데이터 격차가 여전히 존재한다. 많은 나라에서 개인 소득이나 임금 자료가 부족한 것도 하나의 장애물이다. 또한 소득이 어떻게 사용되고 가정폭력이 얼마나 일어나는지와 같은, 가구 내에서 일어나는 일에 대한 정보를 얻는 데도 한계가 있다. 현재 성별 지수의 또 다른 단점은 돌봄노동과 같은 무급 노동에 대한 지표를 거의 포함하지 못한다는 것이다. 또한 성평등을 증진시키는 변혁적인 행동을 위한 정책을 설계하고 시행하기 위해 성불평등 측정은 중요하지만, 충분한 조건은 아니

---

34) 판스타베런은 다음의 지수를 중심으로 평가를 했다. 사회연구소(Institute of Social Science)의 성평등지수(GEI), UNDP의 성불평등지수(GII), OECD의 사회 제도 및 젠더 지수(SIGI), 이코노미스트 인텔리전스 유닛(Economist Intelligence Unit)의 여성 경제 기회 지수(WEOI) 모두 2010년에 처음 나왔고, 세계경제포럼의 글로벌 젠더 격차 지수(GGGI)는 2006년부터 발간되었다.

35) 사회 제도 및 젠더 지수(SIGI)의 구성 요소는 가족법과 규범, 시민의 자유, 신체의 온전함, 소유권, 남아선호 문화 등 5개 제도를 측정한다.

라는 사실을 주지해야 한다.

인권 접근법: 경제적 · 사회적 권리

누스바움이 역량 중심 접근법을 좀 더 성인지적 방식으로 설명하면서 젠더와 발전 연구의 잠재력을 강화시켰지만, 신자유주의 정책을 변화시키는 데 있어 역량 중심 접근이 가져온 실질적인 효과는 제한적이었다. 이런 점에서 인권에 초점을 맞춘 발라크리슈난과 엘슨(2011)의 프로젝트는 더 큰 잠재력을 지닌다. 이들은 인권 접근법을 통해 신자유주의 정책에 대한 평가를 하도록 함으로써 역량 중심 접근보다 더 확고한 비판의 토대를 마련한다. 역량 중심 접근과 달리, 인권 접근법은 정부가 거시경제 정책을 설계할 때 정부의 인권에 대한 의무를 우선시하도록 강제한다는 점에서 가치가 있다. 정부는 인권 기준에 맞춰 경제 성장을 달성하는 방법을 찾아야 한다. 정부는 자국민의 경제적 · 사회적 권리를 침해하는 국제 조약 또는 국제통화기금 스탠바이협약(SBA, Stand−by Agreement) 비준을 피해야 한다. 정부가 자국민의 경제적 · 사회적 권리를 보호하지 못한다면 국제적인, 지역적인 또는 국가적 포럼에서 책임을 묻게 된다.

세계인권선언의 경제적 · 사회적 권리에 초점을 맞추어 정책 효과를 평가하기 위한 인권 기준은 표준적인 경제 기준에 상응한다. 경제 성장에 초점을 두는 주류 경제학의 접근법과는 반대로, 인권 접근은 상품 생산, 사회적 재생산, 정부 예산의 분배 또는 국제무역과 같이 경제 과정을 수행하는 데 유지되어야 하는 필수적인 최소 수준의 경제적 · 사회적 권리를 주장한다. 인권 접근법은 소위 "삶에 기본적 필요를 위한 공급(provisioning, 이하 공급)" 기준을 제시하는데, 이는 2장에서 논의하는 바와 같이 페미니스트 경제학의 목표와 더 잘 호환되며 주류 경제학적 기준은 효율성에 초점을 맞추고 있다.36)

---

36) 복지의 범위는 어렵지만 정당한 질문을 던지는데, 예를 들면 제한된 자원을 감안할 때 어떤 권리의 체계와 제도가 인권 실현을 가능하게 할 수 있는가 같은 질문이다. 필연적으로,

역량 중심 접근법과 경제 및 사회적 권리에 대한 인권 주장 사이에는 실질적인 상호 보완성이 존재한다(Nussbaum 2011a). 첫째로, 두 접근법 모두 유사한 목표를 추구하고 인간의 기본적인 필요와 관련된 활동을 아우르는 포괄적인 활동 영역을 포함한다(Balakrishnan and Elson, 2011; Elson, 2002a; Nussbaum, 2003; Robeyns, 2003a). 예를 들어 건강에 대한 권리는 건강할 수 있는 역량과 짝을 이룬다. 마찬가지로, 일할 권리는 사람들이 자신의 역량을 추구할 수 있도록 하는 수단(기관 및 자원)을 강조하는 역량 중심 접근법과 한 쌍을 이룬다. 둘째로, 인권의 언어는 권리를 박탈당한 사람들이 적극적으로 권리를 요구할 수 있도록 하는 더 권위 있는 담론을 제공하는 반면, 역량 중심 접근법은 모든 사람, 여성, 남성이 실제로 인간의 존엄성에 걸맞은 삶을 영위할 수 있도록 하는 기본적인 사회적 최소 수준의 개념을 제공한다(Nussbaum, 2003). 셋째, 두 가지 접근법은 초점에 있어 상호보완적이다. 인권적 접근은 경제와 사회적 권리의 필수적인 최소 수준을 보장하거나 충족시키기 위해 자원과 경제 정책을 배분하는 데 있어서 시장과 같은 사회 제도의 효과를 판단하는 새로운 기준을 제공한다. 반면에 역량 중심 접근법은 인간개발지수와 같이 소득과 1인당 GDP 성장을 넘어서는 인간의 안녕 또는 사회복지와 같은 대체 척도를 개발하는 길잡이가 되며, 그룹 간 비교와 진행 상황 모니터링에 사용될 수 있다.

두 가지 프레임워크를 아우르는 중요한 목표는 한 사람 한 사람의 역량(권리)을 보장하고 확장하여 인간 삶을 위한 기본 조건의 충족이라는 경제적 목표를 바탕으로 존엄한 인간 생활을 영위하도록 하는 것이다. 두 가지 프레임워크는 모든 사람을 단지 목적을 위한 수단이나 다른 사람들을 위한 도구로서 취급하지 않고 하나의 목표로 취급한다.[37] 따라서 두 프레임워크의 정당성은 각 개인과

이 접근법은 자원 사용에 대한 우선순위를 설정하는 시스템과, 예를 들어 주거, 식량, 교육, 의료 서비스, 이동성, 자기 표현과 같은 사람들의 각기 다른 요구를 실현할 때 무엇을 먼저 선택할지 평가할 수 있는 프레임워크를 필요로 한다.

37) 예를 들어 두 프레임워크 모두 여성을 남성의 부속물로, 여성의 노동을 시장 생산 과정에서 노동의 투입을 재생산하고 유지하기 위한 자원으로 취급하는 견해와 관행을 비판한다(Sen, 1999).

모두의 경제적·사회적 권리를 필요한 수준(중요한 한계점 이상)으로 충족시키고 그 사회의 구성원들이 누릴 수 있는 실질적인 역량을 보장하기 위해 자원을 대안적으로 분배하고 사용하는 방법을 모색하는 것을 포함한다. 이러한 논리 구조는 효용, 소득 또는 생산의 극대화와 같은 개별 목표를 만족시키기 위해 비용과 편익에 초점을 맞춘 주류 경제학적 프레임워크와는 다르다.

세계인권선언 제23조부터 제26조는 본질적으로 성별화되어 있지 않지만, 인권 프레임워크에 통합되어 있는 비차별과 평등 원칙은 성인지 관점을 쉽게 포함할 수 있다. 따라서 이 프레임워크는 경제 및 사회 권리의 증진에 있어 성평등에 대한 정부의 약속을 평가하고 가능할 때마다 정책의 성별 영향 결과를 측정할 수 있게 한다. 따라서 이 프레임워크는 2008년 이후 경제 위기가 닥친 국가들에서 일어난 것처럼, 규칙을 왜곡하려고 하거나 인구 대다수에게 재정적인 재앙을 초래하는 정책 시행을 평가하고 예방하는 데 도움을 줄 수 있다. 역량 중심 접근법에 비해 인권 접근이 갖는 장점 중 하나는 여성의 역량 개선 없이 남성과 소년의 성과 악화로 성별 격차가 좁혀진 사례를 조명하고 드러냈다는 점이다.

그러므로 인권 접근과 역량 중심 접근법이 결합된 접근은 신자유주의 경제 정책에 대한 강력한 반대 담론과 경제 정책을 재고하기 위한 대안적 접근법을 제공한다. 이는 생산과 소득에 매몰된 경제 분석을 넘어서 대안적인 분석의 지평을 열었는데, 여기에는 개인의 경제적·사회적 권리를 실현하지 못하게 하거나, 기아와 폭력으로부터의 자유와 같은 실질적 역량의 실현을 막는 제약과 그 본질에 대한 더 깊은 통찰이 포함된다. 이 통합적 접근법은 기본적인 경제 및 사회 권리(역량)를 목적인 동시에 수단으로 보고 있으며, 여성과 남성의 권리(역량) 이행은 경제 및 사회 진보와 경제 정책의 효과를 평가하는 기초가 된다. 우리는 통합적 접근법이 변혁적이면서도 강력한 방식으로 성별을 경제 분석에 통합할 수 있는 엄청난 잠재력을 가지고 있다고 믿는다.

결론

젠더와 발전 분야는 보세럽의 작업으로 소박하게 시작되었으나 이후 크게 진화했다. 보세럽의 저서에 제시된 성별 분업, 여성 교육, 토지 권리 및 기타 제도, 개발도상국 여성의 경제 활동 기여, 남성과 비교한 여성의 경제력과 같은 주제들은 계속해서 연구 의제를 정의하고 확장시켰다. 동시에, 지구화와 그에 수반되는 발전은 젠더와 발전 연구자들에게 새로운 문제를 제기하였다. 이러한 질문들은 국제적 규모의 자본주의 발전, 전지구적 자본 이동의 증가, 현재 진행 중인 노동력의 상품화와 프롤레타리아화, 소득 불평등의 증가와 관련이 있다. 전지구적으로 소득 불평등이 심화되는 맥락에서, 여성의 임금이 상대적으로 개선되었다는 것은 어떤 맥락에서는 점점 작아지고 있는 전체 노동자에게 돌아가는 파이의 몫을 여성들이 조금 더 많이 얻고 있다는 것을 의미할 수도 있다. 다른 새로운 주제들은 국제 이주의 증가, 기업이나 부유한 국가들이 가난한 국가와 사람들의 땅을 지배하는 토지 점유, 탈사회주의 경제의 변화, 세계 경제의 탈규제화로 야기된 금융 불안정, 기후 위기로 인한 지구상 대부분의 거주자 생존에 대한 위험 증가까지 다양하다. 마찬가지로, 일부 중남미 국가에서 시행되고 있는 새로운 경제 개발 모델은 제도 변화와 성불평등 사이 연관성에 대한 흥미로운 질문을 새롭게 제기한다.

성주류화 정책과 국제 정책 의제에서 많은 페미니스트 연구가 통합된 것은 21세기의 첫 10년 동안 일어난 중요한 성과였다. 이것은 젠더와 발전 연구자들이 추구해 온 목표였지만, 성불평등을 유지시키는 신자유주의적 거시경제 정책이 계속 시행되고 있기 때문에 우리는 이 제도화의 본질에 대해 회의적이다. 또한 개발 정책 의제에서도 젠더 문제를 보다 일반적인 정치 이슈나 거시경제 정책의 논의와 분리해서 다루는 경향이 있다. 이론적인 수준과 정책 담론 모두에서, 특히 2007~2008년의 금융 위기 이후 많은 국가에서 생계에 여러 가지 부작용을 일으킨 신자유주의 정책에 대한 도전은 계속되어야만 한다. 다음 장에서는 페미니스트 경제학 프로젝트, 주류 경제학에 대한 비판 그리고 페미니스트 경제학 분야를 형성해온 궤적을 살펴볼 것이다. 이러한 검토 과정을 통해서 경제 발전과 관련된 주제에서 페미니스트 경제가 어떠한 기여를 했는지 보다 상세히 논의하고자 한다.

02

여성과 젠더에 관한
경제학 연구

만약…… 경제 이론이 가장 힘 있고, 탐욕스럽고, 근시안적인 경제 행위자들의 지배를 강화하는 동시에 보통의 인간으로서 가지는 윤리적 감수성과 보통의 인간이 지닌 풍요롭고, 정의롭고, 지속 가능한 사회에 대한 열망을 약화시키는 신화를 만들고 있다면?

— 줄리 넬슨(Julie Nelson)[1]

---

1) 이에 대해서는 다음의 문헌을 참고. "Poisoning the Well, or How Economic Theory Damages Moral Imagination" in Oxford Handbook of Professional Economic Ethics (ed. George DeMartino and Deirdre McCloskey, 2015).

들어가며

1970년대 이후, 페미니즘은 많은 학문 분야에 지대한 영향을 끼쳤다. 인문학과 사회과학 분야의 대부분에서 통용되던 지식으로부터 배제되어왔던 젠더 문제를 마주하고 다루며 기존의 개념에 도전하고 지식의 경계를 넓혔다. 이러한 노력들은 전통적인 지식 뒤에 숨겨진 많은 남성 중심적 전제를 바꾸어놓았고 이를 통해 학문 분야들을 바꾸었다. 경제학에서는 1970년대부터 나타난 페미니스트 비평들로 인해 가정 내 노동 분업과 노동시장에 기반한 불평등에 대한 문제 제기에 주류 경제학에서도 관심을 기울이게 되었으나 그럼에도 페미니스트 비평이 경제학의 핵심 원칙에 균열을 가하지는 못했다. 다른 학문 분야들과는 달리, 경제학에서는 신자유주의 경제학이 유일한 정통 경제학으로 여겨진다. 이 경향으로 인해 경제학은 비주류 경제학의 대안적 시각을 배제하고 페미니스트들의 비판에 저항해왔다.

저항에도 불구하고 페미니스트 경제학은 독자적인 길을 개척하였고, 주류 경제학에 비판적인 입장을 견지하는 동시에 상당한 양의 혁신적 작업의 기반이 되었다. 페미니스트 경제학은 별개의 경제학 학파라기보다 경제 분석을 위해 젠더 관점을 사용하는 것을 의미한다. 다양한 지적 전통에 기반하여 태어난 페미니스트 경제학은 여전히 다학제적인 분야다. 페미니스트 경제학은 신자유주의와 다른 관점의 대안적 경제학자들을 아우르며, 성불평등의 사회경제적 측면을 연구하는 다른 사회과학 분야 페미니스트 연구자들도 포함한다. 이들 중 오드리 로드(Audre Lorde)의 표현을 따르면 '주인의 도구'를 활용하는 학자들도 포함되어 있다. 일부는 주류 경제학을 비판하며 주류 학파와의 대화를 이어나가기 위해서, 일부는 학제 내에서 젠더 인식을 형성하기 위해서 이를 활용하는 반면, 어떤 이들은 이러한 도구들을 멀리하며 경제학에 대안적으로 접근하려고 노력한다.

이 장은 페미니스트 경제학의 기원과 핵심 원칙, 담론, 학문적 기여, 새롭게 대두되는 연구 의제들에 대해 이야기한다. 첫째, 이 논의는 페미니스트 비평의 출발점을 제공한, 경제학에서 이미 확립된 접근 방식인 신고전주의 경제학과 대안 경제학인 마르크스주의와 제도주의 경제학에서 시작한다. 현대 페미니스트 경제학의 발전에 큰 자극이 된 것은 신자유주의의 주요 전제, 모델, 방법론, 연구방법 그리고 교수법에 대한 비판이었다. 이러한 비판들은 다른 분야 페미니즘 이론의 방법론적 발전과 인식론에 기초하였다. 주류 경제학에 도전하는 실증적 증거의 상당 부분은 개발도상국을 다루는 연구자들에 의해서 발견되었는데, 이들은 다양한 환경과 새로운 관점을 지닌 여성들의 삶에 대한 귀중한 통찰력을 제공하며 지식을 구성할 기반을 제공했다.

둘째로는 1960년대와 1970년대에 발전된 페미니스트 학자들의 노력을 바탕으로, 1980년대와 1990년대 초반 페미니스트들이 더 일관성 있고 강력한 합의를 구축하며 만들어낸 경제학의 전환점을 살펴본다. 1992년 국제 페미니스트 경제학회(IAFFE, International Association for Feminist Economics) 창립에 이어 1995년 학술지『페미니스트 경제학』의 출범은 경제학에 대한 페미니스트들의 도전을 보여주고 있으며 알벨다(Albelda, 1997)는 이를 "현장에서의 반란"이라고 불렀다. 메리앤 퍼버(Marianne Ferber)와 줄리 넬슨(Julie Nelson)이 편집한 1993년 작『경제적 남성을 넘어서』는 그 당시의 다양한 흐름 중 일부를 기록했다(Ferber and Nelson, 1993). 경제 개발 담론에 뿌리를 둔 역량 기반 접근법(capabilities approach)도 이 시기에 명확히 정립되어 대안적 페미니스트 프레임워크의 예시를 제공하였다.『페미니스트 경제학』은 지적 전통과 분야가 서로 다른 젠더 연구자들과 페미니스트 경제학자들이 대화를 나눌 수 있는 공간을 마련했다.

세 번째로는 페미니스트 경제학자들의 학문적 기여를 살펴본다. 페미니스트 경제학은 대안적인 경제학자들과 1980년대 이후 다른 분야의 페미니스트 연구를 바탕으로 한다. 페미니스트 경제학자들은 경제학을 시장과 가정, 공동체 그리고 정부에 의해 중재되어 상호 의존적인 유급 경제 활동과 무급 경제 활동을 통해 이루어지는, 인간 생활을 위한 사회적 공급 체계(social provisioning)에 대한 연구로 재구성하기 시작했다. 이러한 접근 방식은 여성과 남성의 삶 경험이 다르다는 것을 인식하는 지식 체계의 발전으로 말미암은 것이다. 그리하여 사회적 공급 체계를 활용하며 유급 노동과 무급 노동을 아우르는 핵심적인 생계 활동 내에서의 성불평등 그리고 그러한 활동이 이루어지는 현장인 노동시장과 가정, 공동체에 대한 실질적인 연구가 이루어지게 되었다. 또한 페미니스트 연구는 사람들이 생계를 어떻게, 그리고 얼마나 잘 유지하며 각자의 욕구를 충족시킬 수 있는지 보여주는 거시경제 정책들에도 초점을 맞추려 노력했다. 우리의 분석은 지배적인 신자유주의 거시경제 정책에 대한 페미니스트적 분석과 경제 성장과 성불평등 사이의 관계, 페미니스트 생태경제학을 함께 다룬다.

마지막으로는 경제에 대한 젠더 분석이 이론적으로나 방법론적으로 페미니스트 사상과 겹치는 부분이 많은 대안적 경제학 연구를 포함한, 기존의 견고하던 경제학 전통을 얼마나 변화시켰는지 언급하며 끝마친다. 우리는 대안적 접근법들 간 분절화가 지배적인 주류 경제학에 대응하는 적절한 대안이 나타나는 것을 저해하는 요인이라고 생각한다. 그렇기 때문에 여기서 더 나아가기 위해서는 대안적 접근법 사이에 긴밀한 연계와 참여 확대가 필요하다. 일자리 위기, 기후 위기, 식량 위기 그리고 다양한 형태의 불평등 등 오늘날 세계가 마주한 수많은 위기와 문제에 대응하고자 하는 분석적 프레임워크를 개발하는 데 있어 보다 긴밀한 협력이 이루어지기를 바란다.

젠더와 경제학적 분석의 역사

페미니스트 경제학의 관점은 경제학이 다양한 관점에서 제기해온 젠더 관련 질문들을 바탕으로 시작되었다. 페미니스트 경제학자들이 제기한 의문에 기여한 논의들은 주류 신자유주의 경제학, 마르크스 이론 그리고 제도주의 경제학이다. 케인스주의 경제학이나 포스트케인스주의 경제학은 젠더 문제에 직접적으로 관여하지는 않았지만 이 접근 또한 최근에 논의되고 있는 것처럼 페미니스트 경제학을 충분히 보완할 수 있다(Danby, 2004; Van Staveren, 2010). 다음에서 우리는 이러한 이론들의 진화를 간단하게 살펴보고 페미니스트 비평이 경제학에서 유의미한 추진력을 얻게 된 1980년대와 1990년대에 대해 논의한다.

신고전주의적 접근

주류 경제학은 19세기와 20세기 초부터 여성과 남성 간의 불평등에 관한 질문을 다루었던 역사가 있다.[2] 고전주의 경제학자들에게서 태어난 이 이론은 19세기 후반, 생산이 가정에서 공장으로 옮겨 간 자본주의 산업화의 맥락과 빅토리아 시대의 지배적인 젠더 규범과 노동의 엄격한 성별 분업화 속에서 발전했다. 이러한 맥락과 더불어 주류 경제학자들의 계급적 특권과 젠더적 위치는 여성과 관련한 경제 문제 중 어떠한 것이 연구할 가치가 있는지 결정하는 데 영향을 미쳤다(Barker and Feiner, 2004). 초기 신고전주의 경제학자들은 여성들은 가정 내에 머물러야 하고 그들이 하는 일은 비생산적이며 만약 유급 노동에 참여한다고 하더라도 남성과 동등한 보수를 받을 가치가 없다고 믿었다(Pujol, 1992).

1950년대 후반과 1960년대 초반 미국과 유럽에서 점점 많은 수의 기혼 중산층 여성이 자신들에게 사회적으로 할당된 공간인 가정을 벗어나 노동에 참여하기 시작하면서 신고전주의 경제학자들은 경제에서 여성의 역할에 관심을 가지기 시작하였다. 당시 가구 소득, 즉 남편들의 소득은 증가하고 있었으므로 여성들의 유급 노동력 공급은 감소할 것이라 예상하는 것이 자연스러웠기에 이는 혼란스러운 현상이었다. 이에 신세대 경제학자들은 초기 신고전주의 경제학자들이 여성의 경제적 지위를 분석하던 이념적인 입장에서 급진적으로 벗어나 신고전주의 경제학 이론을 활용하여 성불평등을 설명하기 시작했다. 제이콥 민서(Jacob Mincer)는 여성들의 교육 수준이 높아지고 노동 수요가 증가하면서 여성이 가정 내에 머무르는 기회비용이 증가했다고 설명했다(Mincer, 1962). 즉, 남성이 소득 증가로부터 얻는 이득보다 여성이 노동시장에 진입하여 받는 이득이 더욱 컸다는 것이다. 경제학자들의 표현을 빌자면, 이는 '대체효과'가 '소득효과'를 상쇄하는 전형적인 사례다. 민서는 점점 확장되는 미국 교외 지역사회에서 전업주부들이 직면하는 여러 가지 문제점을 상세히 기술한 베티 프리단(Betty Friedan)의 책 『여성성의 신화』(1963)가 집필될 무렵에 이 분석을 공식화했다. 여성의 억압과

---

2) 푸졸(Pujol)은 여성의 경제적 지위에 대해 논하며 페미니즘(그리고 안티페미니즘)의 초기 갈래를 분석한다(1992).

억눌러진 동경 그리고 열망에 대한 프리단의 묘사는 기회비용에 대한 민서의 단순한 경제학적 분석 모델과 극명한 대조를 이루었다. 이러한 대조는 프리단이 제기한 페미니스트 의제들을 경제 분석에 활용할 경우 해결해야 할 문제를 상징적으로 보여주었다. 가정과 유급 노동에 관한 여성들의 경험을 설명하기 위해서는 제한적인 경제학적 설명보다 훨씬 더 많은 것이 필요하다.

1960년대와 1970년대 신고전주의 경제학은 여성과 남성이 각각 가정과 시장 노동에 전문화된다는 것과 성별 간 임금 불평등에 관한 설명을 내놓았다. 노벨상 수상 경제학자 게리 베커(Gary Becker)의 인적자본론에 따르면 여성들은 스스로 저임금인 직업을 선택하고, 교육 기간이 짧고, 남성들과는 다른 종류의 교육을 받기 때문에 남성보다 더 적은 임금을 번다. 이는 여성들이 가정에서의 본인 역할을 더 우선시하고, 유연한 근무를 원하며, 일을 지속적으로 하려는 계획이 없기 때문이다. 그렇기 때문에 그는 임금 불평등이 여성들 본인의 선택 때문에 존재한다고 주장했다. 신고전주의 경제학자들 역시 이를 설명하기 위해 여성과 남성이 교육에 대한 선택과 성취, 직업 훈련, 실업에서 어떠한 차이를 보이는지 분석하였다(Benham, 1974; Lloyd, 1975; Blau, 1976; Beller, 1979; Lloyd and Niemi, 1979).

가계에 대해 이해하기 위해 신고전주의 경제 분석을 이용하고자 하는 경제학자들의 관심이 높아지면서 신가계경제학(NHE, New Household Economics)이 부상하게 되었다. 이 접근법은 가계 생산과 의사 결정에 주류 미시경제학의 핵심 개념과 모형들을 도입했다. 게리 베커는 국제 무역의 논리를 설명하는 데 사용된 비교우위론과 전문화 이론을 본떠 "시간 분배 이론"을 만들었다. 이에 따르면, 국가들은 상대적으로 비용이 가장 적게 들거나 "비교 우위"를 가진 상품을 전문적으로 생산하여 다른 상품을 전문적으로 만드는 타 국가들과 거래한다. 베커는 특정한 가구원이 유급 노동을 담당하고 다른 가구원이 가정 내 생산을 전담하는, 노동의 성별 분업에 이 분석을 적용하였다. 고용 시장에서 여성은 남성보다 적은 임금을 받기 때문에 상대적 생산성을 고려하면 여성이 가사노동을 전담하고 남성이 임금노동을 전담하는 것이 합리적인 선택이 된다. 화목할 것으로 전제되는 가구 내에서 이루어지는 이러한 선택은 더 높은 가구 총생산을 통해 가구의 집단적 안녕에 기여할 것이라고 베커는 주장한다.

신가계경제학은 결혼의 경제와 노동 공급에 대한 선택, 교육, 원하는 자녀의 수, 출생률과 같은 다른 문제들에 대한 새로운 이론과 실증적 조사의 장을 열었다. 하지만 방법론적으로 이러한 신고전주의 모형들은 페미니스트들이 "여성을 더해 휘젓기(Add women and stir)"라고 부르는 방식의 접근이었다. 주류 경제학의 기본 가정은 주어진 선호를 가진 개인이 자신이 가진 자원과 재능을 동원하여 행복의 극대화를 추구한다는 것인데, 페미니스트 관점에서 보면 젠더에 관한 질문들은 주류 경제학의 분석 틀과 기본 가정들이 갖는 제약들 사이에 "갇히게" 된 꼴이었다. 이러한 틀이 가구 분석에 적용되는 것은 여성운동이 제기해온 젠더 사회화, 불평등 그리고 기울어진 권력 관계들에 대한 답을 내놓기는커녕 문제를 제기하는 것에도 도움이 되지 않았다. 이러한 틀은 선호가 어떻게 형성되는지에 대해서는 그 어떠한 논의도 하지 않고 이를 철저히 외재적 요인으로 보았다.

베커는 『가족에 대한 소고』(1981)에서 가정 내의 다른 선호에 대해 설명하면서 (남성)가장들은 이타적인 동기로 다른 이기적인 가족 구성원들(아내와 골칫덩어리 아이들)에게 생계를 제공하고 그들이 자신의 이득에 따르도록 한다고 주장했다. 따라서 이 모델은 선호를 구성하는 데 영향을 미치는 가정 내 갈등이나 젠더의 사회화도 고려하지 않았다. 여성이 남성보다 요리와 육아를 더 잘하고, 남성은 시장 노동을 더 잘한다는 젠더화된 기술 인식에 대해 페미니스트들이 의문을 제기하고 있는 와중에도 이러한 인식을 당연하게 받아들인 것이다.[3] 결국 성별 임금 격차에 관한 인적 자본 이론과 가정 내 노동 분업에 대한 신가계경제학이 합쳐져서 성불평등에 강력한 정당성을 제공했다. 성별 임금 격차는 가정 내 노동 분업이 타당한 이유가 되었고, 가정 내 노동 분업을 고려하면 임금 격차도 타당했다. 주류 경제학이 성불평등은 당연한 것이라고 설명해버린 것이다!

---

3) 또한 젠더화된 노동 분업에 대한 베커의 분석은 생물학적 결정론의 경향을 보인다. 그의 입장은 페미니즘 이론과 사회과학과 경제학의 실증적 연구에 기반한 사회 구성주의적 접근과도 극명한 대비를 이루었다(MacKintosh, 1978; Benería, 1979).

신가계경제학적 논리가 지배하는 고용시장과 일원화된 가계 모델은 1980년 대까지 지속되었고 다른 대안적 가계 모델이 발전했음에도 현재까지도 지속되고 있다. 경제학 분야의 이러한 경향에도 불구하고, 여성 경제학자들은 페미니스트 관점을 포함하여 표준 모델의 편협함에 의문을 제기하고 외재적 선호와 선택을 할 수 있는 개인의 능력과 시장이 모두를 위해 최적의 솔루션을 제공한다는 가정 을 비판하였다(Ferber and Birnbaum, 1977; Sawhill, 1977). 바버라 버그만(Barbara Bergmann, 1974)은 수요와 공급 프레임워크를 사용하여 노동시장 내 성불평등을 설명하는 새로운 모델을 구축했다.4) 버그만(1981)은 또한 베커의 가계 모델에 강 력한 비판을 제기하며 전통적인 노동 분업이 여성에게 미치는 부정적인 영향을 강조했다. 이러한 분업화의 단점 중 하나는 이혼을 했을 경우 가사노동에 전념하 던 여성은 경제력을 상실하게 되고 이로 인해 심각한 경제적 어려움을 겪게 된다 는 것이다. 또한 여성이 전업주부가 되는 것의 단점은 남성의 지배화를 공고히 하 고 여성의 자율성과 자신감을 낮추는 젠더 사회화와도 연관이 있다.

마르크스주의적 접근

1970년대 제2물결 여성운동이 한창일 때, 일부 페미니스트들은 마르크스주 의 관점을 채택하여 젠더 경계를 포함하여 부와 권력을 보다 평등하게 분배할 수 있는 정치, 경제, 사회적 관계의 변혁을 위한 프레임워크를 구상하는 데 활용 하였다. 특히나 마르크스주의에서 관심을 기울이는 착취, 불평등 그리고 계급 간 불평등을 만들어내는 자본주의와 시장의 구조적 경향성에 대한 논의는 불평등에 대해 논하기에 신고전주의적 관점보다 더욱 유용해 보였다. 이는 남성과 여성 사 이의 사회적 관계와 권력 불평등을 분석하는 데 더 적합해 보였고 다학제적인 접근에도 열려 있었다. 또한 사회주의자이거나 진보적인 사회운동에 참여하며 국제 정치경제학적 관점을 고수한 페미니스트들은 불평등한 사회 관계와 젠더

---

4) 성별 직종 분리와 성별 임금 격차에 대한 주류 이론인 인적자본론과는 반대로, 버그만의 과밀 모델은 고임금 직종에서의 여성 배제로 인해 여성이 소수의 직종에 밀집되는 것이 성 별 임금 격차의 이유라고 강조하였다.

종속에 대해 분석할 때 이러한 분석 틀을 활용하면서 페미니즘적 문제의식을 포함할 수 있도록 노력하였다.

마르크스주의는 비록 오래가지 않았지만 가족을 중심으로 한 재생산 활동의 역할에 대해서 논의한 역사를 가지고 있다. 프리드리히 엥겔스는 『가족, 사유재산, 국가의 기원』의 서문에서 생산과 재생산 활동은 경제 구조를 유지하기 위해 동등하게 중요하다고 주장했다([1884] 1981).[5] 그의 책은 마르크스의 글에서 다소 빈약한 재생산에 관한 부분을 보완하려는 시도이기도 하였다. 마르크스는 재생산에 관한 여성의 역할을 언급하며 여성들이 임금노동의 영역으로 끌려갈 때의 문제점을 언급했지만(예를 들어 『자본』 1권 15장 3절) 주로 자본주의적 생산 과정에 초점을 맞추었고 노동자들의 생계는 주로 남성의 시장 노동에 의해 보장된다고 생각했다(Marx, [1887] 1967). 따라서 마르크스는 노동력이 자본주의 경제 체제의 축적과 유지의 중심이라고 생각했지만 노동력의 재생산을 위한 가족과 무급 노동에 대한 고려는 하지 않은 것이다. 엥겔스의 강조에도 불구하고, 가정의 생계 유지를 위한 무급 활동은 1960년대 말과 1970년대에 경제 체제 내 가사노동의 역할에 관한 논쟁이 있기 전까지 마르크스주의의 관심에서 벗어나 있었다. 구체적으로, 이 논쟁에 참여한 학자들은 무급 가사노동이 현재와 미래 세대 노동자들의 유지와 재생산을 위한 비용을 낮추는 데 얼마나 기여하고 있는지를 조사했다(Himmelweit and Mohun 1977). 이러한 논쟁은 마르크스주의의 패러다임 내에서 페미니스트적 관점을 강화하는 데 도움이 되었지만, 페미니스트 논자들은 마르크스주의 프레임워크의 확장이 가사노동과 가구 내 노동 분업에 내재된 젠더 관계를 인식하고 분석하는 데는 실패했다고 지적했다(Molyneux, 1979; Benería, 1979; MacKintosh, 1978).

---

5) 엥겔스는 재생산의 생물학적·사회적 측면을 모두 강조하는 동시에 생산과 재생산 활동에 동등한 가치를 매겼다. 그러나 동시에 엥겔스는 같은 글에서 여성이 남성에 대한 종속적인 위치를 벗어나기 위한 전략으로 여성이 노동시장에 포함되어야 한다고 주장했다. 결국, 자본주의에서 여성의 종속을 해결하기 위한 대책은 여성을 가정 밖으로 꺼내 와 임금노동에 포함시키자는 것이었고 이는 생산 활동이야말로 핵심적인 활동이라고 강조하는 것과 마찬가지였다.

이와 유사하게, 마르크스주의 프레임워크는 저소득 경제의 남성들이 자본주의적 경제 부문에서 임금노동을 하는 동안, 농촌에서 자급 노동을 하는 여성이 어떠한 역할을 하는지 설명하는 데 활용되었다(Deere, 1976). 이러한 분석은 여성의 무급 노동이 사회적 재생산에 기여하는 것은 물론이고 자본주의 부문에 종사하는 남성의 저임금을 보완하는 중요한 역할을 한다고 강조했다. 가사노동에 대한 논쟁과 마찬가지로, 이러한 연구는 개발경제학에 대한 마르크스주의의 분석 틀에 젠더 문제를 삽입하였다. 그리고 신가계경제학처럼 이전에 무시되었던 무급 노동 영역에 대하여 경제적 분석을 새롭게 적용할 수 있다는 것을 보여주었다. 그러나 기존의 틀 안에서 제기한, 자본주의 경제 체제 내에서 여성이 어떤 역할을 하였는가라는 질문은 가정과 자급 경제에 관한 복잡한 젠더 관계 역학에 대한 이해를 제한하였다.

또한 마르크스주의 틀 안에서 가정 내 젠더 관계의 성격에 대한 논쟁은 19세기 말과 20세기 초 노동자 계급 투쟁의 역사에 관심을 가지며 촉발되었다(Humphries, 1977; Hartmann, 1979a). 제인 험프리스(Jane Humphries, 1977)는 노동 일수를 줄이고 가족임금을 얻기 위한 영국 노동자 계급의 투쟁을 모든 가족 구성원의 프롤레타리아화와 임금 침식을 막기 위한 시도로 보았다. 이러한 주장의 기저에는 노동자 계급 가정과 친족 네트워크가 자본가 계급에 대항하여 같은 연대의 단위를 구성한다는 인식이 있었다. 그러나 이 관점은 적은 수의 가족 구성원이 노동시장에 참여할 때 나타나는 긍정적 효과를 강조하면서, 가족임금이 여성에게 미치는 부정적인 결과를 간과하였다. 가족임금은 여성이 남성에게 의존할 수밖에 없도록 하고, 만약 여성이 임금노동에 참여한다고 하더라도 생계 보조자(secondary earner)에 머무를 수준의 저임금만이 주어졌다. 이와 반대로 하트만(Hartmann, 1979a)은 노동자 계급 남성이 가족임금과 근로시간법에 대한 역사적 투쟁에 참여했던 저변에는 이들이 상대적으로 젠더 관계에 따른 이득을 보고 있다는 점이 영향을 미쳤음을 강조했다. 그들은 여성들의 노동을 가정 내의 서비스로 국한시키고 본인들은 더 많은 임금을 주는 일자리를 확보하려고 했다는 것이다.

가족이 연대의 한 단위를 이룬다는 개념의 한계로 인하여 일부 페미니스트들은 페미니스트 프레임워크 내에 마르크스주의적 범주를 통합하고자 하였다(Hartmann, 1981; Folbre, 1982). 하트만(1981)은 가정을 "투쟁의 현장"으로 분류했다. 따라서 가정은 조화로운 한 단위에서 분쟁의 단위로 강조되기 시작했다. 더욱 나아가, 폴브레(Folbre, 1982)는 가정 내에서 이루어지는 일들에 대해서 어디까지 착취라는 개념을 적용할 수 있을지 연구했다. 폴브레의 분석은 가사노동에 시장 노동과 같은 가치를 부여할 수 있는지에 대한 질문을 제기하였다. 다시 엥겔스로 돌아와서, 좀 더 일반적인 수준의 분석에서 마르크스주의적 프레임워크는 자본주의와 가부장제, 재생산과 생산, 가부장제와 가정 그리고 노동시장을 연결지으며 성 불평등을 설명하기 위하여 사용되었다(Hartmann, 1979b; Benería, 1979).

여성과 젠더 문제에 관한 마르크스주의적 분석의 발전은 고르지 않았다. 미국에서 일반적으로 마르크스주의 패러다임과 그와 연관된 페미니스트 분석은 주변부 소수 경제학자들의 영역으로 여겨졌기 때문에, 마르크스주의적 프레임워크에 대한 페미니스트의 개입은 자유주의 페미니스트들과 충분한 교류나 논의를 이뤄내지 못한 채 발전했다.[6] 반면 유럽과 중남미의 페미니스트들은 자본주의적 발전을 젠더 관점으로 이해하기 위하여 마르크스주의적 프레임워크를 활용했다(Deere, 1977; Safa, 1986; Saffioti, 1986; Deere and León de Leal, 1987). 알벨다(Albelda, 1999: 539)가 말했듯이 "마르크스주의적 방법론은 젠더 관계에 대해 생각하고 이를 이론화하기 위한 강력한 발판을 제공한다." 방법론적으로, 마르크스주의는 자본주의 경제 시스템과 관련된 젠더에 대한 질문들을 구성해 나아가는 데 기여했다. 이는 시장 교환 관계보다는 사람들의 일상생활을 만들어나가는 사회적 관계로서의 생산에 관심을 기울였고, 무급 노동과 유급 노동 사이의 상호관계에 대해 고려하였으며, 사회적 계급 측면에서 여성과 남성의 차이에 관심을 기울일 것을 강조하였다(Benería and Roldán, 1987; Picchio, 1992; Power, 2004; Folbre, 1994). 그리

---

6) 더불어, "거대담론"에 대한 포스트모던 비평과 보편적이지 않은 것을 본질화하려는 경향은 이후 마르크스주의 프레임워크의 발전과 잠재적인 영향력을 막았다. 거대담론에 대한 포스트모던 비평은 주류 경제학에도 똑같이 적용되었지만 포스트모던 비평은 주로 경제학이 아닌 학문 분야에서 부상하였기에 주류 경제학은 그러한 비판에 영향을 덜 받았다.

고 최근 페미니스트들은 2007~2008년 금융 위기를 포함한 자본주의 위기의 젠더 관점을 이해하기 위하여 마르스크주의 프레임워크를 적용하고 있다(Eisenstein, 2005; Fraser, 2009; Roberts, 2012; Ezquerra, 2012).

제도주의 경제학

제도주의 경제학은 다양한 경제학자가 점차 더 받아들이고 주장하고 있는 페미니스트 분석에 또 다른 길을 제공했다. 제도 이론은 1980년대부터 점차 발전하여 개발경제학에서 두각을 나타내게 되었다. 이들은 개인과 조직 사이의 상호작용과 경제 활동을 이끌어가는 사회적 규칙과 관습(법률, 규정, 규범), 즉 제도 간 상호작용의 특성에 집중하였다.

제도주의는 19세기 후반 경제를 인간 삶의 기본 조건(human provisioning)의 사회적 조직/구성으로 보는 소스타인 베블런(Thorstein Veblen)과 존 커먼스(John Commons)에 의해 처음 소개되었다. 베블런은 권력과 이데올로기, 특히 젠더 규범이 공급 체계(provisioning)의 경제적 과정에 미치는 영향을 중요하게 보았다. 이후 제도주의는 신제도주의 경제학(NIE, New Institutional Economics)이라는 큰 흐름 안에서 여러 갈래로 나뉘어 발전했다. 특히 그중 두 갈래는 현대 경제학 사고에 큰 영향을 주었다. 하나는 로널드 코스(Ronald Coase), 올리버 윌리엄슨(Oliver Williamson), 더글러스 노스(Douglass North) 등의 작업에서 나온 거래 비용 접근이고, 다른 하나는 조지 애컬로프(George Akerlof), 조셉 스티글리츠(Joseph Stiglitz), 윌리엄 스펜스(William Spence) 등이 발전시킨 정보의 불완전성 이론과 관련된 관점이다.[7] 거래 비용 접근은 거래 비용의 존재와 제도의 발전이 사회적 상호작용의 불확실성과 그에 따른 엄청나게 비싼 거래 비용을 방지하기 위해 존재하며, 이에 따라 사람 간의 상호작용에 영향을 미친다고 말한다(Williamson, 1985; North, 1990).[8] 노스(1990)와 엘리너 오스트럼(Elinor Ostrom, 1990)은 거래 비용의 존재

---

7) 거래 비용 접근은 거래 비용이 많이 들 때, 그 비용을 줄이기 위해 제도들이 만들어진다고 설명한 코스(1937)의 주장에서 논의되기 시작했다.

8) 거래 비용에는 정보 수집과 처리 비용, 협상과 협의를 만드는 비용, 모니터링과 감독을 위한 비용, 계약 조정 및 집행 비용 등이 포함된다.

자체가 사람 간의 상호작용에 영향을 미치는 제도적 발전의 촉진제가 되며, 이것이 경제 변화를 이해하는 데 핵심이라고 생각했다.

정보의 불완전성과 관련된 신제도주의 경제학의 입장은 거래 당사자들이 직면한 정보의 비대칭성이 제도적 합의와 계약을 구성하게 하는 이유가 된다고 강조한다(Hoff et al., 1993). 이 접근에 따르면 경제적 계약은 정보의 비대칭성, 도덕적 해이, 리스크가 만연한 상황에서 시장 행위자의 전략적 행위를 반영한다. 이러한 관점은 주류 경제학이 구분하여 논의하는 효율성과 형평성이 과연 정말 분리 가능한 것인지에 질문을 던진다. 제도주의 학자들은 거래 비용과 불완전한 정보가 중요한 상황일 때, 예를 들어 땅, 노동, 신용 시장과 같이 자원 배분의 효율성에 직접적인 영향을 미치는 경제적 계약의 조건은 소유권 구조와 재산 관계에 결정적인 영향을 받는다는 것을 보여준다(Bardhan, 1989).

세 번째인 정치경제학적 갈래는 사회라는 게임의 규칙에 관한 근본적인 권력관계를 탐구하는 마르크스([1904] 1967)의 개념을 확장한다. 이 관점은 물질적 생산력의 변화와 각 집단 간의 이해 상충과 권력 이동의 변화가 어떻게 제도와 사회의 규칙을 권력자에게 유리하게 변화시킬 수 있는지를 연구한다(Harriss-White, 2003; Bardhan, 1989). 해리스화이트(2003: 489)는 이 점을 설명하며 "시장 교환은 효율적 분배가 아니라 특정 계급이 다른 계급의 잉여를 추출해 가는 메커니즘으로 이해해야 한다"고 주장하였다. 따라서 이러한 관점에 따르면 임금, 가격, 생산량과 같은 시장 거래 과정의 결과 역시 정치적인 과정의 결과이기도 하다.[9] 이 입장에서 강조하는 대로라면, 시장 교환과 연관된 사회 정치적 권력은 지배계급이 잉여의 처분에 관련된 제도를 유지하거나 바꾸도록 이끄는 것을 가능하게 한다(Bardhan, 1989).[10]

---

9) 예를 들어 농촌 시장에서 지주이며 대여자가 제시하는 노동, 신용, 생산이 밀접하게 연결된 시장 계약은 지주 계급이 더욱 유리한 협상력으로 이득을 볼 수 있게 한다.

10) 예를 들자면, 고용주인 대여자가 노동자에게 대출을 제공하는 것처럼 신용과 노동시장의 교류가 연계된 것을 거래 비용 접근에서는 불완전한 신용 시장을 대체하기 위해서 거래 비용을 절감하려는 행동으로 설명한다. 이러한 유형의 시장 교환은 제3자에게 진입 장벽으로 작용할 수도 있으며 따라서 이러한 교류의 주 거래자들에게 추가적인 권력을 제공할 수도 있다. 바르단(Bardhan)이 지적하듯이, 개인화된 노동자로서의 책임과 신용 거래의 연계성

모든 제도 경제학의 지지자들은 경제 활동의 과정 및 결과와 관련된 인간들의 상호작용을 형성하는 제도의 중요성을 강조한다. 이 중 페미니스트 경제학자들이 특별히 관심을 가진 부분은 여성과 남성에게 부여된 역할과 행동 규칙, 용인되는 품행 등의 학습되고 내재화된 사회적 규범과 법칙, 사회적 태도 등이었다. 이러한 젠더 규범은 여성의 종속에 관한 이데올로기와 여성에게 불리한 시장의 법칙 등을 통하여 시장 교환을 규율한다(Harriss-White, 2003). 이러한 규율은 여성에게 무엇을 하는 것이 금지되어 있는지 그리고 어떠한 상황에서 특정한 활동들이 허용되는지를 모두 포함한다. 제도 경제학이 페미니즘 이론과 연결되는 또 다른 중요한 지점은 시장 교환에 권력 관계가 내재화되어 있다는 인식이다. 사회가 돌아가는 규칙은 성 역할을 구성할 뿐만 아니라 그와 관련된 경제적·사회적 혜택과 불이익, 권리와 페널티까지도 구성한다.

제도 경제학은 1970년대와 1980년대 초 노동시장의 계층화/분절화와 계급, 인종, 성불평등의 관계를 설명하고자 마르크스주의와 제도주의적 접근을 결합하였던 미국의 노동 경제학자들에 의해서도 사용되었다(Edwards et al., 1973; Gordon et al., 1982). 이러한 관점은 노동시장 분리와 차별의 역사적 과정에 대해 논의하면서 주류 경제학의 경쟁적 노동시장 이론을 은연중에 비판했다. 또한 임금 불평등과 노동시장 결과의 차이를 이해하는 데 대안적인 관점을 제시하였다. 노동시장 분절화 이론은 성불평등 분석에 많은 영향을 미쳤다(Reich et al., 1980).[11] 페미니스트들은 이를 이용하여 노동시장 분절과 성별 분업을 연관 지었고, 두 가지 모두 직장 외부에서 생산되고 구성되는 성별 고정관념 및 사회화와 연결되어 있다는 점을 강조하였다(Hartmann, 1979a; Strober, 1984).

제도주의 경제학의 또 다른 기여는 사회적 과정이 보편적인 법 아래에서 보편적인 의미를 가지고 통제되는 것이 아니라는 개념을 강조했다는 것이다. 이는 여성이 겪는 불이익을 설명하기 위한 페미니스트 분석은 변화하는 제도들은 물

은 "노동자들을 분열시키고 그들의 집단 교섭력을 무력화한다. 반면에 고용주들은 이를 노동 과정에 대한 통제 수단으로 사용한다"(1989: 1389).

11) 초반에는 왜 노동시장 분절화가 성별화 되었는지에 대한 분석이 아니라 여성들의 입지와 노동시장 참여 조건에 대해 설명하기 위해 여성을 분석에 추가한 것이었다(Benería, 1987).

론 문화와 역사의 맥락 속에 놓여야 한다는 점을 보여준다(Jennings, 1993).

페미니스트 경제학: 주류 경제학에 대한 비판

1980년대와 1990년대 초 페미니스트 경제학자들 역시 다른 주류 경제학자들과 더불어 신고전주의 경제학의 편견들을 연구하는 데 동참했다. 1장에서 설명한 것처럼, 이 시기는 포스트모더니즘과 탈식민주의에 큰 영향을 받아 학술적 연구에서 흔히 사용되던 보편적이고 일반적인 범주에서 벗어나 인종과 민족에 따른 여성의 다양한 경험에 관심을 기울이는 것의 중요성과 젠더라는 개념의 범주에 대하여 페미니즘 이론가들의 의견이 어느 정도 수렴되던 때이기도 했다(Benería, 2003). 이러한 지적인 융합은 비판적 페미니스트 경제학자들에게 강한 추진력을 제공해주었다. 예를 들어 그들은 경제학의 자기 인식과 경제학이 사용하는 모델, 주제, 연구 방법, 교수법이 가진 남성적이거나 남성 중심적인 편견들을 찾아냈다. 넬슨(Nelson, 1992; 1995)은 전형적인 여성적 특성보다 전형적인 남성적 특성에 특권을 주는 이분법적인 젠더 가치 체계가 경제학에 깊이 스며들어 있다고 주장했다. 이에 따르면, 객관성, 연구자와 연구 대상의 분리, 논리적 일관성, 개인의 성취 그리고 수학을 활용하고 감정적이지 않은 것 등 미국과 서구 자본주의 사회에서 경제학적으로 높게 평가되는 특징들은 주로 남성성 및 남성과 연관되어 있다(Nelson, 1995). 여기서 비로소 페미니스트 경제학의 중대한 역사적 순간이 시작되었다.

호모 이코노미쿠스에 대한 비판

주류 경제학에 대한 페미니스트 비판의 대부분은 주류 경제학의 저변에 자리한 핵심 가정들과 개인의 경제 행동에 관한 설명에 집중하고 있다. 주류 경제학의 분석은 경제 시스템이 개개인이 가진 선호와 능력에 기반해 이익을 극대화하거나 최적화하는 행동을 통하여 자율적인 의사 결정을 하는, 자신의 이익에 관심을 가진 개인, 즉 호모 이코노미쿠스(Homo Economicus)로 이루어져 있다고 가정한다. 경제적 합리성이라는 개인들의 계산적인 행동은 소득과 시간, 자원의 제약을 고려한 다양한 옵션을 비교하여 개인의 선호와 선택을 일관적으로 표현하는 것을 의미한다. 특정 소비재 또는 활동에 대한 호불호를 의미하는 개인 선호는 다른 이들의 선호에 비교되지 않으며 가족, 친구, 커뮤니티 또는 광고에 영향을 받지 않는 안정적인 것으로 가정된다.[12] 극대화를 추구하는 개인은 시장의 다른 이들과 가격 신호의 조정을 통해 상호작용하여 자발적이고 조화로운 교환에 참여하는 것으로 가정된다(England, 1993). 인간의 본성에 대한 이러한 개념은 시장 내에서 이루어지는 모든 행동을 설명할 수 있다고 여기고, 주류 이론에서 인정하는 다른 특별한 상호작용이 있지 않은 이상 사회란 수많은 자율적이고 이성적인 개인들의 집합체로 본다. 각 개인의 선택은 시장 운영의 기반이 되고, 따라서 주류 경제학은 이를 상품과 서비스의 소비 측면에서 인간의 안녕을 증진하기 위한 핵심 제도로 여긴다.

경제학은 경제 분석의 시작점이 되는 이 관점이 대표적인 경제 행위에 대한 명료하고 유용한 근사치를 제공한다고 주장하는 반면, 페미니스트 경제학자들은 이에 결함이 있다고 본다. 파워(Power, 2004: 4)가 말했듯이 분석에 어떠한 것들이 포함되고 어떠한 것들이 제외될지 결정하는 "시작점이 중요"하기 때문이다. 인간의 행위주체성에 대한 '독립적 개인' 모델은 "인간이 자율적이고 사회적 영향에 휘둘리지 않으며, 서로에 대한 공감을 가능하게 하는 감정적 교류가 부족하다고 가정한다"(England, 1993: 38). 뿐만 아니라 이는 암묵적인 이분법 속에서 자율성(vs 의존성), 이성(vs 감성), 이기적(vs 이타적), 경쟁(vs 협력)이라는 한 면에만 초점을 맞추어 보는 인간 행동에 대한 불균형적 인식이다(Nelson, 1992; Strober, 1994). 또한 잉글랜드(England, 2003)는 시장에서의 독립적 개인에 대한 가정과는 달리, 공통의 이해관계를 가진 조화로운 가정이라는 베커의 모델처럼 가정 내에서의

---

12) 신고전주의 경제학의 핵심적인 가정들은 다음과 같다. 이성적이고 개인의 이익을 추구하는 행동은 개인의 결정에 영향을 미친다. 개인 간의 효용은 비교가 불가능하다. 경제학 모델에서 취향은 외생적이고 정적이다.

교류는 "협력적 개인"들을 통해 이루어진다는 가정을 지적하였다.

역사적으로, 여성은 이익의 극대화가 아닌 사랑, 협력, 공감, 규범, 전통, 가정 내 노동 분업에 연관된 선택과 행동을 추구한다고 간주되었다.[13] 물론 이는 여성의 노동시장 참여, 사회화, 변화하는 전통 등의 요소에 따라서 변할 수도 있다. 반면에 많은 여성과 남성은 주류 경제학 모델에서 가정하는 것과 굉장히 다른 방식으로 행동하기도 한다. 그 예로 프랭크(Frank, 2004)는 이 문제를 광범위하게 조사하여 많은 개인과 심지어 기업들도 온전히 이기적인 방식으로 행동하지 않으며 때로는 이타주의, 협력 또는 '도덕적 올바름' 등의 다른 동기에 영향을 받을 수 있음을 보여주었다. 추가로 그와 마찬가지로 다른 연구자들도 이기심과 개인적 선택 역시 사회적으로 구성되는 것이라고 주장했다(Skidelsky and Skidelsky, 2012).

더군다나 주류 경제학의 경제적 개인은 어린 시절도 성장 과정도 없이 나이들지도 않고 불쑥 자라나서 온전히 성인으로서 행동하는 "버섯 인간"과도 같다(Nelson, 1995). 이 개인은 그 누구를 돌보지도 않고 그 누구의 돌봄도 받지 않는다. 따라서 당연히 돌봄노동은 경제적 분석의 시작점에서 제외되었다. 예를 들어 역사적으로 표준 노동 경제학에서 인적 자본과 임금 결정에 대해 논의할 때 개인이 교육에 더 많이 투자했는지 여부를 대학 학위 등의 기준으로 논의하였다. 이 과정에서 무급 노동으로 육아를 담당하는 사람을 통하여 아이들이 돌봄을 받고, 삶의 기술을 전해 배우는 것은 분석에 포함되지 않았다.[14] 이와 유사한 또다른 기본 가정은 세계는 희소성을 지니고, 그 결과는 전형적인 경제 행위에 적합한 최적화 행동으로 이어진다는 것이다. 스트로버(Strober, 1994)는 이러한 묘사는 희소성이 인위적으로 구성되기도 한다는 점을 간과한다고 지적했다. 기아 문제는 식량 생산이 충분하지 않아서가 아니라 식량 공급이 불균등하게 분배되어 나타나는 결과이듯, 잘못된 분배나 광고는 수요를 창출하여 희소성을 유발한다.

---

13) 더 자세한 논의와 설명은 Benería(2003) 참고.
14) 좀 더 최근에는 제임스 핵먼(James Heckman)이 유아 교육의 사회적, 개인적 혜택에 대해 논의하였다. 자세한 설명은 Heckman(2000; 2011) 참고.

그리고 주류 경제학이 강조하는 희소성과 최적화는 한정된 자원을 지닌 실제 세계에서 희소성을 악화시키기만 할 뿐이다.

경제학의 수사학

페미니스트 경제학자들은 경제 행위를 개념화하는 비주류적 방법들을 무시하고, 중요한 질문들을 모호하게 흘리는 경향을 가진 경제학적 수사학을 해체했다. 주류 방법론을 가로지르는 이러한 해체를 위한 노력은 인문학에 기반한 포스트모던 비평의 영향을 반영하여 인과관계보다 의미를 분석의 초점으로 잡는다(McCloskey et al., 1989). 그 예로 스트래스만(Strassmann, 1993)은 경제적 분석이 무엇으로 구성되는지에 대한 의견을 주도하는 주류 경제학의 '학문적 권위'에 의문을 제기했다. 블랭크(Blank, 1993)는 선택의 수사학에 의문을 제기했다. 그녀의 말에 따르면 경제학에서 권한을 가진 개인에 대한 가정은 개인이 "지배받고, 억압받고, 수동적이고, 갇혀 있고, 아프고, 자신의 능력에 대해 확신이 없거나 대안을 모를" 수도 있다는 점은 고려하지 않는다(p.141). 그 예로 여성의 노동시장 진입은 전통 및 성차별적 규범과 제도에 방해를 받기도 한다. 마찬가지로, 페미니스트 경제학자들은 경제학 교과서에서 전형적인 경제적 인간으로 표현되는 로빈슨 크루소 이야기를 분석했다. 그는 사실 다른 이들의 노동에 의존하고 있으면서도 얼핏 자급자족하는 것처럼 보인다. 그는 사회와 떨어져 살며 그 누구에 대한 의무도 지니지 않는다. 그라파르(Grapard, 1995)와 휴이슨(Hewitson, 1999)이 주장하듯, 이런 강렬한 이미지는 사회의 권력과 불평등한 교환 관계를 드러내지 않으며 지배와 착취에 대한 요소를 무시하고 인종, 젠더, 섹슈얼리티에 대한 연관성도 기피한다.15)

---

15) 기초 경제학 교과서에서 로빈슨 크루소를 예시로 사용하는 사례는 시간이 지나며 점차 줄어들었지만 완전히 사라지지는 않았다. 맨큐(Mankiw, 2012)는 특화, 무역, 생산성의 중요성을 설명하기 위하여 로빈슨 크루소의 활동을 예시로 든다. 그는 "코코넛을 모으고 물고기를 잡는 데 시간을 보내는 난파선 선원"(p.54)과 "그의 친구 프라이데이"(p.56)가 거래를 하는 것은 합리적이라고 말한다. 그리고 크루소의 생산성을 결정하는 요소에 대한 논의에서 프라이데이의 기여에 대한 언급은 없다(p.241).

우리는 대체 무엇을 위해 분투하고 있는가?

페미니스트 경제학자들은 효율성 추구가 경제적 성공의 기준이 되는 것에도 의문을 제기했다(Elson, 1991b; Barker, 1999). 주류 경제학에 따르면 성공적인 경제는 형평, 평등, 공정이 아니라 효율을 추구한다. 또한 주류 경제학에 따르면 시장에서 제공하는 해결책의 미학은 효율적이라는 데 있다. 즉, 시장이 제공하는 해결책은 기업, 소비자, 노동자와 같은 수백만 독립적 개인의 최적화를 위한 노력의 결과로 나온 것이며 시장 참여자의 안녕을 위하여 가장 적합한 답안을 내놓은 것이다. 최대의 생산이든 최소의 비용이든, 효율성은 시장화된 자원을 기반으로 측정된다. 효율성의 개념은 시장 거래가 가정이나 다른 영역과 갖는 연관성을 고려하지 않는다. 효율성은 가정 내로 그 비용을 전가하거나 비용을 지불하지 않는 자원에 의존하여 달성되었을 수도 있다(Elson, 1991b). 예를 들어 공중 보건 시스템은 지출 삭감 또는 이용료 도입 등을 통하여 예산 적자 감소 측면에서 효율성을 달성할 수도 있지만, 이는 결과적으로 저소득층 가정에서 아픈 이들을 돌보는 여성들의 무급 노동을 증가시킨다. 여성의 안녕에 부정적인 영향을 미치는 이러한 정책의 연쇄 효과는 시장에 기반한 효율성 측정법으로는 포착되지 않는다.

더불어 효율성의 황금 기준인 파레토 최적은 현대 경제사회의 특성을 반영하지 않는 매우 제한적이고 단순한 가정하에서만 달성될 수 있다. 파레토 최적은 한쪽을 더 나쁘게 만들지 않고는 다른 한쪽을 더 낫게 만들 수 없는 두 개인 간의 모든 합의 관계를 말한다.16) 그러나 주류 경제학자들은 시장 운영의 결과가 실제로 효율적인 것처럼 시장의 해결책을 지지하는 변론을 한다. 따라서 시장경제에 대한 정부 개입 관련 논쟁에서 정책이 시장을 규제할 때 효율성을 저해한다고 주로 주장한다. 그 전형적인 예는 최저임금 설정(또는 인상)이나 노동 기준 설정 등이 있다. 일반적으로 주류 경제학은 앞서 말한 정책이 가져올 일자리 상

---

16) 그러나 이러한 기적적인 순간은 양측이 모두 각자의 선택지에 대해 완벽한 정보를 가지고 있고, 시장이 경쟁력 있으며, 개인의 선택이 다른 사람에게 부정적이거나 긍정적인 영향을 미치는 외부 효과가 없는 상태에서만 달성될 수 있다.

실에 집중하여 반대 의견을 개진한다. 이러한 논점이 제시하는 일부 노동자를 위한 더 높은 임금과 다른 이들의 일자리 상실 사이의 상호 절충적 균형에 대한 관점은 이러한 균형을 어떻게 극복할 수 있을지, 아니면 이러한 균형이 실제로 존재하는지에 의문을 제기하지 못하도록 한다. 시장을 규제하는 것은 비효율적이므로 논외가 된다.

파레토 최적은 또한 경제학 내 재분배에 대한 논의를 제한한다. 왜냐하면 부자들의 소득을 가난한 이들에게 분배하는 모든 정책은 부자들에게 손해를 입히기 때문에 더 이상 파레토 최적이 아닌 상태가 되기 때문이다(King, 2008).[17] 그 결과로 주류 관점은 기회의 평등(예: 교육 또는 고용을 찾을 기회)을 추구하는 정도에만 관심이 있고 결과의 불평등(예: 임금, 소득, 부)을 개선하는 데는 관심이 없다. 그리고 이러한 관점에서의 평등한 기회는 법적 장벽을 제거해서 시장 경쟁을 유지할 수 있을 때에만 장려된다.

1980년대에 아마르티아 센(Amartya Sen)이 개척한 역량 접근법은 인간의 안녕에 대한 주류 경제학의 개념을 비판할 수 있는 또 다른 관점을 제공했고, 페미니스트 경제학의 발전에 기여했다. 센과 철학자인 마사 누스바움(Martha Nussbaum)은 인간의 안녕을 이해하기 위한 소득 혹은 산출 기반 접근과 그 저변의 공리주의적 프레임워크가 성공적 경제나 좋은 삶의 효과를 평가하기에 적절하지 않다고 주장하였다(Nussbaum 2003; 2004; Sen 1999b). 첫째로, 소득(그리고 소비) 수준에 기반하여 인간의 안녕을 추론하는 것부터 잘못되었다. 개인의 소득 수준(또는 자원의 소유권이나 상품과 서비스를 생산할 수 있는 경제의 능력)은 기껏해야 좋은 삶을 위한 수단은 될 수 있어도 그 삶을 정의할 수는 없다. 1인당 GDP와 같은 집합 또는 평균 척도로 경제적 성공을 측정하는 소득 기반 접근은 사람들이 누리는 삶의 안녕에 대해 자세히 알려주지 못한다. 소득 분배의 불평등에 대해서는 고려하지 않기 때문이다. 또한 다른 집단들이 가지는 다양한 요구는 물론이고 소득 수

---

17) 킹(King)이 말하는 것처럼, 파레토 최적 개념은 성장을 바람직한 목표로 생각하도록 장려하여 재분배의 가능성을 배제한다. 파이가 커지면 재분배 방식에 의존하지 않고서도 모든 사람의 몫이 늘어나고 빈곤을 해소할 수 있다고 본다(2008).

준이 동일할지라도 특정 집단이나 개인은 이를 통해 더 많은 안녕을 누릴 수 있다는 사실을 고려하지 않는다. 즉, 주어진 소득을 삶의 안녕으로 전환하는 능력은 개인에 따라 그리고 사회적·환경적 요인에 따라 달라질 수 있으며 이는 흔히 "전환 계수(conversion factors)"라고 불린다. 예를 들자면 같은 수준의 삶의 안녕을 누리기 위하여 신체적 장애가 있는 사람(또는 집단)은 비장애인인 사람(집단)에 비해 더 많은 소득이 필요할 것이다. 이와 같이 누스바움(2004)은 차별의 역사를 극복하기 위해서는 역사적으로 차별받아온 집단이 차별을 경험하지 않은 집단과 같은 수준의 안녕을 누릴 수 있도록 사회가 더 많은 자원을 투자해야 한다고 주장했다.

둘째로, 개인에게 자신이 얼마나 잘사는지 물어보는 소득 기반 접근의 공리주의적(utilitarian) 토대 역시 문제적이다. 센과 누스바움은 상황에 따라 적응하게 하는 "적응적 선호(adaptive preference)"가 우리의 판단에 언제나 영향을 미치기 때문에 삶의 안녕에 대한 주관적인 판단은 부적절하다고 강조한다. 개인에게 자신의 삶을 개선할 가능성이 보이지 않을 때, 실제로 타인이 보기에는 개인의 안녕에 부족함이 있다고 판단할 수 있는 상황인데도 개인은 자신의 삶에 만족한다고 판단할 수 있기 때문이다. 그 예로는 영양실조 또는 물리적 이동 제한으로 인해 여성이 외출할 수 없는 상황 등이 있다.[18]

누스바움과 센은 또한 호모 이코노미쿠스가 내세우는 "선택의 자유"는 실제 개인의 선택에 지장을 주는 물질적, 사회적 전제 조건을 고려하지 않는 한 단지 추상적인 '실현 가능성'에 그칠 수밖에 없다고 주장한다. 예를 들자면, 한 여성에게 사업을 시작한다는 '실현 가능한 선택'이 있더라도 실제로는 사회적 조건과 경제적 상황으로 인해 사업을 시작하기가 매우 어렵거나 불가할 수도 있다. 이를

---

18) 같은 맥락에서, 센과 누스바움은 행복을 측정하고자 하는 최근 시도를 회의적으로 본다. 그러나 최근, 인간의 안녕 진작에 적합한 정책을 찾기 위해 역량과 생계에 관련된 웰빙의 객관적 지표와 행복도를 결합하여 측정하려는 시도가 있었다. 국민총행복(GNH, Gross National Happiness) 워킹 그룹의 최근 시도는 다음을 참고(Graaf et al., 2013). 이들은 웰빙(객관적으로 측정된 GNH와 정책 분야로 나타나는), 행복의 기술(개인적 변화를 위한 도구)과 행복(주관적 조사로 측정됨)을 구별하려고 하였다.

금지하는 어떠한 법도 없다는 점에서 이 여성은 사업을 시작할 자유가 있지만 만연한 가부장적 규범 및 돌봄과 가사노동의 막대한 부담에 부딪히거나 또는 단순히 자산이 부족하거나 신용에 대한 접근성이 낮아서 그 자유를 누리는 것이 실질적으로 제한될 수 있다.

경제학이란 무엇인가?

페미니스트 경제학자들은 경제학이 스스로를 어떻게 정의하는지에 대해서도 중점적으로 비판했다. 주류 경제학은 경제학을 개인의 최적화 행동 측면에서 바라본다. 즉, 모든 교환은 선택과 시장의 측면에서 분석할 수 있다. 예를 들자면 신가계경제학에서는 가정을 교환의 한 영역으로 표현하여 가족과 여성을 분석의 일부분으로 포함했고, 이는 시장 노동이 제공하는 양육비와 교환되는 무급 노동을 말한다. 또한 경제학은 표준 선택이론적 방법론을 시장 외에도 적용한다. 그 예로 합리적인 부부의 경제적 이슈는 최소한 어느 정도는 각자의 시간 할당을 최적화하고 각기 다른 가사를 특화하여 분담하는 것으로 해결된다. 이렇듯 다른 분야에서의 다양한 질문을 최적화 문제에 대한 수학적인 질문으로 확장하고자 하는 것을 경제학의 수문장들은 경제학적 분석력의 강점으로 본다(예를 들자면 Lazear, 2000). 그러나 이러한 관점은 사회적 공급 체계, 즉 사회가 어떻게 삶을 유지하는 데에 필요한 활동들을 조율하는지에 대한 중요성을 무시하거나 모호하게 한다. 그리고 인간의 욕구는 무한하고 시장을 통해 충족되어야 한다고 가정하면서 "과연 어느 정도가 충분한가"에 대한 질문은 중요하게 여기지 않는다. 페미니스트들은 주류 경제학에 대한 비평들을 따라 이러한 사회적 보장 체계에 대한 무시(Nelson, 1993) 그리고 빈곤, 의료 서비스 부족, 열악한 사회적 조건 등으로 대표되는 사회적 공급 체계의 부족에 대한 "극도의 무관심"에(Heilbroner and Milberg, 1995) 의문을 제기하였다.

우리는 우리가 뭘 아는지 어떻게 아는가?

페미니스트들은 경제학이 수학적인 모델화에만 관심을 가지며 분석적 기술과 정성적 분석 같은 다른 방법론을 배제하는 것을 비판했다. 최근까지도 주류 경제학에서 유일하게 인정받고 아직도 가장 가치 있게 여겨지는 방법론은 계량 경제학적 분석에 따라 검증된 공식적 또는 수학적 모델이다.[19] 이들 의견에 따르면, 계량경제학적 검증 방법(그리고 최근의 실험적 방법들)과 함께 나타난 형식주의는 엄격함, 정밀함 그리고 상황에 따라 바뀌지 않는 일반성을 보장하는 분석이다. 그러나 이러한 방식이 중요한 경제적·사회적 문제를 설명하거나 해결하는데는 아무런 관심이 없는 '얄팍한' 분석만을 만들어낼 수 있다는 점을 심각한 문제로 생각하지 않는다.

대부분의 실증적 연구에서 사용되는 데이터를 적당히 거리를 두고 바라보는 방식은 주류 접근 방식의 단점인 동시에 주류 접근 방식이 질적 연구 방법에 대해 가지는 회의론의 기반이기도 하다. 편향되지 않은 분석을 한다는 명목 아래 행하는 이러한 접근법은 표본과 변수를 선택할 때 작용하는 자의적인 판단이 존재한다는 사실을 가리고 실증적 분석에서 신뢰할 만한 통찰을 얻는 것을 방해한다(Nelson, 1995; MacDonald, 1995; Berik, 1997). 최근 젠더와 위험 회피에 대한 경제학적 연구가 그 예시이다. 넬슨(Nelson, 2014)은 여성이 남성보다 위험을 더 회피하려고 한다는 전반적인 주장을 뒷받침하는 분석들이 사실 실증적 기반이 매우 취약하다는 것을 보여준다. 이러한 연구의 분석들이 특정 상황의 특정 인구 그룹에 대한 표본을 주로 사용하여 성별 차이에 의한 결과를 과장하고 일반화하는 경향이 있다. 그녀는 이러한 연구 결과를 더 신중히 분석해보았을 때 위험에 관한 행동과 태도에 대한 성별 차이는 실제 성별에 의한 차이가 아니라 연구자의 편견에 바탕을 둔 차이라고 주장한다.[20]

또한 페미니스트 경제학자들은 주류 학자들이 선호하는 정량적 방법론들이

---

19) 계량경제학적 실험의 우월성에 도전하는 실험적인 방법론들이 점점 더 경제학에서 활용되고 있다. 2000년대 초, 지식 생산을 위해 통제된 실험을 하는 것이 논쟁적인 실험 방법으로 떠올랐다. 의학적 임상실험의 기법을 따라서 만들어진 무작위 대조군 실험은 인과관계(한 현상이 다른 현상에 미치는 영향)에 대한 결정적인 증거를 제공할 수 있는 방법으로 여겨져 점점 더 많은 연구에 활용되었다. 그러나 이러한 방법론들은 몇몇 질문들에 대한 답을 얻기 위해 실행되었을 뿐, 주류 경제학의 근본적인 가정들과 결을 달리하는 것은 아니다 (Basu, 2013).

20) 넬슨은 연구자들이 가지는 선입견과 확증편향을 지적한다.

편견 없는 분석을 제공한다는 주장에 강력하게 반대해왔다. 이러한 주장은 가치가 훌륭하고 엄정한 과학의 일부가 될 수 있다는 것을 인식하는 입장이론과 상황적 지식에 대한 페미니즘 이론의 발전에 기반했다. 페미니스트들은 지식은 주로 발견되는 것이 아니라 구성되는 것이고, 지식 생산자들은 각자의 가치를 지니며 이러한 가치가 연구에 반영된다고 주장한다(Kabeer, 1994; Harding, 1995; Robeyns, 2000). 바커와 파이너(Barker and Feiner, 2004: 11)가 표현한 것처럼, "보는 이의 위치가 없는 관점"이라는 것은 불가능하다. "모든 관점은 보는 이가 어디엔가는 서 있다." 실제로 경제학적 방법론들은 가치 판단적이며, 지배적인 패러다임은 특정 기준들을 이용해 "지배적인 정치적 질서를 반영하여 (…) 일상의 경험들을 특정 사람들의 범주로" 바꾸면서 "특정 사회 집단을 차별하거나 힘을 실어준다"(Harding and Norberg, 2005: 2009).

페미니스트들은 주류 경제학이 가진 경제 발전의 개념과 GDP 성장에 대한 집착을 비판하기 위하여 입장 인식론(standpoint theory)을 활용했다. 예를 들어 센과 그로운(Sen and Grown, 1987)은 경제 발전은 사회적으로 가장 취약한 제3세계 여성의 관점에서 평가되어야 하고, 최하위층 사람들의 삶을 바꿀 수 있는 발전 전략이 재구상되어야 한다고 주장했다. 유사하게 카비어(Kabeer, 1994)는 발전의 개념을 구성하는 지식 체계 저변에 존재하는 지식의 위계 관계를 드러냈다. 그녀는 개발 기관들이 특정 종류의 지식(비맥락화된 보편적 개념에 의존하는 형식적 모델들에 의해 생성된)을 다른 지식(지역적, 맥락적, 경험적 지식)보다 선호하고, 이는 가난한 사람들에게 불리한 방식으로 예산이 편성되는 결과를 가져온다고 주장했다. GDP 성장률이라는 겉보기에는 중립적인 기준을 사용하지만 개발도상국에서 수행되고 있는 많은 양의 무급 노동의 존재를 흐리고 이러한 기준은 정책이 무급 노동을 수행하는 이들에게 어떠한 영향을 미쳤는지 평가하는 데에 별로 도움이 되지 않는다. 더 나아가, 지식 구축에 대한 방법론적 환원주의적 접근은 경제를 정치, 문화 그리고 생태계와 분리해 다른 지식 영역과의 중요한 상호작용을 무시하도록 한다. 이러한 지식의 분절화는 경제 성장을 추구하는 개발 정책 의제를 유지함으로써 이익을 얻게 되는 이들의 존재를 인식하지 못하게 하고, 물적 자원과 부를 통제하는 사람들이 다른 사람들의 삶과 그들의 시간에 얼마나 엄청난 힘을 행사하고 있는지에 대한 인식을 흐리게 한다. 카비어는 입장을 바꿔 개발 정책들을 제3세계 여성들의 입장에서 평가하게 한다면 다른 개발 의제를 제시할 수 있을 것이라고 주장한다.

결국 페미니스트적 방법론 비판은 연구 방법론의 다원성 및 다양한 관점의 유효성을 강조하며, 지식 생산은 가치 중립적이라는 인식에 대항한다.

방법론적 수렴

페미니스트 경제학은 주류 경제학에 대한 여러 비판에서 시작되었지만 여전히 다양성을 품은 큰 집합체와 같은 성격을 지닌 채 발전하고 있다. 페미니스트 경제학자들은 연구 의제를 분석하는 데 다양한 길이 있다는 가능성과 그것이 실제로 바람직하다는 것을 인정한다. 이러한 다원주의는 그들이 생각하는 사회 변화와 정치적 행동에 대한 비전에도 적용된다. 일부 페미니스트 경제학자들은 주류 경제학의 프레임워크를 활용하지만 대부분은 이를 기피하고, 일부는 두 입장 사이에 있다.

다원주의를 고려했을 때 페미니스트 경제학의 특별함은 무엇인가? 우리는 페미니즘 이론이란 사회에서 여성의 종속적인 지위를 설명하고 변화시키려는 것이라는 앨리슨 재거의 정의를 출발점으로 삼아본다(Jagger, 1983). 즉, 페미니스트 경제학은 두 가지 핵심적인 목표를 지니고 있다. 바로 성불평등의 이유, 특성, 역할에 대해 설명하고 여성이 종속적인 지위에서 벗어나는 보다 성평등한 사회를 위해 노력하는 것이다. 페미니스트들과 페미니스트 경제학자들은 성평등의 목표를 결과의 평등이라는 의미로 해석하는 경향이 있지만, 평등한 결과를 위해서는 평등한 기회가 필요하다(Phillips, 2004).21) 이러한 목표와 더불어 우리는 남성 중

---

21) 결과의 평등이란 유사한 집단 간 분포(예를 들어 여성의 임금 vs 남성의 임금)를 말하고 각 집단 내에 불평등이 존재할 수 있지만 수단의 평등을 말하는 것은 아니다. 필립스

심적 편견을 줄이고 경제적 삶에 대해 더 적절한 설명을 만들어낼 수 있도록 학문의 엄정성이라는 세 번째 목표를 추가했다. 이러한 노력의 다학제적 특성을 감안했을 때 학문적 엄정성은 다른 사회과학 분야의 페미니스트 연구에도 기여할 수 있다. 많은 페미니스트 경제학자는 페미니스트 경제 분석이 사회 변화에 대한 진보적인 비전을 제시하여 여성, 남성, 어린이를 위한 더 나은 세상을 만들고자 하는 정책에 영향을 줄 것이라고 믿는다(Longino, 1993; Nelson, 1995; Robeyns, 2000; Benería, 2003; Barker and Feiner, 2004).

페미니스트 경제학은 젠더를 앞서 설명한 분석의 핵심 범주로 삼는다. 이러한 중심 개념을 넘어서 1990년 초부터 주류 경제학과 일부 비주류 경제학에 대한 페미니스트 비판 그리고 젠더와 발전 분야에서의 WID 접근 방식에 대한 비판 속에서 공통적인 접근법이 등장했다. 파워(2004; 2013)는 이러한 공통점을 '사회적 공급 체계 접근법(social provisioning approach)'이라고 부르고 이를 특징짓는 다섯 가지 공통된 의견을 정의했다. 이는 돌봄노동 가치화의 필요성, 인간 삶의 안녕을 경제적 성공의 기준으로 삼는 것, 사회적 주체성의 중요성, 윤리적 판단의 중요성 그리고 남성과 여성에게 다르게 작동하는 다양한 사회적 계층 형성 요인이 서로 관계가 있다는 점이다. 1장에서 논의했던 GAD 접근법의 지지자들과 같은 젠더와 발전 분야의 논자들 역시 영(Young, 1992)이 분석한 것처럼 이와 유사한 방법론적 특징을 지닌 연구를 진행했다. 우리는 이러한 원칙들이 학문적 연구는 물론이고 진보적인 정책과 사회 변화를 만들어나가기 위한 도구로서 페미니스트 경제학의 일관성을 설명하는 데 가장 적합하다고 생각한다. 일부 페미니스트들은 앞서 지적했던 것처럼 신고전주의 경제학에 기반한 연구를 하고 있지만, 우리는 사회적 공급 체계 접근법을 택했다. 이것은 궁극적으로 신고전주의 경제학을 거부한다는 의미이며 우리는 신고전주의와 비주류 경제학의 핵심 교리들이 페미니스트 경제학에서 모두 수용되기란 불가능하다고 믿는다.

(Phillips)는 결과의 평등을 기회의 평등이 존재하는지 검증할 수 있는 수단으로 본다.

경제 분석의 핵심 범주로서의 젠더

성별 노동 분업, 가정과 노동시장에서의 자원 접근성에 존재하는 성불평등을 조사하고 성평등한 사회보장 체계와 역량 확대를 공통적으로 추구하는 페미니스트 경제학자들에게 젠더는 핵심 분석 범주다. 페미니스트 경제학에서의 경제적 행위자는 젠더화 되어 있다. 다학제적 특성을 가진 여성학과 젠더 연구의 학문적 통찰에 기반하여 젠더는 분석 틀에 포함되었고, 그 개념은 페미니즘 이론의 발전과 함께 진화했다. 젠더란 역사의 특정 시점, 특정 사회에서 여성 또는 남성으로 태어나는 것이 어떠한 의미를 가지는지를 설명한다. 젠더의 차이는 개인의 경험과 선택지 그리고 경제적 성과를 형성한다. 그러나 여성과 남성에게 적합한 이상적 행동, 태도, 활동을 정의하는 젠더 체계 또는 젠더 가치 체계는 사회마다 다르며 달라지기도 한다. 젠더가 끊임없이 형성되고 재구성되는 사회적 산물이라는 개념은 시간과 장소를 뛰어넘어 남성 또는 여성이라는 존재가 가지는 본질이 존재한다고 믿는 본질주의에 대해 페미니즘 이론이 가지는 거부감을 반영하고 있다.

한 개인의 젠더화는 사회화 과정을 통해 이뤄진다. 즉 여성 또는 남성으로 태어난 개인은 가족, 학교, 지역사회, 직장의 맥락과 사회적 규범에 의한 규칙 그리고 사회적, 때로는 법적 제재에 따른 위협에 의해 여성과 남성이 된다. 이러한 과정은 젠더화된 행동을 적극적으로 행하는 과정이면서 규범에 순응하는 과정이기도 하다. 젠더가 개인의 행위주체성에 따른 결과물이라는 개념은 남성, 여성이라는 성별 이분법을 넘어선 다양한 성 정체성의 가능성을 열어준다. 젠더 비순응(non-conformity)에는 다양한 형태가 존재할 여지가 있지만 젠더에 순응할 때의 보상(또는 비순응 할 때의 제재)은 주로 개인으로 하여금 '젠더를 수행(do gender)'하도록 한다. 즉, 개인은 주어진 사회적 맥락 안에서 자신의 젠더에 적합한 이상에 부응하며 살게 되는 것이다. 여성 또는 남성이 주어진 젠더 규범에서 벗어나는 모습을 보여주는 상황은 젠더 수행하기 가설을 증명하는 증거다. 예를 들어, 페미니스트 경제학자들은 남편들이 실업으로 인하여 남성 생계부양자 규범을 따를 수 없는 상황에도 전일제 직업을 가진 여성들이 가사를 더 많이 부담한다는 사실을 발견했다(Bittman et al., 2003; Sevilla-Sanz et al., 2010; Baxter and Hewitt, 2013).

또한 젠더 규범에 대한 페미니스트 연구는 젠더가 여성과 남성 일생의 모든 경험을 결정하는 고정된 개념이 아니라는 것을 보여주었다. 생애주기 과정에서 여성 또는 남성이 가정과 사회 내에서 다른 위치를 갖게 되면서 젠더의 의미는 달라진다. 이러한 변화는 전통적인 가부장제가 만연한 곳, 예를 들자면 북아프리카와 중동 그리고 남아시아 지역에서 더욱 두드러진다. 예를 들어 가정 내 여성의 권력은 나이가 들거나, 아들이 있거나, 시어머니가 되었을 때 더 강해진다(Kandiyoti, 1988).

페미니스트 연구와 제도주의 경제학에서 영감을 받은 페미니스트 경제학자들은, 우리가 논의한 바와 같이, 1990년대 이후로 점차 경제학이라는 학문 분야에서 젠더를 모든 제도의 작동에 내재된 계층적 가치 시스템으로 분석해왔다. 이러한 젠더의 개념화는 경제 현상의 젠더적 측면이나 정책의 젠더적 함의 그리고 젠더 관계를 형성하고 유지시키는 권력 관계와 구조 및 메커니즘에 대한 체계적인 분석을 가능하게 한다. 이러한 분석은 젠더 규범이 사회생활의 모든 측면에 스며들어 있고 경제가 어떻게 돌아가는지 이해하는 데 핵심적이라는 전제에서부터 시작한다(Elson, 1999). 예를 들어 노동시장이 어떻게 젠더화된 방식으로 작동하는가에 대한 분석은 이러한 전제에 기반한 것이다. 연구자들은 또한 젠더 규범을 분석의 주제로 삼아, 특정 규범이 젠더 대칭적이더라도 성불평등으로 점철된 관습과 법에 의해 지배되는 상황에서 여성에게 어떻게 불리하게 작용할 수 있는지 설명한다(Van Staveren and Odebode, 2007).[22] 따라서 젠더 규범에 대한 면밀한

---

22) 이러한 점은 부부가 경제적으로 독립적이며 함께 가계에 기여하도록 하는 나이지리아의 요루바 사례에서 볼 수 있다. 그러나 이러한 평등적인 합의는 여성의 경제력이 증가하였더라도 여성의 안녕을 증진시키는 것에 도움이 되지 않을 수 있다. 젠더 대칭적인 경제적 규범이 남성의 더 강한 재산권과 자원 접근성, 남성 가장의 상징적 가치, 가부장적인 자녀 양육 규칙 등으로 인해 영향을 받아 여성이 남성을 대상으로 적절한 협상력을 발휘할 수 없을 가능성이 있기 때문이다.

조사는 여성의 명백한 협상력 증가(예를 들어 재산이나 소득이 증가했을 때)가 성불평등한 결과를 바꾸지 못하는 이유 그리고 성평등 정책이 여성의 후진적 지위를 개선하는 일에만 집중할 수 없는 이유에 대해서 통찰력을 제공할 수 있다.

페미니스트 경제학에서 젠더는 단순히 데이터를 남성과 여성으로 나누는 성별 분석을 뛰어넘는 "두꺼운" 의미를 지니는 반면, 주류 경제학에서 젠더는 "얇게" 그리고 "형식적"이거나 "여담"의 방식으로 다루어지는 경우가 많다(Robeyns, 2000: 13).[23] 젠더를 성별 분리된 데이터 이상으로 다루지 못하는 이러한 분석은 페미니스트 경제학자들이 국가 또는 국가 간 매크로 데이터를 활용하여 계량경제학적 분석을 할 때도 나타난다. 그 예로, 교육 수준의 성불평등과 경제 성장과의 관계를 조사할 때의 젠더 개념은 공식 데이터세트에 기록되는 성별 차이 정도로 축소되는 경향이 있으며 다른 국가 간에 동일한 의미의 성불평등이 존재한다고 가정하게 된다. 더군다나 임금에 대한 데이터가 없다면 교육과 경제 성장에 성평등이 어떠한 영향을 미치는지 그 메커니즘을 분류해내기 어렵다. 무엇이 경제를 성장하게 할까? 더 많은 교육을 받은 여성들의 높은 생산성일까 아니면 큰 임금 격차로 인한 부가적 효과일까?[24] 또한 국가 간 통계 분석에서는 젠더에 대한 분석을 강화하기 어렵다. 면접과 참여 관찰로 수집한 질적 데이터를 통해 얻은 통찰력과 국가 사례 연구에서 사용된 2차 자료 분석을 하는 것도 쉽지 않기 때문이다.

사회적 공급 체계로 구성된 경제

페미니스트 경제학자들은 경제학이 다루는 주제를 교환에서 사회적 공급 체계 활동으로 전환했는데, 이는 삶의 기본적 필요 충족을 목적으로 하는 무급과 유급 활동 모두를 포함하는 광범위한 개념으로 정의된다(Nelson, 1993). 이 책에

---

23) 페이지 번호는 출판되지 않은 영어 버전 기준이다.
24) 교육에서 성별 격차를 줄인 국가들이 외국인 직접투자(FDI)를 더 많이 유치했다는 실증적 발견은 두 가지로 해석될 수 있는데, 외국 기업이 생산성이 높은 여성 노동자를 고용하는 데 관심이 있거나 또는 여성 노동자들의 낮은 임금으로 인해 단위 인건비 절감에 도움이 된다는 추가적 효과 때문이라는 것이다. 후자의 경우, FDI는 여성 노동자들을 위한 안정적인 생계를 만들어내지 못할 가능성이 있다(Berik, et al., 2009).

서 설명하고 있듯이, 사회적 공급 체계에 대한 페미니스트 관점이 갖는 특별함은 무급 노동을 강조한다는 점이다. 무급 노동은 매일 개인과 지역사회의 삶을 유지하기 위한 공급 체계를 담당하고, 세대를 넘어선 노동력을 재생산하며 이를 통해 사회적 재생산에 기여한다. 페미니스트 경제학자들은 임금노동과 무급 노동 둘 다 개인과 가족의 안녕을 결정하는 데에 중요하다고 주장한다. 현대 경제에서는 유급 노동이 자신과 가족의 생계를 보장하기 위한 주된 수단이지만 유급 노동만을 유일한 경제 활동으로 간주하는 것은 노동시장 활동을 뒷받침하는 돌봄노동, 자급자족 생산과 같은 비시장 활동의 중요성을 간과하는 일이다.

페미니스트 연구자들은 1970년대부터 에스더 보세럽(1970)이 개발도상국의 농업에서 여성들이 담당하는 자급자족 생산과 가족을 도우며 수행하는 무급 노동의 중요성을 언급한 이후로, 국가 통계에서의 무급 및 자급 노동 비가시성에 대해서 문제를 제기해왔다. 여성 노동의 비가시성과 이를 계산하기 위해서 폭넓은 연구가 시작된 것이다. 예를 들어 1970년대 인도의 여성, 남성, 아동들의 시간 할당에 대한 데바키 자인(Devaki Jain)의 연구는 특히 빈곤층에서 여성이 담당하고 있는 상당한 양의 무급 노동의 규모를 보여주는 초기 데이터를 제공했다 (Jain and Chand, 1982). 베네리아(Benería, 1981)는 여성의 경제 활동을 과소평가하는 것에 주의를 촉구하고 노동력이라는 개념을 재구성할 필요성을 강조했다. 데레(Deere, 1982)는 인구 조사가 안데스 지역 여성의 농업 노동을 얼마나 과소계상하였는지 보여주었다. 바타차리아(Bhattacharya, 1985)는 인도의 데이터 수집 체계와 통계를 분석하여 여성과 어린이가 수행하는 노동에 연관된 모든 일을 포착하지 못한다는 점에 문제를 제기하였다. 비슷하게, 내시와 사파(Nash and Safa, 1985)는 안데스 지역의 소작농 여성과 브라질, 멕시코, 푸에르토리코, 자메이카의 여성 공장 노동자들이 담당하는 일상 속의 무급 노동 활동들이 이들이 유급 노동에서 일하는 방식과 조건에 영향을 미친다는 증거를 제시했다. 이러한 연구들은 정책이 여성이 수행하고 있는 엄청난 양의 무급 노동을 고려하지 않고 여성들이 무한정의 시간을 가지고 있다고 가정해버린다면 결국 여성의 노동 부담을 증가시켜 여성의 안녕에 부정적인 영향을 미칠 수 있음을 시사하고 있다.

요약하자면, 페미니스트 경제학은 경제 주체를 가정 안팎의 사회적 관계망 속 상호 의존적인 개인으로 인식함으로써 주류 경제학에서 가정하는 독립적 개인 및 단합된 가정에 대한 인식과 그 길을 달리한다. 그리고 페미니스트 경제학은 경제를 상호 의존적인 사회적 공급 체계 활동의 장으로 인식함으로써, 경제학을 화폐-비화폐 이분법을 넘어선 사회적 공급 체계에 대한 연구로 정의한다.

인간의 안녕을 경제적 성공의 기준으로

1990년대와 2000년대를 거치면서 경제에 대한 젠더 분석의 초점은 가정과 노동시장 내 여성의 경험에 대한 관심에서 여성뿐 아니라 남성에게도 영향을 미치는 인간의 안녕에 대한 폭넓은 질문으로 옮겨 갔다. 이러한 전환을 가능하게 한 것은 입장 인식론과 같은 개발 경제학에 대한 페미니스트 비판뿐만 아니라 앞서 언급하였듯이 인간의 안녕에 대한 주류 개념에 대항하는 역량 접근법, 인권 관점과 같은 이론적·실용적 접근법들의 발전이었다(1장 참고). 많은 페미니스트 경제학자는 역량 접근법을 규범적인 기반으로 삼아 인간의 안녕을 소득과 부의 평균이나 총합이 아니라 개인의 역량 차원에서 정의했다. 페미니스트들은 소득과 부는 인간의 안녕을 위한 투입에 불과할 뿐이고 이것만으로 인간의 욕구를 충족시키는 것은 충분하지 않다는 관점에 동의하였다.

역량 접근법에 따르면 경제 정책과 사회적 체계의 목표는 개인의 안녕을 역량 측면에서 증진시키고자 하는 것이어야 한다. 즉, 사람들이 할 수 있거나 될 수 있는 것의 범주를 확장시키는 것이 좋은 경제 또는 좋은 삶이다. 이러한 접근법에서 역량이란 개인이 선택할 수 있는 가치 있는 선택지들을 말한다. 기본적인 역량의 종류에는 건강할 수 있는 역량, 폭력 없는 삶을 영위할 수 있는 역량, 차별받지 않을 수 있는 역량, 사회의 의사 결정에 참여할 수 있는 역량 등이 포함된다.[25] 이러한 역량 중 일부는 다른 역량을 증진하는 수단이 되기도 한다. 예를 들어, 교육을 받을 수 있는 역량은 가족의 안녕에 대한 문제나 선거에서 누구에게 투표할지의 문제에서 정보에 입각한 선택을 할 능력을 증진시키는 데 도움이

---

25) 기본 역량의 구체적인 종류는 Nussbaum(2003)과 Robeyns(2003a) 참고.

된다.

센과 누스바움의 연구의 상당 부분은 특히 개발도상국의 여성들이 겪고 있는 역량 박탈에 대한 설명을 포함하고 있다(Sen, 1990a; 1990b; 1992; Nussbaum, 2000a; 2000b). "사라진 여성들(missing women)"에 대한 센의 연구는 생존권 박탈의 이유와 근본적인 원인들을 살펴본다. 젠더화된 삶의 안녕에 관한 문제에 대한 누스바움의 설명(2004: 241-42)처럼, "세상의 많은 곳에서 여성들에게는 인간으로서 살기 위한 근본적인 기능의 지원이 부족하다. (…) 불평등한 사회적, 정치적 상황은 곧 여성의 불평등한 인간 역량으로 이어진다." 누스바움은 보편적인 여성의 삶과 관련된 역량의 기본 목록을 제시한다. 그녀의 주장은 정책이 모든 국가에서 헌법적인 보장의 형태로 역량 증진을 목표로 해야 한다는 것이다(Nussbaum 2000a; 2011b). 이 접근법은 자신의 삶을 영위하고자 하는 개인의 선택을 인정한다. 역량의 자유가 주어졌을 때 개인이 실제로 얻게 되는 결과는 그들의 '기능'에 해당한다. 예를 들어 누군가는 폭력적이고 위험한 스포츠를 하기로 선택해서 자신의 건강을 심각한 위험에 빠트리고, 그 결과 건강이 나빠지거나 더 심각한 상태가 될 수도 있다. 이 선택으로 인해 인생이 짧아지거나 피해를 입었다면, 그것은 그 개인의 기능에 해당된다. 폭력이 없는 삶을 영위할 수 있는 역량을 가진 상황에서 개인의 선택으로 인해 나타난 결과다.26) 반면에 한 여성이 배우자에 의한 폭력을 겪고 있다면 그 여성은 기능에 손상을 입었을 뿐만 아니라 그녀에게는 폭력 없는 삶을 영위할 수 있는 역량도 존재하지 않는다는 것을 추론할 수 있다. 역량이나 기능은 일반적으로 집단의 수준에서 측정된다. 예를 들어 한 여성의 임신과 출산의 결과보다는 해당 지역의 전체 모성 사망률을 봐야 한다.

역량을 가능하게 하는 것은 무엇인가? 개인 또는 가계 소득은 이를 위한 명백한 수단이지만 이로는 충분하지 않은 경우가 대부분이다. 역량 접근법의 논리는 수단(사회적 공급 체계를 위한 자원)에서 역량 그리고 기능으로 이어진다. 수단에는 생계를 유지하기 위한 소득(또는 개인에게 주어진 가정 내 자원의 소유권)을 창출

---

26) 복서와 같이 위험한 스포츠를 하는 사람과 가정폭력에 시달리는 여성에 대한 예시는 Robeyns(2005)의 예시에서 차용했다.

하는 각 개인에게 주어진 것(노동력, 자산)과 국가나 지역사회에서 보장하는 권리가 포함된다. 역량 접근법은 정부가 모든 사람에게 역량을 증진하기 위한 적절한 수단(자원)이 주어지는지 확인하고 특정 그룹에 대한 자원 접근 불평등을 만들어내는 사회적 제한을 제거하는 것이 필수적이라고 본다. 만약 건강에 대한 역량이라면 건강하기 위한 역량을 증진하기 위하여 깨끗한 물, 의료 서비스에의 접근, 기본적인 건강 관련 지식, 면역, 위생 등을 위한 (주로 재정적) 자원을 만들어내고 지원해야 한다. 역량을 증진하기 위해서는 자원과 더불어 이를 지원하기 위한 제도적 지원이 필요하다. 의료 보건 시스템을 구축하거나, 다른 역량의 경우에는 정치적·사회적 자유, 사회적 안전망 제공, 관공서의 투명성을 보장하는 기관을 설립하는 것이 그 예시다. 다만 역량 접근법은 인간의 안녕과 그를 제공하는 정치사회적 조치의 효능을 추론하기 위한 규범적 프레임워크에 불과하기 때문에, 역량 증진을 위한 수단들이 어떻게 개발되고 강화될 수 있는지에 대해서는 구체적으로 설명하지 않는다(예: 어떤 종류의 거시경제 정책이나 발전 전략을 추구해야 하는지 등).[27]

이렇듯 역량 접근법은 페미니스트 경제학자들의 초점을 가정 및 노동시장 속 사회적 공급 활동에서의 성불평등으로부터 인간의 안녕에 대한 성불평등으로 확장하게 했고, 인간의 안녕과 사회적 공급의 불평등의 관계를 연구 조사하는 데 중요한 역할을 했다. 또한 역량 접근법은 경제학에 대한 페미니스트 연구들이 더욱 명확한 윤리적 질문을 던질 수 있도록 하였다.

인간의 행위주체성은 중요하다

페미니스트 경제학자들은 경제적 결과 그 자체에 대한 관심만큼 경제적 결과를 만들어내는 과정에도 큰 관심을 가진다. 이는 경제적 결과의 기반이 되는 개인의 행위주체성에 대한 관심이 연구에 반영된다는 것을 의미한다. 예를 들어

---

27) 이는 역량 접근법이 어떻게 생산구조를 변화시켜 사람들의 복지를 보장하는 자원을 창출할 역량을 만들어 낼 수 있는지에 집중하는 경제 발전 이론을 보완해야 함을 의미한다. 한 가지 유망한 접근법은 동아시아 국가 경제들의 예시를 바탕으로 경제 발전의 원칙을 창출해 낸 새로운 발전주의다(Khan and Christiansen, 2011).

보통 페미니스트들이 관심을 가지는 경제적 결과는 임금, 자산, 무급 노동 시간 또는 소비 수준의 성불평등이다. 페미니스트 경제학자들은 어떻게 이러한 불평등이 생겨나는지, 어떠한 집단이 이를 유지하거나 (이로 인해 얻는 이득에) 연관되어 있는지 그리고 불평등을 어떻게 줄일 수 있는지에 관심을 가진다. 결국, 이러한 과정과 행위주체성에 대한 관심은 방법론에 영향을 미친다. 경우에 따라서는 이를 위해 가구, 노동시장 그리고 국가가 어떻게 작동하는지에 대한 분석적인 설명으로 통계를 보완하는 방법을 포함한다. 이 방식은 질적 데이터뿐만 아니라 양적 데이터에도 주의를 기울여야 한다는 것을 의미한다. 또 다른 경우에는 기존의 경제학이 선호하는 데이터 출처에서 벗어나 인터뷰나 소규모 샘플 설문 조사와 같이 데이터를 생성하기 위해 방법론의 경계를 넘어서야 할 필요를 보여준다 (Nelson, 1995; Berik, 1997; Starr, 2014). 일반적으로 페미니스트 경제학자들은 방법론의 선택이 연구 주제에 달려 있다고 여겼는데, 이에 기반하여 방법론적 다원주의가 부상했다. 이렇듯 페미니스트 경제학자들은 경제 분석의 한 방법으로 공식화를 택하는 것도 반대하지 않는다. 예를 들어 성불평등이 경제 성장에 도움이 되는지 방해가 되는지 조사하기 위해서 성불평등이 거시 경제적 결과와 어떻게 연관되어 있는지 알고자 한다면 거시경제학의 공식 모델링과 계량경제학적 실험이 매우 유용할 것이다.

그러나 페미니스트 경제학자들은 인간의 행위주체성과 과정에 대한 정보를 생산하기 위하여 주로 다른 사회과학자들이 발견한 증거를 활용하거나 학제 간 연구 프로젝트에 협력하는 경향이 있다.[28] 권력, 지배, 억압에 관련된 특정 주제들은 관련 데이터를 생성하기 위해 분석적인 설명, 이론적인 논의 그리고 인터뷰, 포커스 그룹, 참여 관찰 및 1차 설문 조사 등과 같은 연구 방법이 필요할 수 있다. 이러한 해석적 방법론들은 여성들에게 발언권을 주고 사회경제적 정의를 증진하기 위한 변화를 만드는 방법에 대한 통찰을 얻고자 하는 페미니스트들의

---

28) 세 번째 옵션은 페미니스트 경제학자가 기초 데이터를 얻기 위해 자체적인 연구를 설계하고 수행하는 것이다. 이는 실현 가능하기는 하지만 경제학 대학원 과정에서 일반적으로 가르치지 않는 방법론을 시간을 들여 배워야 한다는 점과 연구 결과의 수용 및 분야에서의 평판을 고려하였을 때 연구자에게 잠재적으로 높은 비용이 발생한다(Berik, 1997).

목적과 밀접하게 들어맞는다(Esim, 1997). 추가로 이러한 데이터들은 이후 계량적 방법론을 통해 검증하고자 하는 가설을 세우는 데 활용되거나(Van Staveren, 1997) 정량적 분석에 타당성을 제공하거나 통계적 분석을 해석하는 데에 활용될 수 있다(Berik, 1997; Olmsted, 1997).

윤리적 판단은 경제 분석에 필수적이다

아무런 가치가 부여되지 않은 분석이란 존재하지 않는다고 주장하는 페미니스트 경제학자들은 실증적 분석과 규범적 분석을 구분 짓기를 거부한다. 오히려 그들은 특정 경제 문제를 해결하기 위한 통찰을 얻고자 할 때 계량적인 것은 아니더라도 언제나 엄정한 분석을 적용하는 동시에 성평등과 사회 정의 같은, 자신들이 추구하는 가치를 분명히 하는 경향이 있다. 이러한 입장은 주류 경제학적 사고에 대한 페미니스트 비평에 기반해서, 모든 연구자는 각자의 사회적 환경(사회 계급, 젠더, 인종 그리고 그들의 전문 직업교육)에 의해 만들어진 산물임을 강조한다. 연구자의 사회적·역사적 위치는 연구 주제의 선택에서부터 방법론의 적용에 이르기까지 모든 연구 과정에 영향을 미치고 결국 이에 기반한 "상황적 지식"을 생산해낸다. 이러한 관점은 결국 개인 연구자의 수준에서는 그 누구도 객관적일 수는 없음을 의미한다. 대신 페미니스트 경제학자들은 좋은 과학이란 다양한 관점을 가진 연구자들이 더 큰 연구 커뮤니티에서의 상호작용과 토론을 통해 연구 커뮤니티 수준에서의 "강력한 객관성"을 달성하기 위해 노력하는 것을 목표로 해야 한다고 주장했다(Harding, 1995).[29] 각자의 연구에서 높은 수준의 객관성을 달성하기 위해서 연구자들은 각자의 관점을 명확하게 밝히고 기존 이론들에 이미 존재하고 있는 가치와 숨겨진 문화적 가정들을 분석해야 한다.

경제학의 정의를 개인의 선택에 대한 연구에서 사회적 공급 체계에 대한 연구로 전환하는 것은 결국 페미니스트 논자들이 명시하고 있듯이 가치의 변환을

---

[29] 철학자 하딩(Harding, 1995)은 경제학에서의 객관성에 대한 논쟁에 참여하며 사회과학 분야를 포함해 "객관적"으로 간주되는 과학적 지식의 모델은 "지배적인 제도의 관점만을 표현하고 따르는" 경우가 많으며 이에 여성은 주로 배제되어 있다고 말했다(p.8).

의미한다. 주류 경제학은 마치 가치중립적인 과학인 척하지만, 인간의 안녕이 개인의 끝없는 욕구를 충족함으로써 달성될 수 있다고 믿는 경제학적 관점은 결국 개인의 무한한 욕구를 채우기 위해 끝없는 자원의 착취를 장려한다는 점에서 자아도취적이며 잠재적으로 파괴적이라는 것을 유념해야 한다(Strober, 2003). 반면에 사회적 공급 체계를 경제학의 중심축으로 삼는 것은 모든 사람에게 적절한 수준의 사회적 공급 체계가 보장되고 있는지에 대한 관심과 이것의 부족을 정부 주도 지원을 통해 해결하고자 하는 것 그리고 적절한 양과 품질의 상품 및 서비스를 보장하기 위해 생산과 무역을 규제하는 것에 대한 논의로 이어진다.

교차성 분석

페미니스트들은 성별 차이를 계급, 카스트, 인종/민족, 출신 국가, 성적 지향, 나이와 같은 다른 사회적 계층화 요소와 분리해서 말할 수 없다는 점에 동의한다. 사회적 계층화 요소는 자신과 가족의 삶을 부양하기 위한 선택지를 달라지게 하고 억압받는 집단에 대한 불이익을 가중시킬 수 있다. 이러한 관점은 여성들 간에 (혹은 남성들 간에) 존재하는 차이에 주의를 기울이는 교차성 분석을 필요로 하며, 이는 페미니즘 이론 발전 과정에서 나온 또 다른 유산이다.

인종, 민족, 섹슈얼리티 등 다른 사회적 차별에 대한 관심은 더욱 풍부한 분석을 제공하고, 때로는 예상치 못한 결론을 발견해내도록 한다. 예를 들어 성적 지향의 효과는 종종 성별에 따라 다르게 나타난다. 배지트(Badgett, 1995a)는 미국에서 게이와 양성애자 남성이 생산성이 동등한 이성애자 남성보다 훨씬 적은 수입(11~27%)을 버는 반면 여성의 경우 성적 취향의 영향이 명확히 측정되지 않음을 보여준다. 그런데 레즈비언의 소득은 게이 남성 소득의 3분의 2 수준에 불과해 성적 지향보다 성별이 레즈비언의 소득을 결정하는 데 더욱 결정적인 요소라는 것을 알 수 있다. 마찬가지로 2007~2008년 미국의 금융 위기에 대한 분석은 성별보다 인종/민족의 차이와 가족의 형태가 위기의 영향을 받는 형태를 결정하는 더 중요한 요인이었음을 보여준다(Fukuda-Parr et al., 2013). 인종을 초월해 미국에서 가장 심각한 영향을 받은 집단은 비혼 상태의 어머니들이었다.[30] 위기의 여파 속에서 전반적인 성별 소득의 추이를 조사해보았을 때 남성보다 여성의 소득 추이가 더 나은 상황이었음에도 불구하고, 비혼모의 빈곤율은 모든 인종 집단에서 상승했다.

그러나 실제로는 대부분의 페미니스트 경제학자는 이러한 계층화에 주의를 기울이는 실증적 연구를 진행하지 못한다. 연구자들은 종종 일부 계층에 대한 데이터 부족으로 인해 어려움을 겪는다. 예를 들어 성별 분석이 레즈비언, 게이, 양성애자 여성과 남성의 경제적 결과를 설명하기 위해서는 충분하지 않다는 것이 분명하지만 성적 지향은 흔히 분석의 과정에서 배제된다(Badgett, 1995b). 연구자들은 성적 지향이 성별과 인종/민족에 따라 어떠한 경제적 결과의 차이를 만들어내는지를 조사하고자 할 때, 별도의 조사에 의존해야만 한다(Badgett, 1995a). 교차성 통계 분석을 수행하는 데 있어 연구자들이 흔히 겪는 또 다른 어려움 중 하나는 다양한 집단의 경제적 결과를 분석할 수 있을 만큼 데이터의 양이 충분하지 않다는 것이다. 이런 경우에는 성별 분리된 데이터를 인종/민족으로 세분화하여 고려하기가 어려워진다.[31] 따라서 소규모 설문 조사, 인터뷰, 포커스 그룹과 같은 대안적인 연구 방법을 활용하지 않는 한, 데이터의 제약으로 인해서 여성 또는 남성의 다양한 경험이 비가시화될 수 있다.

사회적 공급 체계 활동에서의 성불평등

대부분의 사람은 임금노동, 비공식 활동에 기반한 소득, 자영업, 자급자족 또는 시장을 위한 농업과 같은 형태로 자신의 노동에 의해 생성된 소득이나 산출물을 통해 자신과 가족의 의식주를 부양한다. 그러나 이러한 소득을 가족의 안

---

30) 금융권은 이들 집단을 서브프라임 대출 대상으로 노렸고, 금융 위기가 닥치면서 이들은 더욱 심각한 채무 불이행과 압류 위험에 처하게 되었다.

31) 예를 들어 미국에서 백인 남성들이 지배하고 있는 건축업에서의 훈련 성과에 대해서는 인종/민족별, 성별 세분화된 통계 분석을 진행하기가 불가능하다. 건축업에서 훈련을 받는 라틴계 여성이나 흑인 여성의 수가 너무 적어서 통계 분석을 적용할 수 없다.

녕으로 전환하기 위해서는 가정 내 무급 노동이 필요하다. 페미니스트 경제학자들은 유급 노동과 무급 노동이 상호 의존적으로 작용하여 생계를 유지한다는 것을 보여주었다. 이 절에서 우리는 노동시장(임금노동과 비공식 활동), 시장 지향적인 농업에서 가족의 무급 노동과 같은 비시장 형태의 노동, 가족 관계의 역학 관계 분석에 페미니스트 경제학이 기여한 부분에 초점을 맞춘다.

임금노동

자본주의 노동시장 내 불평등에 대한 페미니스트 분석은 기존의 차별과 직종 분리에 대한 연구의 한계를 넘어서 이 분야를 발전시켰다. 이 장의 앞부분에서 이미 논의했듯이, 페미니스트들은 노동시장에서 여성이 부차적인 지위를 가지는 것이 여성들 자신의 선택의 결과라고 말하는 인적 자본 이론을 비판하는 것에서 시작했다. 인적 자본 이론에 의하면, 여성들은 낮은 급여를 받을 수밖에 없는 교육과 훈련, 직업의 양과 종류를 스스로 선택한 것이다. 그러나 페미니스트들은 이러한 논의가 고소득 직종에서 여성을 배제하는 차별적인 관행은 물론이고 소년과 소녀들이 사회화 과정을 통해 다른 선호를 가지도록 하는 사회적 차별을 간과한다고 주장한다. 게다가 고용 과정 또는 직장 내에 존재하는 고용 시장에서의 여성 차별 역시 여성이 어떠한 직업과 직장을 선택하는지에 영향을 미친다.[32] 즉, 페미니스트 경제학자들은 여성들의 선택은 스스로에게서 나온 것이지만 다양한 차별이 이에 관여하고 있고, 이러한 요소가 성별 임금 불평등에 기여한다고 주장한다.

실증적 분석에서, 인적 자본 이론과의 논쟁의 핵심은 노동시장을 위한 기술과 차별이 성별 임금 격차에 어떻게 연결되는지 파악하려는 시도로 귀결된다(Blau et al., 2014). 인적 자본 이론가들은 데이터 부족으로 인해서 남성과 여성 간의 생산성의 차이를 정확하게 분석해내는 데 어려움이 있다고 말한다. 이를테면,

---

32) 이러한 비판은 노동시장의 수요 측면(고용주의 행동)과 공급 측면(여성 노동자의 선택)에 상호작용이 있다는 것을 시사하고, 이는 시장의 작동에 대한 기존의 주류 경제학의 가정과 대치되는 관점이다.

동기, 노동을 위한 노력 그리고 직업에 관련된 다른 자질들을 자세히 다루는 데 이터는 거의 없다. 만약 생산성 차이를 정확하게 측정할 수만 있다면 분명히 여성의 생산성이 남성의 생산성보다 낮을 것이라고 주장한다. 반면에 페미니스트들은 실증적 분석에서 측정되지 않는 (또는 "관찰되지 않거나", "설명되지 않은") 성별 임금 격차의 대부분이 여성에 대한 차별을 반영하고 있다고 주장한다. 이러한 두 입장은 성별 임금 격차를 해소하고자 할 때 서로 다른 정책적 의미를 가지게 된다. 교육의 격차를 해소하기 위해 노력하면 충분하다는 관점과, 균등한 기회를 제공하기 위한 입법을 통해 차별을 해소하고 고등교육 이전의 학교 교육에서부터 이루어지는 젠더 사회화를 철저하게 유의해야 한다는 관점이다. 인적 자본 이론가들은 차별이 작용하고 있다는 것을 인정했을 때조차, 차별이 수익에 좋지 않다는 것을 고용주들이 깨닫게 한다면 시장 경쟁을 통해서 시간이 지남에 따라 점차 차별이 사라지게 될 것이라고 기대한다.

개발도상국의 노동시장에 관한 실증적 연구 역시 임금 불평등에 기여하는 차별과 생산성 관련 원인을 구분 짓는 방법론에 기반하여 형성되었다. 대부분의 연구는 차별에서 기인한, 설명되지 않은 요소를 발견함으로써 기회의 평등을 위한 정책을 강화하는 데 도움이 된다. 또한 주로 개발도상국에 관련된 연구들은 시장 (국제 무역) 경쟁이 증가해도 차별은 사라지지 않는다는 것을 보여주었다(Kongar, 2007; Oostendorp, 2009; Menon and van der Meulen Rodgers, 2009; Gunewardena et al., 2008). 실제로는 오히려 차별이 더욱 심화되기도 한다(Berik et al., 2004). 물론 이는 여성이 고용주들에 대해 가지는 낮은 협상력과, 노동 비용을 절감하고자 하는 고용주들에게 이익을 가져다주는 관행으로서의 차별을 고려한다면 놀라운 사실은 아니다.

주류 경제학의 프레임워크에서 한 발 벗어나보면, 많은 논쟁이 임금은 개인의 노동 생산성에 기반한 객관적인 척도이고 차별은 생산성에 따라 다르게 나타나는 임금 차이라는 의심스러운 주류적 가정에 기반을 두고 있다는 것을 알 수 있다(Albelda and Drago, 2013). 또한 이런 종류의 실증적 연구는 젠더를 임시 변수로만 사용하는 경향이 있어 대부분의 내용에서 젠더 개념을 배제하고 있다(Figart,

1997). 이러한 분석들에 대한 불만족을 바탕으로 비주류 경제학과 다른 학문의 페미니스트 연구와 일관성을 보이는 대안적인 페미니즘 이론들이 나타났다. 이 이론들은 젠더 규범(예를 들어 여성 노동의 가치절하 또는 성별 노동 분업을 미리 결정 짓는 전통)이 노동시장의 작동에 내재되어 있기 때문에 단순히 평등 고용 정책만 으로는 차별을 근절하기 매우 어렵다고 보았다(Elson, 1999; Figart, et al., 2013).

더 나아가서, 페미니스트 연구는 기회의 평등을 위한 입법이 그 어떠한 사 회에서도 노동시장 내 여성의 지위를 향상시키는 데에 충분하지 못했다는 것을 보여주었다(Strober, 1984; Power and Rosenberg, 1995; Trzcinski, 2000; Rubery et al., 2001; Blau et al., 2014). 노동시장 내 여성의 지위 향상을 위해서는 일—가정 양 립 정책, 사회 보장, 복지 권리, 그 외 제도적인 변화와 같이 적극적인 노동시 장 정책이 필요하다(Laufer, 1998; Rubery et al., 1998; Bruegel and Perrons, 1998; Antonopoulos, 2013; Razavi et al., 2012). 이러한 정책의 일부는 최근 수십 년간 유 럽연합에 도입되어왔지만 2008년의 경제위기로 인해 많은 국가에서 이러한 정책 들이 시행 정지되거나 취소되었다(Benería and Martinez—Iglesias, 2014). 페미니스 트 경제학자들은 여성들이 더욱 큰 수혜를 얻을 수 있는 최저임금 인상과 기본 소득 보장 제도 촉진에 관한 정책 계획들에 대한 논의에도 참여했다(Bernstein et al., 1999; Kabeer, 2000; McKay, 2001; Rubery and Grimshaw, 2011; National Women's Law Center, 2014). 노동시장에서의 불평등을 해결하기 위해서는 양질의 일자리를 늘리는 데 도움이 되는 거시경제 정책의 틀 속에서 이러한 정책을 구상해야 한 다. 그렇지 않다면 여성의 양질의 일자리에 대한 접근성 향상을 위해 남성이 피 해를 입을 수도 있으며, 이런 경우 정책에 대한 반대에 직면할 뿐만 아니라 모두 에게 평등한 방식으로 생계와 삶의 안녕을 확장하고자 하는 페미니스트 목표 역 시 이루지 못하게 된다.

임금노동을 넘어서

4장에서 더욱 자세히 다루겠지만, 개발도상국에서는 많은 여성이 농업과 비 공식 부문 활동에 종사하고 있으며 이러한 노동의 대부분은 정규 임금노동 체계에서는 다뤄지지 않는다. 1970년대부터 경제학자와 개발학자를 포함한 페미니스트 학자들은 모든 농부와 비공식 부문의 참여자가 남성이라고 전제하는 개발학, 농경제학, 노동 경제학에 반발하였다. 그들은 또한 아시아, 아프리카, 중남미와 카리브해의 농업 시스템은 남성 노동을 기반으로 한다는 인식을 뒷받침하는 전통적인 노동력 데이터 수집 방식에도 이의를 제기했다. 그들은 제초, 수확, 제분, 식량이나 생활용 작물 경작 등 여성들이 실질적으로 수행하는 다양한 농업 활동이 있다는 점을 충분히 보여주었다. 그 예로 자인과 바네르지(Jain and Banerjee, 1985), 크롤(Croll, 1985), 데레와 레온 데 레알(Deere and León de Leal, 1987), 아가왈(Agarwal, 1994) 등은 지역, 인종, 민족 그리고 카스트에 따라서 농업에서의 여성 참여와 성별 노동 분업의 형태가 다양하다는 점에 주목하였다.

페미니스트 경제학자들은 비공식 부문에서 여성과 남성의 활동이 갖는 특성에 대해서도 연구했다. 농업에서와 마찬가지로, 비공식 부문에 대한 초기 연구들은 이러한 활동의 젠더 측면을 간과하는 경향이 있었다. 그러나 캐럴라인 모저(Caroline Moser, 1981)의 에콰도르 시장 판매자들에 대한 연구, 마리아 미스(Maria Mies, 1982)의 인도 레이스 수공업자에 대한 연구, 베네리아와 롤단(Benería and Roldan, 1987)의 멕시코시티 전업주부에 대한 연구는 이러한 공백을 해소하였다. 이 연구들은 비공식 부문을 페미니스트적 관점에서 재개념화하기 위한 기틀을 닦았다. 그들은 또한 지속적으로 여성의 경제적 활동을 과소평가해온 노동시장 참여 측정법이 젠더 편견을 담고 있다는 증거를 제공하였다. 비공식 부문에 대한 젠더 분석은 가계의 소득에 여성의 경제적 기여가 중요하다는 것을 보여주었다. 그 예로 멕시코 시티 연구의 경우, 여성들은 플라스틱 연마 또는 장난감 조립과 같은 다양한 하청 활동을 통해 가계 소득에 기여하고 있음을 보여주었다. 이 연구들은 또한 생산 수단, 신용, 기술 그리고 시장 정보에 대한 접근성의 불평등이 여성의 소득을 제한하고 있다는 것을 보여주었다. 많은 자영업 생산의 중심이 가정이라는 점을 고려하여, 자영업에 대한 페미니스트 연구는 가정 내 자원 분배와 복지의 불평등에 주목했다. 또한 뒤에서 자세히 논의하겠지만, 이들은 여성의 소득이 남성의 소득보다 가족, 특히 자녀에게 더 좋은 영향을 미치는지에 대한 질문을 제기했는데 이는 가정 내의 불평등이 장기적인 경제 성장에 어떠한 영향을 미치는지를 보이고자 하는 연구들에서 강조되어온 주제다.

자산 소유권, 신용, 위험

자산은 자신의 노동 외에 개인과 가족의 생계에 기여하여 역량을 기능하도록 하는 개인의 주요 자원 중 하나다. 따라서 물리적, 재정적 자산에 대한 소유권과 통제권에 대한 성별 차이는 여성들과 그들 가족의 안녕에 중요한 영향을 미친다(Deere and Doss, 2006). 여성이 집이나 토지에 대한 소유권을 지닐 때 그 자녀들이 좋은 영양 상태를 유지할 역량이 증가하고, 여성의 의사 결정권이 높아지며(Allendorf, 2007), 여성에 대한 신체적 폭력에도 영향을 미치는 것으로 나타난다(Panda and Agarwal, 2005; Bhatla et al., 2006; Bhattacharyya et al., 2011). 또한 농업이 중요한 생계 수단인 곳에서는 농지의 소유권이 식량 안보에 중요한 역할을 한다(Agarwal, 1994). 그럼에도 불구하고 성별 자산 불평등에 대한 연구는 성별 소득 불평등에 집중되었던 관심에 비해 비교적 최근에야 이루어지기 시작했다(Deere and Doss, 2006; Deere et al., 2013). 연구 주제로서 관심을 뒤늦게 받기 시작한 가장 큰 이유는 자산 소유에 대한 성별 분리 통계가 부족하기 때문이다. 이러한 경향은 설문 조사에 개인 자산에 대한 질문들을 포함하기 시작하면서 점차 개선되고 있다.

농부로서, 많은 나라의 여성들은 남성들에 비해 토지에 관해 더 적은 권리를 지니고 있다. 토지권이란 관습법에 명시된 토지 사용권이나 토지를 소유하고 관리할 수 있는, 법에 의해 보장된 공식적인 권리를 말한다. 1990년대 초 이후 중남미와 사하라 이남 아프리카에서는 여성의 공식적인 토지권이 개선되었지만 여전히 여성이 토지 소유권을 가지기 위해서는 많은 어려움이 존재한다.[33] 여성들이 토지를 소유할 수 있는 법적 권리를 지니고 있다고 하더라도, 세계의 많은 곳에서 여성들은 이 권리를 실제로 행사하지 못하고 토지에 대한 통제권을 남성

---

33) 일부 중남미 국가에서는 토지 공동소유가 가능해져서 남편과 아내가 공동으로 토지를 소유할 수 있게 되었다(Deere and León de Leal, 2003).

친인척들에게 넘기고 있다(Agarwal, 1994). 다른 한편으로, 토지에 대한 사적 소유권의 도입은 사하라 이남 아프리카의 일부 지역에서 여성의 토지권을 강화하였으나(Behrman et al., 2012) 일부 지역에서는 토지에 대한 여성의 관습법적 사용권을 약화시키기도 했다(Lastarria-Cornhiel, 1997).

페미니스트 연구자들은 자산 소유에서 불평등이 발생하는 다양한 이유를 찾아냈다. 여성에게 토지권이 주어지지 않을 경우 여성은 토지를 상속받을 수 없고, 낮은 소득과 신용 거래 제한은 여성이 토지를 구매하기 어렵게 하며, 젠더 규범과 법적 규제는 여성들이 자신의 이익을 추구하고자 하는 것을 막는다. 예를 들어 결혼 관계 및 이혼 시 재산을 공유하는 혼인 제도는 매우 일반적이며 이는 자산의 성불평등에 기여할 수 있다. 에콰도르, 가나 그리고 인도 카르나타카 주에서의 개인 자산 소유에 대한 비교연구(Deere et al., 2013)에 따르면 결혼한 여성의 재산 소유권은 해당 지역에서 일반적인 부부재산제와 상속법에 따라 큰 차이가 있다.[34]

저축과 더불어 신용 거래는 여성이 자산을 취득하고 소규모 사업을 시작할 수 있도록 하는 방법이다. 최근 몇 년간, 신용 거래에 대한 여성의 접근성과 이것이 여성의 자영업 촉진에 미치는 영향은 많은 주목을 받았다. 실제로, 소액 대출이 소득 빈곤을 줄이고 여성의 권한을 강화하는 데에 어떠한 역할을 하는지에 대한 방대한 양의 연구가 등장했다. 신용 거래에 대한 접근, 생산성, 그리고 권한 강화의 관계는 복잡하기 때문에 이 주제는 매우 논쟁의 여지가 많았다. 많은 공여 기관과 국제기구가 여성을 대상으로 하는 소액금융 프로그램의 이점을 선전했지만, 많은 페미니스트 학자들은 소액 대출을 빈곤 감소 또는 저소득 여성의 권한 강화를 위한 정책으로 보는 관점에 대해서 회의적이었다. 소액 대출 프로그램에 대한 평가들에서도 소액 대출이 여성 대출자들의 안정적인 소득을 보장할 수 있는지에 대한 우려가 제기됐다. 여성의 활동들은 흔히 수익률이 낮고 불안정

---

34) "부분적 공동 재산" 체제가 일반적인 에콰도르에서는 여성이 부부 재산의 44%를 소유하는 나은 상황이었던 반면, "재산 분리" 제도가 일반적인 가나와 인도에서는 여성이 각각 19%와 9%의 재산만을 소유하였다.

한 동시에 대출의 규모가 너무 작기 때문에 소액금융은 지속적인 소득 증가를 창출하기 어려울 수 있다(Mayoux, 2000). 소액 대출은 여성이 의존할 수 있는 다른 수입원이 있을 때에만 여성의 소득을 증대할 수 있는 방안이 되었다(Jahiruddin et al., 2011). 그리고 특히 (영리를 위한) 상업 대출의 특성상, 집단 대출로 이루어지는 소액 대출은 저소득층 여성들과 그들 가족의 생계를 금융 시장의 불확실성과 위험에 엮이도록 한다(Karim, 2011; Wichterich, 2012). 또한 소액 대출에 대한 연구는 흔히 건강 비상 상태에 대처하기 위한 대출과 같은 소비 부채는 무시하고 생산 대출에만 집중하고 있다(Karim, 2011; Wichterich, 2012).

행위주체성과 권한 강화의 관점에서의 페미니스트 논의는 과연 여성들이 대출금과 소규모 사업에서의 수입을 직접 관리할 수 있는지, 아니면 남성이 대출을 사용하고자 해서 이를 단순히 전달해주는 역할을 하였는지, 권한 강화를 어떻게 측정할 수 있는지에 집중했다(Goetz and Gupta, 1996; Kabeer, 2001; Parmar, 2003; Garikipati, 2008). 페미니스트들은 또한 소액 대출 사업에 대한 영향 평가가 여성의 안녕에 미치는 영향을 강화하거나 약화시킬 수 있는, 기존의 사회적 관계와 경제 환경을 고려하지 않고 이와 분리해서 접근하는 경향에 대해서 비판적이었다(Goetz and Gupta, 1996; Adams and Mayoux, 2001; Rankin, 2002).

또한 페미니스트 경제학자들은 적어도 고소득 국가의 사례로 투자 수익과 사업 수익에 영향을 미치게 되는 위험에 대한 태도와 행동의 젠더적 측면을 연구하였다. 페미니스트 연구는 다른 사회 및 행동 과학에서 사용되는 실험적 연구와 실증적 연구를 기반으로 했고 이 중 일부는 각 성별의 평균적인 위험 선호도가 통계적으로 유의미한 차이가 난다는 것을 발견했다(Hinz et al., 1997).[35] 은퇴 계획과 관련된 일부 초기 연구에 따르면, 미국의 기혼 여성은 평균적으로 기혼 남성보다 자산 배분에 있어서 더 보수적이며(Sunden and Surette, 1998) 이로 인해 평균적으로 투자 수익이 낮았다(Jianakoplos and Bernasek, 1998).[36] 이러한 연구들

---

35) 이들의 연구는 특히 미혼 여성이 미혼 남성보다 더욱 위험을 회피하려 한다는 점에 주목했다.

36) 선덴(Sunden)과 서렛(Surette)의 1998년도 연구에 따르면 미혼 여성은 미혼 남성과 기혼 부부에 비해서 상대적으로 덜 위험한 재산을 보유하고 있는 것으로 밝혀졌다. 따라서 은퇴

은 경쟁 상황에 대해 성별 선호가 다르고 남성은 자신을 과신하는 경향이 있다는 것과, 여성이 부정적인 결과를 겪을 수 있는 더욱 큰 가능성 등으로 인해 여성은 위험을 회피하려고 한다고 설명한다. 그러나 이러한 결과들이 실제 여성과 남성 사이의 차이보다 개인의 의사 결정과 행동에 대해 영향에 미치는 구체적인 상황들을 어느 정도 반영하고 있는지에 대한 논쟁은 존재한다(Nelson, 2014; forthcoming; Filippin and Crosetto, 2014).

가정의 역학관계

가정은 페미니스트 경제학자들이 가장 관심을 가지는 영역들 중 하나다. 가정은 무급 돌봄 활동과 가구 구성원이 창출한 소득을 바탕으로 한 사회적 공급의 중심지이며, 일의 양과 자원 할당 그리고 개인의 안녕이라는 결과를 좌우하는 권력 관계에서 성불평등이 발생하는 공간이기도 하다. 앞서 언급했듯이, 가정에 대한 페미니스트들의 분석은 베커의 조화롭고 단일화된 가정 모델에 대한 비판에서 시작되었다. 이러한 관점은 베커의 모델에 이의를 제기하는 개발도상국에 관한 몇몇 연구로 추진력을 얻었다. 또한 주류 경제학 내에서도 가정 내 관계를 게임 이론 공식으로 다루는 방법론적 변화가 있었다.

개발도상국의 가정에 대한 많은 연구는 비현실적이고 단순한 가정에 바탕을 둔 단일화된 가정 모델이 실제 가족과 가정이 다양한 나라와 문화에서 어떠한 다양한 방식으로 작동하는지를 제대로 반영하고 있지 못함을 지적했다(Dwyer and Bruce, 1988). 쿠프만(Koopman, 1991)은 아프리카의 농업 종사 가정에 대한 분석을 통해 한 가족이 같은 선호도를 가지고 자원을 공유한다는 전제는 실제 가정 내 남성과 여성이 다른 생산 분야를 담당하고 있는 현실과 상충한다고 설명했다. 또한 가정이 단일화된 모델하에서 기능한다고 가정하는 것은 다양한 농업 정책을 통해 예상할 수 있는 결과를 왜곡할 수 있다. 예를 들어, 엄격한 성별 분업과 소득의 분리로 인해 곡물 가격이 상승해도 환금 작물의 생산량이 증가하지

를 위한 투자에 대한 결정은 성별 단독보다는 성별과 혼인 여부와의 상호작용에 영향을 받을 가능성이 높다.

않을 수도 있다.37) 또는 여성이 배우자에 대한 협상력이 약해서 배우자의 요구로 인해 식량작물 대신에 환금 작물 재배에 집중하게 될 경우 환금 작물의 생산량이 증가할 수는 있으나, 이러한 상황은 여성과 아동의 식량 안보를 저해할 수 있다(Darity, 1995).

    단일화된 가정 모델의 방법론은 맨서와 브라운(Manser and Brown, 1980) 그리고 맥엘로이와 허니(McElroy and Honey, 1981)가 게임 이론을 사용하여 가정 내 분배를 분석한 협상 모델을 제시하면서 변화했다. 이 모델들은 언제나 부부로 제시되는 가정의 구성원들을, 서로의 관계가 잘 풀리지 않을 경우 언제든 각자 다른 선호와 다른 대안을 선택할 수 있는 개인이라고 가정했다. 예를 들어 보수가 좋은 직장, 이혼법, 자산에 대한 효과적인 통제권 또는 부양할 가족이 없는 경우 등과 같은 상황에 따라서 개인은 각자 다른 정도의 협상력을 지니게 되고 이를 기반으로 가정 내 자원 분배에 대해 협상할 수 있게 된다. 이렇게 협상 모델은 가정 내에서 다른 선호가 존재하고 그에 따라 잠재적인 의견 충돌과 불화가 있을 수 있다고 가정하지만, 그 외에는 신고전주의 미시경제학의 틀을 완벽히 따르고 있다. 즉, 모든 개인은 각자의 개인적 이익을 위해 행동하는 호모 이코노미쿠스이며 각자의 선호와 선택지에 대해 매우 분명히 알고 있고 모두 동등한 협상 능력을 지니고 있다고 전제한다.

    가정에 대한 페미니스트 모델을 제시하는 데 큰 기여를 한 센(Sen, 1985; 1990a)은 가정은 협력하는 것처럼 보이지만 갈등이 숨어 있는, 협력과 갈등이 함께 존재하는 장소라고 주장했다. 센이 제시한 "협력적 갈등"의 장소로서의 가정에 대한 혁신적인 설명은 가족에 대한 초기 경제학적 개념화(1. 신고전주의의 조화로운 가족, 2. 마르크스주의의 노동자 계급의 단합과 생존의 근원인 가족, 3. 여성주의 관점의 갈등과 투쟁의 장으로서 가족)를 넘어 가정에 대한 분석을 발전시켰다.38) 센은

---

37) 남성이 환금 작물을 위한 농지를 관리하고, 이를 판매하고, 이에 대한 소득을 관리하지만 적어도 여성이 이를 위한 노동의 일부를 담당하고 있는 경우 가격 증가라는 보상이 더 높은 생산량으로 직결되지 않을 수 있다. 이러한 조건인 경우, 여성은 환금(또는 수출) 작물을 생산하는 것보다 자신이 관리하는 작은 땅에 농사를 짓는 것을 선호할 수 있다.
38) 이러한 개념화에 대한 더 자세한 내용은 Benería(2009) 참고.

가장 기초적인 삶의 요소인 생존, 영양, 건강 그리고 문해율 등에도 성불평등이 존재하는 것은 협상력의 차이 때문이라고 주장하였다. 오랫동안 신고전주의를 비판해온 그는 이러한 모델들은 수많은 사회에서 여성이 구조적으로 열악한 사회적 지위를 지니는 점을 설명할 수 없다고 말했다. 신고전주의 경제학의 조화로운 합리적 선택 모델과 게임 이론 협상 모델 모두 특히 개발도상국에서의 젠더 관계의 특성과 가족 내 불평등의 본질을 파악하기에는 부족했다.

이에 대한 대안으로 센(1990a)은 협상 프레임워크를 제시했다. 이는 협상 과정에 연관된 세 가지 요소를 포함하고 있다. 첫째는 그가 "안녕의 실패에 대한 대응"(개인이 물리적으로 가정 밖에서 생존하고자 할 때 의지해야 하는 것들)이라고 부른 협상 모델에서의 대비책과 유사한 요소다. 다른 두 혁신적인 요소는 "이기적 대응"(개인이 자신에게 이득이 된다고 인식하는 것)과 "기여 인식 대응"(자신이 가족에게 기여한다는 인식)이다. 센은 이러한 인식들이 성불평등이 어떻게 발생하고 유지되는지를 이해하는 것과 연관이 있다고 주장했다. 그의 추론은 여성, 특히 개발도상국의 여성은 자신을 가족의 일부로 여기고 다른 이들을 보살피면서 본인의 독립적인 이익과 필요, 안녕을 인식할 여지가 부족했기 때문에 본인의 안녕에 대해 제한적인 인식을 지니는 경향이 있다는 것이었다. 즉, 여성은 자신의 이익에 대한 인식이 약하기 때문에 자신에게 불리한 합의 사항 이어도 이를 따를 가능성이 더 높다. 또한 센은 가족 소유 사업이나 가족 농장, 일부 생계형 농업에서 가족 기업에 대한 여성의 기여는 임금노동에 비해서 본인과 주변 사람들에게 덜 가시적일 수 있다고 주장했다. 이렇듯 여성의 경제적 기여에 대한 인식이 부족한 상황은 가정 내 분배 과정에서 여성을 불리하게 한다.[39]

센은 그의 협상 프레임워크를 중국과 인도에서 만연한 "사라진 여성들" 문제를 설명하기 위해 사용했다(Sen, 1990b; 1992). 이에 따르면 국가나 국가 내 지역에서 편향된 인구 성비가 나타나는 것은 가정 내에서 여성이 낮은 협상력을

---

39) 센의 주된 초점은 자원의 배분을 목적으로 한 가구 내 논쟁과 협상이지만(예: 음식 소비의 양과 종류, 병원 방문과 자녀 교육을 위한 지출 등) 협상의 목적은 가정 내 생산의 노동 분배일 수도 있다. 누가 무슨 일을 언제 하는지는 흔히 논쟁적인 이슈다.

지니기 때문이다. 이에 따른 해결책은 협상력의 세 가지 요소를 각각 개선함으로써 여성의 협상력과 주체성을 높이는 것이었다(Sen, 1990a). 이는 친족 관계 네트워크 밖에서 유급 노동(그는 이를 "외부에서 돈벌이가 되는 일"이라고 표현했다)을 찾을 수 있도록 여성의 고용 기회를 확대하고, 여성의 교육 수준을 높이고, 의식을 높임으로써 달성할 수 있다.

센의 이론은 여성의 종속, 무력함, 낮은 협상력의 요인을 분석하는 데 도움이 되었고 이는 이후 조금 더 구체적인 여성주의적 관점을 가진 경제학자들을 통해 발전되었다(Katz, 1991; Seiz 1991; Agarwal, 1992a; 1997; Carter and Katz, 1997; Kabeer, 2000). 예를 들어 아가왈(1997)은 인도에서의 연구를 바탕으로 센의 협상력 접근에서 상대적으로 다루지 않는 차원에 초점을 맞추어 협상력에 대한 풍부한 분석을 제공했다. 그녀의 분석에서 여성들의 대비책과 상대적 협상력에 영향을 미치는 요소는 개별적 권력의 근원을 넘어 사회 규범, 시장 제도, 지역사회 그리고 국가를 포함하며 각각은 정책과 행동을 통해 변화될 수 있다. 아가왈은 가정이 더 큰 제도적 맥락 속 내재되어 있음을 고려했을 때 가정 안팎에서의 협상력은 밀접하게 연관되어 있다고 주장했다. 노동시장에서 여성의 노동에 대한 과소평가는 여성의 기여에 대한 인식을 제한하고 소득을 낮추며, 따라서 가정의 생계에 대한 여성의 협상력을 저하하는 피드백 효과를 준다. 보다 최근의 실증적 증거들은 고용과 소득으로 인해 발생하는 협상력을 행사할 수 있는 여성의 능력이 젠더 규범, 가치 그리고 제도적 수준에서의 불평등에 의해 영향을 받는다는 것을 보여준다(Van Staveren and Odebode, 2007; Mabsout and Van Staveren, 2010; Bittman et al., 2003).

페미니스트 경제학자들 역시 센의 협상력 프레임워크에 대한 논의에 참여했다. 아가왈(1997)은 여성이 자신의 이익에 대한 인식이 부족하다는 센의 관점과 함께 여성은 성별에 기반한 사회화로 인해 남성보다 더 이타적이라는 페미니스트들의 주장에 반대했다. 아가왈은 불평등에 저항하지 않는다는 것이 불평등을 인식하지 못한다는 것은 아니라고 주장했다. 성별에 따른 제약은 여성이 자신의 이익을 좇기 위해 노골적으로 행동하는 것을 막기 때문에 여성이 표면적으로 순응하는 것처럼 보일 수 있다. 아가왈은 또한 이기심과 이타심은 종종 공존한다고도 주장했다.

센이 여성의 협상력에 영향을 미치는 세 가지 요소를 강화하기 위한 방법으로 친족 네트워크 외부에서 유급 노동을 강조한 점 역시 비판의 대상이 되었다. 비평가들은 유급 노동은 중요하지만 유급 노동만으로는 가정 안에서 여성이 더 많은 발언권을 갖고 이들의 복지를 개선하기에는 충분하지 않다고 주장했다. 여성 임금노동자는 가사노동과 유급 노동을 함께 해야 하는 이중 부담을 얻게 될 수 있으며 낮은 임금의 일자리는 그 효과가 미약하기 때문이다(Koggel, 2003; Domínguez et al., 2010). 또 다른 연구는 여성의 생존 기회를 보장하기 위해서 여성이 반드시 유급 노동에 참여해야 하는 것은 아님을 보여준다. 오히려 반대로, 소규모 농업을 지탱하기 위한 무급 가족 노동이 만연한 농촌 환경에서 남아 대비 여아의 비율이 더 높은 경향을 보인다(Berik and Bilginsoy, 2000). 또한 센이 "외부에서 돈벌이가 되는 일"을 강조하며 자본주의적 직장을 가부장제에서 해방된 곳으로 인식한 것 역시 페미니스트들의 반대를 받았다. 엘슨과 피어슨(Elson and Pearson, 1981)은 기업이 기존의 젠더 규범을 활용해 직장을 운영하기 때문에 이를 통해 젠더 규범이 강화되며, 때문에 큰 공장과 같은 환경이 여성의 의식 개선에 도움이 될 가능성이 낮다는 점을 강조하였다. 또한 인도의 출생 성비 추세는 여성이 가정 내에서 갖는 주체성과 협상력을 강화하기 위해서는 여성이 교육을 받아야 한다는 센의 주장과 부합하지 않았다. 인도의 사례는 여성의 노동시장 참여와 여아들의 생존 기회 증가는 양의 관계에 있으나, 오히려 여성의 교육 수준이 증가할수록 출생 시 여성 대비 남성 성비가 더 높아지는 경향이 있다는 것을 드러냈다. 이는 남아 선호로 인해 나타난 성 선택적 임신 중절의 흔적이다(Mukherjee, 2013; Srinivasan and Bedi, 2008; Sen, 2001).

협동적 갈등 협상 프레임워크는 그 예측이 실증적 연구로는 증명되지 않더라도 여전히 가정 내 협상에 대한 실증적 분석에 영향을 미치고 있다. 그 예로, 우간다에서의 실험적 증거를 기반으로 잭슨(Jackson, 2013)은 센의 프레임워크를 일부 증명했다. 남성이 부부 관계에서 금전 관리에 대한 전적인 통제권을 가진 가부장적이고 부계주의적 젠더 체계가 만연한 사회에서 남성과 여성의 자기 이익에 대한 인식은 차이가 없었으며, 금전적 기여에 기반한 권력은 성립하지 않았다. 또한 성공적인 결혼이 남성적 정체성을 유지하는 데에 중요하기 때문에 아내는 더 높은 협상력을 지니게 된다.

방법론적으로 센과 아가왈 모두 형식적 모델에 제약을 받지 않는, 보다 광범위한 접근 방식을 주장했지만 가정 내 분배와 의사 결정에 대한 실증적 분석은 양적인 연구 대상으로 인기를 얻었다. 이러한 양적인 연구로의 전환은 여성의 협상력이 아동의 삶의 질을 결정하는 데 있어 중요하다는 인식과, 여성의 협상력이 아동의 안녕에 어떻게 영향을 미치는지 인과관계를 확립하고자 하는 관심이 증가했기 때문이다(Doss, 2013). 세계은행의 "성평등은 스마트 경제학이다"라는 주장은 의사결정에 대한 여성의 협상력에 기반한다. 이 주장은 성불평등이 개선되면 경제 성장에 기여한다고 가정하며, 이 가정의 핵심 메커니즘은 여성의 소비 패턴은 아동에게 이롭게 작용한다는 것이다. 따라서 가정 내 협상에 대한 실증적 연구의 증가는 페미니스트 경제학자들의 영향으로 인해 정책 결정자들이 가정 내 협상에 대해 도구적 관심을 가진 결과라고 볼 수 있다. 다만 셰릴 도스(Cheryl Doss, 2013)가 지적하듯이, 협상력이나 특정 결과에 대한 여성의 선호는 정확하게 관찰될 수 없기 때문에 모든 실증적 연구는 여성의 근로 소득, 자산, 교육 수준 등과 같은 대리 지표에 의존해야 한다. 이 연구는 원하는 결과(예: 아동의 교육 성취도)에 대한 긍정적인 효과는 그 효과에 대한 여성의 선호도를 반영하고 있다고 가정했다. 여성의 협상력을 측정할 수 있는 대리 지표의 다양성은 간혹 서로 다른 연구 결과를 가져왔고, 이는 페미니스트 학자들과 정책 입안자들 사이에서 논쟁을 불러일으켰다.

더욱이 여성의 협상력이 원하는 결과에 영향을 미치는 효과(그 반대가 아니라)를 명확하게 하여 인과관계를 밝히고자 하는 관심은 학문적 엄정성의 기준을 높였다. 따라서 연구 방법론의 위계에 대한 페미니스트 경제학자들의 비판이 시작된 지 약 20년이 지났지만, 여성의 협상력에 대한 연구 방법론에는 여전히 위계가 존재한다. 자연 실험과 무작위 대조 실험이 가장 엄정한 데이터 출처로 간주되었고, 계량경제학 연구들은 예외없이 내생성 문제를 해결한 것으로 여겼다. 즉, 실제 사회적 삶의 많은 부분이 서로 영향을 주고받는데도 불구하고, 그 반대 방향으로의 인과성을 고려하지 않았다. 도스(2013)는 덜 엄정한 데이터가 중요한 통찰력을 제공할 수 있다고 지적했고 잭슨(2013)은 연구에 외부 타당성을 부여하기 위해서는 실험, 설문, 문화기술지를 통한 다양한 증거를 결합해야 한다고 주장했다. 우리는 이러한 견해에 동의하며, 단지 계량화 그 자체를 위한 계량화는 사회경제적 관계에 대한 통찰력 있는 젠더 분석을 저해할 수 있다고 생각한다.

거시 경제 정책과 사회적 공급 체계 및 인간의 안녕

젠더 관계가 가시적인 형태로 나타나는 노동시장과 가정에 대한 관심이 높아짐과 동시에, 페미니스트 경제학자들은 어떻게 하면 조금 더 공평한 경제를 만들 것인가에 대한 폭넓은 질문에 답하는 데 상당한 진전을 이루었다. 1980년대 이후 페미니스트 경제학의 의제로 다루어진 후자의 질문은 거시경제적 정책이 생계를 위한 필수 요소 공급과 삶의 안녕을 제공하는 조건을 형성하는 데 결정적인 역할을 한다는 인식에 기반한다. 재정 정책, 통화 정책, 환율과 무역 정책과 같은 기본적인 거시경제적 정책 도구들은 실업, 인플레이션, 경기 침체 문제를 해결하기 위해서 고안되었다. 그러나 1980년대 이전까지 정책의 목표와 수단들은 모두 여성과 남성에게 비슷한 영향을 미치는 젠더 중립적인 것으로 여겨졌고 그 영향 역시 화폐 경제에 국한된다고 여겨졌다. 1980년대와 1990년대에 심각한 부채를 지닌 개발도상국에서 진행된 구조조정 프로그램들(SAPs)은 페미니스트들에게 이러한 가정을 반박할 수 있는 기회를 제공했다.

"거시경제학 젠더화" 프로젝트는 구조조정 프로그램이 지닌 젠더, 계급 편견을 보여주는 연구에서 시작하여 1990년대부터 거시경제 모델에서 젠더 관점을 통합하기 위한 기반을 닦았다(Çağatay et al., 1995; Grown et al., 2000).[40] 페미니스트 연구는 재정 또는 무역 정책, 경제 성장, 경제 위기가 성불평등에 미치는 영향과 함께 가정 또는 노동시장에서의 성불평등이 거시경제적 결과에 미치는 영향을 조사했다. 이 절에서 우리는 두 연구 프로젝트의 성과에 관심을 기울이고자 한다.

신자유주의 거시경제 정책에 대한 비판

국제통화기금(IMF)과 세계은행 등 국제 금융 기관들은 과도한 부채에 따른 채무 불이행 위기에 대응하여 개발도상국들이 신청하는 신규 차관의 조건으로 구조조정 프로그램을 고안하여 제시했다.[41] 세계은행의 구조조정 차관(SAL, Structural adjustment lending)의 시범 사례는 1979~1982년 필리핀에서 진행되었다 (Broad, 1988).[42] 1982년 즈음 멕시코를 시작으로 여러 개발도상국에서 부채 위기가 발생하기 시작했다. 한 국가가 부채 상환 능력이 없다고 발표할 때마다 구조조정 프로그램이 실행되었고, 이를 통해 다자간 금융 기관들이 해당 국가의 발전 과정에 중요한 역할을 하게 되었다. 그 후 이 프로그램은 IMF와 세계은행의 전형적인 모델이 되어 1980년대와 1990년대에 걸쳐 중남미, 아시아, 아프리카, 1989년 이후에는 동유럽에서까지 널리 시행되었다. 간단히 말해서, 구조조정 프로그램은 경제 안정화를 위해 정부 예산을 삭감하고, 공공자산을 민영화하고, 산업 규제를 완화하며, 무역 및 투자를 자유화하는 것을 중점으로 삼았다.[43] 1980년대 초에는 이러한 정책들이 미국, 영국, 캐나다에서도 공급경제학(supply−side economics)이라는 이름하에 실행되었다. 당시 영국 총리인 마거릿 대처는 이러한 정책 외에는 "대안이 없다"고 선언한 것으로 유명하다. 그 이후로 이러한 정책은 시장

---

40) 거시경제 젠더화 프로젝트에 대한 이해하기 쉬운 개요는 Çağatay(2003a) 참고.

41) 시장 자유화를 촉진하는 이러한 정책들은 1990년대부터 워싱턴 컨센서스라고 불리게 되었다.

42) 세계은행과 필리핀 간의 구조조정 차관 협정은 1980년 9월에 체결되었다.

43) 국가별로 세부 사항은 다소 다르지만 기본적인 특성은 네 가지 주요 정책 분야로 요약될 수 있다. (1) 외화 평가 절하를 포함한 외환 영역의 조정, (2) 정부 지출의 급격한 감소와 국영기업의 민영화, (3) 노동시장과 자본 시장을 포함한 대규모의 시장 재구조화 시장 규제 완화, (4) 무역 자유화와 외국인 투자를 제한하는 규제 완화를 통한 전세계적 경제 통합을 촉진하고 내수시장을 위한 생산을 해외 수출로 전환. 구조조정 프로그램에 대한 개요는 Benería(1999a) 참고.

개혁, 구조 개혁, 긴축 패키지 또는 신자유주의 정책이라고도 달리 언급되었다. 1990년대 말에는 IMF와 세계은행이 이를 "건전한" 거시경제정책이라고 부르며 주류화되었다. 2007~2008년 금융 위기 이후에는 여러 유럽 국가도 구조조정 프로그램의 모델과 유사한 강력한 긴축 조치를 취해야 했다.

구조조정 프로그램이 실행되기 시작한 이후, 이러한 구조조정의 부담이 모든 사람에게 균등하게 분배되는 것이 아니라는 사실이 명백해졌다. 많은 국가에서 빈곤 수준, 소득 불평등과 사회 양극화가 증가했다는 것을 증명하는 연구들이 제시되었다(Cornia et al., 1987; ECA, 1989; Commonwealth Secretariat, 1989; ECLAC, 1990; 1995). 또한 주로 국가 사례 연구를 기반으로 한 페미니스트 연구들은 이러한 거시경제정책들이 특히 여성들에게 부정적인 영향을 미치기 때문에 젠더 편향적이라는 점을 보여주었다.[44]

페미니스트들이 제시한 증거들을 바탕으로 엘슨과 차아타이(Elson and Çağatay, 2000)는 이러한 정책들이 저소득층, 특히 그중에서도 여성에게 유난히 해를 끼치는 세 가지 편향성을 내재하고 있다고 주장했다. 그 세 가지는 바로 디플레이션, 상품화, 남성 생계부양자 모델에 대한 편향이다. 첫째로, 예산 삭감을 지나치게 강조하면 경제 침체 또는 디플레이션으로 이어지게 된다. 디플레이션 기조는 일자리 창출보다는 금융 변수(인플레이션, 재정적자)에 정책적 관심을 기울이는 것으로 나타나는데, 정책 입안자들의 목표는 자산에 대한 실질 수익률이 높고 세금과 공공부문 지출이 낮을 것이라는 신호를 금융 시장에 전달하는 것이다. 이러한 긴축 접근은 낮은 고용 성장률과 정규직 정리해고로 이어지며, 그 영향은 경제 전반에 미치게 된다. 주로 남성들이 정규직을 맡고 있던 사회에서 이러한 정리해고가 일어나면 여성들은 일자리를 찾기 위해 노동시장에 진입하도록 압박을 받는다. 수출지향화로 여성들의 일자리가 생겨남과 동시에 1980년대와 1990년대 초반 구조조정 프로그램이 초래한 어려움으로 인해 여성들의 노동시장 진출이 가

---

44) 다음 연구들을 참고. Elson(1991a); Benería and Feldman(1992); Blackden and Morris-Hughes(1993); Floro and Schaefer(1998); Çağatay et al.(1995); Grown et al.(2000); Sparr(1994); Floro(1995).

속화되었다(Çağatay and Özler, 1995). 아시아의 금융 위기는 이러한 디플레이션의 젠더화된 노동시장 효과를 보여주는 증거가 되었다. 림(Lim, 2000)은 필리핀에서 여성과 남성의 실업률이 모두 증가했지만 여성의 임금 근로 시간은 증가한 반면 남성의 근로 시간은 감소했음을 보여주었다. 그리고 여성들이 불공평하게 무급 돌봄노동을 감당하고 있는 맥락 속에서 이러한 상대적이고 절대적인 임금노동의 증가는 "여성들은 '과도하게 일하고' 남성들은 '적게 일하는' 경향"으로 이어진다고 결론지었다(Lim, 2000: 1305).

둘째로, 세계은행과 IMF는 효율성 제고와 '가격 바로잡기'라는 명목하에 공공서비스와 공기업 민영화를 장려했다.[45] 공공서비스의 유료화나 민영화는 경제의 상품화 추세에 기여했다. 경제적으로 여유가 있는 사람들은 병원, 학교, 공공시설, 건강보험, 연금 등 모든 공공서비스를 돈을 주고 살 수 있게 되었다. 또한 예산 축소로 인해 공공서비스(의료, 교육)의 질이 악화되기 시작하면서 사람들은 자녀를 사립 학교에 보내거나 사립 병원에 가고자 하고, 이러한 비용을 감당할 수 없는 가난한 가정은 부담을 지게 된다. 가계 예산이 줄어들면서, 더 비싸진 물품이나 새로운 구매를 위해 필요한 자원을 마련해야 하는 상황은 결국 가사노동의 증가로 이어졌다. 여성들은 시장에서 구매해야 하는 상품과 서비스를 직접 수행하거나 집에서 만든 것으로 대체하고자 노력했다(예를 들어 더 많은 음식을 집에서 준비하고, 직접 수리를 하는 것). 여성들은 전반적으로 증가한 노동량을 전담하는 "최후의 해결사"가 되었지만 생활 시간 조사(time-use survey) 없이는 이러한 영향이 제대로 기록될 수 없었다. 여성 노동이 증대되고 자녀의 학업 유지 비용이 증가하면서 이는 간혹 아동, 특히 집안일을 도울 수 있는 여아의 학업에 지장을 초래했고 여성들은 건강에 더 많은 위협을 받았다. 이러한 "가격 바로잡기"의 부작용은 정책 입안의 기반이 되는 거시경제적 지표(GDP 성장률)에는 나타나지 않는다. 정부 예산 조정 등을 통한 구조조정 프로그램 덕분에 얻게 될 것이라 여겨지는 효율성의 증가는 달성되지만 이는 구조조정이 무급 경제 활동과 재생산

---

45) "가격 바로잡기"란 정부가 최저 또는 최고 가격 수준 설정에 개입하지 않고, 공급과 수요의 상호작용에 의해 주어진 시장에서 교환된 가격과 수량을 설정하는 것을 의미한다.

영역을 무시하고 시장과 유급 생산 영역에 초점을 맞추기 때문이다.

이와 달리 언제라도 잠재적으로 국경을 넘을 수 있는 집단인 다국적 기업과 금융자본, 소유 자산에서 대부분의 소득을 얻는 부유층 등은 이러한 개혁의 부정적인 영향을 받지 않거나, 혜택을 입는다. 이들은 국가의 경제 정책이 마음에 들지 않는다면 언제든지 다른 국가로 떠나겠다고 협박할 수 있다. 더욱이 이러한 정책 방향은 많은 국가에서 부유층과 저소득층 간 소득 수준, 소비 패턴, 역량의 격차를 심화시키는 데 기여하게 된다. 부유층은 자녀들을 사립학교에 보내고 사립 병원에서 건강 관리를 받을 경제적 여유가 있으며 공공서비스를 유지하기 위한 세금을 내지 않아도 되기에 이러한 개혁을 반긴다. 이러한 디플레이션 정책 편향과 상품화 정책 편향은 서로를 강화하는 방식으로 작동한다. 예산 삭감은 민영화를 조장하게 되고 민영화가 진행됨에 따라 금융 이익(일할 필요가 없는 투자가 집단과 금융 기관들)과 민간 서비스에 만족하는 소비자들은 디플레이션 편향의 완화를 더욱 거부하게 된다. 엘슨(2002a: 15)이 지적하듯, "이러한 압박 속에서 사회 정책은 금융 정책의 한 부분이 되어버리고 (…) 자유화된 국제 금융 시장의 위험은 금융 시장을 통해 사회적 공급 체계를 위한 자금을 조달하고자 하여 더욱 악화된다".

셋째로, 구조조정 프로그램은 남성 생계부양자 모델을 기반으로 설계되었는데, 때문에 남성들이 가장 먼저 양질의 일자리를 얻거나 경제 회복 시 먼저 고용되어야 하고, 여성은 부차적 소득자이며 남성에게 경제적으로 의존한다고 여긴다. 예를 들어 1990년대에 IMF, 세계은행 그리고 중남미의 정책 입안자들은 구조조정의 결과로 가난한 가정들이 어려움을 겪는 것을 알게 되었고 이들의 기본적 필요 충족을 위해 사회 비상대책기금이라는 안전망을 도입했다. 명목상 여성들도 이러한 안전망의 혜택을 누릴 수 있었으나 실제로 여성은 남성 가족 구성원의 부양가족으로만 여겨졌다(Benería and Mendoza, 1995; Elson, 2002b).[46]

---

46) 사회 비상대책기금은 1990년대 중반 구조조정이 당초 예상했던 것보다 더욱 심각한 사회적 부담을 불러일으킨 결과에 대응하기 위해 마련되었다. 이러한 조치들은 "가장 취약한" 이들을 위한 일시적인 완화책을 포함했고 가장 심각한 고통과 빈곤의 사례를 완화하고 사회적 긴장을 줄이기 위한 산발적이고 임시적인 조치들이었다.

1990년대 말, IMF와 세계은행은 정책 조치들의 조건을 완화하고 과다 채무 빈곤국들에 대한 부채 탕감을 허용했다. 이러한 변화는 아시아 금융 위기로 IMF 가 얻은 경험과 최빈국들이 지속적으로 겪고 있는 부채 문제 때문이었다.[47) 1999년부터 구조조정 프로그램은 과다 채무 빈곤국들에 차관을 제공하는 조건인 빈곤 감축 전략(PRSPs, Poverty Reduction Strategy Papers)으로 대체되었다. 차입 과 정의 일부로, 국가들은 빈곤 감축과 경제 성장 촉진을 위한 국가 발전 계획과 유 사한 문서를 준비하여 이를 준수하고 책임져야 했다(IMF, 2001). 이러한 혁신적인 이니셔티브는 국가의 주도성과 빈곤 감축 전략의 구상에 현지 NGO의 참여를 강 조하고 빈곤 감축을 목표로 삼았지만 이는 실제로는 실현되지 못한 것으로 평가 되었다(Dijkstra, 2011; Cypher and Dietz, 2009). 무엇보다도 빈곤 감축 전략은 구조 조정 프로그램과 동일하게 거시경제적 안정화 조치와 구조조정을 주장하면서 이 미 페미니스트 경제학자들이 밝힌 대로 성불평등을 줄이거나 장기적인 경제 성 장을 촉진하는 데 도움이 되지 않는, 젠더를 고려하지 않는 방식을 고수했다(Van Staveren, 2008; Elson and Warnecke, 2011).[48) 따라서 구조조정은 역사의 뒤편으로 사라졌지만, 구조조정이 가지고 있었던 문제적인 요소들은 빈곤 감축 전략과 2010년 이후 이를 대체한 후속 프로그램에서도 지속되었다.[49) 페미니스트 경제

---

47) IMF와 세계은행은 디플레이션 프로그램이 시행될 때 가장 불리한 계층이 겪는 어려움을 예방하기 위해 IMF로부터 돈을 빌리는 국가들은 사회 안전망(사회 정책)을 마련해야 한다 고 주장하기 시작했다. 이러한 변화는 사회적 안전망이 없을 때 IMF로 인해 강제적으로 구 조조정을 시행해야 했던 아시아 국가들의 경험에서 비롯되었다. Elson과 Çağatay(2000)가 주장했듯이, 이러한 추가적인 조치는 구조조정 유형의 정책을 중단하지 않는 한 단기적인 완화책에 불과하다.

48) 판스타베런은 빈곤 감소 전략에 성평등 목표를 추구하기 위한 현지 젠더 전문가의 노력이 포함되었다고 하더라도 이는 성인지적이지 못하다고 주장했다(Van Staveren 2008). 이는 통화와 재정 안정에만 초점을 맞추며, 장기적인 경제 성장을 저해할 수 있는 단기 빈곤 안 정화 정책과 인적 역량에 대한 저투자 등의 악영향을 인식하지 못하는 몰성적(gender-blind) 거시경제 프레임워크가 문제이기 때문이다.

49) 2010년 1월부터, 저소득 국가들에 새로운 형태의 차관을 제공하기 위하여 빈곤 감축 성장 기금(PRGT, Poverty Reduction and Growth Trust)이 신설되었다. 빈곤 감축 전략에 자금 을 지원했던 대출 기관인 빈곤 감축 성장 기관(PRGF, Poverty Reduction and Growth Facility)은 저소득 국가의 중기 대출에 대해 보다 융통성 있는 선택지를 제공하고자 하는 확장 차관 제도(ECF, Extended Credit Facility)로 대체되었다. 새로운 접근 방식은 각 국가 의 요구에 더 잘 대응하는 반면, 제한된 재정 정책의 지표인 재정이나 외환보유고 목표 등

학자들은 근본적인 문제를 야기하는 거시 경제적 정책을 개혁하지 않는 이상, 아무리 구조조정프로그램을 개편한다고 해도 효과가 없을 것이며 그 대신 대안적인 거시경제정책이 필요하다고 주장했다(Elson and Çağatay, 2000; Elson, 2002a; Elson and Warnecke, 2011; Van Staveren, 2008).

긴축 재정에 대한 논의 외에도 페미니스트들은 사람들의 생계를 좌우하는 결정적 요소들인 경제 성장, 무역 자유화, 금융 자유화가 성불평등에 미치는 영향을 연구했다. 페미니스트들은 예를 들어 달러와 가티(Dollar and Gatti, 1999)가 제안한 것처럼 경제 성장과 성평등이 함께 상생 관계로 시너지 효과를 낼 것이라고 가정하는 주장에 의문을 제기했다. 세기노(Seguino, 2002; 2008)는 경제 성장만으로는 성불평등을 개선할 수 없음을 보여주었다. 비록 방법론과 데이터의 제약으로 인해 무역 개혁의 젠더 분석에 어려움이 있지만, 페미니스트들은 특정한 경향성을 설명하는 실질적인 연구들을 제시했다. 1980년대 초반 이후의 무역 자유화와 확장은 많은 국가에서 노동 집약적인 수출 부문의 여성 고용 증가와 남녀 간 노동 참여 격차를 감소시키는 데 기여했지만, 여성 노동자들은 저임금과 저생산 수출 부문에 집중되어 있었다. 수출 부문 임금 수준에 대한 데이터는 엇갈리나, 전반적으로 성별 임금 불평등 감소에 기여하지 않았다는 것을 보여준다(Berik, 2011).

반면 금융 자유화는 시장 변동성을 높이고, 더 불안정한 성장을 초래했으며, 금융 위기와 경기 침체의 발생 빈도를 높였다(Singh and Zammit, 2000; Floro, 2005). 이로 인해 발생한 사업 압류, 공장 폐쇄, 일자리 감소, 신용 가용성, 사회 서비스 등에 나타난 영향은 결코 젠더 중립적이지 않았다. 결국에는 많은 여성이 여성에 대한 폭력 증가, 저임금, 더 많은 무급 노동 등의 형태로 경기 침체의 부담을 짊어지게 되었다.

페미니스트 경제학자들은 또한 가계와 노동, 신용, 제품 시장에서의 성불평등이 거시경제에 미치는 영향을 조사했다. 이러한 연구는 성불평등이 거시경제

의 조건은 여전히 지속되고 있다(IMF, 2014).

의 집합적 결과에 영향을 미칠 수 있는 여러 가지 경로를 밝혀냈다. 예를 들어 무급 돌봄노동은 노동 공급, 소비, 저축, 투자와 같은 다양한 거시경제 변수에 영향을 미친다(Van Staveren, 2010). 실증적 연구에 따르면 성평등은 경제 성장을 촉진할 수도, 방해할 수도 있다. 이 연구에 따르면 교육, 노동시장 참여, 고용에서의 성별 격차를 줄이는 것은 경제 성장을 촉진할 수 있다. 반면에 세기노(2000a; 2000b)는 임금에서의 성별 격차가 어느 정도 산업화된 경제 그룹에서 1975~1995년도에 경제를 성장시킬 수 있었던 동력이었음을 보여주었다. 이 경우 성별 임금 불평등은 수출 소득을 늘리고 외환을 공급하여 새로운 투자 자금을 조달하는 데 기여했다. 이러한 대조적인 결과들로부터 도출할 수 있는 주요한 질문은 교육에서의 성평등을 통해 나타난 생산성 향상 효과가 어떻게 성별 임금 불평등을 개선하면서 장기적 경제 성장으로 이어질 수 있는가이다. 또한 페미니스트 연구는 성불평등이 IMF와 세계은행이 이루고자 하는 목표인 지속 가능한 경제 성장에 악영향을 끼친다고 주장했다. 예를 들어 사하라 이남 아프리카의 농업 경제에서 투입물에 대한 접근성, 교육 훈련, 토지에 대한 권리 부족 등과 같은 성불평등은 낮은 식량 생산성으로 이어진다. 이는 식량 수입으로 이어져 외환 부족 상태를 악화시키고, 가격 인플레이션을 부채질한다. 따라서 성불평등을 개선하기 위한 프로그램에 자금을 지원하는 것은 경제 성장을 촉진할 것이다.

마지막으로, 페미니스트 경제학자들은 다양한 범주의 사회과학 연구를 바탕으로 성별에 따라 소비 패턴이 다르며 이 차이는 거시경제적 효과를 갖는다는 것을 보여주었다. 예를 들어, 연구에 따르면 남성의 소득보다 여성의 소득에서 더 높은 비율의 금액이 가정 소비재에 지출되는 경향이 있으며 여성과 남성은 주로 다른 범주의 소비 지출을 담당한다(Dwyer and Bruce 1988; Hoddinott and Haddad, 1995; Quisumbing and Maluccio, 2000). 이와 같이 젠더화된 관행은 남성의 소득이 증가했을 때보다 여성의 상대적 소득이 증가했을 때 복지를 증진하는 효과를 가져올 수 있다는 것을 의미한다. 아동 복지가 증진될 경우, 이는 결국 경제 성장에 기여하게 된다. 따라서 장기적으로 보았을 때 성별 임금 평등은 경제 성장에 도움이 될 수 있다.

대안적 거시경제 정책

페미니스트 연구는 보다 많은 이가 혜택을 누릴 수 있는 발전을 지향하는 대안적인 거시경제 정책을 설계하기 위한 기준을 제시했다. 사람을 발전의 중심에 놓고 생각한다는 것은 결국 구조조정의 부담을 심각하게 받아들이고, 구조조정으로 인해 일자리나 집을 떠나야 했던 사람들의 수월한 적응을 방해하는 사회적 제약에 관심을 기울이며, 저소득층에게 주어지는 과도한 부담을 피해야 한다. 전반적으로 정책은 당장의 성별과 계급 영향뿐만 아니라 장기적인 손실을 수반할 수 있는 숨겨진 비용에도 주의를 기울여 고안되어야 한다.[50]

대안적인 거시경제 정책의 핵심 목표는 가격 바로잡기나 효율성 극대화, 경제 성장 같은 게 아니라 사람들의 생계와 안녕 증진이어야 한다. 생계 안정을 위해서는 완전 고용 정책을 추진할 필요가 있다. 이는 결국 신자유주의 정책하에서 축소되어왔던 세수의 증가를 요구한다.[51] 그러나 긴축 재정에서 벗어나 재정 지출 여력을 확보하는 것만으로는 성평등한 결과를 보장하기에 충분하지 않다. 현재 작동 중인 제도가 품고 있는 남성 생계부양자 이데올로기에 대한 편향 역시 해결되어야 한다. 따라서 보완적인 정책으로서 일과 가정의 균형을 보장하고, 사회 보장 제도를 통해 무급 돌봄 제공자에 대한 재정적 지원을 제공하며, 여성과 남성을 위한 양질의 일자리를 창출해야 한다. 일부 국가에서는 성인지 예산이 조금 더 성평등한 공공재정을 만들어가기 위한 도구로 사용되었다. 시민 사회단체들은 예산 과정에 참여하면서 공공지출의 범주 내 존재하는 젠더, 계급, 민족적

---

50) 국가 간 비교 연구에 따르면 노동 집약적인 수출은 더욱 큰 성별 임금 불평등과 연관되어 있고, 이는 정부가 임금 불평등을 유지하도록 장려하는 것으로 나타났다(Busse and Spielmann, 2006). 일반적으로 수출 부문의 임금은 국내 경제를 생산하는 부문에 비하여 여성과 남성 모두 낮다. 일부 국가에서는 이러한 수출 부문에서 여성의 임금이 최저임금이나 빈곤선을 상회하는 반면, 다른 일부 국가에서는 임금이 이러한 수준에 도달하지 못하고 있다. 일부 국가에서는 장기적으로 수출 부문의 평균 실질임금률이 하락한 반면 중국의 역동적인 수출 부문에서는 인상되었다. 평균적으로는 성별 임금 격차가 줄어들고 있었을 때에도, 똑같이 숙련도가 높은 여성과 남성 노동자의 임금 격차가 커지면서 여성에 대한 임금 차별이 심화되고 있는 것으로 나타났다. 관련 연구는 Berik(2011) 참고.

51) 신자유주의 정책하의 세수 효과에 대한 성인지적 관점에 기반한 개요는 Çağatay(2003b), Berik(2011), Williams(2007) 참고.

편향에 대한 대중의 인식을 제고했다. 이 접근 방식의 주요 관심사 중 하나는 재정 정책이 무급 노동과 전체 노동 부담에 미치는 영향을 평가하는 것이었다. 이러한 방식으로 성인지 예산의 실행은 편향을 줄이기 위해 노력했으며 예산 과정에서의 책무성을 증대시켰다(Budlender, 2000; Sharp and Broomhill, 2002; Austen et al., 2013).

또 다른 수준에서, 페미니스트 경제학자들은 무역, 산업, 재정 정책의 조합을 고려하여 성평등과 경제 성장을 상호 강화하기 위한 폭넓은 전략을 구체화했다(Seguino and Grown, 2006; Berik and van der Meulen Rodgers, 2010). 세기노와 그로운(Seguino and Grown, 2006)은 국가들이 저임금 수출 틈새시장을 벗어나고자 하는 산업 정책을 추진하는 것에 찬성하였고, 이를 통해 수출업계 여성 노동자들에게 더 높은 임금을 지급할 수 있을 것이라 생각했다. 저임금 수출 틈새시장뿐만 아니라 수출에 대한 과도한 의존에서 벗어나는 것은 베릭과 로저스(Berik and Rodgers, 2010)가 발견한, 근로 조건을 개선하기 위한 국제무역 연계 전략의 핵심이다.

차아타이(2003a: 36)의 주장에 따르면 거시경제학을 젠더화 하는 것의 궁극적인 목표는 "지속적이고 환경 친화적인 방식으로 빈곤과 사회적 불평등을 줄이는 데 도움이 되는 성장의 유형과 성평등을 촉진할 거시경제 정책"을 찾아내는 것이다. 페미니스트 거시경제학 프로젝트는 신자유주의 거시경제학에 대한 비판과 대안적인 정책 프로그램 구체화에 상당한 진전을 이뤄왔지만, 2007~2008년 금융 위기에 대한 정책 대응들은 신자유주의 거시경제 정책이 여전히 건실히 살아 있으며(Ortiz and Cummins, 2013) 거시경제 정책이 여전히 몰성적(gender-blind)이라는 것을 보여주었다(Esquivel and Rodríguez Enríquez, 2014).

페미니스트 생태경제학

페미니스트 경제학과 생태경제학의 접점에 대해서는 1980년대 이후 여러 학자가 관심을 가지고 살펴보았다(Shiva, 1988; Agarwal, 1992b; Perkins, 1997;

Nelson, 1997).52) 페미니스트 경제학과 생태경제학은 사회적 공급 체계와 환경의 상호 의존성, 자연과 여성 노동력의 소외 및 착취의 연관성을 점차 더 인지하고 있다(Perkins et al., 2005; Veuthey and Gerber, 2010). 그리고 두 관점 모두 현재 세대에 필요한 공급과 미래 세대에 필요한 공급 사이의 균형을 맞추고 유지해나갈 수 있는 지속 가능하고 공평한 발전에 대한 공통된 비전을 공유하고 있다.

최근 수십 년 동안 두 분야에서 나온 연구들의 진화와 발전은 서로의 아이디어와 방법론, 통찰력에 의해 풍부해졌으며 이는 페미니스트 생태경제학의 발전으로 이어졌다. 페미니스트 경제학과 마찬가지로 생태경제학은 표준적인 신고전주의 경제학 모델이 여성들의 무급 노동 기여뿐만 아니라 생태계의 기여 역시 외면하고 있다는 점을 비판한다. 주류 경제학 모델은 경제 성장에 집착하고, 이는 여성들의 비가시화된 무급 노동 부담과 마찬가지로 생태계에 미치는 막대한 악영향을 잊게 한다(Perkins, 1997; 2007; O'Hara, 2009).

페미니스트들과 사회과학자들이 무급 돌봄노동의 가치화와 관련해 진행한 연구는 생태 서비스가 기여하는 가치 분석과 직접적인 연관성을 지닌다. 생태학자들의 연구는 우리가 누리며 살아가고 있는 자연 환경에 관심을 기울이지 않고는 성평등과 사회적 공급 체계에 대한 논의도 생각하기 어렵다는 것을 보여주었다. 넬슨(2008)은 이렇게 말한다.

> 인류의 일원으로서 우리는 미래 세대에 대한 걱정을 하는데, 이는 일반적으로 인류에 대한 이러한 우려가 공정하고 정당하다고 생각하기 때문이다. 또는 우리가 기후변화에 대처하지 못하여 우리의 아이들과 손주들이 겪어야 할지도 모르는 고통을 상상하며 걱정하는 것일 수도 있다. (…) 만약 우리 경제가 평소와 다를 바 없이 돌아가도록 둔다면, 우리는 미래 세대에게 생명을 유지하는 일조차 심각하게 힘든 세상을 물려주게 될 것이다(p.444).

---

52) 콘스탄자(Costanza)는 생태경제학은 "신고전주의 환경경제학 및 생태적 영향에 대한 연구를 포함할 뿐만 아니라 새로운 사고방식을 장려한다"고 정의했다(1989: 1). 이후 이 분야는 시간과 공간에 따른 인간계와 생태계의 공진화와 상호의존성을 연구하는 다학제적 분야로 발전했다. Daly and Farley(2004) 참고.

페미니스트 생태경제학은 가정, 공동체, 시장 및 사회 내의 사회적 관계 그리고 인간과 자연 사이의 상호관계에 초점을 맞추고 있으며 이 모든 것은 경제의 작동을 뒷받침하는 요소다. 페미니스트 생태경제학의 분석적 접근법은 종(interspecies) 및 세대 간 형평성에서 나타나는 바와 같이 자연에 대한 관심과 공평에 대한 관심은 깊이 연관되어 있음을 보여준다. 사회적 공급 체계가 중심이 되는 경제에서는 생산, 분배, 소비가 현재의 시장기반 경제 성장을 이끌고 있는 경제 원칙과는 다른 원칙에 따라 움직인다.53) 페미니스트 생태경제학에서 사용되는 젠더 관점은 주류 경제학과 정책 담론에서 자연환경과 무급 노동이 조직적으로 배제되는 구조적 원인을 파악하는 데 도움이 된다. 신자유주의 정책이 이끄는 시장 확대는 돌봄의 사회적 제공에 부정적인 영향을 미쳤다. 이는 노동자의 안녕을 저해할 수 있는 수준으로 무급 노동에 대한 요구를 증가시키고, 생태학적 과정에도 부담을 주었으며 이러한 영향을 서로 강화시켰다. 페미니스트 생태경제학자들은 성주류화 노력과 기존의 환경 및 천연자연 경제학 평가에 적용된 "여성을 더해 휘젓기"와 "환경을 더해 휘젓기" 접근은 피상적이며, 이는 방향이 잘못됐거나 결함이 있는 제안으로 이어질 수 있다고 보았다. 페미니스트 생태경제학자들은 돌봄 부족과 기후변화에 이르게 하는 시장경제의 물질적·사회적 제약에 대한 의미 있는 분석을 위해서는 페미니스트적이고 생태학적인 관점과 방법론이 포함되어야 한다고 주장하였다.54)

페미니스트 생태경제학적 분석은 세대에 걸친 기본적 필요에 대한 사회적 공급을 중심으로, 주류 경제학에서 외적인 요소로 간주하는 여성의 무급 노동, 생태계 파괴, 이들을 상품화하거나 화폐화하지 않는 물질적 쓰루풋(material throughput)이 얼마나 중요한지 보여준다. 지속 가능한 경제를 만들고자 했던 노력이 여성과 남성에게 불공평한 결과를 만들어낸다면 이는 궁극적으로는 지속 가능하지 않은 것이다. 결국, 지속 가능한 발전을 추구하는 것은 성평등을 추구

---

53) 이러한 원칙들에 대한 논의는 Perkins(2007)와 Nelson(1997) 참고.
54) 페미니스트 생태경제학의 다양한 갈래에 대한 개요는 Perkins(1997)와 Veuthey and Gerber (2010) 참고.

하는 것이다. 마지막으로 페미니스트 생태경제학은 젠더 문제와 생태 문제를 해결하기 위해서는 사회 변화의 과정에서 집단행동과 참여가 필수적이라고 본다. 집단적·사회적 과정에 부여된 중요성은 사안을 알고 가치를 부여하는 다양한 방법론과 방법론적 다원주의를 존중하도록 하며, 그리하여 분야가 여러 방향으로 뻗어나갈 수 있도록 한다.

결론: 보다 포용적인 경제를 향하여

페미니스트 경제학자들은 주류 경제학에 대한 비판을 넘어서 다양한 분야에서 풍부한 연구 성과를 만들어냈다. 이들은 또한 다른 학제와의 공동 연구, 통계 분석을 넘어선 다양한 연구 방법과 방법론의 사용을 통해 다른 사회과학 분야의 연구에도 기여했다. 페미니스트들의 연구는 현대 개발 정책 이니셔티브와 빈곤 감축 프로그램 등에 포함되었고 이러한 이니셔티브는 성불평등을 개선하는 것이 경제적 이득이 된다는 관점을 강조한다. 빈곤 감축 프로그램은 여성들이 아동들에게 더 유익한 방식으로 자금을 사용하는 경향이 있음을 근거로 남성보다 여성에게 조건부 현금 지급 제도, 소액금융 등의 형태로 재정적 지원을 제공한다.

그러나 페미니스트 연구는 대개 주류 경제학과 평행선을 이루어왔다. 급증하는 페미니스트 연구에도 불구하고, 경제학은 사회과학 분야에서 페미니즘이 제기하는 의문들에 대해 가장 보수적인 입장을 취해왔다. 주류 경제학은 여성주의 비판이 절정에 달한 1990년대 초 이후 점차 진화해왔지만 근본적인 특징은 거의 변하지 않았다. 페미니스트와 다른 비주류 비평들은 주류 경제학의 핵심 원칙들에 약간의 흠도 내지도 못했다. 경제 모델들은 점차 고도화되고 있지만 이러한 혁신들은 대학교 학부 경제학 수업에 어떠한 영향도 미치지 않는다. 학부 수업, 대중 및 정치 담론 그리고 광범위하게 실행되는 시장 개혁에서 지배적인 것은 주류 경제학의 핵심 원칙들이다(Kanbur, 2002; Ferber and Nelson, 2003b; King, 2013; Wade, 2011). 그리고 대부분의 거시 경제 정책은 여전히 몰성적이다.

통계 분석 분야에서 카테고리를 성별 분리하는 것은 노동경제학에서 진전을 이룬 후 이제는 많은 경제학 분야에서 거의 일상적인 일이 되었다. 그러나 이것만으로는 충분하지 않다. 경제학은 여전히 주류 경제학적 사고에 강력한 힘을 부여하고 비주류적 대안을 배제하고 있다. 이는 대학원 과정들의 성격, 경제학 저널의 심사, 그리고 주류 경제학 연구에 반하는 연구 결과들을 단순히 무시하기 등 다양한 수단을 통해 이루어진다. 경제학에 대한 좁은 정의 그리고 경제 모델과 정량적 분석 방법에 대한 강조는 경제학이 인식론적 질문과 학제 간 질문을 받아들이지 못하게끔 했다. 이러한 이유로 인해서 깊이 뿌리박힌 관행과 고착된 이론화와 "과학화(doing science)"라는 "앎의 방식"을 변화시키기 어려웠다. 그러나 페미니스트 경제학은 다학제적 특성으로 인해 다른 사회과학과 연계되었고, 연구와 교육 그리고 행동을 위해 상호적 이해관계를 구축하고 유용한 교류를 이어나갔다.

우리는 경제학 내에서 주류 경제학의 지배적인 입지를 전복하기 위해서는 비주류 접근법들이 서로를 아우르는 더 폭넓은 협력을 하는 것에 많은 이점이 있다고 믿는다. 많은 페미니스트 경제학자들이 비주류 전통에 기반한 연구를 하는 반면, 일부 비주류 경제학자들은 자신의 이론에 대한 여성주의적 이의 제기나, 두 이론 간의 공통적인 접점을 기반으로 논의를 더 발전시켜 나가자는 요청을 잘 받아들이지 않았다. 예를 들어 댄비(Danby, 2004)와 판스타베런(Van Staveren, 2010)은 성인지적 포스트케인스주의 경제학의 가능성에 대해 연구했고 후쿠다-파르 외 연구진(Fukuda-Parr et al., 2003)은 페미니스트와 비주류 경제학의 거시경제적 관점에 기반해 2007~2008년 금융 위기를 더욱 탄탄히 분석해야 한다고 주장했다.[55] 마찬가지로 페미니스트 경제학자, 생태경제학자, 신개발주의자들에게는 공

---

55) 댄비는 포스트케인스 프레임워크에 젠더 관점을 통합하고자 한다면 포스트케인스 분석에서 흔히 나타나는 세 가지 제도적 전제를 없앨 필요가 있다고 주장했다. (1) 신고전주의의 합리적 경제적 인간처럼 행동한다고 가정하는 자본주의 기업가, (2) 경제는 화폐화된 거래로만 구성되고 가정은 오로지 소비의 현장일 뿐이라는 개념, (3) 국가가 개인이 자유롭게 받아들인 계약들을 집행하는 중립적이고, 막강한 존재라는 개념. 이는 사회에 갈등, 강요, 권력 차이 또는 불평등이 없다는 이미지를 강화한다고 주장한다.

정하고 지속 가능한 개발 전략을 보완하는 일에 참여할 수 있는 기회가 존재한다. 예를 들어, 이러한 여러 갈래의 학문적 논의에 기반한다면 환경(기후) 위기에 대응할 수 있는 보다 더 탄탄한 경제학이 등장할 수 있을 것이다(Nelson, 2008; Power, 2009; Floro, 2012; İlkkaracan, 2013b; Berik, 2014). 우리는 페미니스트로서 보다 공정하고 지속 가능한 미래를 만들고자 하는 이상을 지켜나가야 한다.

03

시장, 지구화 그리고 젠더

시장은 그 자체로 됐을 때 효율적으로 자원을 분배한다. 이 논리는 모든 사람이 시장에 참여하고 그것을 누리는 데 동등한 역량을 갖고 있다는 큰 가정을 바탕으로 한다. 계급, 민족, 종교, 인종 및 성/젠더 체계에 기반한 불평등이 깊숙이 자리 잡은 사회에서 자란 사람들은, 이 가정이 타당하지 않다는 것을 잘 알고 있다. 모든 사람이 동등한 역량을 가지고 시장에 참여했던 적은 한 번도 없었다.

— 조세파 프랜시스코(Josefa Francisco), DAWN

들어가며

1970년대 후반 이후, 전지구적 경제 통합 과정은 국가 경제를 주도하며 사회, 정치, 문화적 삶의 모든 측면에 영향을 미치는 가장 강력한 변화의 근원이 되었다. 지구화는 사람들마다 종종 다르게 해석되었으나, 널리 쓰이는 용어가 되었다. 지구화는 경제 성장, 번영과 같은 긍정적 변화와 관련 있을 뿐 아니라 불평등 심화, 노동시장 여건의 악화, 계속되는 역량의 박탈, 환경 파괴 등의 부정적 결과와도 관련이 있다. 그러나 지구화를 옹호하는 사람과 비판하는 사람 모두 1970년대 후반 이후 전개된 국경을 초월한 시장의 전례 없는 확장과 교통·통신 기술의 진보로 가능해진 시공간의 축소가 지구화 과정의 본질이라는 데에는 동의한다. 무역 및 자본 흐름의 급속한 성장, 지역 및 다자 기관의 형성, 생산 공정 조직 방식의 변화를 통해 국가 간 경제적 상호작용 및 의존이 극적으로 증가했다.

이 장에서 우리는 오늘날 지구화의 본질, 그 원동력이 된 정책, 지구화와 경제 관계와 사람들의 삶을 변화시킨 방식에 대해 개략적으로 살펴볼 것이다. 여성뿐만 아니라 남성 역시 신용 대출 시장의 근로자, 소비자, 생산자, 투자자, 대출자로서 이러한 과정에 영향을 받았다. 오늘날 지구화와 관련된 흐름은 여성과 시장의 관계를 변화시키고, 성역할과 젠더 관계에 영향을 미치며 국가와 문화 전반에 걸쳐 젠더의 의미를 변화시키고 있다.

전지구적 경제 통합은 인간 행동에 지대한 변화를 일으켰다. 시장 지향적 선택과 개인의 이득은 주변부에서도 경제 활동의 중심 목표가 되었다. 저소득 국가에서 생산은 점점 더 시장을 지향하고 있으며, 시장의 교환은 호혜성, 물물 교환, 국가 지원과 같은 다른 형태의 교환 방식을 대체하고 있다. 오늘날 지구화의 특징은, 상품화의 범위가 확장되고 전지구적 생산에서 금융자본이 지배적이라는 것이다. 상품화는 새로운 영역을 자본주의적 생산 궤도에 편입시켰다. 이런 과정은 70여 년 전 칼 폴라니(Karl Polanyi)의 저서 『거대한 전환』(1944)의 논의를 연상시킨다. 19세기 말과 20세기 초 유럽 사회에 대한 분석을 바탕으로, 폴라니는 이익과 이윤이 인간의 활동에서 이토록 중요한 역할을 한 적이 없었다고 주장했다. 그의 분석은 21세기 초에 더욱 유효하다. 마찬가지로, 160년도 더 된 과거에 칼 마르크스(Karl Marx)가 제시한 이윤과 자본 축적을 지배하는 운동 법칙에 대한 분석은 오늘날에도 여전히 타당하다. 이들의 저작은 오늘날의 지구화와 그 결과를 이해하는 데 핵심적이다.

우리는 먼저 기술적 변화와 함께, 상품 및 금융 시장의 전지구적 확대에 중요한 역할을 해온 신자유주의 정책을 살펴본다. 신자유주의 정책은 자본 축적, 상품화, 프롤레타리아화라는 특징적인 과정과 함께 자본주의 발전을 가속화시켰다. 또한, 주류 경제학의 합리적 경제인 모델(rational economic man model)과 관련된 규범 및 가치를 강화하고 개인의 가치와 목표를 변화시켰다. 이러한 배경에서 우리는 오늘날 지구화가 가져온 몇몇 결과에 주목한다. 첫째, 상품화와 금융화는 시장 행위와 관련된 가치 및 태도, 사회적 관행을 확산시켰다. 둘째, 국가 내부적 불평등뿐 아니라 국가 간 불평등 또한 증가했으며 대부분의 사람은 경제적 불안정성 및 취약성 증가를 경험했다. 상품화와 결합한 불평등의 심화로 대부분의 사람이 더 높은 수준의 인간 발전에 도달하기 어려워졌으며, 소비지상주의의 급격한 성장은 지속 가능한 발전에 부정적 영향을 끼쳤다. 셋째, 1980년대 초반부터 여성은 전지구적 생산 과정에 노동자로서 빠르게 통합되었다. 우리는 여성이 유급 노동시장에 편입되고 이에 따른 노동 조건의 변화에 주목하는 "전지구적 노동의 여성화" 논의를 검토한다. 노동의 여성화는 시간이 지남에 따라 지역과 분야마다 불균등하게 나타났다. 그러나 여성의 노동시장참여가 절대적 생활 수준을 높이는 데 반드시 기여한 것은 아니었다. 또한 우리는 여성의 유급 노동 참여가 확대됨에 따라 가구 내 성불평등이 어느 정도 재생산되고, 약화 혹은 재구축되는지를 평가한다.

신자유주의의 부상과 공고화

오늘날 지구화의 핵심은 자본주의적 노동 과정의 확산과 전 세계 시장의 확장이다. 이는 1980년대와 1990년대 북반구와 남반구에서 구조조정 프로그램과 워싱턴 컨센서스를 통해 나타난 신자유주의 패러다임의 부상으로 가능했다. 신자유주의는 법, 정치, 사회적 제도의 변화를 주도하고, 노동자를 희생시키면서 자본가의 권리를 확대하는 주요 정책 틀로써 활용되었다. 신자유주의 정책은 이전에 공공이 소유하고 운영했던 사회 서비스 및 인프라의 민영화와 정부 예산 삭감, 국내경제의 규제 완화, 무역 자유화, 국제시장을 지향하는 생산, 자본 흐름에 대한 통제 완화 등을 포함한다. 이러한 정책은 많은 저소득 국가에서 세계은행 (World Bank)과 국제통화기금(IMF)의 후원 아래 구조조정 프로그램의 형태로 도입되었다. 초국적 기업과 주요 강대국 정부 및 상업 은행의 개입과 함께 이러한 국제기구들은 많은 국가의 경제 정책 및 방향을 정하는 데 결정적 역할을 했다.

구조조정 프로그램은 초기에 주로 부채가 많은 저소득 국가에 영향을 미쳤으며, 저소득 국가의 경제 개발 정책을 세계 시장에 통합시키는 정책으로 전환시키는 데 기여했다. 경제 구조조정, 긴축 정책과 같은 신자유주의적 조치들은 각국 정부와 IMF 및 세계은행 간 합의에 기반하였고, IMF와 세계은행은 새로운 차관과 지급 요건을 협상하기 위한 조건들을 계속해서 부과했다. 계획경제에서 전환한 동유럽 경제들 또한 세계은행과 유럽개발은행 등 자본주의 세계의 자문위원으로부터 유사한 정책을 이행하도록 요구받았다(Kotz, 1995; Sachs, 1991; Woo et al., 1997; Haney, 2000). 짧은 기간 시행되었음에도 불구하고 이러한 전환은 사회 및 경제 질서에 심각한 혼란을 초래했다. 이와는 대조적으로 중국의 자본주의로의 전환은 훨씬 더디게, 그들만의 자체적인 방식으로 진행되었다(Qian, 2003). 2008년 경제 위기에 대한 정부의 대응에서 알 수 있듯이, 신자유주의 정책은 북반구를 포함한 세계 여러 지역에서 새로운 표준이 되었다. 유럽과 미국에서는 1970년대 이후 시행된 시장 자유화 정책에 긴축 정책 프로그램이 추가되었다. 2008년 이후의 긴축 정책 프로그램은 시장에 대한 규제 철폐와 채권자의 이익 보호라는 동일한 목표를 지녔다는 점에서 1980년대와 1990년대 구조조정 프로그램과 실질적으로 유사하다.

자유방임주의 신화와는 달리, 시장의 작동과 전지구적 확장에는 상품, 서비스, 자본의 이동에 대한 법과 기타 제도적 장벽을 줄이거나 제거할 수 있는 정부 차원의 조치가 필요하다. 폴라니(Polanyi, 1944)가 강력히 주장한 바와 같이 시장 경제는 저절로 자연스레 진화한 것이 아니다.[1] 오히려 역사적으로 시장의 확장은 시장 기능에 관여하고 성장의 혜택을 받은 행위자들의 경제적 자유를 증가시킨 정부 정책에 의존해왔다. 종종 시장의 자유라는 이름으로 수행되는 의도적인 국가 개입은, 그 영향을 받는 모든 당사자가 의사 결정에 참여하는 과정 없이 위로부터 도입되었다. 이는 폴라니가 분석한 19세기 말 및 20세기 초 국가의 시장 확장의 모습이자 오늘날 지구화의 모습이다.[2]

오늘날 지구화의 두드러진 개혁 중 하나는 사유재산권 강화다. 폴라니의 주장처럼, 이러한 사유재산권의 보장은 시장 교환에서 계약 이행을 가능하게 하기 때문에 시장이 기능하고 확장하기 위한 주요 전제 조건으로 여겨진다. IMF와 세계은행이 시작한 구조조정 프로그램과 관련된 정책에서 보이듯, 각국 정부는 일반적으로 여성과 남성 모두를 포함한 시민 대부분의 의사를 반영하기보다는 국가 및 글로벌 엘리트들의 이익에 부응해왔다(Sparr, 1994; De Vogli and Birbeck, 2011; Nwagbara, 2011). 이러한 방식으로 신자유주의하의 경제 정책은 시장의 전 지구적 확장과 끝없는 자본 축적에 유리한 규칙을 공고히 하는 수단이 되었다(Gill, 2000).

각국 정부는 곳곳에서 국영기업의 민영화를 추진하고 새로운 "공유지의 폐쇄"를 시작했다. 예를 들어, 영국의 공공주택 사례와 필리핀, 아르헨티나, 남아프리카공화국의 공공시설 민영화, 튀르키예의 사적 이윤 창출을 위한 공공토지 개방 등이 이에 해당된다. 동유럽과 구소련에서는 하룻밤 사이에 민영화가 이루어지면서, 막대한 공공자산이 소수의 개인과 기업에 이전되었다. 아프리카와 아시아, 중남미에서는 21세기 초반 다양한 초국적 행위자들의 이해관계에 따른 토지

---

1) 19세기 말 및 20세기 초반 시장 확장에 대한 폴라니의 통찰은 오늘날 지구화에 분명하게 적용된다. "시장이 엄청난 힘을 가진 자기규율 시스템(self-regulating)으로 전환되는 것은, 시장의 본질적인 변화의 결과라기보다는 사회(body social)에 투여된 고도의 인공 자극제의 영향이었다"(1944: 57).

2) 보다 자세한 내용은 Benería(1999b)와 Fraser(2010) 참고.

수탈이 일반화되었다(McMichael, 2012). 정부의 조치는 자본가들이 복지국가를 해체하고 노동자와 자본가의 상대적인 협상 능력을 변화시켜 국가 주권을 약화했으며 자본을 빠르게 축적할 수 있는 여건을 조성했다. 수사적인 측면에서뿐만 아니라 실제로도 사유재산과 투자자의 권리 보장 및 신성화는 이러한 변화에서 떨어져 있는 사람들의 인권보다 더욱 중요해졌고, 여기서 인권은 노동권 및 교육권과 같은 적절한 생활 수준을 위한 보편적 권리를 포함한다.

신자유주의하에서 정부는 재정적자를 없애야 했다. 공공자산 민영화의 이유 중 하나는 일회성일지라도 정부의 수익을 창출한다는 것이다. 실제로, 균형예산이라는 목표는 세수를 늘리는 것보다는 정부 지출을 줄이는 방식으로 이어졌다. 조세 정책은 직접세(소득이나 재산세)에 의존하는 것에서 역진적인 간접세(소비세)로 전환되었고 이는 부유층 및 투자자에게 유리했다. 무역 자유화로 인해 수입으로 인한 세수가 줄어듦에 따라, 특히 저소득 국가에서 교육, 보건 및 기타 기본적인 사회 서비스 제공이나 고용 정책과 같은 사회적 목표와 개발 과제를 지원할 수 있는 공공자원이 축소되었다. 부유층과 외국인 투자자들은 정부가 제공하는 서비스에 의존하지 않고 오히려 시장을 통해 교육, 의료와 같은 서비스를 구매하기 때문에 딱히 세금을 낼 이유가 없었다. 또한, 그들은 전 세계적으로 이동하기 때문에, 그들에게 새로운 세금을 부과하거나 기존 세법을 집행할 수 있는 정부의 힘이 제한적이었다(Elson and Çağatay, 2000).3) 2000년대 초반 칠레의 사례는, 법인세와 소득세를 인상하여 공공교육과 보건 서비스, 안전한 식수에의 접근, 위생 관리 개선을 위한 재정을 마련하는 것에 대한 저항을 보여준다(Lopez and Miller, 2008).4) 2008년 경제위기에 영향을 받은 북반구의 국가들에서도 긴축 프로그램을 통해 같은 종류의 정책들이 도입되었다(Peet, 2011; Karanikolos et al., 2013; Greenglass et al., 2014).

---

3) 마찬가지로, 경제력을 지닌 집단은 인플레이션을 낮게 유지하고 금리를 높게 유지하여 높은 금융자산 수익을 얻도록 하는 디플레이션 정책을 선호한다.
4) 칠레는 경제 성장과 빈곤 퇴치 프로그램을 병행하여 빈곤을 줄이는 데 성공했음에도 소득 불평등이 매우 높은 수준인데, 이는 정부가 부유층과 천연자원 분야에 세금을 부과할 수 없거나 그럴 의지가 없기 때문이다.

무역 자유화와 수출 지향 생산은 국제무역 및 투자 확대를 촉진하는 중요한 역할을 했다. 개발도상국들은 세계 시장에 편입될 수 있도록 무역 장벽을 낮추고 시장을 개방할 것을 요구받았고, 이를 따름으로써 개발도상국의 국내 산업은 전 지구적 경쟁에 노출되었다. 무역 자유화를 가능하게 만드는 주요 메커니즘은 세계무역기구(WTO)와 같은 초국적 기구들과 북미자유무역협정(NAFTA), 범대서양 무역투자동반자협정(TTIP), 환태평양 경제동반자협정(TPP)과 같은 자유 무역 협정이었다.5) 이러한 조직과 협정은 정부가 외국 기업보다 자국 기업을 선호할 수 없도록 하는 최혜국 대우와 같은 규정을 각국에 부과했다. 예를 들어 WTO는 전신이었던 관세와 무역에 관한 일반협정(GATT)과는 달리 국가의 법률을 넘어서는 독립적인 권한을 지니고 있으며, 무역과 특허 및 지식재산권에 있어 모든 회원국에 대한 구속력을 가지고 있다. WTO에서 협상된 것 중 논란의 여지가 있는 협정은, 개발도상국 내에서 소농과 선주민, 소상공인, 이들 중에서도 특히 여성들에 대한 공정성 측면에서 갈등과 논쟁을 담고 있다. 시민사회단체들은 WTO가 개발도상국, 특히 취약 계층의 이익을 얼마나 대변하는가에 의문을 제기한다 (Carr and Williams, 2010; Francisco, 2012). 2000년대 도하 개발 라운드 무역 협상은 개발도상국들이 큰 영향력을 지닌 경제 주체의 이익을 대변하는 데에 강력한 반대를 표명하면서 교착 상태에 머물렀고, 이는 이후 WTO가 무역 자유화 의제를 강화하지 못하도록 하는 영향을 미쳤다.

1980년대 초반부터 신자유주의적 정책과 교통 통신 기술의 발달로 생산의 지구화가 가속화되었다. 외국인 직접투자(FDI)의 확대와 수출 가공 지역(EPZ)의 형성, 세법을 피해 가는 오프쇼어링(offshoring)과 전지구적 하청 사슬의 증가는 생산 과정 전체 혹은 노동 집약적인 생산 과정의 일부분이 개발도상국으로 재배

---

5) 유럽연합(EU)과 같은 기관들 역시 초국적인 기업과 특정 경제 분야를 포함한 금융 및 산업 자본의 이익에 의해 크게 좌우되어왔으며, 이는 무역 및 외국인 투자에 대한 규제를 완화하여 경제적 이익을 얻을 것으로 기대되었다. 그러나 초기 단계부터 유럽 통합의 정치적 목표는, 유럽 대륙의 역사적 긴장과 분열을 극복하는 방법으로 그 의미가 두드러졌다. 또한 2008년 위기 전까지 EU의 정책은 복지국가 증진을 매우 중요하게 여겼으며 (종종 대규모 재정 이전을 통해) 환경에 관한 규제를 추진하고 성평등을 추구했다.

치되는 결과를 가져왔다. 신자유주의적 정책 패러다임의 일환으로, 개발도상국 정부들은 외국인 직접투자나 이러한 생산 과정을 자국에 유치하기 위해 소득세 면제, 수출입 세금 면제, 국내 일부 규정으로부터의 면책 등 혜택을 제공했다.

이처럼 지구화 시대의 생산은 많은 국가의 자원을 분할하여 함께 사용함으로써 더욱 상호 의존적인 과정이 되었다. 이로 인해, 지구화된 통합 생산 시스템에서 누가 무엇을 생산하고 있는지 식별하는 것은 더욱 어려워졌다. 실제로 가장 초기 형태의 생산구조조정 유형 중 하나는 회사가 전체 생산 라인을 이전하는 것이다. 예를 들어, 섬유 제조업의 생산 라인을 고임금 국가에서 저임금 국가로 이전하는 한편, 관리와 제품 디자인 또는 기술 개발과 같은 특정 작업은 고임금 국가에서 유지하는 것이다. 또 다른 유형의 생산구조조정은 생산 단계를 구분하여 세계 각지에 퍼뜨린 다음, 전자제품처럼 또 다른 국가에서 조립하는 것이다. 이러한 구조에서는 실제로는 국경을 넘어서는 사업체 간 상품 거래가 동일한 회사의 두 부서 간 이전으로 인식될 수 있다.

다른 국가 및 지역에 투자하는 것 외에도 점점 더 많은 기업이 탈중심화, 아웃소싱(outsourcing) 및 오프쇼어링 과정을 통해 전통적인 작업 공간 외에서 이루어지는 노동에까지 손을 뻗게 되었고 결과적으로 공식적인 경제와 비공식적 경제 사이의 경계를 확장시켰다. 보통 초국적 기업들은 그들이 직접 생산하지 않는 대신 개발도상국 기업에서 주문 생산한 제품과 서비스의 구매자가 된다. 의류 제조업, 회계, 기술 지원 서비스, 스포츠 용품의 경우도 마찬가지다. 시장 지배력을 지닌 대기업들은 경쟁이 치열한 환경에서 활동하는 기업에게 저부가가치 활동의 생산을 하청한다. 비용을 최소화하기 위해 현지 기업들은 비정규직 노동력을 사용하고 임시 혹은 하도급 노동에 의존하게 된다. 이런 방식으로 국내 생산 및 구매 기업은 넘쳐나는 (것으로 보이는) 여성의 노동력에까지 손을 뻗쳤는데, 이들은 공식적 사업체에서부터 개인의 집에 이르기까지 다양한 작업 공간에서 일을 했다. 일부 하청 업체는 노동자가 가정이나 비공식 작업장에서 상품을 생산하거나 작업을 수행하는 새로운 형태의 선대제수공업을 만들어냈다(Roldán, 1985; Castells and Portes, 1989; Prügl, 1999; Carr et al., 2000; Freeman, 2000; Buechler, 2002; 2013;

Lund−Thomsen et al., 2012; De Ruyter et al., 2012). 이러한 구조조정의 결과로 모회사, 자회사, 계약자, 하청 업체 및 재택근무자의 다층적인 네트워크로 수행되는 국제적 생산 과정이 형성되었다. 제레피(Gereffi, 1998)를 포함해서 사람들은 이를 전 세계 구매자들을 위한 완제품을 만드는 "상품 사슬"이라고 부른다.

개발도상국에서 생산을 확대하기 위한 외국인 직접투자는 주로 중국과 인도, 동아시아 및 중남미를 중심으로 한 일부 신흥국가들에 집중되어 있다. 지구화의 초기 단계 사례로는 한국, 대만, 싱가포르, 말레이시아, 브라질, 멕시코, 칠레가 해당되며 그 이후 방글라데시와 캄보디아, 중앙아메리카, 인도네시아, 동유럽, 튀르키예와 같은 다른 지역들이 추가되었다(Morrissey and Udomkerdmongkol 2012; UNCTAD, 2013).6) 이러한 불균형의 근원에는 각국 정부가 외국 기업을 유치하기 위해 제공하는 인센티브뿐만 아니라 시장 접근성, 인프라 개발 수준, 무역 시설 등의 차이가 있다. 마찬가지로, 국가 간 무역 흐름 역시 상당히 불균등하다. 지난 50년간 무역의 눈부신 성장은 동아시아와 중남미에 집중된 몇몇 신흥 국가와 고소득 국가들 간의 무역에서 나타났다.

1990년대 이후에는 자본 계정 자유화의 결과로 개발도상국으로의 금융자본 유입 역시 증가했다. 주식, 부동산, 채권, 헤지펀드, 파생상품, 기타 새로운 금융 투자처 등을 통해서 막대한 양의 자본이 금융 시장으로 유입되었다. 이는 자산 (가격) 거품 형성과 붕괴의 가능성을 높였고 결과적으로 전지구적 차원의 경제 불안을 가져왔다. 이러한 흐름은 브라질, 멕시코, 홍콩, 말레이시아, 한국, 인도네시아, 태국, 튀르키예, 러시아, 아르헨티나 등 신흥 경제국들을 중심으로 투기 자금이 경제 호황을 만들어내고 이후 금융 위기가 뒤따르는, 호황과 불황의 사이클을 만드는 결과를 낳았다. 이와는 대조적으로 미국에서는 2007~2008년에 시작된 금융위기가 전 세계에 영향을 끼쳤는데, 이는 시장이 이미 전지구적 차원에서 상당한 수준으로 통합되어 있었기 때문이다. 금융 위기의 빈도 증가와 범위의 확

---

6) 사하라 이남 아프리카 가운데 석유 자원을 보유한 나이지리아와 남아프리카를 제외하고는 외국인 투자를 거의 받지 못했다. 2012년 개발도상국에 대한 FDI 중 아프리카의 비중은 7.3%에 불과했다(OECD, 2013). 이러한 아프리카 FDI 흐름은 주로 자원이 풍부한 국가의 채굴 산업에 집중되어 있으며, 이는 2012년 아프리카 FDI 흐름의 약 70%에 해당한다.

대는 금융자본의 위험을 무릅쓰는 투자 경향과 규제되지 않는 금융 시장의 위험성을 분명하게 보여준다.

시장의 전지구적 확장은 서로 다른 속도로 진행되었다. 일부 국가는 급속한 경제 성장을 경험한 한편, 다른 국가들은 경제 침체를 겪었다. 자원이 풍부한 일부 국가는 불균형적이고 몇몇 분야에 국한된 성장을 경험했다. 예를 들어, 소수의 국가를 제외하고 중동과 아프리카 지역은 다른 지역에 비해 세계 시장으로의 경제 통합이 뒤처졌다(Nassar 2007). 반면 인도와 베트남, 볼리비아, 브라질, 페루, 남아프리카공화국, 나이지리아와 같은 국가들은 경제 분야 전반에 걸친 집중적인 투자로 인해 빠른 경제 성장을 경험했다. 부탄, 아프가니스탄, 미얀마와 같은 국가들은 아직 기본적인 시장 인프라를 개발하지 못했고, 사유재산권을 보호하는 법률 제도를 구축하지 못했으며, 대규모 자본 유입을 경험하지 못했다. 그 결과 '선진국'과 '개발도상국' 사이의 경제적 격차와 소수의 국가가 세계 소득 분포의 최상위를 차지하는 상황이 계속되었다. 개발도상국 중 극소수만이 고소득 그룹에 합류한 것이다(Ortiz and Cummins, 2011). 웨이드(Wade, 2011)는 지구화에 대한 신자유주의의 선전에도 불구하고 "발전 따라잡기"가 나타나지 않았으며, 국가 간 불평등이 계속해서 증가하고 있음을 지적했다(UNDP, 2010). 그러나 남반구의 많은 국가는 2000년대에 폭발적인 상품 생산 확장을 통해 1990년대 지속되었던 경기 침체와 저성장 패턴에서 빠져나올 수 있었다. 반면 1인당 지역 평균 성장률을 보면 사하라 이남 아프리카와는 대조적으로 북반구에서는 급격한 경기 침체가 나타남을 알 수 있다(Cypher, 2014).

경제학, 그리고 다보스 맨

이 절에서는 2장에서 분석했던, 페미니스트 경제학자들이 비판한 주류 경제학의 몇몇 지점을 포함하여 앞에서 논의한 지구화 과정을 분석하고 그 이면에 존재하는 더욱 이론적인 측면의 연관성을 추적한다. 자본주의의 발전은 사람들이 결정을 내리고 서로 관계를 맺는 방식과 가치관의 변화 없이는 일어날 수 없었다. 칼 폴라니(1994: 71)는 "시장경제는 시장 사회에서만 존재할 수 있다"고 주장한다. 즉, 시장경제는 시장이 기능할 수 있도록 하는 규범과 행동의 적절한 사회적 변화가 동반될 때만 존재할 수 있다. 2000년에 접어들면서 자본주의 논리의 지배와 시장 확대는 이러한 확장을 뒷받침하는 방식으로 사람들의 가치와 주관을 변화시켰다. 주류 경제 모델의 핵심인 "합리적 경제인"은 더욱 친숙한 인간상이 되었고 시장을 통해 자신의 욕망을 충족시키려는 이기적인 개인은 오늘날 그 어느 때보다도 보편화되었다. 보편적 인간 행동의 원리로 여겨지는 신고전주의 합리성 개념은 개인의 이익 추구라는 목표를 다음과 같이 구체화한다. 즉, 기업가는 이윤의 극대화를, 노동자는 소득의 극대화를, 소비자는 효용의 극대화를 추구한다고 가정한다. 결국 경제적 합리성은 가능한 한 최소 비용으로 가장 효율적인 자원 배분 및 생산의 극대화를 향한 시장의 기능을 보장한다고 주장한다.[7] 애덤 스미스(Adam Smith)는 그의 가장 영향력 있는 저서 『국부론』에서 이기적인 개인의 이윤 추구와 사회의 안녕을 연결한다. 여기서 사회의 안녕은 시장의 보이지 않는 손을 통해 이루어지는 경제 성장의 결과로, 애덤 스미스는 개인의 이윤 추구와 사회의 안녕 사이에 모순이 없다고 보았다. 신고전주의 경제학은 이 기본적인 관계를 계속해서 강조해왔고, 개인이 이기적으로 사익을 추구한 결과가 제도와 인간 행동 및 사회 전체에 어떻게 나타나는지에 대해서는 의문을 제기하지 않았다. 사실 개인이 전적으로 자신의 생계를 책임지도록 모든 노력을 기울이는 신자유주의 정책 틀은 합리적 경제인 모델의 가정에 기반한다. 같은 가정을 기반으로, 사회 안전망을 해체하거나 노동자를 보호하는 노동시장 규제를 완화하거나 개인의 퇴직 소득을 주식 시장의 성과와 연결 짓는 금융화가 이루어졌다.

---

7) 확실히 경제학자들 사이에서 낸시 폴브레(Nancy Folbre, 1994)가 말한 "불완전하게 합리적인 경제인"의 방향으로 개인의 행동을 개념화하려는 많은 노력이 있었다. 이 행위자들은 경제적 합리성과 "이기심"의 명확한 정의에 딱 들어맞지 않는 방법으로 자신들의 이익을 추구한다. 이러한 행동에는 연대감과 이타심에서 경쟁과 이기심까지 복잡하게 뒤섞여 있을 수 있으며, 비록 현실에 더 근접하다 해도 모델화하기 어려울 수 있다. 폴브레가 지적했듯이, 이러한 수정주의 모델은 시장 경제의 본질적인 효율성에 대한 그 어떤 강력한 주장까지도 약화시킨다.

여기서 중요한 질문은 여성의 행동이 얼마나 "경제적 인간(economic man)"의 경제적 합리성에 기반한 남성들의 행동과 비슷해졌으며, 사랑, 공감, 협력과 같은 비시장적 행위와는 얼마나 멀어졌는가다.[8] 신고전주의 모델은 일반적으로 남성뿐 아니라 여성도 합리적인 방식으로 행동한다고 가정한다. 게리 베커의 가계 모델은 예외적으로, 가계 내 자원 분배에서 다른 가구원이 이기적인 것과는 달리 남성 가장이 이타적인 방식으로 행동하며 가족 구성원 모두의 안녕을 바란다고 가정한다(Becker, 1981). 페미니스트 경제학자들은 베커의 가족 내 (가장의) 이타주의에 대한 분석과, 일반적인 경제 모델에서 사랑과 연민, 공감, 협력, 호혜, 보살핌과 같은 다른 유형의 동기를 배제하는 것 모두를 비판해왔다. 더 많은 예는 퍼버와 넬슨(Ferber and Nelson, 1993), 폴브레(Folbre, 1994), 버그만(Bergmann, 1995)에서 찾아볼 수 있다.

반면에 많은 사회에서 여성의 행동은 경제적 합리성 가정과는 다소 거리가 있다고 여겨졌으며 다른 동기들과 결부되었다. 이러한 인식의 주된 이유는, 역사적으로 여성들이 가족 및 가정 내 활동에 집중하면서 다른 이들을 돌보는 역할을 해왔기 때문이다. 이 때문에 여성의 행동과 이에 영향을 미치는 규범은 경쟁이나 사익 추구와 같은 시장의 원리를 따르지 않는다고 여겨졌다. 많은 연구에서, 여성의 선택과 행동은 자신의 이익에 기인하기도 하지만 남성보다 이타적인 경향이 있으며 종종 사랑과 공감같은 다양한 감정뿐 아니라 전통, 규범 및 그 외 사회적으로 규정된 행동의 결과로 나타난다는 점을 보여준다(Agarwal, 1997; Kamas et al., 2008; England, 1993). 그러나 여성들이 노동자, 소비자, 채무자로서 점차 시장에 참여하게 되면서 여성들의 행동 역시 시장 규범에 영향을 받는다고 예상하는 것이 합리적일 것이다. 따라서 여성의 가정 유지와 돌봄을 위한 노동은 행동의 관계적 측면을 유지하는 반면, 여성 노동의 시장화와 지구화 과정은 그들의 개인적인 이익을 강조할 가능성이 높다. 동시에 여성의 노동시장 참여는 여성들이 개인적 자율성을 쟁취하도록 돕고 시장 활동 및 교환에 참여하도록 한다.

---

8) 이 질문에 대한 보다 자세한 설명은 초판의 3장 86-90쪽 참조.

오늘날의 지구화는 신자유주의의 의기양양한 확언과 함께해왔다. 신자유주의는 경제적 합리성과 관련된 규범과 행동을 강조하고 경제와 사회를 조직하는 방식으로, 시장의 보이지 않는 손이 어떠한 형태의 국가 개입보다 우월하다고 주장해왔다. 이러한 주장은 생산성, 효율성, 재정적 수익, 개인주의, 경쟁적 행동, 소비주의, 사회적 불평등과 탐욕에 명백한 관용을 보이거나 심지어는 수용하는 데 이르기까지 다양한 형태의 공적 담론에서 나타났다. 1980년대 부유한 도시 전문직 종사자들과 1990~2000년대 투자 은행가들의 삶은 이러한 가치를 상징적으로 보여준다.9) 이러한 가치에 환호하는 현상은 고소득 경제에만 국한된 것은 아니다. 친시장적 담론이 담론의 장을 장악하는 과정은 특히 구소련의 체제 전환 국가들과 중국에서 극적으로 나타났다. 심지어 전지구적 시장 확장의 혜택을 받은 사람들조차도 새로운 시장이 형성되면서 나타난 개인의 경제적 이익 추구와 급속한 부의 축적이 불러온 폐해를 비판했다(Soros, 1998).

1997년 신자유주의적 입장을 견지하는 주간지 『이코노미스트』는 새로운 가치 및 규범을 "다보스 맨"의 등장과 연관 지었는데, "다보스 맨"은 스위스 다보스에서 열린 세계경제포럼(WEF) 연례 회의에서 "세상을 움직이는 사람들"을 의미한다(Benería, 1999b). 『이코노미스트』에 따르면 다보스 맨은 성공한 그리고 "합리적 선택을 하는 경제적 인간"의 전형을 보여주며, 개인주의, 자유 방임 시장, (서구) 민주주의, 기술 변화를 통해 끊임없이 이익을 극대화하는 "혁신적 자본주의"에 대한 믿음을 공유한 기업인과 은행가, 관계자, 지식인을 말한다. 이들은 세계 경제와 정부, 군사력 대부분을 장악하고 있다. 『파이낸셜타임스』 기자 질리언 테트(Gillian Tett, 2007: 168)는 2007년 6월 "새로운 여명으로 향하는 글로벌 자산 유동화!"라는 제목으로 열린 다보스 포럼에 참가한 사람들을 다음과 같이 묘사

---

9) 일부는 이러한 가치와 태도를 인정하지 않지만, 그 변화를 보여주는 증거는 압도적으로 많다. 얀 프론크(Jan Pronk)는 다음과 같이 말했다. "2000년대가 되었을 때, 지구화는 일방적이고 서구적일 뿐만 아니라 자본주의적인 특징이 지배적이었다. 기업과 주주들은 빠르고 거대한 자본 축적을 통해 이익 극대화를 목표로 했으며 (…) 위험은 투명성이 완전히 결여되어 경제 사회적 비용−편익 관계를 더 이상 따질 수 없을 때까지 타인에서 타인에게로 전이되었다. 사회 및 환경 문제는 무시되었고, 불평등은 확대되었다. (…) 돈으로 돈을 버는 데 몰입한 나머지 사회적 책임감은 잊히고 말았다"(Pronk, 2012: 24).

했다.

　　　유려한 말솜씨로 하얀 치아를 드러내며 재포장된 담보 대출을 열성적으로 판매하는 미국 대형 은행 영업 사원, 자조적인 영국 트레이더, 심각하게 줄담배를 피는 독일의 보험 회사와 은행의 대표단. 이들의 먹잇감은 우아한 파스텔색으로 장식하고 있지만 만신창이가 된 이탈리아, 스페인, 독일 및 그리스의 자산 관리자들이다. 중국인과 싱가포르인들의 조용한 소란이 장내를 떠돌았다. (…) 외양으로는 은행가보다 초라해서 눈에 띄는 몇몇 감시단도 있었다. 그러나 가장 큰 규모의 대표단은 부채담보부증권(Collateralized debt obligations: CDO) 호황으로 막대한 이익을 얻고 있는 3개의 신용 평가기관 출신이었다.10)

　　이와 동시에 사람을 정의하는 사회 규범에 있어서 그 사람의 소비 패턴이 점점 더 강력한 역할을 하게 되었다. 소비 지상주의가 상품의 꾸준한 수요를 보장함으로써 시장의 주기적인 병목현상에 대한 해결책을 제공하는 동안, 높은 소비 수준은 경제적 번영과 사회적 지위, 심지어는 웰빙의 척도가 되었다. 신분 상승 가능성에 대한 믿음은 종종 사회적 지위를 드러내는 사치품에 대한 끊임없는 수요를 동반한다. 또한, "소득과 부의 불평등이 클수록, 상대적 지위를 유지하거나 향상시키기 위해 가장 부유한 이들 아래에 있는 모든 사람이 소비해야 하는 금액은 더욱 커진다"(Wisman, 2011). 이러한 논지는 19세기 후반 미국 부자들의 행동에 대한 소스타인 베블런의 비판의 핵심이었으나(Veblen, [1899] 1973), 오늘날 지구화 시대에 다시 등장했다. 소비가 개인의 가치를 평가하는 척도가 되면서, 더 열심히 일하고 더 많은 돈을 버는 것이 존재의 이유가 되었다.11)

---

10) 부채담보부증권(CDO)은 금융 시장을 무너뜨린 불투명한 금융상품이다. 바로 다음 날인 2007년 6월 12일, 뉴욕에서 베어 스턴즈(Bear Sterns)와 연계된 대규모 헤지펀드가 채무 불이행 직전에 있다는 소식이 전해졌다. 이는 2007~2008년 금융 위기로 이어지는 수개월 동안 경제적 혼란을 일으켰다.

11) 소비의 필요성은 개인의 목표를 변화시켰다. 삶을 즐기거나 다른 형태의 봉사활동으로 기여하기보다는 열심히 일하는 것이 중심이 되었고, 폴라니가 지적한 것처럼, 오히려 경제

일상의 상품화와 금융화

논란이 된 상품과 아웃소싱된 삶

오랜 시간에 걸쳐 가정에서 시장으로 생계 관련 활동을 이동시켜온 자본주의 경향은 1980년대 이후 가속화되었다. 시장은 개인 생활의 다양한 측면에 더욱 스며들어 새로운 상품과 서비스에 대한 수요를 끊임없이 창출하고, 사람들은 대부분 욕구의 상당 부분을 시장을 통해 충족한다. 이러한 경향은 개개인들이 삶을 영위하기 위해 임금에 대한 의존도가 높아지는 현상과 동시에 발생했다. 고소득 국가에서 시장 의존도가 높아짐에 따라, 많은 국가에서 상대적으로 부유한 중산층 및 노동 계급들은 임금에 전적으로 의존할 수밖에 없게 되었다. 여성과 남성은 시간 부족에 시달리는 삶에서 선택의 폭을 넓혀주는 상품과 서비스를 구매한다. 시장을 통한 공급의 영역은 특정 사회에서 시장이 발전한 정도와 사람들이 시장에서 구매할 수 있는 경제력의 정도에 따라 다르지만, 상품화는 오늘날 전 세계 많은 지역의 삶에 점점 더 많은 영향을 미치고 있다.

시장화는 또한 특히 혈액과 장기, 심지어는 어린이와 같이 역사상 존재한 적 없던 규모의 다양한 "논란이 된 상품"을 시장에 등장시켰다(Radin, 1996; Stolcke, 2012). 이런 상품은 여성의 신체를 상품화하는 오랜 관행, 즉 남성의 성적 서비스 구매(성매매)를 넘어선다. 이 교환의 범위는 전지구적이며 선택의 자유라는 미사여구로 꾸며져, '자발적' 구매자가 '자발적' 판매자로부터 상품을 구입하는 것으로 인식된다. 그러나 구매자와 판매자 사이의 엄청난 소득 격차는 이러한 교환에 관련된 개인의 선택에 대한 윤리적 의문과 도덕적 우려를 불러일으킨다.

재생산 노동 역시 빠르게 상품화되었다. 공공보육과 같은 가정에 대한 국가 지원이 감소하거나 혹은 부족해지자, 시장은 보모와 입주 가정부, 노인 돌봄 서비스 제공자의 형태로 일상적인 돌봄 활동에 있어 시장 대체재를 확장했다. 여성의 노동 참여율 증가, 육아 및 노인 돌봄에 대한 공공지원 감축과 맞물려 북반구

체제를 위해 봉사하는 것이 되었다. 더구나 부유한 사람이 많아질수록, 특히 화석연료와 탄소 배출과 관련한 자원의 사용 속도는 더욱 빨라진다(Schandl and West, 2010).

에 돌봄 서비스의 위기가 나타나면서 유급 돌봄 서비스에 대한 수요가 만들어졌다. 많은 국가에서, 점차 수가 늘어나고 있는 이주노동자들이 이러한 서비스를 제공하고 있다(Benería, 2008; Lyberaki, 2008; Rosewarne, 2012).

마찬가지로, 세대 간 재생산에 대한 시장 의존이 점점 더 보편화되었다. 1980년대 이후 새로운 재생산 기술은 정자 및 난자 은행, 대리모와 같이 다른 사람에게 대가를 지불하고 임신과 출산을 대신 맡길 수 있는 선택지를 만들어냈다. 따라서 새로운 기술은 부모가 되고자 하는 엄마와 아빠, 대리모, 생식세포를 기증하는 생물학적 엄마, 아빠와 같이 다양한 범주를 나누면서 동시에 모든 사람이 아이를 낳을 수 있도록 만들었다. 최근에 나타난 형태 중 하나는 부유한 여성들이 주로 저소득 국가의 가난한 여성들에게 태아를 임신하는 일을 아웃소싱하는 초국적 대리모 사업이다(Hewitson, 2014). 돈을 받는 대리모의 법적 틀도 이러한 교환의 성격을 띤다. 미국은 태국, 인도, 멕시코, 우크라이나 등 상업적 대리모가 합법인 일부 국가 중 하나이기 때문에, 다양한 국가에서 대리모 서비스를 찾는 부부들을 끌어들였다. 이는 대리모가 전형적으로 남반구 출신의 가난한 여성이라는 사실을 부정한다. 재생산 노동은 여전히 여성의 일임과 동시에 임신, 출산, 육아에 걸친 모성 과정이 분업화되었고, 전지구적으로 부의 불평등이 증가하는 상황에서 이러한 시장의 확장은 여성들 사이에 인종, 민족의 분리를 강화했다. 계약 관계는 "한 여성이 다른 이를 돕는" 혹은 가난한 여성이 서비스를 판매하여 자신의 가족들을 부양하는 것으로 두 당사자 간 선택의 자유처럼 비추어지지만, 교환의 근본적인 결정 요인은 계급, 인종, 민족과 젠더 불평등이다. 결과적으로, 휴이슨(Hewitson, 2014)은 새로운 재생산 기술이 가져올 수도 있는 이성애 중심의 핵가족을 넘어선 다양한 돌봄 관계의 확대나 초국적 돌봄 관계의 형성 가능성이 이러한 불평등으로 인해 막혀버릴 수 있다고 보았다.

최근에 떠오른 상품화의 영역은 친밀한 삶이다. 앨리 혹실드(Arlie Hochschild, 2012)가 지적했듯, 21세기 초반의 사람들은 점점 더 "아웃소싱된" 삶을 살고 있다. 돌봄 서비스와 재생산 서비스뿐만 아니라 다른 친밀한 활동들 가령, 인생 코치, 연애 코치, 사람들이 원하는 것을 알아내도록 돕는 원톨로지스트(wantologists), 대행 조문객 등도 역시 시장에서 조달된다. 이러한 서비스의 시장화된 표현들과 교환 관계는 사적인 개인의 삶에서 지극히 일상화되고 있다. 그러나 우리는 무엇을 대가로 치르고 있는가? 친밀한 삶 속에 스며든 서비스는 주로 이 비용을 감당할 수 있는 사람들이 소비하지만, 이러한 소비는 서비스의 상품화 범위를 반영하며 더 많은 상품화를 부추긴다. 비용을 지불할 수 있는 이들은 말 잘 듣는 애완동물 혹은 어린이, 적절히 애도하는 친척, 잘나가는 연애 생활 등과 같이 자신의 삶에서 특정한 결과를 얻기 위해 돈을 지불하고자 더 오랜 시간 일하게 되면서 시간은 부족해지고 시장에 의존하게 된다. 이런 종류의 상품 소비에는 전시 효과가 있어서, 저소득층 또한 지위의 상징이 되는 고급 서비스 시장에 진입하고자 한다. 더구나, 이러한 교환 관계는 인간의 경험을 단편화한다. 정서적인 애착은 아웃소싱된다. 즉, 다른 누군가가 돈을 벌고자 부분적 혹은 전체적인 감정 노동을 수행하는 것이다. 이렇게 논란을 일으키는 상품들을 구매하고 다양한 서비스에 대한 아웃소싱을 경험할 때마다 인간이라는 존재의 온전함은 깎여나간다.

삶의 금융화

일상생활의 금융화는 가난한 여성에게 큰 영향을 끼쳤다. 1980년대 후반 금융 자유화 이후, 금융 분야는 세계 경제에서 그 기세가 급격히 증가했으며 사람들은 점점 더 대출 및 투자자로서 금융 시장에 유입되었다. 신용을 활용하는 것은 가구가 충격에 대처하고, 저축하도록 하며, 투자 자금을 마련하는 데 도움이 될 수도 있다. 그러나 금융자산의 증식이 사회에서 가치를 결정하는 일차적인 요인이 되면 금융 분야가 경제적 성과에 점점 더 큰 영향을 끼치게 된다. 결과적으로 저축과 신용 서비스에 접근할 수 있는 요건은 특히 취약 계층에게 복잡하고 어려울 수 있다. 다양한 상업 기관 및 대금업자들은 특히 남반구의 가난한 여성, 북반구의 유색인종 여성들과 같이 현금 수입이 매우 제한적인 사람들을 대상으로 높은 이자와 서비스 이용료를 받고 신용 서비스를 제공해왔다.

예를 들어, 특히 2007~2008년 금융 위기가 발생하기 전 몇 년간, 미국과 다른 고소득 국가의 저소득 가정 및 소수인종에게 약탈적인 주택 대출이 이루어졌다. 역사적으로 대출에서 배제되었던 아프리카계 미국인들이 이러한 약탈적인 대출의 대상이 되었다(Dymski et al., 2013). 미국의 규제되지 않는 신용대출과 서브프라임 대출 사례는 규제받지 않는 금융이 이윤 극대화 논리를 저소득층 시민들에게 확대해 어떻게 이익을 취했는지를 보여준다. 이 일로 저소득층은 수익과 상환 능력에 대한 우려로 스트레스 속에서 살게 되었으며, 재정적으로나 개인적 삶에 있어서 대혼란에 빠졌다(Shlay, 2006; Rugh and Massey, 2010). 금융 위기의 결과로 인한 여러 번의 퇴거 조치 또한 주택 담보 대출을 감당할 수 없는 사람들에게 끼친 금융화의 부정적 영향을 보여주는 사례다.

최근 몇 년간, 금융화는 무담보 소액 대출을 받은 사람들의 삶 역시 잠식하고 있다. 무담보 소액 대출은 특히 금융 기관들이 저소득 가정과 소상공인 대상으로 영역을 넓히기 위해 금융 상품화를 시도하면서 점점 더 많은 비판을 받고 있다(Coleman, 2006; Mersland and Strøm, 2010; Augsburg and Fouillet, 2013; Esguerra, 2011). 가계를 빈곤에서 벗어나게 하는 주요 도구로 널리 알려진 무담보 소액 대출은, 예전에는 비정부기구(NGO)가 가난한 여성들에게만 제공하였으나 지금은 초국적 투자회사, 상업은행, 금융회사가 참여하여 빠르게 성장하고 있는 산업이다. 여성 대출자들의 높은 대출 상환율은 상업 은행과 기업에게 매력적인 투자 유인이 되었다. 1990년대 후반 이후 무담보 소액 대출 제도가 영리 목적으로 전환되면서 대출에 사용할 수 있는 자금이 증가했고, 이러한 금융화는 빈곤 계층의 삶의 취약성을 높였다(Wichterich, 2012). 같은 방식으로 가난한 농촌 여성들은 글로벌 금융 시장의 수익 기반 논리에 통합되었다. 루드먼과 모더치(Roodman and Morduch, 2009: 4)가 말했듯이, "소액금융 운동에 30년이 걸렸지만 그것이 참여자의 삶을 의미 있는 방식으로 향상시킨다는 확실한 증거는 거의 없다." 사실, 소액금융기관(microfinance institutions: MFI)의 규칙은 어떠한 실패도 용인하지 않도록 설정되었다. 이러한 무담보 소액 대출의 "채무 불이행 제로" 모델은 "대출금을 갚지 못하는 것이 대출자와 그 가족들에게 수치심, 불명예의 원인이 될 수 있기 때문에" 효과를 얻을 수 있었다(Banerjee and Duflo, 2011: 174). 그 결과는 때로 비극적이다. 조합원들은 조합 내에서 채무 불이행이 발생할 경우 빚을 청산하기 위해서 채무 불이행자의 재산을 압류하는 데 동참하며, 때로는 고철을 팔아 돈을 마련하겠다고 채무 불이행자의 집을 철거하기도 했다(Karim, 2011). 극단적 사례로서, 2010년 인도 안드라프라데시주에서 무담보 소액 대출에 관한 비극이 있었다. 과도한 부채를 진 대출자들의 자살은 그들의 재정적 압박과 사회적 관계 해체가 만든 산물이었다(Taylor, 2011; 2012). 채무 불이행 위기에 몰린 대출자들이 수치심을 겪기보다는 자살을 택한 것이다.

부의 집중, 불평등과 취약성

전지구적 경제 통합의 두 엔진, 신자유주의 정책과 기술 변화는 자본 축적과 관련한 두 가지 과정을 가속화하는 핵심적 역할을 해왔다. 하나는 소수에게 소유가 집중되는 것이고, 또 다른 하나는 프롤레타리아화이다.

부의 집중

신자유주의 정책 체제는 소수의 대기업이 생산의 대부분을 통제하는 산업 부문과 자본 축적의 주요 엔진 역할을 하는 금융 부문에서 자본주의의 본질적 경향인 소유 집중을 가속화시켰다. 과점 전략과 정치 권력이 활용되기도 하겠지만, 선도 기업은 주로 경쟁의 법칙을 통해 약한 기업들을 제거한다. 하비(Harvey, 2007)가 강력하게 주장하는 것처럼, 시장 규제 완화는 다양한 방식으로 자본의 집중화를 가져왔으며 항공과 유통, 자동차와 석유 같은 다양한 산업에서 인수, 통합, 합병의 물결을 이끌었다. 통신과 운송의 빠른 기술적 변화는 공간적 장벽을 줄이거나 없앰으로써 지역의 작은 기업이 동일 지역뿐 아니라 다른 지역의 크고 작은 기업들과 경쟁하도록 만들었다. 고소득 경제에서 자본가들은 디지털 혁명을 포함하여, 새로운 기술을 통해 생산성을 증가시키는 혜택을 얻었다. 동시에 그들은 전 세계적으로 독점 또는 과점권을 주장할 수 있도록 하는 국제 상법과 특허권, 지식재산권을 통해 추가적인 보호를 받았다. 예를 들어, 제약 산업은 한편으로는 대규모 자본 집중화를 활용하여, 다른 한편으로는 특허 및 라이센스 계약을 통하여 전 세계적으로 강력한 독점권을 획득했다.

독점권을 통한 권력은 기업이 높은 가격을 책정하고 그들의 경제적인 힘을 더욱 공고히 할 수 있도록 만든다(Stiglitz, 2012). 또한 몬산토(Monsanto)를 비롯한 다른 생명공학 회사와 관련한 소송 사례들이 보여주듯, 법적 경쟁의 장은 공평하지 않다. 스티글리츠(2012: 273)는 경제력이 있는 이들에게 유리한 결과가 만들어지는 미국 사법 제도 내의 "치열한 경쟁"을 예시로 언급한다. 힘없는 기업이나 노동자, 소비자 그룹이 가진 자원으로는 기업이 독과점에 가까운 행동을 취해도 그들이 지닌 우월한 힘에 저항하기 어렵다.[12] 종국에는 자본가와 투자자의 이익을 대놓고 보장하는 투자 보조금과 인프라 지원, 세금 감면, 금융 위기 당시 연방준비제도 혹은 중앙은행의 구제 개입과 같은 정부 지원이 이루어졌다(Pollin, 2003; Herszenhorn, 2008; Krugman, 2013a; 2013b). 이러한 과정들은 금융 투자, 투기, 탈세와 함께 국가 및 전지구적 차원에서 부의 최상위계층이 빠르게 부를 축적하는 결과를 낳았다. 데이비드 케이 존스턴(David Cay Johnston, 2006: 12)과 같은 주요 논평가들은 『뉴욕타임스』에서 "매년 자본의 급격한 물결이 새로운 억만장자들을 탄생시키고 있다"고 역설했다.

프롤레타리아화

부의 집중 과정은 마르크스주의적 의미에서 "산업예비군"의 성장 혹은 프리케리아트의 형성을 동반해왔다(Standing, 2011a). 자본주의가 비자본주의적 생산 영역으로 확대되고 그들을 궤도에 끌어들이면서, 고소득 국가와 저소득 국가 모두에서 실망실업자를 포함해 부분적으로 고용되어 있는 노동자 및 실업자의 잉여 노동이 생겨났다. 이러한 잉여 노동은 고전적인 의미의 프롤레타리아화로 인해, 그리고 1980년대 초반 이후 전 진구적으로 노동 공급이 대폭 확장되면서 생겨났다. 마르크스가 강조했듯이, 고용 노동자들은 예비 노동자 풀의 구성원으로 쉽게 대체될 수 있기 때문에 산업예비군이 성장함에 따라 고용 노동자들의 협상

---

12) 예시는 Schneider(2011)와 Farm-to-Consumer Legal Defence Fund(2013) 참고.

입지는 약화된다. 더구나 기술 변화로 인한 탈숙련화는, 더 낮은 임금을 받고도 기꺼이 일하고자 하는 노동자들이 일부 노동자들을 대체할 수 있도록 한다.

산업예비군 확대의 주요 경로 중 하나는 농촌 지역의 땅이 사라지는 것이다. 1980년대 초반 이래 생계 수단에 대한 소유권과 통제권을 상실한 농촌 인구 비율이 증가했다. 따라서 이들에게는 자신의 노동력만이 이용할 수 있는 유일한 생존 수단이 되었다. 농업 무역 자유화와 소농에 대한 국가보조금 철폐는 이러한 프롤레타리아화 과정을 촉진하는 결정적인 정책이었다. 소규모 농업은 수출 농업과 수입 경쟁의 부담으로 인해 감소했다. 수출 생산을 위해 사용되는 비옥한 토지와 수원지를 차지하지 못하고, 국내 시장에 진출한 저렴한 수입 식품과 가격 경쟁에서 밀려나는 상황은 부채와 농민 퇴출, 농업 포기 등으로 이어졌다(Pérez et al., 2008; Koopman, 2009). 이러한 과정은 토지가 아예 없거나 거의 없는 노동자의 공급을 증가시켰고, 급속한 농촌−도시 이주 및 국제 이주를 촉진했으며, 대농의 손에 토지가 집중되도록 했다. 예를 들어, 1994년 북미자유무역협정(NAFTA)이 발효된 이후 멕시코 농업에서 소농의 해체는 미국으로의 이주 흐름과 국경의 마킬라도라 공장에의 노동력 공급 모두에 영향을 끼쳤다. 마찬가지로, 소규모 상거래가 슈퍼마켓, 쇼핑 센터와 같은 대기업으로 전환되는 것 역시 이러한 과정에 기여했다.

신자유주의가 지운 예산 책무로 인해 국가 정부가 완전고용을 위한 거시경제 정책을 시행할 역량이 제한되면서, 실업자와 불완전 취업자 및 불안정 노동자의 수가 더욱 증가했다. 더구나 정부는 노동시장의 유연성을 용인하고 심지어는 촉진하는 노동법을 채택했다. 이러한 법률은 단체 교섭, 사회 안전망, 실업 보상 제도와 같은 국가 지원을 약화시키거나 철회했다. 사회 보호 약화와 생존에 대한 책임을 개인에게 전가함으로써 비정형적이고 불안정한 형태의 생계 활동이 확산되었고, 이는 가구와 가구 구성원들이 위험을 줄이거나 관리하여 충격에 대처할 수 있는 역량을 약화시켰다(Chambers, 2006; Standing, 2011a). 실업자와 불완전 취업자는 생존을 위해 다양한 수단에 의존하지만, 그들은 극도의 무방비 상태에서 취약성을 경험하고 위험과 충격에 노출되며 이로 인해 물질적, 정치적, 또는 사회적 박탈의 가능성과 마주한다.[13] 다보스 맨과는 대조적으로, 전지구적으로 사회 취약 계층은 빈곤, 불안, 질병, 소외, 정치적 목소리의 박탈을 경험하고 있다.

생산의 국제화는 산업예비군의 범위를 국경에 국한하지 않고 확장시켰다. 투자자와 기업 매수자의 이동성은 전지구적으로 거의 무한한 노동력을 활용할 수 있도록 했다. 산업예비군의 첫 번째 계층은 저임금 경제에서 수출용 상품과 서비스를 생산하기 위해 회사에서 일하는 노동자로 구성된다. 이 노동자 집단은 미국과 같은 고임금 경제에서 산업예비군의 잠재적인 규모를 확대시킨다. 이들 저임금 국가의 노동자를 방패 삼아, 미국 회사들은 상대적으로 높은 임금이나 노동 비용이 그들의 경쟁력을 해칠 것이라고 주장할 수 있다. 특히 고임금 경제의 이동성이 있는 산업에서는 노동자가 임금 인상을 요구하거나 기대할 때 기업이 저임금 국가로 이전할 수 있다는 그럴듯한 위협을 가할 수 있다(Bronfenbrenner, 2000; Pollin, 2003). 산업예비군의 두 번째 계층은 저임금 경제에서 비공식적으로 고용된 노동자의 형태로 나타나는데 이는 경제 위기에 영향을 받는 고소득 국가에서도 점차 증가하고 있다. 이들 노동자의 대다수는 여성이다. 시장 변동에 적응하기 위해 기업들은 노동자를 고용하거나 해고하는 반면, 비공식적 노동자들은 자본 유연성을 제공하는 쿠션 역할을 한다. 이는 생존에 대한 부담을 개별 노동자에게 전가하는 결과를 낳는다(Benería and Floro, 2006). 특정 국가에서 경쟁력의 상실 혹은 무역 선호 침체로 인해 수출을 위한 제조업이 활기를 잃을 때 수출 분야의 공식 노동자는 직업을 잃거나 비공식 노동자가 되거나 지역 경제에서 임금 성장이 막히는 경향이 있다.

---

13) 예를 들어 곤잘레스 데 라 로카(González de la Rocha, 2007)는 취약 계층이 점증하는 위험과 충격에 대처하기 위해 사용하는 생존 전략이 그들에게 해로운 복지 결과를 가져온다는 것을 보여준다. 여기에는 자급 생산, 자산담보대출 및 매각, 가족 구성원의 분산(이산가족)과 이주, 적게 먹기, 진료 미루기, 시장에서 구매한 상품 및 서비스를 집에서 생산한 상품 및 서비스로 대체하는 것들이 포함되며 이는 가사노동에 있어서 더 오랜 시간의 무급 노동을 초래한다.

소득 불평등 확대

노동자와 자본 소유자 간 권력 불균형이 커지면서 사회 및 경제적 격차는 계속해서 심화되었다. 대부분의 국가에서 총소득 가운데 상위 소득 집단이 차지하는 비율이 지난 수십 년 동안 급격하게 증가했는데, 이는 1970년대 후반 이후 부의 불평등이 지속적으로 증가했음을 보여준다. 1970년대 이후 기술적 변화로 인한 생산성의 지대한 증가에도 불구하고, 대부분 국가에서 노동 인구는 소득 증가를 경험하지 못했다(Reich, 2012). 생산에서 노동이 차지하는 비율은 전 세계적으로 감소했다(Palma, 2011). OECD 회원국 중 많은 국가에서 1970~2012년 사이에 노동소득 분배율이 감소하였고, 이는 경제 활동의 감소를 동반했다(Kiefer and Rada, 2014). 미국의 경우, [그림 3.1]과 같이 가장 부유한 상위 10%의 소득 비율이 2007년까지 거의 50%에 달했다. 이 소득 집단의 대부분 이익은 상위 1%의

[그림 3.1] 1917~2007년 미국 내 상위 10분위 소득 점유율

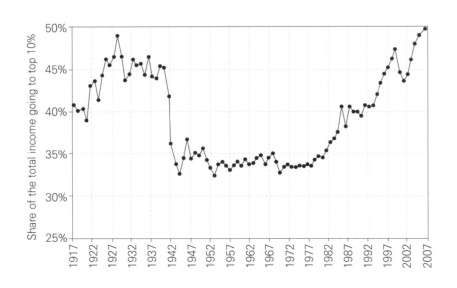

출처: Atkinson, Piketty and Saez (2011), p.6, 그림 1
참고: 소득은 공적 이전소득을 제외하고 양도소득을 포함한 시장 소득으로 정의한다. 2007년, 상위 109,600달러(미화) 이상의 연 소득을 가진 모든 가구가 포함되었다.

소득 점유율 증가로 인해 가능했으며, 심지어 상위 0.1%의 소득 점유율은 1976
년 2.6%에서 2007년 12.3%로 4배 이상 증가했다(Atkinson et al., 2011: 6-7). 이러
한 가구(계급) 불평등은 성별, 인종, 민족과 같은 다른 사회적 계층화 영역과 상
호작용하여 일상생활에 광범위한 영향을 미칠 때 더욱 심화된다. 예를 들어, 아
레스티스 외 연구진(Arestis et al., 2013)은 미국에서 2008년 경제 위기까지 이어진
20년 동안의 금융화가, 백인 남성을 선호하는 수입 높은 직업 비중의 증가와 관
련이 있음을 보여준다.

분배의 불균형은 전 세계적인 소득 불평등의 증가로도 나타난다. 122개국에
대한 가구 조사 데이터를 사용한 브란코 밀라노비치(Branko Milanović, 2012)는
1998~2005년 사이 불평등 정도를 나타내는 주요 지표인 지니계수를 활용하여
전 세계 가구의 불평등 추정치를 보여준다. 밀라노비치는 0-100의 척도를 이용

[그림 3.2] 글로벌 지니계수 추정치

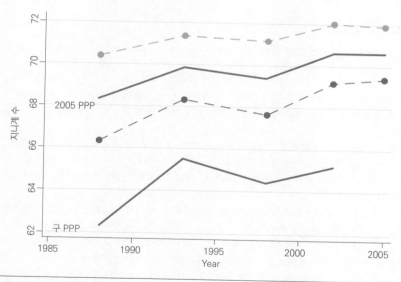

출처: Milanovic (2012), 그림 2, p.14
참고: 1998-2005년 추정 지니계수는 2005년 구매력평가(PPP)와 이전 구매력평가(PPP) 환율을 사
용하여 계산하였다. 2005년 구매력평가(PPP) 환율은 146개국을 대상으로 하기 때문에 이전
추정치보다 더 포괄적이며, 처음으로 직접 가격 비교를 통해 산출해 더 정확하다. 새로운 추정
치에 대한 표준편차 신뢰구간은 점선으로 표기하였다.

하여 전지구적 불평등의 상승 추세를 보여주는데, 이는 1998년 68.4에서 2005년 약 71로 상승했다.[14] 이는 세계에서 가장 불평등한 나라들의 지니계수보다 높은, 극도의 불평등 수준이다. 더구나 미국과 마찬가지로 전지구적 소득의 대부분은 가장 부유한 일부가 쥐고 있다. 2005년 세계 인구의 상위 계급 10%가 세계 소득의 55%를 차지했으며 상위 5%는 세계 소득의 3분의 1을 차지했다.

세계적 불평등을 알아보는 또 다른 방법은 각 나라에서 가장 부유한 10%와 하위 40%의 소득 격차를 보는 것이다. 이에 따르면 1985~2005년 사이 국가마다 가장 소득이 높은 집단과 가장 낮은 집단 사이 소득 양극화가 발생했다(Palma, 2011).[15] 코밤과 섬너(Cobham and Sumner, 2013)는 "팔마(the Palma)"로 불리는 동일한 측정 방법을 이용하여 개발도상국 사례에 집중하였으며, 결과적으로 이들은 1990년과 2010년 사이에 상위 10%의 소득 점유율 상승이 하위 40%의 희생으로 가능했음을 확인했다.[16] 국가 대내외적으로 나타난 불평등 확대는 1990년대 이후로 다소 극적인 방식으로 표면화되었으며 2008년 이후 더 많은 긴장을 발생시켰다.[17]

---

14) 지니계수의 값은 완전히 평등한 상태인 0에서부터 완전히 불평등한 100 사이에 있다. 대부분 국가의 지니계수는 30에서 50 범위에 속한다. 1998~2005년의 지니계수 추정치는 2005년 새로운 구매력 평가와 기존 구매력 평가 환율을 사용하여 계산한다. 2005년 구매력 평가 환율 추정치는 146개국을 대상으로 하며, 여러 국가에 대해 처음으로 직접 가격 비교를 통해 추정치를 얻었기 때문에 이전의 작업보다 더욱 포괄적이고 신뢰도가 높은 것으로 간주된다.

15) 국가 내에서의 소득 불평등 변화는 보다 미묘한 것이다. 팔마(Palma, 2011)는 1985~2005년 사이, 대부분 전환 경제의 불평등의 증가로 인해 상대적으로 불평등이 덜했던 국가에서 불평등이 현저하게 악화되었음을 보여준다. 이는 말레이시아와 브라질처럼 상대적으로 불평등이 심한 경제가 상대적으로 소폭 개선된 것과 대조적이다.

16) 팔마 측정법은 지니계수와 거의 완전한 상관관계를 보이지만, 보다 직관적인 해석이 가능하다. 예를 들어, 2010년 자메이카의 불평등 수준이 가장 높았는데 지니계수는 66, 팔마는 14.67로, 상위 10%의 국민소득은 하위 40%의 14.67배였다(Cobham and Sumner, 2013).

17) 이러한 긴장은 1999년 시애틀에서 시작되어 G8이 모였던 여러 도시에 이르기까지, 1990년대 후반 이후 반지구화 시위를 포함하여 다양한 국가에서 벌어진 대규모 시위들로 나타났다. 1990년대 이후 세계 각지에서 반복되는 금융 위기와 경기 침체는 수천 명을 거리로 내몰았고, 정치적 위기와 함께 정권 변화에도 영향을 끼쳤다. 고소득 국가에서 2008년의 경제 위기, 재정적 압박, 실업, 복지국가의 약화, 유로존의 경기 침체 등에 대처하기 위해 부과한 긴축 조치 역시 거센 항의를 야기했다. 미국의 월스트리트 점령운동과 스페인의 M15운동은 불평등이 증가하면서 대부분의 인구가 분노를 표명한 예시들이었다.

더구나, 높은 수준의 불평등은 구조적 취약성을 만들어내고 경제를 금융 위기에 빠뜨린다. 앳킨슨 외 연구진(Atkinson et al., 2011)은 시계열 데이터를 활용하여, 상위 1%의 소득 비율이 대공황과 대공황 직전인 1928년과 2007년에 정점을 찍었다는 것을 보여준다. 금융 위기로 이어지는 기간이나 좀 더 장기적인 관점에서 이루어진 피케티(Piketty, 2014), 피케티와 사에즈(Piketty and Saez, 2014)의 연구는 성별, 인종 불평등과 가구의 부의 집중이라는 관계를 고려하지 못했다. 그러나 다른 연구들은 인종 및 젠더 불평등이 경제를 금융 위기에 이르도록 하는 분배 역학의 핵심임을 보여주었다. 부채는 저소득층의 여성들 특히 아프리카계 미국인에게 집중되었으며, 이들은 채무 불이행의 위험이 높은 서브프라임 모기지 대출을 제공하는 금융 기관의 표적이 되었다. 이러한 담보대출은 새로운 금융자산으로 묶여 금융 기관에서 판매되었고, 규제 및 감독이 거의 없는 상황에서 취약성은 널리 퍼져 경제 위기의 토대가 되었다(Fukuda−Parr et al., 2013).

노동의 전지구적 여성화

전지구적 경제 통합의 주요 특징은 1970년대 후반 이후 여성의 유급 노동 참여가 폭발적으로 증가했다는 점이다. 여성의 노동 시장 참여는 국가, 지역, 인종/민족 및 계급에 따라 다양하지만 대부분의 여성이 임금노동에 처음 참여하거나, 일시적인 임금노동에서 지속적인 노동 참여로 전환하는 것을 포함한다. 여성의 교육 수준 상승은 이들의 유급 노동 진입에 지대하게 공헌했다.[18] 여성의 기술 수준이 높아지고 차별 방지 정책이 어느 정도 성공하면서, 많은 국가에서 교육받은 여성들에게 전문적인 고용의 기회가 열렸다. 이러한 경향은 19세기 이후

---

[18] 1980년대 이후 교육의 성별 격차는 전 지역에서 감소하고 있다. 아랍 국가 여성의 교육 수준이 가장 극적으로 향상되었으며, 여성의 문해력은 이 기간에 두 배로 향상되었다. 동남아시아와 태평양 지역 국가에서도 이러한 진전은 인상적이었다(UNDP 2010; 2011; World Bank, 2011). 또한, 많은 중남미 국가에서 여성에 대한 교육 지표는 사실상 전반적으로 남성의 교육 지표보다 뛰어났다.

남성과 동등한 조건의 여성 유급 고용을 추구해온 페미니즘 운동의 승리로 볼 수 있다. 반면 저학력 여성들의 경우 돈을 벌어야 한다는 압력으로 인해 종종 불안정한 환경에 취업할 수밖에 없었다.

노동의 여성화는 여성 고용 비율이 높아진 것을 의미한다. 전문직 여성들을 위한 기회 확보 외에도 수출 지향 제조업, 서비스업, 하도급 및 상업 농업과 같은 활동의 성장과 관련된다. 가이 스탠딩(Gay Standing, 1989; 1999)은 이런 흐름을 "노동의 전지구적 여성화"라고 표현하였으며 여기서 '노동'은 일자리를 채우는 사람을 뜻하는 동시에 노동 조건의 악화라는 이중적 의미로 이해된다. 마찬가지로 1970년대 후반 이후 고소득 국가와 저소득 국가 모두에서 여성들이 점점 더 많은 유급 고용에 편입되는 동시에, 여성과 남성 모두의 일자리는 점점 위태롭고 불안정한 양상을 띠게 되었다. 이 전지구적 경향은 산업이 확장되는 과정에서 여성의 노동력 수요가 증가함과 동시에 여성에게 가족의 생계를 책임지도록 압박이 가해진 결과다. 특히 신자유주의 정책으로 추진된 노동시장 유연화는 고용과 소득 불안정을 초래했다. 여성을 유급 노동으로 몰아넣었고, 수출 지향적 생산은 많은 수의 여성을 고용했으며, 또한 고용의 비공식화가 임시 노동, 계약직, 재택 근로 등의 형태로 확산되어 이미 높아진 여성 노동자들에 대한 수요를 더욱 증가시켰다. 노동의 여성화와 관련한 한 가지 특징은 여성 간 경제적·사회적 차별의 증가다. 신자유주의 시대 고학력 여성들은 고임금노동시장에 진입할 기회를 통해 혜택을 얻었다. 고소득 여성들은 고소득 남성과 결혼하는 경향이 있기 때문에 이러한 불평등은 가계소득 불평등을 크게 심화시켰다. 이어지는 논의에서는, 먼저 노동/고용의 여성화를 살펴본 다음, 임금과 근로 조건, 고용 안정성을 고려하는 제조업, 농업 및 서비스업의 고용 패턴을 살펴본다.

노동의 여성화는 보편적이거나 되돌릴 수 없는 현상은 아니다. 1980년 이후 튀르키예와 인도 등의 도시에서는 여성 노동력의 점유율이 정체되는 현상이 두드러졌다(Çağatay and Berik, 1991; Moghadam, 2001; İlkkaracan, 2012; Klasen and Pieters, 2013). 또한 부문별로 노동의 여성화가 역행하는 사례가 나타나는데, 동아시아 경제에서는 제조업 고용의 탈여성화가 이루어지거나(Berik, 2000; Tejani and

Milberg, 2010; Kucera and Tejani, 2014), 1980년 중반 이후 멕시코의 마킬라도라와 같은 특정 부문에서 탈여성화가 나타났다(De la O, 2006). 여성 고용 비율에서 이러한 경향은 산업이나 직업에서 나타나는 성별 분리가 느리게 변화하거나 지속되는 것과 연관이 있다.

자본주의 발전의 형태로 볼 수 있는 경제 개발 과정에서 여성의 노동력 참여는 장기간에 걸친 U자 형태를 그리는데, 여성화는 이 패턴에서 증가하는 부분을 나타낸다. 이 증가 부분은 여성의 교육 수준 향상과 서비스업 일자리 확대, 개발도상국 구조조정 프로그램 등 자본주의 발전과 관련된 다양한 과정으로 설명된다(Goldin 1995; Çağatay and Özler, 1995). 그러나 여성의 임금노동을 기록한 U자 모양의 여성 노동력 참여 패턴이 젠더 편견을 반영한 것은 아니냐는 질문이 제기되기도 했다. 유럽 역사에서 나타난 새로운 증거에 따르면, 국가 및 법률, 비공식 분야의 비중에 따라 U자 형태의 감소 부분이 없거나 얕은 U자 곡선에 그쳤다(Humphries and Sarasúa, 2012).[19] 20세기 후반 통계에서도 동일한 편견이 작용하여 여성 고용 비율이 감소하는 추세가 나타났다. 이러한 통계적 편견을 조정하면, 남아프리카공화국과 같은 개발도상국의 제조업, 농업, 서비스업에서의 여성 노동력 참여는 증가한다는 결과가 나온다(Elson, 1999; Roncolato, 2014).

제조업

이러한 측정 문제에도 불구하고, 여성 고용의 증가는 남반구의 초기 내향적 발전 과정과 매우 큰 대조를 보인다. 에스터 보세럽(1970)의 주장처럼, 20세기 초 중반의 산업화는 대부분 남성의 고용을 창출한 반면 이때 여성들은 자급 생산 혹은 가사노동으로 밀려났다. 그러나 1970년대 후반 이후 다양한 분야, 특히 경쟁력 유지를 위해 저비용 생산에 의존하는 수출 지향적이고 노동 집약적인 산업에서 여성 종사자에 대한 선호가 높아졌다.[20] 시간이 지남에 따라 이러한 인력

---

19) 노동의 여성화는 실제 보이는 것에 비해 유럽의 공식적인 기록에서는 나타나지 않는다. 과거에 여성들은 더 많은 양의 급여를 받기 위해 일했음에도 불구하고 공식적 통계에는 기록되지 않았다.

20) 노동 집약적인 수출 중심 생산과 제조업 고용의 여성 점유율 상승 사이의 관계는 여러

구성은 젊은 미혼 노동자에서 나이 든 기혼 여성과 어머니들을 포함하는 등 보다 다양한 인력으로 바뀌었다. 세계 시장을 대상으로 생산하는 고용주는 가장 유연하고 비용이 낮은 여성 노동력에 의존해왔고 이는 노동 집약적인 과정에 가장 적합했다. 여성 노동은 수출 가공 지역과 수출 업종, 글로벌 상품 체인의 하위 계층에서 두드러지게 나타났는데 이는 수출업자들이 지불하는 여성 노동력 단가가 남성에 비해 낮았기 때문이다. 이러한 낮은 비용의 기저에는 여성의 임금은 낮지만 생산성은 남성 근로자에 비해 다는 사실이 있다.[21] 이 두 가지 특징은 모두 가부장적 젠더 규범에 의해 유지되며, 고용주와 정부 정책의 공모로 노동현장에서 재생산된다.

첫째로, 고용주는 분할 고용을 통해 남성에 비해 여성에게 더 낮은 임금을 지급할 수 있다. 고용주들은 여성을 비숙련 노동자로 인식 또는 분류하기 때문에 여성들은 대개 비숙련 일자리에 분리, 배치된다. 고용주와 남성 중심 노조는 여성을 남성 생계부양자에게 의존하는 부차적 소득자로 간주하는 젠더 규범을 활용한다.[22] 게다가 여성의 훈련 기회를 박탈하고 이중 임금을 적용하며 수출 가공 지역에서 노조의 권리를 억압하는 등의 다양한 정책은 여성의 저임금 상태를 강화한다(Seguino, 1997; Doraisami, 2008; Berik, 2008).

둘째로, 수출 부문 고용주는 일시적 고용을 특징으로 하는 여성 노동자를 고용함으로써 더 높은 노동 생산성을 달성한다. 여성 노동자들은 결혼이나 출산으로 인해 직장 생활하는 기간이 짧은 편이다. 여성 노동자가 결혼하면 해고되는 결혼 해고는 더 이상 합법적이지 않으며 수출 부문 노동자는 1970년대에 일했던 세대보다 연령과 혼인 여부 면에서 더 다양해졌지만, 여전히 결혼 후 직장을 그만두는 관행은 만연해 있으며 특히 자녀가 관련될 때 더욱 그렇다. 결과적으로

연구(özler, 2007; Seguino, 1997)에 의해 확립되며 경제 개발 연구의 일반적인 사실이 되었다.

21) 같은 부문의 남성에 비해 여성이 더 생산성이 높다는 기록은 찾기 어려우나, 여성이 주도하는 수출에서의 노동 생산성 증가는 Seguino(1997)에서 증거를 찾아볼 수 있다.

22) 성별 직업 분리와 성별 임금 격차를 형성하는 데 있어 노조의 역할은 미국과 다른 고소득 경제 역사에 기록되어 있지만(가령, Hartmann, 1979a) 남반구 상황의 근거는 더욱 제한적이다. 주요 수출국에서는 독립 노조가 없거나(중국), 수출 부문이 부재하다(방글라데시).

여성 노동자의 짧은 고용 기간과 높은 이직률은 고용주가 생산성이 높은 노동력을 활용하면서도 상대적으로 낮은 임금을 지불할 수 있게 만든다. 한편, 여성 노동자가 젠더 규범에 순응하여 순종적이고 공장의 규율을 기꺼이 수용하는 태도 역시 높은 생산성에 일정 정도 기여할 수 있다(Salzinger, 2003).

정부 정책과 제도 또한 수출 공장 노동자들의 높은 생산성에 영향을 줄 수 있다. 도시 거주 허가와 단기 고용 계약을 조건으로 하는 중국의 수출 공장에서는 노동자들이 초과근무를 하거나 공장규율을 받아들이려는 의지가 높다. 이 경우 자본가들은 개혁 이전 시대의 산물인 국내 이주 규제(Houkou 체계)를 적절히 활용하여 수출 공장의 높은 수익성을 창출해왔다. 공장 인근 기숙사에 거주하는 노동자는 매우 긴 노동일수를 감수하고, 젊은 여성 노동자들은 통제하기 쉬우며, 선적 기한을 맞추기 위해 신속히 노동력이 필요할 때 동원 가능하다는 이점이 있다(Ngai, 2007). 수출 실적이 단가보다는 수출 물량 증가에 의존하는 산업, 특히 의류 및 신발 업계에서는 과도하고 끝없는 노동 일정이 일반적이다(Berik and van der Meulen Rodgers 2010; Milberg and Amengual 2008). 더욱이 과도한 초과 근무는 낮은 임금 수준 및 성별 임금 격차와 관련되어 있으며, 일할 수 있는 몇 년 안 되는 기간 안에 가능한 한 높은 소득을 얻기 위해 초과근무를 하려는 노동자의 열망으로 설명할 수 있다.23)

셋째로, 수출 부문은 공급 업체 간 경쟁이 치열한 것이 특징인 글로벌 공급망의 하위에서 비공식 일자리 또는 가내 노동에 고용된 여성 노동자들에게 의존함으로써 위험을 낮추고 유연성을 확보한다. 여성 노동자들은 주문 변경, 단가 하락, 리드 타임의 위험을 완충하는 역할을 한다. 이를 통해 고용주들은 기업의 고정 비용을 절감하고 인건비를 낮출 수 있다.

노동 집약적인 수출 제조업에서는 여성 노동자가 선호되는 반면, 몇몇 수출 강국에서는 생산이 기술·자본 집약적으로 변화함에 따라 제조업의 여성화를 넘

---

23) 일부 연구에 따르면, 2006년 방글라데시에서 여성 의류 종사자들은 동일한 노동을 하고 남성들의 평균 수입 72~80%를 벌었지만 최대 20일의 초과 근무 및 연속된 근무 일정에도 저항하지 않았다(Khatun et al., 2008; Berik and van der Meulen Rodgers, 2010).

어 탈여성화가 진행되었다. 적어도 제조업에서는 자본 집약도 및 노동자 개인의 부가가치 상승을 동반하는 기술 고도화와 여성 고용 비율 하락 사이에 연관성이 강하게 나타난다(Tejani and Milberg, 2010; Berik, 2000). 미국과 멕시코 국경의 마킬라도라 산업이 이러한 변화를 경험했다(Cravey, 1997; Fussell, 2000; Salzinger, 2003; De la O., 2006; Charles, 2011). 여성 고용 비율 감소는 여성 노동자 구성 변화를 동반할 수 있다. 멕시코의 티후아나 사례를 연구한 퍼셀(Fussell, 2000)에 따르면, 생산비를 낮게 유지하기 위해 초국적 제조업자들은 고용의 다른 선택권이 없고 충성도가 높은 어린아이가 있는 엄마들의 노동력을 활용했다.24)

농업

농촌 지역에서도 노동의 여성화를 확인할 수 있다. 신자유주의 체제하 중남미의 경우, 농촌 여성들의 농업참여는 비록 작은 규모지만 1980~2000년 사이에 평균 16.2%에서 25.2%로 증가했다(Deere, 2009). 이는 신자유주의 개혁과 관련된 사회적·경제적 불평등과 지속적인 빈곤의 맥락에서 생계를 다양화해야 할 필요성에서 나온 대응이었다. 농민 농업은 농업 지원의 감소, 농업 무역 자유화, 비전통적 농업 수출의 증가로 인해 수익성을 잃었다. 데레(Deere, 2009)는 남성이 이주하거나 더 나은 급여를 받는 농장에서 일하게 됨으로써 생기는 남성의 부재로 인해 농업 생산에서 여성의 책임이 증가하고 있다고 주장했다. 반면에, 새로운 수출 작물은 노동 집약적이고 농장과 식품 가공(포장) 공장에서의 계절 노동을 요하기 때문에, 비전통적 수출용 농작물 생산에서 여성 유급 고용은 증가하고 있다. 수출 제조업에서와 마찬가지로, 여성의 젠더 사회화는 농업 노동시장에서도 여성을 선호하는 노동자로 만든다. 여성들은 작업에 필수적인 섬세함과 같은 성별화된 기술을 가지고 있으나, 더 낮은 임금을 받으며, 조직화할 가능성이 적다

---

24) 기존에 60% 이상에 달하던 마킬라도라 여성 노동력의 비율은 1980년 중반 이후 감소하기 시작했다(Pearson 1995). 다른 저자들이 지적한 바와 같이, 이는 새로운 기술을 필요로 하는 보다 유연한 생산 시스템으로의 기술적 전환과, 농업의 높은 실업률 및 이주로 인해 낮은 임금에도 기꺼이 일하고자 하는 젊은 남성 노동자 증가 및 고용 증가와 같은 여러 원인 때문이었다(De la O, 2006). 이 사례는 기술 변화의 성격과 노동시장 여건에 따라 노동력의 여성화와 탈여성화가 동시에 일어날 수 있음을 보여준다.

고 여겨진다. 데레는 중남미 농업에서 무급 가족 노동자, 자영업자, 임시 임금노동자와 같은 여성의 노동이 계속해서 과소평가되고 있음을 감안할 때 이러한 상황을 노동의 여성화라고 말하기보다는 '책임의 여성화' 혹은 '시장 참여의 여성화'로 설명하고자 한다.

마찬가지로, 아시아의 다른 지역들과 같이 인도에서는 농업 무역 자유화, 민영화, 농업에 대한 공공투자의 감소, 식량 보조금 프로그램의 폐지로 인해 더 많은 여성이 유급 농업 노동에 참여하게 되었다(Wright and Wolford, 2003; Garikipati and Pfaffenzeller, 2012; Yokokawa et al., 2013). 이러한 과정은 농가 소득의 감소, 부채 증가, 토지 담보화 및 매각으로 이어졌고 이로 인해 농촌 지역의 소규모 농장, 소작농 계약이 사라지게 되었다. 결과적으로, 여성은 노동시장에서 농민이자 무급 가족 노동 종사자였다가 농지 없는 노동자로 그 지위가 바뀌었다. 토지가 없는 대다수의 사람은 지정된 카스트, 소수 민족, 여성에 속하며 이들은 노동력을 가장 많이 착취당하는 노동인구로서 비공식적으로 고용되어 매우 낮은 임금을 받는다(Padhi, 2007; Breman, 2010). 가리키파티와 파펜젤러(Garikipati and Pfaffenzeller, 2012)의 설문 조사에 따르면, 개혁 이후 인도에서 농업의 상대적 중요성이 감소함에 따라 농업 임금노동의 여성화가 발생했다. 구조조정 이후 농업의 투입물이 점점 더 비싸지자, 비용을 절감하고자 하는 농부들은 여성으로 노동력을 대체했다. 여성들은 더 생산적이고 더 순종적이며 고용 비용이 저렴했던 것이다. 이러한 여성 농업 노동의 프롤레타리아화는 같은 기간 인도 도시 여성들의 노동력 참여가 정체된 추세와 대조적이다(Klasen and Pieters, 2013).[25]

수출 농업에서 임금노동의 노동 조건은 대체로 열악했다. 사마라싱헤(Samarasinghe, 1998)는 스리랑카에서 수출용 차 생산 가속화로 인해 비정기적 근로, 임시직, 시간제 계약직의 고용이 증가하면서, 여성의 종속적 역할이 더욱 고

---

25) 장, 맥파일, 동(Chang, MacPail, Dong, 2011)은 또한 개혁이 가속화되었던 1992년 이후의 중국 농촌 노동의 여성화를 기록했다. 이들은 농장 노동과 가사노동과 같은 무급 노동과 농장 외의 임금 고용을 포함하여 노동에 대해 더 넓은 정의를 사용한다. 연구자들은 생활 시간조사 데이터에 근거하여 1991~2006년 사이 전체 가사 노동 시간에서 여성의 비율이 증가했음을 보여준다.

착화되었음을 보여주었다. 일부 농경 사회에서는 농업의 상업화가 이루어지면서 여성 노동자들이 소외되었다. 나무 심기나 나무 묶기에 대한 건당 노동계약, 수확 작업 계약과 같은 관행을 통해 여성 노동자들은 소외되었다. 특히 사전에 마련된 독점적인 수확 계약의 경우, 여성의 협상 지위를 약화시키는 동시에 고용주에게는 더 큰 착취를 가능하게 했다(Naylor, 1994). 카니(Carney, 1992)의 감비아 연구는 (남성) 원예 계약 업체들과 여성 농민들 간 시장 계약이 어떻게 종종 남성에 의해 파기되거나 남용되는지를 보여주는데, 이는 계약 업체가 시장 위험을 여성 농민들에게 전가해 이들의 노동 수익을 감소시키는 효과를 가져왔다. 농업에서의 기술 변화가 고용의 탈여성화를 일으킨 경우도 있다. 네일러(Naylor, 1994)의 연구는 인도네시아에서 시장 투입을 활용한 현대 농업 기술의 도입 이전에는 여성의 독점적인 일이었던 것이 어떻게 남성의 참여를 증가시켰는지를 보여준다. 하트(Hart, 1992) 역시 말레이시아 여성 임금노동자들이 수행했던 작업과 관련해 비슷한 상황을 확인했다. 보다 최근의 연구는 세네갈과 우간다에서도 상황이 유사하다는 결론을 보여주었다(Fisher et al., 2000; Kasante et al., 2001; Peterman et al., 2010).

    토지가 없는 노동자들이 직면한 매우 낮은 임금과 농촌에서의 열악한 노동 조건과 더불어, 토지의 수탈은 특히 아시아와 중남미 일부 지역에서 농촌 노동자 조직과 사회운동을 형성하게 했다. 예를 들어 브라질의 무토지 농민운동(MST), 에콰도르의 농민 원주민들의 에콰도르 원주민 연맹(CONAIE), 인도의 엑타 파리샤드 협의회(Ekta Parishad)는 노동자들의 지지로 힘을 얻었다(Wright and Wolford, 2003). 여성은 이러한 사회운동 속에서 그들의 권리를 인정받고 그들이 토지 개혁안의 수혜자에 포함될 수 있도록 목소리를 내기 위해 고군분투해왔다(Deere and León de Leal, 2001b).[26] 1990년대 이후 대규모 토지 취득과 수탈이 이뤄지고 있는 상황에서 브라질의 바바수 브레이커 여성운동(MIQCB)과 같은 단체들이 나

---

26) 예를 들어, 데레와 레온 데 릴(Deere and León de Leal, 2001b)은 여성의 토지 권리가 브라질 농촌 사회운동의 최우선 순위가 아니었기 때문에 1990년대 중반까지 여성 농업 개혁 수혜자의 비율이 상대적으로 낮았음을 지적한다.

섰고, 이는 산림 자원 사용에 생계를 의존하고 있는 농민들의 전통적인 사용 권리를 보호하는 데 매우 중요한 역할을 했다(Porro and Neto, 2014).

서비스업

서비스업에서는 글로벌 시장 확대로 인해 '핑크 칼라' 일자리의 여성 고용이 증가했다. 여기에는 데이터 입력과 데이터 처리, 콜 센터, 신용카드와 은행 및 보험 서비스 등의 금융서비스 업무가 포함된다. 핑크 칼라 일자리는 제조업 혹은 계절 농업과 비교하여 더 높은 임금과 사회적 명성, 쾌적한 환경을 의미하기도 하지만 일반적으로 오랜 노동 시간 중 약간의 휴식을 취할 수 있으며 '철야 근무'와 같이 불규칙하게 일해야 한다. 카리브해, 칠레, 인도, 중국, 말레이시아, 필리핀과 같은 다양한 지역에서 이러한 부문의 여성 노동력은 높은 비율을 차지한다(Ng and Mitter, 2005; Howcroft and Richardson, 2008). 여성의 고용은 보건, 보건 관련 서비스 교육, 관광 분야까지 확대되었다(Freeman, 2000). 그러나 관광과 같은 일부 서비스업의 일자리 대부분은 계절의 영향을 받으며, 국제 수요의 상승 및 하락, 시장 경쟁 정도에 따라 불안정할 수 있다. 북반구의 경제 구조조정은 노동력 구성을 서비스업으로 전환시켰다. 하지만 2008년 경제 위기 이후 탈산업화는 저임금 서비스 일자리 성장과 결부된다. 결과적으로, 서비스 분야의 여성 비율 상승은 미국 경제의 성별 임금 격차 해소를 답보 상태로 만들었다(Kongar, 2008).

이주

지구화는 또한 저소득 국가에서 고소득 국가로의 이주를 통해 전 세계 여성 노동력의 분산과 재배치를 촉진했다. 더 나은 삶을 찾는 것을 포함하여 다양한 정치 경제적 요인이 이주를 증가시키는 데 기여했다. 북반구와 신흥 경제국에서 저숙련 노동력에 대한 수요가 높아지면서, 여성(간병인)과 남성(건설노동자) 모두 이주 흐름이 증가했다(UNFPA, 2006; Benería et al., 2012). 여성의 높은 노동 시장 참여율, 높아진 기대수명 등 기타 인구통계학적 요인과 북반구의 공공서비스 감소 등으로 인해 돌봄노동 및 관련 서비스가 부족해졌다(Benería, 2008). 동시에, 신흥 경제국의 광적인 건설 및 부동산 붐으로 인해 이들 분야의 노동수요가 증가했다. 노동 수요 증가로, 많은 국가의 남성 이민자들은 대체로 건설 분야의 비공식 부문에 고용되는 반면에 여성 이민자들은 다양한 비공식 및 공식 서비스업에서 일자리를 얻을 수 있었다. 중요한 것은, 개발도상국 출신의 많은 가사노동자 및 육아 돌봄노동자들이 돌봄노동을 필요로 하는 엘리트 혹은 중산층 가정에 노동력을 제공하고 있다는 점이다. 빈곤에 시달린 필리핀, 스리랑카, 파키스탄, 멕시코, 에콰도르, 페루 및 기타 중남미 국가에서 기혼 및 미혼 여성들은 더 나은 삶(그것이 상상이든 실제든)을 찾아 미국과 캐나다, 유럽연합, 동아시아, 중동 등 다양한 지역에서 이민자로서 일하고 있다.

이러한 유형의 고용과 관련된 비공식성과 불안정성 때문에, 이주 규모를 추정하기는 쉽지 않다. 스페인 이주 데이터에 따르면 2006년 중남미 이주의 절반을 조금 넘는 54.62%가 여성인 반면 니카라과, 온두라스와 같은 특정 국가에서는 이들 비율이 각 70.09%와 66.73%로 더욱 높았다(Benería, 2008). 이탈리아의 경우 2000년대 후반 가정 돌봄노동자 수(family-based care workers)는 70만~100만 명으로 추정된다(Simonazzi, 2009; Huber et al., 2009). 네덜란드에서는 2008년에 보건의료 분야 이주 노동자가 87만 5,000여 명으로 추산되었으며 이들 중 대다수는 여성이었다. 독일에서는 약 10만~15만 가구가 2주 교대로 2명의 이주 간병인을 고용하며, 이는 약 20만~30만 명의 이주 돌봄노동자가 고용되어 있는 것으로 추산할 수 있다(Da Roit and Weicht, 2013: 485).

반복되는 경제 위기로 인해 목적국에서 사회적 긴장이 높아지면서, 이주민의 입국은 더욱 제한적이 되었다(Pérez, 2012; Pearson and Kusakabe, 2012; Rosewarne, 2012). 이러한 제한은 특히 2008년 경제 위기 상황에서 자국민 노동자의 고용을 우선해야 한다는 필요성으로 정당화되었다. 미국과 일부 유럽에서 제안된 개혁에 대한 반이민 정서, 외국인 혐오적 태도와 이에 대한 지지는 실업 문제로 이주 노동자들 존재가 어떻게 비난받을 수 있는지를 보여주며, 지난 10년간 유럽의 사례와 같이 종종 정치적 권리의 문제로까지 비화한다. 노동 이주에 대한 이런 제한들에도 불구하고, 여성들은 자국에서 부족한 고용 기회와 저임금에 대응하기 위한 전략으로써 계속해서 이주하고 있다.[27] 여성들은 종종 인권유린과 착취의 대상이 되는 불법 이민을 포함한 극단적 선택을 하기도 한다(Pérez, 2012; Pearson and Kusakabe, 2012; Rosewarne, 2012).

인신매매

불법 이주와 인신매매는 구별하기 어려운 경우가 많다. 특히 대중의 관심은 성 관련 인신매매에 지나치게 집중되어왔으나 이는 미등록 이주의 흐름 중 일부일 뿐이다(Rao and Parenti, 2012). 성 관련 인신매매는 전 세계적으로 증가하고 있는데, 이는 지구화가 성매매 및 관련 서비스를 겨냥한 국제적 인신매매 네트워크의 형성을 촉진했기 때문이다. 국가 간 비교연구에서 나타나는 증거는, 성매매를 합법화함으로써 성매매를 규제하려는 시도가 성매매 여성의 수를 억제하기보다는 인신매매의 증가를 초래했음을 보여준다(Cho et al., 2013). 비록 출처에 따라 그 수치가 큰 차이를 보이지만, 최근 추정치는 몇몇 국가에서 나타나는 이 현상의 규모를 보여준다. 예를 들어, 1995년부터 2004년까지 추정치에 따르면 전 세계적으로 상업적 성적 착취 사례는 1,230만 명에 이른다(Akee et al., 2009). 특히 유럽과 아시아, 태평양 지역에서 강제 성 노동에 종사하는 여성의 상당수는 국제 및 국내 인신매매의 피해자들이다.[28] 고소득 국가의 강제 상업적 성노동자의 63%가 인신매매를 통해 유입되었다. 유럽에서는 경제 위기로 인해 인신매매가 증가한 것으로 보인다. 유럽연합통계국(Eurostat, 2013)의 보고에 의하면 인신매매 피해자의 수는 2008년과 2010년 사이 18%가 증가했다. 또한 놀라운 것은, 인신

---

27) 여성들은 또한 더 많은 자유, 더 나은 노동 조건, 차별에서 벗어나기 위한 다른 이유들로 인해 이주한다(King and Sweetman, 2010).

28) 성 노동자 중 이 직업을 자발적으로 선택하는 사람들의 규모가 얼마나 되는지에 대해 국제적 논쟁이 있었다(Juliano, 2004; Kamler, 2014; Samarasinghe, 2009; Chin, 2013; Apne App, 2014). 한 가지 논쟁은 이 여성들을 피해자로 볼 것이 아니라 그들 자신의 상황을 책임지는 존재로 봐야 한다는 것이다. 다음으로는 여성, 소녀, 소년이 남성에 의해 성매매를 강요당하고 있으며 이러한 종류의 노동이 인간 존엄성에 대한 모욕이라는 "논쟁의 여지가 많은 상품" 주장이다. 동시에, 남성과 여성 등 아동 성매매가 증가하는 현상이 문제가 되었으며 이 역시 출처에 따라 추정치에 큰 차이를 보인다(Gupta, 2014). 아동 성매매는 미성년자의 유입을 어떻게 막을 것인가라는 측면에서 어려운 문제로 제기된다(Brennan, 2002). 예를 들어, 도미니카 공화국과 같은 나라에서 일어나는 섹스 관광은 아시아 국가들과 중남미에서 국제 이주와 성매매가 만나는 지점이다.

매매로 인한 강제 성노동으로 얻는 이익의 규모다. 벨서(Belser, 2005)는 1995~2004년 사이 강제 성매매로 유입시킨 인신매매의 전 세계적 이윤이 278억 달러에 달했으며, 그중 고소득 국가는 133억 달러, 아시아는 95억 달러, 전환 경제에서는 32억 달러, 중동 및 북아프리카에서는 10억 달러에 달했다고 밝혔다. 친(Chin, 2013)이 말레이시아 성노동을 심층 분석한 결과, 신자유주의 정책과 가속화된 지구화로 인한 경제 구조조정 및 노동시장 변화가 성노동을 위한 여성의 국제 이주를 촉진했음을 보여준다. 친은 일자리의 불확실성과 고용 불안, 남녀 고용률 격차를 증가시키는 노동 유연화가 특히 여성들에게 부정적인 영향을 미쳤다고 주장했다.

유급 고용으로의 여성 통합과 차별

여성의 노동력 참여 증가는 세계은행이나 최근에는 IMF에 의해 크게 장려되었는데, 특히 경제 성장을 위해서는 여성의 노동력 참여와 교육 성취가 중요하다고 강조한다(World Bank, 2011; Elborgh−Woytek et al., 2013). 이러한 담론에서 임금 수준, 성별 임금 불평등, 노동 조건 등은 대부분 부재했다. 이러한 사실은, 무역 자유화의 성평등 효과를 기대하는 주류 경제 이론을 성별 임금 격차에 대한 증거가 뒷받침하지 않기 때문일 수 있다. 일반적인 무역 이론은 저소득 국가가 예컨대, 저숙련 상품 생산, 노동 집약적 상품 및 서비스 생산과 같은 제대로 된 전문화 전략을 취한다면 여성의 일자리를 늘리고 성별 임금 불평등을 줄일 것이라고 예측한다. 반면에 베커의 차별 이론은, 무역 경쟁이 치열해지면 남성에게 지급되는 높은 임금이 하락하고 이로 인해 여성에 대한 임금 차별이 해소될 것이라고 예측한다.[29]

데이터의 한계를 감안할 때, 성별 임금 격차에 대한 통계 분석 대부분은 상

---

29) 시장이 차별을 약화시킨다는 베커의 이론이 미국을 지탱하고 있다고 주장하는 블랙과 브레이너드(Black and Brainerd, 2004)는 이 이론을 개방경제의 성별 임금 격차를 설명하는 데 사용했다. 그러나 콘가(Kongar, 2007)는 수입 경쟁에서 임금 격차가 실제로 감소하긴 했지만 근본적으로는 (시장 원리에 따른) 조화로운 여성 차별 철폐와는 상당히 다르다는 것을 지적한다.

대적으로 적은 수의 국가의 제조업 분야 공식 기업에 초점이 맞춰져 있다.30) 이러한 한계에도 불구하고, 앞선 두 이론을 검토한 연구는 여성 고용 증가와 무역 관련 직업에서의 성별 임금 불평등 혹은 임금 차별 감소 간 관계를 밝혀내지 못했다. 예를 들어, 방글라데시나 중국과 같이 수출 분야에서 여성 노동자에 대한 의존도가 높은 주요 수출국들은 차별적인 임금 격차를 경험했다. 즉, 동일하게 숙련된 여성과 남성 노동자 사이 임금의 차이가 증가한 것이다(Paul-Majumder and Begum, 2000; Khatun et al., 2008; Maurer-Fazio et al., 1999). 다른 한편으로, 무역 자유화는 저소득 국가의 임금 차별에 영향을 미치지 않았다는 주장(Oostendorp, 2009)과 멕시코의 마킬라도라, 대만과 인도 등에서는 무역 자유화가 임금 차별의 증가와 관련이 있다는 주장 역시 존재한다(Hazarika and Otero, 2004; Berik et al., 2004; Menon and van der Meulen Rodgers, 2009).

마찬가지로 주류 학자들과 세계은행, IMF는 임금 격차의 형태로 나타나는 성별 불평등이 경제 성장에 중요한 역할을 할 수 있다는 가능성을 검토하지 않는다. 페미니스트 연구의 일부만이 이 관계에 문제를 제기했다. 세기노(Seguino, 2000c), 버스와 스필만(Busse and Spielmann, 2006)은 성별 임금 불평등이 노동 집약적 제조업의 수출 경쟁력과 관련이 있음을 보여주었다. 세기노(2000c)는 1975~1990년 사이 가장 빠르게 성장한 아시아 경제의 임금 격차가 가장 컸다고 지적한다. 유사한 맥락으로, 슝(Hsiung, 1996)은 대만 수출 시장에서 높은 수준의 유연성과 시장 적응성이 어떻게 여성 가내 노동자의 낮은 임금과 열악한 노동 조건에 기반을 두고 있는지를 설명했다. 보다 최근 연구에서는, 베릭과 판데르뮐런 롯허르스 (Berik and Van Der Meulen Rodgers, 2010)가 방글라데시의 여성 집약적 의류 수출업에서 수출 경쟁력을 고려하는 것이 어떻게 임금 및 노동 조건을 개선하는 데 악영향을 만들어내는지에 대한 증거를 제공하고 있다. 따라서 지금까지의 통계적 증거에 따르면 수출 제조업 고용의 여성화는 성별 임금 불평등의 감소와 관련이 없는 것으로 보인다. 사실 성별 임금 불평등이 지속되는 한 가지 이유는 국

---

30) 제조업 부문에서 고용, 임금 및 노동 조건과 노동 환경을 다루는 국제 무역의 젠더 차원 이론 및 증거 관련 연구는 주로 Berik(2011) 참고.

가 수출 경쟁력에서 그것이 중요한 역할이기 때문일 것이다. 여성의 교육 수준 상승을 고려할 때, 지속적인 임금 격차는 여성 노동자들이 높은 소득을 얻지 못하고 있음을 보여준다(Berik et al., 2009). 이는 고용주들이 그들의 생산성 향상으로 이득을 얻고 있지만 그에 상응해 임금을 인상해주지 않는다는 것을 뜻한다.

수출 부문 또는 수출 가공 지역(EPZ) 일자리의 임금 수준과 그 장기적 변화는 또 다른 민감한 주제다. 림(Lim, 1990)과 카비어(Kabeer, 2004)는 EPZ의 일자리가 국내 경제의 대안들보다 여성에게 더 나은 임금을 제공한다고 주장해왔다. 림은 시간이 지날수록 임금과 노동 조건이 개선될 것으로 전망했다. 게다가 카비어와 마무드(Kabeer and Mahmud, 2004)는 방글라데시의 사례를 통해 이러한 임금이 국내 빈곤 수준보다 훨씬 높다고 주장했다. 명확히는, 이러한 임금 수준의 평가는 수출 공장과 EPZ에서 일하는 노동자들의 과도한 노동 시간을 고려하지 않았으며 이는 EPZ 노동자들의 실제 시간당 임금을 낮출 수 있다. 노동자들은 자신의 요구 충족을 위해 그들이 창출하는 총수입을 걱정하기 때문에 초과 근무를 하면서라도 그들의 급여를 늘리고자 장시간 일하는 데 덜 민감할 수 있다. 또한, 빈곤선이나 최저임금의 지역적 비교/척도를 이용하는 것은 본질적으로 문제가 되는데, 이러한 최저임금은 기본적인 필요를 충족시키기에 불충분한, 매우 낮은 수준으로 설정되는 경향이 있기 때문이다.[31]

더구나, 멕시코의 마킬라도라와 중앙아메리카의 사례는 여성의 소득이 국내 시장에서 여성이 선택할 수 있는 대안, 특히 자영업보다 반드시 높지는 않다는 것을 보임으로써 EPZ의 임금 수준에 대한 모순된 증거를 제시한다(Fussell, 2000; Domínguez et al., 2010). EPZ를 제외한 멕시코의 수출 부문과 대만의 수출 부문은 여성과 남성 노동자 모두에게 국내 시장 생산 부문보다 낮은 임금을 지급한다(Domínguez-Villalobos and Brown-Grossman, 2010; Berik, 2000).[32] 게다가 멕시코

---

31) 도밍게즈 외 연구진(Dominguez et al., 2010)은 2000년부터 2010년까지 멕시코 마킬라도라 소득이 기본적 욕구를 충족하기에 부족한 최저임금 이하임을 보여주는 증거를 제시한다.

32) 베릭(Berik, 2000)은 대만의 생산 구조가 노동 집약적이고 저숙련 상품 수출에서 벗어나 고도화된 수출 주도 성장기였던 1984년부터 1993년까지를 조사했다. 도밍게즈-빌라보스와 브라운-그로스만(Dominguez-Villalobos and Brown-Grossman)은 2001년부터

와 모리셔스의 사례는 EPZ의 임금이 시간이 지나도 개선되지 않았다는 것을 보여준다(Fussell, 2000; Otobe, 2008). 이런 정체는 2001년 중국이 WTO에 가입한 이후 중국에 비해 이들 부문의 수출 경쟁력이 떨어진 것과 관련 있을 것이다. 이는 전 세계 노동력 공급의 거대한 확장이라는 맥락에서 고용 형태의 불안정성과 불안전성의 배경이 된다. 적어도 멕시코의 경우, EPZ의 임금이 동결된 것도 농촌에서 온 많은 노동력이 사용 가능해졌기 때문이다. 뿐만 아니라 경제 위기로 인해 혼란이 더해졌는데, 경제 위축은 해고와 EPZ의 주문 수요를 감소시키기 때문에 노동 조건의 개선을 방해하거나 악화시킨다(Domínguez et al., 2010).

2008년 전지구적 경제 위기 이후의 시기는 경제 위기가 시작된 미국에서뿐만 아니라 다른 선진국과 개발도상국에서도 일자리의 불가능성을 보여준다. 고소득 국가에서는 제조업 및 건설 부문과 같이 축소가 심각하게 일어난 분야에서, 개발도상국에서는 EPZ에서 대량 해고가 일어났다. 아시아, 중앙아메리카, 카리브해에서 섬유, 의류, 신발, 전자제품의 수출이 급격하게 줄면서 여성들은 더욱더 실업을 피할 수 없게 되었다(Sirimanne, 2009). 예컨대, 캄보디아에서는 수천 명의 여성이 의류 산업에서 일자리를 잃었고(Dascupta and Williams, 2010), 베트남의 몇몇 수출 산업 분야에서는 여성 임금이 남성에 비해 더 큰 폭으로 감소했다(Hung, 2009). 온두라스의 의류 마킬라에서는 경제 위기로 인해 2009년 4월 현재, 약 1만 9,000여 명의 노동자가 일자리를 잃었는데 그중 1만 1,400여 명이 여성이었다(Touza and Pienda, 2010). 멕시코와 아르헨티나에서는 공식 부문 경제 위축으로 상당수의 남성, 여성 노동자가 비공식 부문으로 이동했다(Esquivel and Rodriguez Enriquez, 2014).

더욱이 경제 위기 상황에서 산업예비군의 수가 증가함에 따라 고용주는 더욱 가혹한 노동 조건으로 노동자들을 더 짜낼 수 있게 되었다. 최근 세계 경제의 위기가 페루의 이카 협곡 농업 지역의 여성 노동자들에게 미치는 영향에 대한 연구는, 노동 착취를 강화하기 위해서 고용주가 어떠한 전략을 취하는지 보여준

2005년까지를 조사한 결과, 여성과 남성 모두 임금이 낮을 뿐만 아니라 마킬라도라 지역 외의 수출 지향 제조업 분야에서도 성별 임금 격차가 더욱 크다는 사실을 발견했다.

다(Arguello, 2010). 일부 고용주는 위기를 핑계로 삼아 노동자들을 정리해고했는데, 이들은 약속된 노동 기한을 채워 곧 정규직 일자리를 갖게 되는 노동자들이었다. 더욱 열악한 노동 조건과 저임금으로 계약한 새로운 노동자들이 그들을 대체했다. 또한 고용주들은 실업자와 불완전 취업자 수 증가로 인해 작업 속도를 높일 수 있었기에 더욱 대담해졌다. 이카 협곡의 여성 농장 노동자는 다음과 같이 진술한다.

> 관리자는 매일 아스파라거스 할당량을 늘린다. 할당량을 맞추지 못하면 돈을 받을 수 없기 때문에 할 수 없이 더 오랜 시간을 일한다. 나는 지쳤고, 우울하다. 퇴근 후에는 더 이상 요리를 하거나 아이들을 돌볼 힘이 없다. 나는 하루에 11시간 이상을 일하지만 불평할 수가 없다(Arguello, 2010: 245).

노동의 여성화와 젠더 관계의 역학

생산의 국제화 그리고 이와 함께 나타난 시장의 확장은 가정과 지역사회 수준에서 젠더 관계에 어떠한 영향을 미치는가? 전지구적 공급망, 하도급, 아웃소싱 및 공장 고용은 젠더화된 의미가 담긴 사회적 관계를 포함한다. 젠더 위계는 생산 체제에 내재해 있다. 예를 들어, 공장에서 주문을 하고 지불하는 것은 남성의 특권으로 간주되는 반면에, 주문을 수행하는 것은 여성에게 적합한 것으로 간주된다(Elson and Pearson, 1981; Benería and Roldán, 1987; Carr and Chen, 2008). 젠더 규범의 내재성을 고려할 때, 핵심 질문은 자본주의 발전의 확장이 젠더 관계를 어느 정도로 변화시키는가다. 특히, 유급 노동 참여가 가부장적 형태의 권력과 성불평등을 어떻게 약화하는가 혹은 영속화하는가라는 질문은 중요하다.

여성의 유급 노동으로의 진입, 참여 정도와 성격은 여성 노동력에 대한 수요 정도와 이들이 종사하는 산업의 특징에서뿐만 아니라, 젠더 규범의 성격에서도 나타났다. 이러한 규범은 문화, 계급, 카스트, 민족, 종교 집단 및 생애주기 단계별로 다를 수 있기 때문에 여성의 임금노동 참여는 여성의 협상력과 가정 내 젠더 관계에 다르게 영향을 미칠 수 있다. 이 영향은 모호하고, 모순적이며, 갈등을 내포한다. 그럼에도 불구하고 페미니스트 논자들은 세계 시장을 위한 생산에서 여성 고용이 젠더 종속의 상황을 개선했다고 주장해왔다. 유급 노동은 여성의 의사 결정과 자존감을 높이고, 딸들의 가치를 높일 수 있는 잠재력을 지니고 있다.

센의 "가정 내 과정(intra-household process)" 개념은 연구자들이 이러한 영향을 조사할 수 있는 유용한 프레임워크를 제공했다(Sen, 1990a). 그는 유급 노동 참여가 여성의 협상력에 영향을 미칠 수 있는 세 가지 변수를 제공하는데, 바로 여성의 자의식, 가족을 위한 경제적 기여에 대한 인식, 대비책(fallback position)이다. 페미니스트 연구자들은 유급 노동 참여가 가정 내 여성의 상대적 협상력에 미치는 피드백 효과의 강도에 대해 세 가지의 각기 다른 입장을 지닌다. 첫 번째는, 베네리아와 롤단(Beneria and Roldan, 1987)이 멕시코시티의 하청 및 가정 내 부업에 종사하는 여성들의 사례를 통해 주장한 바처럼, 그들의 수입이 적고 일이 불안정한 때에도 유급 일자리로 인해 힘을 느낄 수 있다는 것이다. 또한 카비어(Kabeer, 2000; 2004)는 다른 대안들보다 더 많은 급여를 받는 직업을 갖는 것이 가정에서 여성의 의사 결정 능력을 향상하는 중요한 한 걸음이라고 주장했다. 방글라데시의 수출 부문 노동자들이 보여주는 바와 같이, 결혼과 출산에서 여성의 의사 결정이 증가한 것이 바로 그 예시다(Fontana, 2009).

두 번째는, 수출 부문 노동자의 생애주기 단계가 유급 노동이 여성의 자존감과 자율성을 향상시키는지 평가하는 데 관련성이 있다는 입장이다. 특히 젊은 미혼 여성의 자존감이 증가하고, 삶의 폭을 넓히는 능력이 증대되었다고 본다. 1980년대 초반 멕시칼리(멕시코의 지명) 노동자들 가운데 교육 수준이 높은 여성들은, 스스로가 삶에 대해 어느 정도 통제할 수 있는 선택권을 가진 개인이라고 본다(Fiala and Tiano, 1991). 그러나 자녀를 둔 나이가 있는 여성의 경우, 중앙아메리카의 마킬라도라 노동에서 얻은 수입은 경제적 생존 수단에 지나지 않다고 말하며 이는 자신에게 이중 부담을 초래했다고 한다(Domínguez et al., 2010). 물론,

두 시기의 유급 노동에 대한 해석은 마킬라도라 공장의 고용 조건이 시간이 지남에 따라 악화된 데서 비롯되었을 가능성이 있다.[33]

　　세 번째 입장은, 가정 내에서 여성의 대비책을 형성하는 데 있어 여성이 갖는 직업의 유형이 중요하다는 것이다. 일부 연구자들은 여성의 협상력을 키우기 위해서는 여성이 고용주와의 관계에 있어서 자신을 집단에 위치시킬 정도로 대규모 공장 환경에서 일하는 것이 핵심 요소라고 주장한다. 예를 들어, 센(1990a)은 가족 내에서 여성의 협상력을 향상하기 위해서는 "외부에서 돈벌이가 되는 일" 즉, 친족 관계에서 벗어나 임금을 받는 노동이 중요하다고 분명하게 밝혔다. 실제로 이는 여성을 위한 임금노동을 옹호하는 엥겔스의 고전적 주장의 근거가 된다. 그러나 이런 유형의 주장은 가부장적 규범이 자본주의 노동 현장에 어느 정도까지 파고들어 있는지, 전통적인 젠더 규범과 관련된 가치 및 관행을 재생산하는지를 간과한다(Elson and Pearson, 1981; Albelda and Drago, 2013).[34] 뿐만 아니라, 또 다른 일부는 이들의 노동이 '외부에서 돈벌이가 되는 일'이라는 특성에 맞는다 해도 노동 집약적 수출 산업에서 창출되는 저숙련 저임금 일자리는 여성의 경제 안정 기회, 안녕, 가정 내 의사 결정에 크게 영향을 미치기가 어렵다고 주장한다(Koggel, 2003; Domínguez et al., 2010).

　　엘슨과 피어슨(Elson and Pearson, 1981)은 공장 고용과 여성의 종속 관계의 3가지 경향을 구별하고 앞서 논의한 모순적인 효과를 명확하게 설명했다. 이들은 수출 지향 공장에서 유급 노동에 참여하는 것은, 남성들에 대한 여성의 종속을 "강화" 혹은 "해체"하거나 새로운 형태의 종속을 "재구성"할 수 있다고 주장했다. 이 세 가지 경향 모두 다른 정도와 조합으로서 동시에 작동할 수 있기 때문에, 여성의 노동력 참여가 성별 및 기타 권력 관계에 미치는 변형적 영향에 대해 일반적인 전제를 논할 수 없다. 우리는 여성의 유급 노동 참여 효과를 세 가지

---

33) 도밍게즈 외 연구진(Dominguez et al., 2010)은 중앙아메리카에 가장 최근 설립된 의류 마킬라도라들이 역사가 더 오래된 멕시코의 마킬라도라들보다 나쁜 조건을 가지고 있다고 지적한다.

34) 특히 엘슨과 피어슨(Elson and Pearson, 1981)은 젠더가 친족 관계에 기반한 (성별 귀속적인) 관계의 특성일 뿐만 아니라 노동시장의 비젠더적 관계에도 적용된다고 주장한다.

유형으로 나누어 이에 대한 근거에 대해 논의한다.

해방 효과

지구화는 여성에게 가사노동이나 무급으로 가족의 일을 돕는 상황보다는 노동시장으로의 진출, 더 높은 임금을 받을 기회를 만들어주었고 이는 여성들에게 긍정적 영향을 미칠 수 있다. 자신의 소득을 얻으면 남편과 아버지에 대한 경제적 의존도를 줄일 수 있으며, 불리한 상황에서 자신과 가족 및 공동체의 이익을 위해 행동하고 방어할 수 있는 능력을 얻을 수 있다. 여성이 자신의 수입을 통제할 수 있는 한, 여성은 더 큰 의사 결정권을 행사할 수 있고 협상할 힘을 얻을 수 있다. 즉, 이는 가부장적 전통의 제약에서 여성을 해방시킬 뿐 아니라 나아가 다양한 방법을 통해 여성의 안녕과 지위를 높일 수 있다(Lim, 1990; Tiano, 1994; Friedemann—Sánchez, 2006).

예를 들어, 카비어(Kabeer, 2000)는 방글라데시 여성들의 유급 노동이 여전히 폭넓게 존재하는 제약조건에도 불구하고 "선택할 수 있는 힘"과 스스로에 대한 긍정적 평가를 높인다고 말한다. 이런 의미에서, 여성들은 카비어가 말하는 "약한 승자이자 강력한 패자"가 되었다(Kabeer, 2000: 364). 베릭(Berik, 1989)은 튀르키예 농촌에서 여성의 소득은 젊은 부부들이 협상을 통해 대가족과 분리하여 독립적인 가정을 꾸리는 일이 가능하다는 것을 보여주었다. 데데오을루(Dedeoğlu, 2010)는 점점 더 많은 여성이 중매결혼에 저항할 수 있으며, 그들이 선택한 사람과 결혼할 수 있다고 주장한다. 울프(Wolf, 1992) 역시 산업화가 젊은 자바 여성 노동자들에게 경제 자원에 대한 더 많은 통제력을 가져다주었으며 이것이 특히 결혼, 출산과 같은 가족과 관련된 결정에서 그들의 위치를 강화시켰음을 밝혔다. 마찬가지로, 프리데만 산체스(Friedemann—Sánchez, 2006)는 콜롬비아 화훼 수출 산업의 공식적 임금 고용이 여성들로 하여금 남성의 지배에 반발할 수 있는 새로운 기회가 되었다고 주장한다. 그녀는 이러한 직업들이 폭력 예방과 읽고 쓰는 능력, 자존감을 위한 교육에 접근할 수 있도록 했음을 설명한다. 그 결과, 많은 여성 노동자가 불평등하고 폭력적인 결혼 생활을 떠나 독신 생활을 선택하거나,

새로 획득한 영향력을 활용하여 가정 내에서 보다 평등한 관계를 위해 협상하고 있다.[35] 중남미에서 농촌노동 여성화의 시작을 바탕으로, 데레(Deere, 2009)는 비전통적인 수출 농업 생산에서 처음으로 여성이 독립적인 임금노동자가 되었고, 다른 농촌의 대안들보다 높은 임금을 받을 수 있었으며, 도시의 가사노동 서비스 외에 다른 선택지를 얻었다고 말한다. 또 다른 경우에는, 임금노동을 하면서 여성들은 가정에서 보다 평등한 관계로 나아갈 수 있었다. 따라서, 고용의 여성화는 지배적인 젠더 규범을 무너뜨리거나 약화시키는 등 해방적인 관행의 확산을 가속화할 수 있다.

강화 효과

여성의 유급 노동 참여는 기존의 불평등한 젠더 관계를 강화할 수도 있다. 먼저, 고용주는 여성 노동자를 규율하고 통제하기 위해 일부 전통적인 젠더 규범을 의도적으로 유지하고 활용하는데, 이런 관행은 여성의 가정 내 가부장적 규범 순응을 확대한다. 예를 들어, 1980년 초반 튀르키예의 카펫 수출 붐이 절정에 이르렀을 때 보수적인 농촌 지역의 카펫 작업장 소유주들은 매일기도를 업무 일정에 포함시켰다. 업무의 시작과 끝이 아침·저녁 기도였을 뿐만 아니라, 여성들은 워크숍에서 조직된 정오 기도, 오후 기도에도 참여해야만 했다(Berik, 1989). 기도는 일과에 경건함을 불어넣고, 순종적인 딸과 아내의 가치를 강조했다. 남성만이 현금을 취급할 수 있는 젠더 규범을 가진 사회에서 여성들이 임금노동자가 될 때, 그들의 임금을 가져가는 것은 그들의 남자 친인척이다(Samarasinghe, 1998). 또한 여성의 행동을 감시 감독하는 것은 모두의 일이 되어, 남성 가장에 국한된 사적 형태의 가부장제가 더욱 광범위한 공적 형태로 전환되었다는 연구가 있다(Dedeoğlu, 2010). 의류업 노동자들이 증가하고 가시화되자 공공장소의 젊은 여성들을 감독하고 통제하는 역할이 그들의 먼 남성 친족과 관리자, 고용주, 지인 등

---

35) 이러한 결론은 그레타 프리데만 산체스(Greta Friedemann–Sanchez, 2006)가 연구한 콜롬비아 화훼 농업에 한정될 수 있다. 특히, 업종이 장기적인 고용 안정을 제공한다는 점에서 다른 국가의 글로벌 조립 공장의 임시적 고용이나 비전통적인 농업 수출 농장의 계절적 임금 고용과는 차이가 있다.

에게로 확대되었다. 더욱이, 대만과 일본에서는 여성이 공업 노동에 참여하는 것이 가부장적 규범을 깨지 않았다(Takenoshita, 2012). 일하는 여성들은 전지구적 공급망의 일부인 가족 소유 사업체 혹은 공장 노동자로서 그들의 소득을 부모에게 보내 충실한 효녀의 역할을 유지했다.

다음으로, 유급 노동을 지속하는 것은 여성의 무급 노동 책임 감소를 동반하는 경우가 거의 없기 때문에 여성의 총 노동 강도를 높인다. 여성의 유급 노동 참여는, 젠더 규범에 따른 기존의 오래된 역할과 고용의 여성화가 야기한 새로운 역할 사이에서 균형을 맞추고자 노력하는 남성과 여성 모두에게 필연적으로 스트레스를 유발하고 긴장감을 조성한다. 여성을 위한 새로운 고용 기회는 기존의 성역할에 도전할 수 있도록 하지만, 여성들은 돌봄자로서의 사회적 역할을 계속해서 수행한다. 가사 분업과 관련된 규범들은 보통 천천히 진화하기 때문에 여성들이 가사노동과 돌봄노동에서 불균형적인 몫을 감당한다는 것을 보여주는 증거가 있다(World Bank, 2011; Kan et al., 2011). 데레(Deere, 2009)와 장 외 연구진(Chang et al., 2011)은 중남미와 중국 농촌 지역의 여성이 임금노동에 참여하면서 총 노동 강도가 증가했음을 보여준다. 중국 농촌에서는 여성과 남성 모두 절대적인 하루 총 노동 시간이 증가했지만 성별 격차는 달라지지 않았다. 전환 경제에서 여성의 유급 노동 참여는 저임금 일자리에서 일하는 여성의 총 노동 강도 증가를 뜻했는데, 이는 사회 안전망의 침식과 고용주가 출산 휴가와 육아 시설을 없애거나 줄인 데 따른 결과였다(Pastore and Verashchagina, 2011).

마지막으로, 유급 노동 참여나 경제적 기회들은 여성의 협상력을 높일 수도 있지만 직장 내 성희롱과 배우자의 폭력, 소위 명예살인과 같은 다양한 형태로 여성에 대한 폭력을 증가시킬 수 있다. 지난 수십 년 동안 여성에 대한 폭력이 증가하거나 지속되었다는 연구는 쉽게 찾을 수 있으며, 이는 단순히 폭력에 대한 신고가 늘어났다는 것을 의미하지 않는다(World Bank, 2011: 2014b). 세계보건기구(WHO) 2013년 보고서에 따르면, 생애주기에서 파트너가 있었던 이들이 친밀한 상대로부터 경험한 신체적 폭력 혹은 성폭력의 추정치는 전지구적으로 30.2%에 달한다. 전 세계적으로 이용 가능한 모든 데이터베이스를 사용한 이 보고서에서는 이러한 문제가 아프리카 36.6%, 아메리카 29.8%, 유럽 25.4%에 이르는 등 고소득 국가와 저소득 국가 모두에서 만연하다는 사실을 보여준다(WHO, 2013).

여성이 가부장적 규범에서 어긋났다고 믿는 친족들이 그들의 아내, 딸, 여자 형제에게 폭력을 행사하는 사례가 증가하고 있는데, 중동과 남아시아, 중앙아시아 일부 지역에 만연한 이른바 명예살인이 그 예시다. 한 국가 내에 특정 민족 집단이 우세한 지역에서 이루어지던 이러한 관행은 이주로 인해 대도시 지역이나 이들을 이주민으로 받아들이는 다른 나라들로 확산되었다(Appiah, 2010). 또한 경제적 지위가 높아진 여성에 대한 반발의 증거도 존재한다. 멕시코의 베라크루스주에서는 1990~2000년 사이 여성의 임금 분배가 개선됨에 따라 강간 및 신체에 해를 끼치는 중범죄가 함께 증가했다(Blanco and Villa, 2008).

여성의 경제적 기회가 증가하고 이에 상대적으로 남성이 지위와 특권의 상실을 인식함에 따라, 가정 폭력 또는 남성의 폭력 위협이 단기적으로 증가할 수 있다(World Bank, 2011: 2014b). 방글라데시의 경우, 무담보 소액 대출로 경제적 자율권을 얻는 농촌 여성들에 대한 반발을 초기 민족지학적 연구를 통해 확인할 수 있다(Schuler et al., 1998). 그러나 실증적 연구에 따르면, 이러한 폭력에는 맥락에 의한 어떤 특정 요소가 있을 수 있다(Koenig et al., 2003; Duvvury and Nayak, 2003). 예를 들어, 가정 폭력의 위험성은 문화적으로 보수적인 지역에서, 여성의 자율성과 저축 및 신용 집단의 구성원에 의한 경우가 상당히 높았다. 인도의 남·북부에서 집계된 최근의 통계들은, 여성의 노동 참여가 배우자의 폭력을 경험할 가능성을 감소시킨다는 것을 보여준다(Panda and Agarwal, 2005; Jeyaseelan et al., 2007; Krishnan et al., 2010; Bhattacharyya et al., 2011; Chin, 2012). 그러나 보다 최신의 연구는, 여성의 유급 노동 참여와 배우자 폭력이 양의 상관관계에 있다는 것, 즉 폭력을 경험한 여성들이 유급 일자리를 추구할 가능성이 더 높다는 것을 보여준다(Bhattacharya, 2015). 하지만 이런 여성들이 그들의 수입을 통제할 가능성이 낮다는 것을 고려할 때, 유급 노동이 여성이 권한을 얻는 길은 아닌 것으로 보인다.

이러한 모든 형태의 젠더 관련 폭력은 성평등의 다른 지표들에서 나타난 진보에도 불구하고, 21세기에도 여성 대상 폭력이 세계적으로 심각한 문제라는 충격적인 사실로 번역된다(WHO, 2013; World Bank, 2011; 2014b). 2014년 나이지리아 여학생 납치 사건이나 파키스탄 여학생 습격 사건처럼 여고생을 대상으로 하는 폭력은 미래의 자주적 여성에 대한 공격이다. 여성 대상 폭력의 문제는 기본적인 인권문제일 뿐만 아니라, 폭력과 성차별의 근원 및 이를 근절하는 방법에 대해서도 많은 질문을 던지게 만든다.

젠더불평등의 재구성*

여성의 유급 노동은 또한 새로운 형태의 젠더불평등에도 기여할 수 있다. 우선, 새로운 관계는 과거의 불평등한 권력을 새로운 형태로 재구성하여 가정 내 여성의 종속을 지속시킬 수 있다. 이는 일반적으로, 수출 공장의 젊은 여성 노동자들이 경기 침체로 일자리를 잃었을 때 직면하는 소득 불안정성과 취약성의 모습으로 나타난다. 현금 지배(the cash nexus)에 의존하고 있으며 가족들로부터 어느 정도 독립한 이들은, 스스로 결핍을 느껴 성 노동과 같은 더 나쁜 조건의 일자리를 받아들일 수 있다. 둘째, 많은 저소득 국가에서, 최근 농촌에서 도시로 이주한 여성의 유급 노동 참여는 "가정주부화"를 낳을 수 있다. 튀르키예와 같은 일부 국가에서는 여성이 이상적인 도시 중산층으로서 가정주부의 지위를 성취하게끔 한다. 이때 만약 여성의 소득으로 남편 혹은 아버지가 소규모 사업을 시작한다고 해도, 이후 여성은 부양가족이자 어머니가 된다(Dedeoğlu, 2010; Berik, 1989). 셋째, 농업의 상업화는 남성에 비해 실직이나 임금의 측면에서 여성을 주변화시켰으며, 남성과 여성 사이의 불평등한 권력 관계를 지속시키는 방식으로 젠더 관계를 재구성한다. 넷째, (체제)전환 국가들에서 자본주의의 발전은 성평등에 대한 정부의 책무에 역효과를 일으켰다. 정부의 책무는 대부분 여성의 높은 노동력 참여 형태로 실현되었다. 전환은 또한 남성에 대한 여성의 의존도를 강조하는 젠더 규범을 재확인시키면서, 구직에서 남성에게 우선권을 부여했다.36)

---

36) 리우(Liu, 2007)는 중국 내 국영기업 개혁이 개혁 이전의 직업 및 산업적 성별 분리 패턴으로 인해 해고와 재취업 전망 두 측면 모두 여성에게 불리함을 보여주었다.
* 역자주: Gender inequality는 성불평등으로 번역하였으나, 이 절에서는 역사적 사회구조적 맥락에서 젠더의 구성에 초점을 맞추고 있기 때문에 젠더불평등으로 번역하였다.

요컨대, 경제 지구화는 다양한 사회·경제적 맥락에서 젠더 편견과 불평등이 지속되도록 만들었다. 유급 노동에 종사하는 것이 여성의 지위와 자율에 미치는 영향은 같지 않으며 항상 긍정적이지도 않았다. 유급 노동에 참여하는 것은, 사회 맥락에서의 젠더 규범과 젠더 불평등의 차원, 고용 조건, 노동자의 특성에 따라 젠더 불평등에 상반된 영향을 미칠 수 있다. 유급 노동 참여의 역기능에 대응하기 위해서는 개인의 자율성과 경제적 안정을 보장할 수 있는 적정 임금과 양질의 일자리 창출 등 제도적인 변화를 통해 여성(을 위한) 대비책을 강화하는 다양한 보완 정책이 필요하다.

결론

이 장에서는 지구화가 상품 생산지의 이동, 노동시장, 고용의 여성화, 일상생활 및 가정 내 젠더 불평등에 미치는 광범위한 영향에 대해 논의했다. 여성과 남성이 노동자, 소비자, 채무자로서 지구화된 시장에 통합됨에 따라 현금 지배는 전통적인 가부장적 관계와 관련한 젠더 규범 및 사회적 제약을 약화시킬 수 있다. 여성은 경제적 주체가 되어 점점 더 자신의 권리를 가진 개인으로 대우받으며, 가정이나 그들 삶에 대한 결정에서 새로운 힘을 행사한다. 변화의 정도는 상황에 따라 다르지만 개인의 선택과 자율성, 책임감 등 개인 지향적 경향을 띤다. 많은 국제기구와 여성운동 단체들은 다양한 지표로 증명된 바와 같이 여성의 노동시장 참여 확대와 젠더 불평등 감소 추세를 선전하고 있다(World Bank, 2011; 2014b). 그러나 신자유주의적 지구화는 규제 완화와 시장의 비공식화를 포함한 다양한 방식으로 노동인구에게 영향을 끼친다. 많은 여성이 그동안 여성들에게 개방되지 않았던 새로운 공간으로 진입할 수 있었지만, 그들 중 상당수는 여전히 노동시장의 최하층으로 밀려나고 착취적인 조건에 놓여 있다. 또한 유급 노동 참여는 기존의 젠더 불평등을 강화하거나 새로운 불평등을 발생시킬 수 있으며, 거의 예외 없이 여성의 총 노동 강도를 가중시킨다. 우리는 이 장을 통해 지구화의 결과로 나타난 전례 없는 수준의 상품화가 더 많은 선택과 편리함을 가져다준 동시에, 새로운 부담을 지우고 빈곤을 지속하는 모순적인 영향을 확인하였다. 그러므로, 성평등을 위한 의제는 계속해서 논의되어야 한다.

04

지구화 시대 노동시장

아플 때 가족의 생계 걱정 없이 단 하루라도 쉴 수 있게 된다면, 이드* 연휴 중 하루라 도 일하지 않고 쉴 수 있게 된다면 나아지겠죠.

— 샤하나(Shahana)[1]

'신자유주의' 모델의 핵심은 성장과 발전이 시장 경쟁력에 달려 있다는 것이다. 이는 경 쟁과 경쟁력을 극대화하고, 시장 원리가 삶의 모든 측면에 스며들 수 있도록 하는 모든 일을 해야 한다는 것이다.

— 가이 스탠딩(Guy Standing), 『프리케리아트』(p.1)

---

* 역자주: 이드 알 피터(Eid al-Fitr), 라마단 종료를 기념하는 이슬람 명절

1) 2006년 방글라데시 다카의 레이어바자 버스티(Rayerbazar Basti)에서 귄셸리 베릭(Günseli Berik)이 진행한 의류 노동자들과의 포커스 그룹 토론에서 "어떻게 하면 (의류 공장 노동 을) 더 나은 일자리로 만들 수 있을까요?"라는 질문에 대한 한 노동자의 답변이다.

들어가며

1970년대 말 이후, 고소득 국가와 저소득 국가의 노동시장은 엄청난 변화를 겪었다. 특히 북반구의 탈산업화는 신흥 경제국의 지속적인 산업화, 서비스 분야의 급속한 성장과 함께 일어났다. 이러한 변화들은 고용 패턴, 고용에 요구되는 기술 수준, 노동시장 내 성별과 기술 수준의 구성, 기업 내 임금 위계 그리고 국내 및 국가 간 임금 구조를 변화시켰다. 이 과정의 결과는 불균등하게 나타났는데, 어떤 곳에서는 새로운 수입원을 창출했으나 다른 곳에서는 생계의 불안정성을 증가시켰다. 이 장에서는 고용 지형의 변화, 변화 요인, 현재 노동시장 동향, 노동시장 변화의 부정적 효과를 해결하기 위한 전략 등을 살펴본다.

2000년대의 시작 무렵, 노동시장의 변화 과정에서 수혜를 입은 일부 산업에는 전문직과 고급 일자리가 있었으나, 노동시장 전반에서 고용의 비공식화 및 불안정성 증가, 노동권 침해, 실업, 지속적 빈곤, 대다수 노동인구의 취약성 증가가 나타났다. 이는 남성과 여성 노동자들에게 각기 다른 영향을 미쳤다. 3장에서 논의한 바와 같이, 많은 나라에서 노동의 여성화와 남성 노동시장 참여 감소는 노동시장 변화에 필수 불가결한 것이었다. 다양한 고숙련 전문직 일자리가 창출되어 노동자에게 부를, 그들이 일하는 분야에는 역동성을 가져다주었지만, 바닥으로의 경쟁으로 인해 전통적으로 남성들이 종사했던 직업들 역시 여성들의 직업처럼 불안정·저임금의 특징을 갖게 되었다. 대다수의 노동자와 그 가족들은 자영업으로 생계를 유지하는 비공식 노동자들의 대열에 합류했고, 다른 노동자들은 혹독한 조건이더라도 어떤 일자리든 받아들일 수밖에 없게 되었다. 이에 따라 달라진 고용 환경에서 여성 노동자들은 최저임금을 받는 일자리, 생산 수량으로 보수가 책정되는 하청 노동 그리고 다른 불안정한 형태의 자영업 등 노동시장의 하위 계층에 두드러지게 자리 잡는 경향을 보였다.

특히 고소득 국가에서는 1950년대와 1960년대에 만들어진 오래된 노사 간의 사회적 계약이 파기되고 노동자의 권리에 대한 변화된 인식을 포함하는 새로운 형태의 계약으로 재구성되었다. 제2차 세계대전 이후 특정 기업에 안정적으로 고용되어 있는 남성 노동자를 기준으로 하는 남성 생계부양자-노동자 개념은 노동시장 변화 과정에서 보다 불안정한 계약으로 대체되었다. 이러한 변화는 자본에 맞서는 노동자의 협상력 약화, 많은 나라에서 실질임금과 총소득 중 인건비 비율 감소, 그리고 소득 불평등 증가의 원인이 되었다. 신자유주의 시대에 많은 국가가 2008년 경제 위기를 비롯하여 빈번한 위기를 경험했는데, 실업으로 인해 노동자들의 협상력이 약화되면서 노동의 불안정성을 더욱 심화시켰다. 이러한 변화로 특히 우려되는 것은 고용 불안정, 노동 안전망 약화, 노동자 발언권 약화, 노조원 감소, 단체 교섭력 약화 등 노동계가 감당해야 할 위험 요소의 증가다.

노동시장 구조조정은 신자유주의 정책에 의해 추진된 기술 변화, 생산 구조의 재편, 전지구적 통합의 상호작용으로 인해 나타났다. 특히 지구화와 시장 경쟁의 증가로 기업들이 생산비 절감을 위한 지속적인 연구를 하게 되면서, 새로운 생산 체제와 기업 구조조정은 기업들에게 새로운 기회를 만들어냈다. 그 결과 대부분의 기업, 특히 대기업들에게 오프쇼어링과 아웃소싱은 일반적 관행이 되었다. 일용직과 비정규직 노동은 고용 관행에 있어 '새로운 표준'이 되었다.

1980년대 초부터 추진된 신자유주의 정책은 노동시장 유연성을 높이고 자본 축적의 새로운 경로를 개척하는 동시에 국제 시장에서 경쟁해야 한다는 압박을 강화했다. 자본계정 자유화는 전 국제 자본의 이동을 촉진하여 생산 공정의 재편과 섹터·국가·지역 간 일자리의 이동을 가능하게 했다. 무역 자유화 역시 상당한 영향을 미쳤는데, 수출 부문의 고용 증가를 가져옴과 동시에 저가의 수입품과 경쟁하고 시장 변동성이 증가하는 상황에 잘 대처하지 못한 분야에 종사하는 노동자들이 생계를 잃는 원인이 되기도 했다.

이 장에서는 먼저 지구화 시대 노동시장의 구체적인 특징, 즉 현재의 노동시장 형성에 영향을 미친 기술 및 생산 조직 변화 및 기업 구조조정, 신자유주의 정책 등을 살펴본다. 이어서, 경제 구조조정의 결과인 고용 및 소득 불안정과 노동조건 악화, 소득 불평등과 사회 양극화 확대, 비공식 노동 증가, 고질적인 빈곤, 여성들이 다수인 취약 노동자 계층의 팽창에 대해 논의한다. 마지막으로 노동자의 권리를 증진하고 여성의 목소리를 키우며 노동시장 변화로 인해 발생한 문제를 해결하는 다자 기구, 노조, 풀뿌리 단체, 특히 여성운동 단체들에 주목한다.

기업 구조조정과 노동 유연성

　　1970년 이후 신기술의 발전은 많은 분야에서 생산 혁신을 이루어 기업들이 인건비를 절감하고 생산성을 향상하도록 했다. 전자 디지털 혁명은 광속 통신, 새로운 운송 수단 그리고 정보 기술을 이끌었다. 이러한 기술들은 노동력 절감 생산 방식과 분권화된 모듈 생산 방식* 그리고 유통망의 발전을 가능하게 했다. 따라서, 1920년대에 대량 생산을 위해 개발된 기업 조직과 조립 라인에 대한 전통적인 포드주의 모델은 다양한 방식의 유연한 생산 및 노동 활용을 바탕으로 하는 린 생산(Lean Production)과 공급망 모델로 점차 대체되었다(Rubery and Grimshaw, 2003; Hinrichs and Jessoula, 2012).

　　3장에서 논의한 신자유주의 정책에 의해 생겨난 거시경제적 조건은 수평적, 지리적 확장과 더불어 기업 내 수직적 구조의 측면에서도 생산의 분권화를 더욱 심화시켰다. 시장 자유화 정책은 새로운 투자 조건을 둘러싼 기업들을 통해 행사되는 자본의 힘과 국제, 지역, 양자 무역 협정에 대한 기업의 집단적인 영향력을 강화했다. 재산권, 환경 및 노동 기준의 측면에서도 비슷한 상황이 나타났다. 1980년대 이후 무역 자유화와 함께 자본의 이동이 가속화됨에 따라 기업들은 새로운 투자 기회를 얻은 동시에 높아진 시장 불확실성에 직면하게 되었다. 따라서 그들은 지속적으로 비용을 줄이고 틈새시장을 확장하는 방법을 모색하게 된다.

　　이러한 압박은 오프쇼어링 및 아웃소싱 열풍을 불러일으켰다.[2] 기업들은 인

---

*　역자주: 모듈생산방식(Modular Production System), 완제품을 만드는 과정에서 모든 개별 부품을 조립하는 것 대신에 일부 부품들을 모아 모듈이라고 부르는 하나의 덩어리 부품을 만들어 전체 조립하는 덩어리 부품 숫자를 감소시키는 것(남익현, "모듈생산방식" 『경영논집』 45, pp.153-166, 2011).

2) 오프쇼어링은 기업운영의 일부를 동일한 회사 또는 다른 회사가 수행하도록 해외로 이전하는 것을 말한다. 이웃소싱(또는 하청)은 기업이 더 이상 사내에서 수행하지 않으려는 생산 작업을 수행하기 위해 현지 또는 다른 곳에서 다른 이를 고용할 때 발생한다. 후자는 다른

건비 절감을 위해 기업 전체 혹은 생산 과정의 일부분을 해외에 이전하거나 부가가치가 창출되는 생산 과정을 조각조각 나눠 다양한 지역과 국가에 걸쳐 생산하는 글로벌 가치 사슬[GVCs, Global Value Chains. 글로벌 공급망(Global Supply Chain)이라고도 알려져 있다]을 구축하거나 혹은 이 두 가지 모두를 추진하였다(Gereffi and Korzeniewicz, 1994; Chen et al., 2005; Flecker and Meil, 2010). 이러한 과정은 의류, 신발, 전자제품 부품과 같은 노동 집약적인 제조업 부문에서, 특히 다국적 기업이 동아시아로 이전하면서 시작되었다(Lim, 1983; Elson and Pearson, 1989; Herrigel and Zeitilin, 2010).3) 3장에서 논의한 바와 같이 고용주가 수출 분야에서 여성 채용을 선호함에 따라 이러한 해외 이전 과정은 많은 국가에서 여성의 고용 확대에 기여했다. 1990년대까지, 자동차, 산업 건설, 농기계, 제약, 철강, 전기 장비와 같은 기술적으로 더 복잡하고 자본 집약적인 분야에서도 생산의 유연성 증대와 생산 기능 및 활동의 분산이 이루어졌다(Arndt and Kierzkowski, 2001; Herrigel and Zeitilin, 2010). 게다가 1980년대에서 1990년대 초반 사이 "아시아의 호랑이"라 불린 국가들에서 평균 임금이 증가함에 따라 자본과 공장이 인도네시아, 파키스탄, 방글라데시, 전환 경제 국가 등 다음 단계의 저임금 국가로 이동했다. 1990년대에서 2000년대 초, 내수 시장 규모가 가장 큰 중국과 인도도 이 과정에서 투자를 받는 동시에 투자를 하는 주체가 되었다.

기업 구조조정은 치열한 시장 경쟁과 생산 비용·시장 가격·투자 인센티브·노동법·국가별 상대적 임금 변화에 대응하고 적응하기 위해 매우 역동적으로 이루어졌다. 최근에는 노동 생산성이 임금보다 빠르게 향상되고 있는 노동시장을 공략하기 위해 기업들은 중국에 있던 공장들을 중국 인건비의 약 3분의 1 수준인 베트남, 인도네시아, 캄보디아 등으로 옮기고 있다. 이러한 패턴은 다른 곳에서도 복제되어 활용된다(Jacob, 2013). 예를 들어, 유럽 기업들은 노동 조건 규제가 느슨한 북아프리카 국가들과 헝가리 같은 인접한 전환 경제 국가로 옮겨갔으

회사이거나 해당 작업을 수행하기 위해 특별히 만들어진 원래 회사의 자회사일 수 있다.
3) 스미스-코로나(Smith-Corona) 법인이 뉴욕 코틀랜드(Cortland)에서 멕시코 티후아나(Tijuana)로 이전한 사례를 토대로 한 구체적인 사례 연구는 이 책의 2003년판 참고.

며, 이로 인해 기업들은 직원들에게 길어진 노동 시간, 주말 근무, 그리고 장기간 집을 떠나 원거리 파견 근무를 하도록 요구할 수 있게 되었다(Flecker and Meil, 2010). 공급 사슬이 길어지고 아웃소싱이 늘어나면서 현장과 공급 업체 간 경쟁이 치열해졌다. 이에 따라 헝가리의 노동시장이 경색되고 임금이 상승하면서 헝가리의 자회사는 루마니아에 있는 그들의 해외공장에 하급 업무를 떠넘겼다.

이러한 하청 계약 관행은 공장뿐만 아니라 가내 여성 노동자들을 포함한 다층적인 아웃소싱의 형태로 의류, 장난감, 시어버터, 조화(artificial flower)에서부터 스포츠 의류, 컴퓨터, 전자제품, 의료 장비, 의약품에 이르기까지 광범위한 분야에 널리 퍼져나가고 있다. 다양한 생산 네트워크와 공급자, 하청 업체 유형이 이에 포함된다. 예를 들어 태국의 조화 산업의 경우, 치앙마이 슬럼 지역의 가사도우미 업체 사니트(Sanit)와 같은 개별 대리점뿐만 아니라 여성 회원들과 계약 체결 후 업무를 배급하는 소규모 협동조합도 공급 업체에 포함된다(HomeNet Thailand, 2002). 나이키와 같은 스포츠 의류 회사의 하청 업체인 인도네시아 소재의 PT 니코마스 제밀랑 IY(PT Nikomas Gemilang IY) 또는 애플의 하청 업체인 중국의 폭스콘처럼 하청 업체는 수백 명의 노동자를 고용하는 대형 공장일 수 있다(Bellman, 2012; Zielenziger, 2012). 생산에서의 오프쇼어링은 기업들에게 중국, 인도, 브라질과 같이 성장세를 보이는 거대 소비 시장에 더욱 접근하기 쉽게 해준다(Buckley and Ghauri, 2004; Ghemawat, 2007). 예를 들어 폭스바겐과 소니는 오프쇼어링과 함께 현지 소비자들의 기호에 맞게 디자인을 변형함으로써 중국과 브라질의 현지 시장에 더 쉽게 서비스를 제공할 수 있다. 중국에 공장을 열고 중국과 아시아 시장을 공략한 장난감 디자인을 개발했던 완구업체 마텔 주식회사의 경우도 마찬가지다.

오프쇼어링은 고소득 국가의 탈산업화, 인도·한국·태국·말레이시아·중국·멕시코·브라질·칠레 등 신흥국, 그 뒤를 이어 나타난 페루·콜롬비아·베트남·캄보디아 등 다른 나라들의 산업화와 연관되어왔다. 아웃소싱과 공급망에 대한 의존도가 높아짐에 따라 대기업은 인원을 감축하였고 이는 저숙련 노동자들뿐만 아니라 전문직과 관리직, 중간 숙련 직종에까지 영향을 미쳤다(World Bank, 2012).

정보통신 기술의 지속적인 발전과 전지구적 경쟁은 기업 규모 축소를 촉진하고 생산 비용 절감에 지속적인 압력을 만들어냈다. 이러한 기술 발전은 노동력 절감 방법을 활용하기 위한 길뿐만 아니라, 핵심 활동이 새롭게 아웃소싱한 다른 나라로 꾸준하게 이전될 수 있는 길 또한 마련했다. 게다가, 무엇보다도 기후변화는 시장 불확실성을 가중시키고 있다. 자연재해와 비정상적인 날씨 패턴이 공장 부지, 원자재 공급, 생산, 소비자 수요에 영향을 미치기 때문이다(Raunikar et al., 2010; Lamers et al., 2014; Halls and Johns, 2013). 기업들은 생산 구조를 조정하고 재편함으로써 이러한 불확실성과 예기치 못한 혼란에서 발생하는 비용을 최소화하는 방식으로 대응하는 경향이 있다(Hugo and Pistikopoulos, 2005; Halls and Johns, 2013).

한편, 투자자들이 일정 수준의 교육을 받은 젊은 인력이 늘어나는 상황을 활용하면서, 몇몇 저소득 국가에서는 자본이 유입되고 새로운 공장 혹은 서비스 센터가 생기며 경제가 변화하고 있다(Hampson and Junor, 2005; Muturi, 2006; Kuruvilla and Ranganathan, 2010; Beerepoot and Hendriks, 2013). 전 세계적으로 제조업의 고용 점유율은 평균 21.5%에 머물렀음에도 1991~2008년 사이 동남아시아 지역 고용 점유율은 12.7%에서 19.4%로, 남아시아는 15.4%에서 22.4%로 증가했다(Van der Hoeven, 2010).

1990년대 초반 이후 대부분의 국가도 서비스 산업, 그중에서도 특히 금융, 정보 기술, 유통업, 통신, 전자상거래에서 급속한 성장을 경험했다. 전 세계적으로 서비스업 고용 비중은 1991년 33.6%에서 2008년 43.8%로 높아졌다(Van der Hoeven, 2010). 서비스업은 신흥국에서의 고용을 대폭 상승시켰고 동시에 고소득 국가의 고용 증가에 가장 큰 유인이 되었다. 예를 들어 동아시아의 서비스 산업 내 고용은 1991년 19.5%에서 2008년 35.7%로 급증했다. 제조업과 마찬가지로, 서비스업은 아웃소싱과 오프쇼어링에 연관되어 있으며, 유나이티드 항공사나 델 컴퓨터사와 같은 회사들은 비용 절약을 위해 여러 서비스 및 서비스 관련 기능을 전 세계로 분산하고 있다. 이러한 활동에는 회계, 콜 센터, 고객 서비스, 데이터 입력 및 코딩, 보험금 청구 처리, 의료/법률 녹취 서비스가 포함되며 이들 모두 한때 '거래 불가능'한 것으로 간주되었다. 즉, 이 서비스들은 과거 국제 무역

시장에서 볼 수 없었던 서비스들이다(Rajan and Srivastava, 2007).

서비스 산업의 무역 자유화 추진과 WTO에 의한 서비스 산업 내 서비스 무역에 관한 일반협정(GATS)의 확대는 콜센터와 고객 지원 서비스 운영이 러시아, 헝가리, 폴란드와 같은 전환 경제 국가와 인도, 중국, 칠레, 자메이카, 아일랜드, 남아프리카공화국, 필리핀과 같은 국가로 확장되는 것을 더욱 가속화했다 (Williams, 2001; 2004; Ng and Mitter, 2005; Muturi, 2006; Beerepoot and Hendriks, 2013). 『2013년 세계 개발 보고서』에 따르면 1990~2008년 사이 서비스 수출에서 개발도상국의 비중은 11%에서 21%로 증가했다(World Bank, 2012: 54). 3장에서 논의한 바와 같이 서비스 산업의 상대적 성장뿐만 아니라 이러한 무역 체계의 변화 역시 많은 나라의 노동력 여성화에 크게 기여했다.

1980년대부터 많은 정부가 채택한 신자유주의 정책은 아웃소싱과 오프쇼어링을 가능하게 하는 노동시장의 유연성을 창출하는 데 중요한 역할을 했다. 예를 들어, 1980년대와 1990년대에 이들에게 부과된 구조조정 프로그램(SAP)의 결과, 중남미 노동시장의 많은 부분은 사실상 매우 유연해졌다. 높은 인플레이션과 임금 동결이 맞물려 실질임금의 급격한 하락을 초래했다(Egaña and Micco, 2011). 1980년대 평균 실질임금은 28%로 떨어져 노동자의 생활 수준을 더욱 악화시켰다. 각국이 재정 긴축, 민영화, 무역·금융 자유화를 시행하면서 비공식 일자리는 급격히 늘어났다. 비공식 고용의 증가로 실업률의 증가는 둔화되었으나 고용 구조에는 상당한 변화가 나타났다(Egaña and Micco, 2011).

또한, 노동시장 규제 완화는 신자유주의 개혁의 중심축이 되었다. 노동 개혁은 노동시장 유연성과 임금 경쟁력이 경제 성장과 생활 수준 향상을 촉진할 것이라는 믿음을 바탕으로 추진됐다. 신자유주의 정책 집단에서는 외환위기 전까지 아시아 호랑이들의 활약을 이런 주장을 뒷받침하는 증거로 삼았다.[4] 몇몇 중남미 국가들은 1980년대 중반과 1999년 사이에 전면적 노동 구조 개편을 진행했

---

4) 아시아 외환위기가 몰고 온 참화는 사회 보장 제도의 결핍 상황에 노동시장 유연성을 결부시키는 접근법의 단점을 보여주었고, 동아시아와 동남아시아 국가가 사회 안전망을 도입하도록 이끌었다.

다. 칠레(1979년, 1991년), 아르헨티나(1991년), 콜롬비아(1991년), 과테말라(1990년), 파나마(1995년), 페루(1991년), 베네수엘라(1998년)가 그 예다(Lora, 2001).[5] 개혁안에는 노동자 해고 비용 절감, 사회 보장 및 기타 급여 외 비급여 혜택에 대한 고용주의 분담금 감소, 임시 또는 파견직 고용 촉진, 노동법 집행 기관의 해체 또는 약화가 포함되었고 이는 기업의 노동법 준수에 대한 부담을 완화했다.

유럽에서는 정책 입안자들이 임시직과 정규직 모두에 대한 해고 규정을 완화하는 한편, 다양한 비정규 노동계약을 장려함으로써 노동시장의 유연성을 증진시켰다. 이러한 변화는 기간제와 시간제 또는 지금은 악명 높은 독일의 '미니잡(mini-job)'을 포함한 비전형적인 고용의 확대로 이어졌다(Ruberty and Grimshaw, 2003; Crompton et al., 1996; Poch-de-Felieu et al., 2013).[6] 벨기에와 이탈리아는 1990년대에 고용주의 임시직 해고 비용을 낮추고 기업들이 임시직 일자리를 만들기 쉽도록 하는 노동 정책 개편을 도입했다(OECD 2004; Boeri and Garibaldi 2007; Kahn, 2010). 2012년 스페인 노동 개혁(Benería and Martinez-Iglesias, 2014)[7]에서도 마찬가지라고 말할 수 있다. 노동 개혁은 기업들이 임금을 책정하는 데 있어 더 많은 재량을 허용했고 이는 노동자 간 소득 격차를 넓히고 소위 말하는 노동 빈곤층의 증가를 초래했다. 그러나 이러한 전반적 추세에서 노동시장 개혁의 수준과 속도는 나라마다 그리고 정권에 따라 크게 달라졌다(Hinrichs and Jessoula, 2012). 고소득 국가 중 미국의 노동시장이 고용 보호가 취약하고 노동자의 단체교섭권이 크게 제한되는 등 가장 규제가 약하다(Chor and

---

5) 이러한 노동시장 개혁 중 일부는 결과적으로 2000년대 초에 폐기되었다.
6) 시간제의 불안정한, 종종 최저임금 이하의 임금을 받는 일자리인 미니잡(mini jobs)은 특히 EU 내 리더가 된 경제적 역동성을 가진 부유한 국가들에서 1990년대 후반에 등장한다. 미니잡은 생활임금을 제공하는 경우가 거의 없고 단기간 지속되며 노동시장의 이중 구조를 만들어냈다.
7) 유럽중앙은행은 저임금 일자리 창출을 위한 안건을 추진하는 데 중요한 역할을 했다. 2011년 12월 7일 유럽중앙은행은 호세 루이스 로드리게스 사파테로 정부에 서한을 보내 스페인이 최저임금 641유로보다 상당히 낮은 400유로의 급여를 받는 미니잡 카테고리를 신설할 것을 건의한 것으로 알려졌다. 이 제안은 유럽중앙은행이 스페인의 부채를 계속 매입하기 위한 조건으로 제시되었다(http://economico.sapo.pt/noticias/bce-pediu-salarios-inferiores-a-400-euros-em-espanha_133239.html).

Freeman, 2005).

노동 유연성에 기여한 또 다른 요인으로는 북반구의 대부분 국가에서 사회 안전망이 붕괴되고 이미 제한적이었던 남반구의 사회 안전망이 더 약화된 점을 들 수 있다. 유럽에서는 제2차 세계대전 이후부터 1970년대까지 진화해온 종합 복지 제도가 점차 해체되고 있다. 그들은 가족의 남성 생계부양자 모델과 특정한 형태의 유급 고용을 정의하는 "표준 고용 관계"라는 개념을 중심으로 조직되었다(Hinrichs and Jessoula, 2012). 국가 간 차이(Esping-Andersen, 1990)가 있지만, 표준 고용 관계에는 대개 단체 협상, 기준 노동 시간, 복리후생과 작업 절차에 대한 완전한 보장, 근속 기간 연장, 기업 내 임금 책정 관행, 핵가족의 필요를 유지하기에 충분하다고 여겨지는 가족임금, 보장 범위가 넓은 건강보험 등 여러 노동자의 권리가 포함된다. 시장 경쟁의 증가와 신자유주의 경제 정책의 도입, 특히 2008년 경제 위기 이후 장기간의 침체 혹은 저조한 경제 성장에 따라 실업률이 증가하는 상황에서 오랫동안 확립되어온 노동시장 관행은 악화 일로를 걸었다.

신자유주의적 거시경제 정책 체제하에서 예산 삭감으로 사회 안전망이 훼손되었다. 시장 자유화 시기에 나타난 중남미와 카리브해 지역의 경제 구조조정은 소득세율 및 법인세율의 전반적 하락과 부가가치세와 같은 간접세의 인상을 동반했다. 예를 들어, 브라질의 평균 개인 소득세는 1986년에서 2001년 사이에 60%에서 27.5%로 감소했고 같은 기간 평균 법인세율은 35%에서 15%로 감소했다. 이러한 경향은 볼리비아, 칠레, 코스타리카, 도미니카 공화국, 엘살바도르, 과테말라, 온두라스, 멕시코, 페루에서도 나타났다. 결국 정부 예산 삭감으로 공공 서비스가 사라지거나 잠식되는 결과를 낳았고 이는 퇴행적 재분배에 해당되어 특히 저소득층에 타격을 주었다. 실업급여 제도와 같은 사회 안전망의 부재로 노동시장 구조조정에 따른 부담이 노동자에게 전가되었고, 이들 가구 내 여성에게는 무급 노동 부담이 가중됐다.

기업 구조조정, 생산 해외 이전 그리고 제도 변화의 영향은 깊고 때로는 파괴적이었다. 다음 절에서는 노동시장 변화와 이러한 변화의 광범위한 결과를 검토한다.

노동시장 구조조정의 결과

노조의 쇠퇴

역사적으로 노조는 노동계약 협상과 단체교섭에서의 역할을 통해 노동자의 생활 수준과 노동 여건을 개선하는 주요 기구였다. 이들은 노동시장 내 위험으로부터 노동자를 보호하기 위해 실업급여나 사회보장제도와 같은 공공복지 제도를 요구했다. 이와 같이, 이들은 경제를 민주화하고, 부와 소득의 분배를 촉진하며, 노동자의 권리를 보호하는 데 상당한 역할을 해왔다. 그러나 앞 절에서 설명한 생산 조직과 노동 과정의 변화는 많은 산업, 특히 북반구에서 노동자들의 집단행동과 노조의 전통적인 기반을 약화시켰다. 그 결과 노동자 권리 침해와 노조의 쇠퇴가 일어났다(Tilly, 1995; Broad, 2002; Dannin, 2006). 예를 들어, 초와 프리먼(Chor and Freeman, 2005)의 전 세계 노동 관행 연구에 따르면 노동계약 협상에서 고용주의 재량과 협상력에 관한 한 미국과 중국은 사실상 큰 차이가 없다.[8]

1980년대 중반부터 1990년대 중반의 ILO 자료에 따르면, 전체 58개국 가운데 42개국에서 노조 조직률이 감소했다. 많은 국가에서 감소 폭이 20%를 넘었다(ILO, 2009; Floro and Meurs, 2009). 노조 회원의 감소는 공장의 열악한 노동 조건에 저항할 수 있는 노동자의 협상력 약화뿐만 아니라 평균 임금 하락, 연금 급여 대상 축소를 동반했다.

실업률 증가 및 일자리의 감소, 가내 노동자 및 비공식 경제 종사자를 포함하는 다양한 계층의 산업예비군이 전지구적으로 증가함에 따라 노동 협상력이 약화되었다. 북반구에서 노조는 사회 안전망 해체에 저항할 수도, 노동자의 고용 및 소득 불안이 고조되는 흐름을 거스를 수도 없었다. 마찬가지로 노동법과 국가의 법체계에 보장된 노동자들의 단체교섭권은 국가 주권이 침식됨에 따라 함께 약화되었다. 이익을 극대화하려는 투자자들은 민생과 노동권 보호를 중시하는

---

8) 이 연구 결과는 고용 규제 범위를 기준으로 나라별 순위를 매기는 글로벌 노동 조사 (Global Labor Survey: GLS) 데이터를 활용해 개발한 채점 지표를 바탕으로 한 것이다. 고용주 재량권이 더 큰 경우 낮은 점수를 받고, 노동법이나 단체교섭권이 더 큰 경우 높은 점수를 받게 된다. 미국은 중국과 함께 두 번째로 낮은 순위에 올랐다.

국가들을 관심 선상에서 제외시켰다. 이와 함께 노동계약의 개별화는 노동자들을 계급 정체성과 집단적 이해관계에서 분리시키는 수단으로 작용하면서 노조 쇠퇴에 더욱 기여하고 있다.

고용 및 소득불안

거대한 생산 조직의 변화와 이와 연관된 노동시장의 구조조정은 노동시장 불안정성을 증가시키는 결과를 가져왔다(Standing, 2014). 첫째, 일부 분야에서 일자리가 사라지고 다른 분야와 국가로 이전 또는 창출되는 동안 실업과 불완전 고용이 급격히 증가했다. 예를 들어, 미국의 경우 2014년 4월 현재 여성 및 남성 실업률은 12.8%, 12.4% 정도에 맴돌며, 인종과 민족에 따라 차이가 있다(USBLS, 2014).[9] 그러나 고용 통계와 노동인구 데이터는 불안정한 노동시장의 모든 내용을 적절하게 포착하지 못한다. 표준 노동력 조사는 여러 국가에서 급증한 많은 비정형적, 비표준적, 비정기적, 비공식적 고용 형태에 대해 놓치거나 과소평가하는 경향이 있다(Floro and Komatsu, 2011; Hirway and Jose, 2011). 실제로 기존 노동력 데이터에 의존하는 정책 영향 평가는 대부분 공식적 고용에서의 변화만을 고려한다.

둘째, 고용 불안정성은 처음에는 가치 사슬과 급여 체계의 최하위에 있는 업종에서 증가했으나, 최근에는 고도로 숙련된 전문직 종사자들의 직업에도 영향을 미친다. 기업의 내부 노동시장 구조가 외부 노동시장과의 경쟁에 개방됐기 때문이다. 이로 인해 노동 계층이 해체되거나 변경되고 기업 간 네트워크가 확대됐다.[10] 새로운 관행은 북반구의 과거 노동계약의 많은 특징을 뒤바꿔 개별화된

---

9) 미국의 경우 실업의 공식적 정의에 부합하는 사람은 물론, 시간제 노동을 하고 있지만 정규직 노동을 원하거나 할 수 있는 사람과, 일하고 싶으나 적극적 구직 활동을 포기한 사람도 실업률에 포함된다. 2014년 4월 조사 결과 히스패닉계 16.3%, 흑인 20.3% 등 특정 집단의 저고용률이 높았다(EPI Bulletin, August, 2014).

10) 내부 노동시장의 중요성이 감소함에 따라 기업들은 최소한 단기적으로는 시장 변화에 신속하게 대응할 수 있는 능력, 장기 부채 감소, 생산 유연성 증가, (단기적) 비용 절감 등 많은 이점을 누리게 되었다. 물론 문제도 발생하였는데, 특히 노동시장이 경색되었을 때 능력 있는 직원들을 붙잡아두기 어렵게 되었다.

계약, 단기적인 계약으로 이어졌다. 제조업 조립 라인 노동과 같은 저학력 노동자에게 가족임금을 지급하던 일자리가 개별 임금 일자리로 대체되면서 다른 가족 구성원들이 노동시장에 진입하도록 압박했다. 고용과 소득의 불안 증가는 3장에서 논의되었듯이 노동시장에서의 여성 참여가 늘어나는 원인이 되었다.

동시에 노동자 개인들은 계약직을 전전하면서 극도로 유연해진 노동시장에 적응해야만 하는 경우가 늘어났다. 사회 안전망 체제가 약하거나 존재하지 않는 상황에서 새로 나타난 노동계약의 형태는 일자리나 소득 손실의 위험이 개인의 부담으로 돌아가게 했다. 종종 시장 변동성 및 수요 변화와 관련된 위험은 고용이 불안정한 가치·공급 체계의 하위 계층, 특히 공급 체계의 가장 아래에 해당하는 이들에게 집중된다. 선도 기업이 생산이나 계약 장소를 다른 곳으로 옮기면 노동자들의 생계에 대변동이 일어난다. 예를 들어, 유럽연합에 속한 기업들이 의류 생산을 위해 튀르키예에서 불가리아 시골로, 가죽 신발 생산을 위해 이탈리아에서 발칸 국가들로 이동할 때, 이러한 변화는 한 국가의 특정 분야에서 대규모 해고와 다른 부문의 단기 일자리 창출을 초래했다(Esim, 2002). 이러한 노동 집약적 분야에서 여성들, 특히 여성 이민자들은 불안정성과 열악한 노동 조건이라는 변화의 대가를 떠안는다(Rio and Alonso—Villar, 2012; Pearson and Kusakabe, 2012).[11]

진화하는 노동시장 판도는 아웃소싱이나 오프쇼어링이 가능한 업무를 맡은 노동자 간 경쟁이 치열해지는 것이 특징이다. 예를 들어, 통신 회사들은 노동자와의 협상에서 우위를 점하기 위해 아웃소싱으로 위협해왔다(Doellgast and Greer, 2007; Fleker and Meil, 2010). 기업들은 더 많은 업무를 위탁하고 자회사를 분할하여 공급망을 확장함으로써 핵심 인력마저 줄일 수 있다. 또한 자동화의 영향은 장기적으로 실직과 불안정성에 대한 위협을 가중시킨다(Ritzen and Zimmermann,

---

11) 고용 불안정이 높아진다는 주장이 항상 받아들여지는 것은 아니다. 『2013년 세계 개발 보고서』는 이러한 주장이 단기적으로만 사실일 수 있다고 지적하면서, "전문화로 인한 효율성 증대에 따라 장기적인 시각에서 노동 수요가 증가하게 될 것이다. 또한 제품 및 서비스의 가격 인하와 신흥국 경제 발전에 따른 소비 수요 증가가 전지구적 노동 수요 증가 추세를 강화한다."(World Bank 2012: 243)라고 기술한다. 그 근거로 이 보고서는 1992~2005년 동안 거의 동일하게 유지되고 있는 평균 고용 보장, 고용 안정성에 대한 EU 자료를 제시한다. 그럼에도 젊은 노동자들은 계약 기간 단축과 유연한 고용에 직면해 있다.

2014; Breman and Linden, 2014).

셋째, 시간제 및 임시직 노동자(비정규직)가 고소득 및 저소득 국가 모두에서 크게 늘어나 규모가 빠르게 증가하는 노동 계층으로 등장하게 되었다(Leigh, 1995; Standing, 2011a). 예를 들어 호주에서 시간제 노동자 비율은 1990~1991년 22%에서 2010~2011년 30%로 증가했다(Australian Bureau of Statistics, 2012). 임시직 노동자가 일반적으로 정규직에 비해 시급이 높음에도 소매업(임시직 비율 42%), 숙박 음식업(임시직 비율 65%) 등의 업종에서 임시직을 활용하는 비율이 늘어난 주된 원인은 낮은 해고 비용과 불안정한 시장 수요 때문이다(Australian Bureau of Statistics, 2008).[12]

시간제 노동의 증가는 소위 네덜란드식 '기적적 고용(employment miracle)'의 근간이었으며, 1983년 이래 200만 개의 일자리 중 4분의 3이 시간제 노동자로 고용되었는데 대부분의 자리를 여성이 차지하고 있다(ILO, 2010; OECD, 2014).[13] 북반구의 몇몇 국가에서도 여성의 시간제 고용이 높아 독일, 아일랜드, 스위스, 이탈리아, 영국, 호주, 뉴질랜드와 같은 나라에서는 35% 이상을 기록했다(OECD, 2014). 일부 국가에서 이와 같이 시간제 고용의 비율이 높은 것은 유급 육아휴직과 적절한 가격의 육아 서비스가 부족하다는 것을 보여준다. 일본의 경우 2010년 노동력의 3분의 1 이상이 임시직 또는 비정규직이었으며, 한국은 전 세계에서 그 비중이 가장 높아 전체 여성 노동자의 절반 이상이 비정규직이었다(UN Department of Economic and Social Affairs, 2010). OECD 국가 전체를 봤을 때, 2000~2010년 사이 시간제 노동자 고용이 5% 증가했고 오스트리아, 아일랜드, 멕시코, 네덜란드, 칠레의 경우 이보다 더 큰 폭으로 증가했다(OECD, 2011). 또

---

12) 전 세계적으로 합의된 임시직 노동자에 대한 표준적인 정의는 존재하지 않는다. 호주 노동조합협의회(ACTU)에 따르면, 호주에서 이 용어는 1주일 만근(full week's work) 계약을 하지 못하는 노동자를 가리킨다. 따라서 임시직 노동자는 불규칙한 시간을 임시로 일한다. 임시직 노동자는 유급 휴가 및 병가의 혜택을 받지 못하지만 급여가 높고(임시직 추가 수당), 육아휴직을 받을 수 있으며 새로운 공정노동법에 따라 부당 해고에서 보호받고 있다(ACTU, 2014).

13) 보편적으로 수용되는 시간제 노동/고용에 대한 정의는 없다. ILO는 시간제 근무를 "노동시간이 보통보다 상당히 적은 고용 형태"로 정의했다(OECD, 2014).

다른 예는 "임시 노동자 파견" 사업이 급성장한 미국 캘리포니아주의 사례다. 익스프레스 임플로이먼트 프로페셔널즈(Express Employment Professionals)라는 회사는 "미국에서 가장 빠르게 성장하고 있는 구인·구직 회사 중 하나"라고 자부한다. 2011년 회사 매출액은 총 20억 달러 이상이다(Express Employment Professionals 2013).

넷째, "보이지 않는" 또는 "문서화되지 않는", 30~40년 전에는 불법으로 간주되었을, 혹은 이 특성을 모두 띠는 많은 생산 과정이 이제는 정규 노동시장의 일부이며, 모든 단계에서 인건비를 감축하는 전지구적 가치 사슬의 일부가 되었다. 일반적으로 갭(Gap), 자라(Zara) 등 대형 초국적 의류 회사가 운영되는 방식에서 보이듯, 아웃소싱은 많은 생산 과정을 경제의 비공식적인 부문으로 이동시켰으며 종종 공식과 비공식성, 합법과 불법 사이의 경계를 모호하게 했다. 구 고용계약에서는 용납될 수 없는 노동 조건이 일반화되며 가치 사슬 내에서 선도 기업의 요구가 변화함에 따라 조정되었다. 새로운 고용 환경에서 마칭턴 외 연구진들(Marchington et al., 2005) 그리고 플레커와 미엘(Flecker and Miel, 2010)은 오래된 '변칙'이 정상으로 받아들여지게 되었다고 주장했다.

노동 환경의 악화

문서상에서만큼은 노동자의 권리를 증진시키는 남반구의 노동법은 격렬한 노동 투쟁과 노동자들의 조직화, 풀뿌리 단체 및 국제기구와 함께한 노력의 산물이었다. 그러나 신자유주의 정책의 채택과 특히 1980년대 이후의 수출 시장 내 치열한 경쟁은 노동자 권리 보호 규칙의 저조한 시행과 노동법의 완화로 이어졌고, 민주적 제도를 훼손시켰으며, 취약 인구의 목소리를 약화시켰다. 지구화로 심화된 경쟁은 내수 시장 지향적인 기업들도 그러한 노동 관행을 채택하도록 장려하고 그것이 가능하도록 했다.

국제무역(또는 무역 개방)과 외국인 직접투자(FDI) 흐름 등 지구화의 주요 지표가 노조 권리와 노동 조건에 미치는 영향을 살펴본 연구는 엇갈린 결과를 내놓았다. 많은 국가 간 회귀 분석 연구는 아동 노동, 강제 노동, 고용 차별, 취약한 노조 활동권의 유무를 노동 조건 문제의 지표로 보고 이에 초점을 맞추고 있다. 이는 ILO가 1998년에 기술한 "핵심 노동 기준(the core labor standards)"이다.[14] 이러한 연구들 중 일부는 무역 확장과 FDI 확보가 아동 노동을 감소시키고(Neumayer and Soysa, 2006), 강제 노동과 노예 제도, 성차별도 줄인다고 보았다(Neumayer and Soysa, 2007). 역사적 관점에서 아시아 발전을 볼 때, 남아시아에서는 아동 노동이 지속적으로 증가 추세에 있지만 아시아 전반에서는 광범위하게 감소하고 있음을 알 수 있다(Kucera and Chataignier, 2005). 다른 연구는 무역 확대가 노동법에 보장된 노동조합의 권리를 침해한다는 것을 보여준다(Mosley, 2011). 그러나 노동 조건 문제는 종종 의류, 전자제품 등 산업별로 다르게 나타나며 국가 간 연구에서 조명된 핵심 노동 기준을 벗어난 임금 및 노동 시간 위반과 같은 다른 문제들을 수반한다.

노동 조건 위반은 수출 공장에 국한되지 않지만, 이들 공장은 지구화 과정과 가장 직접적으로 연관되어 있기 때문에 이러한 노동 조건을 평가하는 대부분의 분석에서 주로 조명되고 있다. 대기업 브랜드 상품을 공급하는 수출 공장에서는 최소 하나 이상의 노동 조건이 핵심 노동 기준에 맞지 않는 경우가 많다. 수출 가공 지역(EPZ)에 위치한 일부 공장과 수백 명의 노동자를 고용하고 있는 수출 공장들은 노동법, 특히 노조 권리 준수에 구애받지 않는다. 일부 연구는 초국적 기업이나 그 하청 업체가 국내 시장을 위해 생산하는 기업에 비해 더 나은 시설과 평균 급여를 제공한다고 제시하지만, 이러한 비교는 3장에서 논의된 바와 같이 길고 힘든 노동 시간을 고려하지 않는 경향이 있다(Bhagwati, 2004; Kabeer, 2004; Kabeer, 2004; Kabeer and Mahmud, 2004).

보통 외국인이 소유하고 있는 수출 공장의 노동권 침해는 강제적이거나 과도한 초과 근무, 초과 근무 수당의 미지급 혹은 임금 보류 등과 같은 임금 및 노동시간 관련 법 위반으로 나타난다(Liu et al., 2004; Berik and van der Meulen

---

14) ILO의 기본 원칙 및 권리에 관한 선언과 그 후속 조치에 따르면, 회원국은 8개의 ILO 협약에 명시되어 있고 공동으로 "핵심 노동 기준"으로 지칭되는 4가지 기본 원칙과 권리를 준수하도록 권장된다. (1) 단체 교섭에 대한 권리, (2) 모든 형태의 강제 노동의 제거, (3) 아동 노동의 효과적인 폐지, (4) 고용과 직업에 대한 차별 제거(ILO, 1998).

Rodgers, 2010). 예를 들어 인도네시아 나이키 하청 업체 중 한 곳의 노동자들은 생산 목표를 달성하기 위해 지속적으로 부당하게 무보수로 야근을 강요당해왔다고 항의했다(Bellman, 2012). 이 분쟁은 2012년 노조 협상과 소비자들의 항의에 따라 계약업체가 노동자들에게 과거 미지급된 잔업 수당을 지급하기로 합의하면서 해결되었다.

또한 안전 수칙 준수 위반이 끊임없이 발생했다. 2012년 업주가 산업 안전 및 위험 예방 조치를 이행하지 않아 방글라데시 공장 노동자 112명이 수출 의류 공장 화재로 목숨을 잃었다.[15] 이어 2013년 방글라데시의 한 의류 공장이 건축 안전 기준 규격 미달로 붕괴되면서 노동자 1,100여 명이 사망하는 대형 산업재해가 발생했다(Allchin, 2013). 이러한 사례는 농기업, 국내 기업 및 소매점 체인에 이르는 전 세계의 노동 관행을 조사한 연구의 근거 자료와 일맥상통한다(Chor and Freeman, 2005; ILO, 2008; Yu, 2008; Gross, 2010).

열악한 노동 조건이 낮은 수준의 자본주의 발전의 산물이라는 주장을 듣는 것은 흔한 일이지만, 수출 공장의 이런 여건은 본래 저소득 국가에만 국한된 일이 아니라는 점을 명심해야 한다. 오히려, 그것들은 가능한 한 적은 비용으로 노동자들로부터 가능한 한 많은 노동력을 뽑아내기 위한 현대적 창조물이다. 즉, 생산 공정을 옮기고 저소득 국가의 노동 조건을 저하시키는 생산의 국제화의 산물 그 자체다(Piore, 2004).

불평등 심화와 사회 양극화

신자유주의 시대에 많은 정부에서 채택한 정책들은 경제 성장에 따른 혜택이 노동보다 자본에 기반하여 재분배되도록 하였고 그로 인해 대부분의 국가에서 소득 양극화가 심화됐다. 3장에서 보았듯이 소득 분배에 대한 통계는 이러한 불평등 심화를 분명하게 보여준다. 1980년 이후 전례 없는 수준의 생산량과 생산성 향상을 이뤄낸 세계 경제 역량에도 불구하고 불평등은 전반적으로 증가했

---

15) 2012년 12월 8일 『뉴욕타임스』 p.A9 기사 "방글라데시 공장, 화재 발생 전 화재 진압 실패 (Factory in Bangladesh Lost Fire Clearance Before Blaze)" 참고.

고, 많은 국가에서 심각한 수준의 빈곤이 지속되었다. 남·북반구 모두 자본가와 노동자의 경제적·사회적 격차는 물론, 노동자 간의 격차도 커졌는데 이는 임금, 기업 내 복리후생 제도 접근성, 노동 조건 측면에서 나타났다.

많은 국가에서 나타난 불평등의 확대는 노동자들 사이의 불평등한 소득 분배 심화와 함께 일어났다(Stiglitz, 2012; Reich, 2012; World Bank, 2012). 1995~2007년 사이 전 세계 70% 국가에서 임금노동자 하위 10%의 평균 임금 대비 상위 10%의 평균 임금 격차가 더욱 벌어졌다(Van der Hoeven, 2010). 구조조정 및 아웃소싱을 통한 기업 내 노동 위계의 현저한 변화는 노동자 평균소득의 차이를 확대시켰다. 급변하는 기술로 경력직보다 젊은 신입사원이 더 나은 보수를 받는 경향은 고령 노동자의 사기에 부정적인 영향을 미치는 불평등을 낳기도 한다(Capelli, 1999). 노조원 감소도 임금 불평등 상승의 중요한 요인이다. 미국에서는 1973~ 2007년 5분의 1에서 3분의 1의 시간제 노동자가 불평등을 겪었는데 이는 노조 활동 감소로 인한 것이었다(Western and Rosenfeld, 2011).

미국에서 1979년 이후 상위 1%의 소득이 폭발적으로 증가한 주요 원인으로 임원 및 금융계 인사들의 급격한 임금 상승을 꼽는다(Mishel et al., 2013). 1970년대 후반에는 CEO가 일반 노동자의 50배 이상의 보수를 받았으나 2013년에는 CEO의 임금이 노동자 임금 평균의 331배가 되었고 최저임금 대비 약 774배였다(AFL-CIO, 2014). 이런 높은 임금 불평등은 기술 변화 때문만은 아니다(EPI, 2014).[16] 오히려 1979년 이후에 특징적으로 나타난 생산성과 실질임금 중간값 상승률의 격차는 정책 변화에 따른 노동시장 위계질서 내 권력의 변화 때문이다. 임원은 임금 협상을 통해 높은 급여를 받을 수 있을 뿐만 아니라 이사회의 구성원으로서 다른 임원들의 임금 인상을 승인할 수 있는 힘을 가지며, 이에 따라 임원과 나머지 직원들 사이의 임금 격차는 더욱 뚜렷해진다.

반면, 미국에서는 같은 기간 생산성이 23% 가까이 증가했음에도 2000~

---

16) 중간 임금 직종의 감소와 동시에 일어난 고임금 직종의 확대라는 측면에서 볼 때, 적어도 지난 60년 동안 임금 불평등의 감소와 중위 실질임금 증가의 기간을 포함하여, 직업적 고도화가 이루어지고 있다(EPI, 2014).

2011년 사이 중위 소득 노동자(소득이 전체 노동자 하위 50%보다는 많고 상위 50%보다는 적은 노동자)의 시급이 10% 오르는 데 그쳤다(Mishel, 2012). 2011년 연방 최저임금은 1960년대 후반 비관리직 노동자가 벌어들인 실질임금의 절반에 불과했고, 3단계 인상에도 불구하고 2011년 최저임금은 비관리직 노동자가 벌어들인 임금의 37%였다. 2011년 임금 분배의 하위 10%에 속하는 미국 노동자들은 실제로 1979년의 하위 10% 임금노동자보다 소득이 적었다. 1979년에서 2011년 사이 중위 소득 노동자의 임금은 겨우 6% 올랐는데, 대부분의 임금 증가는 1990년대 후반에 이루어졌다. 반면 고소득자(상위 20%)의 임금은 37% 이상 올랐고, 노동소득 상위 1%의 임금은 같은 기간 131% 올랐다(Mishel et al., 2013).

임금 불평등의 증가는 여성들, 특히 노동시장에서 가장 낮은 임금을 받고 거의 아무런 혜택도 받지 못하는 노동자들에게 부정적인 영향을 미친다(Chen et al., 2005). 이와 대조적으로, 1980년에서 2000년 초 사이 일부 개발도상국, 일부 OECD 국가 그리고 여성 소득이 남성의 70% 이상인 구소련 국가들에서 비농업 및 공식 부문 노동자들의 성별 임금 격차는 줄어들기도 했다(Floro and Meurs, 2009; Ñopo, 2012; Piras, 2004; Brainerd, 2000; Hegewisch et al., 2013).[17] 1990~1992년과 2006~2008년 사이에는 [표 4.1]에 나타낸 것과 같이, 많은 국가의 제조업 부문에서 남성대비 여성 임금 비율이 증가했다. 멕시코, 일본, 영국과 같은 몇몇 국가에서는 20% 이상 오르는 등 성별 임금 비율 상승세가 눈에 띄었다. 제조업에서 성별 임금 비율이 감소한 나라는 저소득 국가 중 이집트, 홍콩, 스리랑카를 포함한 극소수에 불과했다. 그러나 경제가 급성장한 홍콩, 싱가포르, 한국과 같은 동아시아 국가들에서 여성 제조업 종사자들이 여전히 남성 소득의 약 60%밖에 벌지 못했다는 점이 눈에 띈다. 일부 연구는 성별 임금 격차가 공식 부문보다 비공식 부문에서 더 크다는 것을 발견했다. 이런 현상은 이집트에서부터 인도, 남아프리카공화국 등 전 세계 다양한 나라들에서 나타났다(Bivens and Gammage, 2005).

---

17) 예를 들어, 중남미에서 1992~2007년 사이에 평균 성별 임금 격차는 25%에서 17%로 줄어들었다(Ñopo, 2012). 아프리카 국가들에 대한 정보는 매우 제한적이다(Floro and Meurs, 2009).

[표 4.1] 제조업 분야에서 1990~1992년과 2006~2008년 남성 대비 여성의 월 임금 비율 (각 구간 내 최신 통계 사용)

	1990~1992	2006~2008
이집트[a,b]	68	66
홍콩[b,c]	69	60d
키프로스[a,b]	58	56
요르단	57	63
대한민국	50	57
싱가포르	55	65
스리랑카[b,e]	88	77
태국[f]	64	75
코스타리카	74	81[g]
멕시코	50	72
파라과이	66	108
체코	68	65[b]
덴마크[g]	85	87[h]
프랑스[b,g]	79	85
헝가리[i]	70	73
아일랜드[b,g]	69	80
라트비아	84	81
룩셈부르크[b,g]	62	73
네덜란드	74	83
스웨덴[b,g]	89	91
스위스	71	79
영국[i]	61	82
호주[g,i]	82	90
일본[h]	41	61
뉴질랜드[g,i]	75	81

참고: a 주급, b 임금노동자, c 일액임금률, d 옥외 근무자 포함, e 일급, f 월액임금률, g 시급, h 데이터는 민간 부문만 포함, i 정규직 또는 정규직에 준하는 종업원.
출처: ILO 노동통계표 5b(2013년 4월 19일 열람) 및 UN 경제사회부(2010) 97쪽 표 4.10을 기반으로 계산됨.

소득 불평등 심화의 결과 중 하나는 총소득 중 노동이 차지하는 비중의 감소다. 2008년 ILO 보고서에서는 다음과 같이 지적했다.

데이터가 있는 73개국 중 51개국은 국가 총소득 중 노동소득 비율이 지난 20년 동안 감소했다. 국내총생산(GDP) 대비 임금 감소 폭이 가장 큰 지역은 중남미와 카리브해(−13% 포인트)였으며 아시아·태평양(−10포인트), 선진경제국(−9포인트) 순이었다(ILO 2008: 20).

마찬가지로 최근 키퍼와 라다(Kiefer and Rada 2014)가 OECD 13개국을 대상으로 진행한 연구에서도 1970~2013년 사이 전체 소득에서 임금이 차지하는 비중이 하향 평준화된 것으로 나타났다. 1976~2012년 사이에 대상 국가들 중 9개국의 임금지수가 12% 포인트 하락했다. 더 나아가 이 연구는 경제 활동에서의 장기간에 걸친 부정적인 변화를 보여준다. OECD 국가들의 경제 활동 손실은 2008년 위기와 연관된 일시적인 현상이지만 소득 불평등의 악화와 관련이 있는 것으로 보인다.

비공식성의 확산

고소득 국가에서의 자영업, 시간제 및 임시 고용의 증가는 전지구적인 노동시장 비공식화의 징조이다. 1970년대와 1980년대 초 비공식 부문에 대한 초창기 연구에서 강조된 바와 같이, 비공식 고용 형태는 더 이상 저소득 국가의 노동시장의 특징이 아니다. 당시 국제 개발 분야에서는 비공식 "부문"이, 특히 일자리를 찾아 도시에 도착한 농촌 이주자들에게 일시적이고 불안정한 형태의 고용을 제공하는 것이 상식으로 받아들여졌다(Hart, 1972). 경제는 이원론적 용어로 개념화되었는데, 공식적이고 "현대적"이며 생산성 높은 부문과는 대조적으로 비공식 부문은 "뒤처지고" 생산성이 낮은 것으로 특징지어졌다. 두 부문은 또한 서로 독립적으로 작동되는 것으로 여겨졌다. 현대화와 산업화를 통해 공식 부문이 대부분의 비공식 활동과 관련 노동 인구를 확장하고 흡수할 것이라고 가정해왔다.

그러나 이러한 예측은 실현되지 않았다. 1990년대 중반까지 비공식 '부문'이 경제 성장으로 약해지지도, "최신" 부문에 흡수되지도 않았음이 분명해졌다. 또한 노동에서의 비공식성은 임시, 단기 및 기타 유형의 임시 노동을 포함하여 고소득 국가의 공식 부문 고용에서도 증가했다.

ILO 국제노동통계총회(ICLS, International Conference of Labour Statisticians)에서는 비공식 부문의 개념을 여러 차례 정의하고 재정의했다. 이는 비공식 부문의 규모와 관련 노동력 규모를 측정하고 다양한 분야의 비정형적 고용의 증가 추세를 따라잡기 위함이었다. 1993년의 비공식 부문에 대한 공식적인 정의에서 제15차 ICLS는 비공식 부문에 관련된 사람들이나 그들의 직업적 특성보다는 비공식 노동 활동이 일어난 생산 단위(기업)의 특성을 강조했다.[18] 이 정의는 개인이 비공식 부문에 해당하는 특성을 가진 기업에서 일한다면 비공식 부문에 고용된 것으로 간주됨을 의미한다. 2002년, 국제 노동 총회는 비공식 부문에 대한 정의를 개편하고 다음과 같은 기준을 인정했다. (1) 미등록 기업 및/혹은 (2) 소규모 미인가 가족 사업 혹은 기업.[19] 또한 "법률 또는 실무에서 공식적인 합의에 의해 다루어지지 않거나 불충분하게 다루어지는 노동자, 경제 단위에 의한 모든 경제 활동"을 의미하는 "비공식 경제"라는 용어를 도입했다(ILO, 2002a). 따라서 비공식 경제에서의 고용은 (1) 제15차 ICLS 결의에서 정의된 비공식 부문에서의 일 (2) 비공식 부문 외부의 비공식 작업(ILO, 2002b)이라는 두 가지 요소로 구성되었다. 2003년에 제17차 ICLS에서는 "비공식 고용"이라는 용어를 도입했다.[20] ICLS는 정의를 내림에 있어 단순히 기업의 행정적 등기 및 등록, 규제 및 과세의 합법성에 초점을 맞추기보다는 비공식 고용을 기본적인 사회 보호 또는 고용 혜택

---

18) 비공식 부문은 일반적으로 해당 사람들에게 고용과 소득 창출이 주요 목적인 상품 또는 서비스를 생산하는 단위로 구성되는 것을 특징으로 한다. 이 단위는 일반적으로 소규모로, 생산 요소로서 노동과 자본을 거의 또는 전혀 구분하지 않고, 체계화되지 않은 방식으로 운영된다. 노사 관계(존재하는 경우)는 공식적인 보증이 있는 계약 체결보다는 주로 임시 고용, 친족 관계 또는 개인적 및 사회적 관계에 기반한다(ILO, 2013e: 13).

19) 이 정의의 기준이 되는 고용 규모는 국가마다 다르다. 5명(파나마), 10명(인도 및 튀르키예), 11명(에티오피아) 등이다.

20) 제17차 국제노동통계총회(ICLS)는 "비공식 고용"을 다음과 같이 정의했다. (A) 자영업 노동자 및 그들의 회사에서 일하는 고용인들 [사업체로 등록되어 있지 않거나 고용인의 수가 적은(예: 5명 이하) 최소한의 시장 생산품이 있는 미인가 가족 사업체], (2) 사업체에 기여하는 모든 가족 노동자, (3) 비공식 직업을 가진 직원(예: 고용인으로서 법적 보호 또는 사회 보장 대상이 아니거나 유급 연차 또는 병가와 같은 기타 고용 혜택을 받을 자격이 없는 직원), (4) 비공식 생산자 협동조합의 구성원(법인으로 설립되지 않음), (5) 가구 내에서 최종적으로 사용하기 위해 독점적으로 상품을 생산하는 자영업자(고용으로 간주되는 경우)(ILO, 2013d: 42).

을 포함하지 않는 특정 고용 관계 또는 노동계약으로 정의했다.

현재까지 수집된 통계에 따르면 비공식 고용은 많은 경제에서 핵심적인 역할을 하며 GDP에 상당한 기여를 한다. 비공식 부문에 대한 신뢰할 수 있는 통계 자료가 부족하기 때문에 추정치에 의존했을 때, 1970~1980년대와 2005~2010년 사이에 비공식 고용의 상대적 중요성이 전 지역에 걸쳐 증가했음을 알 수 있다 (Charmes, 2012). 비농업 고용에서의 비공식 부문은 장기간에 걸쳐 북아프리카와 남아시아 및 동남아시아에서 크게 증가한 것으로 추정되며 2005~2010년에 일부 국가에서는 감소했다. 2005~2010년 비공식 고용 비율은 사하라 이남 아프리카와 남아시아 및 동남아시아에서 가장 높은 것으로 추정되며, 이는 전체 비농업 고용의 거의 70%에 달했다. 모잠비크, 볼리비아, 방글라데시, 인도와 같은 국가에서 비농업 전체 고용 중 비공식 고용 비율은 이 기간에 각각 87.2%, 75.1%, 76.9%, 84.2%에 달했다(Charmes, 2012). 이러한 다소 높은 추정치는 비공식 경제의 중요성에 대한 몇 가지 아이디어를 제공한다.

저소득 국가와 일부 전환 경제 국가의 경우 비공식 경제가 예외적 현상이 아니라 일반적인 것이 되었다. 이들은 주변성과 불안정한 일자리를 경험한다. 저소득 국가의 노동자와 그 가구의 경우, 비공식적 고용이 유일한 생계 수단은 아니더라도 주요 원천임을 분명히 알 수 있다. 그러나 1980년대 이후 급속한 산업화를 경험한 일부 신흥 경제국에서는 비공식화가 둔화되는 것으로 보인다. 예를 들어, 중남미 및 동남아시아 지역 전체에서 2000년대에 비공식화가 각각 57.7%와 69.7%에 도달했지만 브라질과 태국의 비농업 고용에서 비공식 고용 비율은 감소했다(OECD, 2009).

반면 고소득 국가는 전체 고용 중에서 자영업, 시간제 노동 및 임시 노동 비율이 증가했다.[21] 대기업, 심지어 다자 기구 및 공공부문에서도 임시, 계약 및 단기 노동자 채용을 늘렸다. 그럼에도 불구하고 2000년대 초 이후 고소득 국가

---

21) 여러 유형의 비공식 고용(자영업, 임시 계약, 일일 또는 계절 단위 계약, 건설업계의 많은 직종)은 일반적으로 고용 보호 대상이 아니며 고용 및 해고 규정도 적용되지 않는다. 정규 계약에 대한 고용 보호가 매우 엄격한 경우 고용주는 규제를 피하기 위해 비표준 계약으로 노동자를 고용할 수 있다(Venn, 2009).

의 노동시장 여건이 악화되면서 이들 노동자 중 상당수는 불안정한 노동 조건과 불완전 고용 혹은 실업 상태에 놓이게 되었다. 전체적으로 이 노동자들은 스탠딩 (Standing, 2011a)이 "프리케리아트"라고 부르는 그룹을 형성한다. 스탠딩은 프리케리아트를 임시적이고 불안정하며 때로는 그림자 경제 내 직종에서 일하고 그에 따라 고용과 소득의 안정을 모두 확보하지 못하는 사람들로 정의했다.

프리케리아트는 전통적 형태의 정부와 기업의 사회복지 및 복리후생 제도의 혜택에서 제외된다. 프리케리아트는 정기적 급여 및 임금을 받는 노동자가 맺는 사회계약 유형에서 벗어나 있다. 임금노동자는 복종과 조건적 충성심을 대가로 고용 안정성을 보장받는다. 스탠딩(2011b: 10)은 다음과 같이 설명한다. "프리케리아트의 특징은 (낮은) 임금이나 소득 수준이 아니라 (도리어) 도움이 필요할 때 지역사회 지원 부족, 회사나 국가 지원 부족, 그리고 수입을 보완할 수 있는 사적 영역에서의 혜택을 잘 받지 못하는 것이다." 이 취약성은 시장 관계 확대라는 압력에 놓인 전통적인 커뮤니티 네트워크와 비공식적인 지원 메커니즘의 침식으로 더욱 심화되었다. 비공식 고용의 경우와 마찬가지로 이 노동 범주에 포함된 사람들의 수는 표준 노동력 통계에서 과소 측정될 가능성이 높다. 이러한 과소 측정은 단기 계약 및/또는 고용 혜택이 없는 노동자를 파악할 때의 전반적인 어려움과 노동시장에서 개인의 지위가 유동적이기 때문에 발생한다. 프리케리아트의 직업은 구성원들이 여러 고용 조건을 가진 여러 직업에 종사하기 때문에 정확하게 파악하거나 직업을 분류하기 어렵다. 프리케리아트는 경제 구조조정과 시장 조절의 타격을 가장 크게 받으며 사회에 대한 불신과 환멸감을 키워간다.

비공식 경제는 다차원적이고 다이내믹하다. 비정규직 형태의 고용은 1980년대 이후로 크게 증가하여 남성과 여성 모두에게 노동 생활 패턴에서의 더 큰 다양성을 불러왔다. 비공식 노동의 활동, 기술 및 필요 자본의 범위와 노동 조건은 매우 다양하다. 비공식 경제에 대한 연구는 공식—비공식 활동의 상호 연결성을 보여준다(Ranis and Stewart, 1999; Benería and Floro, 2006). "린 생산(lean production)"을 추구하면서 공식 경제 부문 내 대기업은 아웃소싱 및 하도급을 통해 임시 및 단기 일자리와 비공식 생산을 늘렸다. 이러한 상호 관계는 자본주의 경제가 비용

[그림 4.1a] 경제 성장 중 경제 활동 및 노동 사용 영역

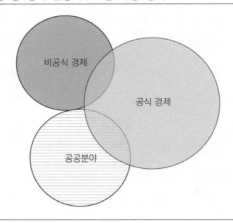

을 낮추는 방법으로서 비공식성에 의존하고 있음을 가리키며, 공식 부문 경제가 비공식 부문 경제 활동을 흡수할 유인이 없음을 나타낸다. 기업 개편과 생산 및 공급망의 탈중앙화는 두 경제 간의 구분을 점점 더 모호하게 하는 방식으로 이러한 연결을 확장했다. 그리고 시장 규제 완화로 인해 공식 부문과 비공식 부문의 경계를 파악하기가 어려워졌다.

또한 비공식 경제는 업무 조직의 변화하는 패턴과 공식 경제의 변동에 빠르게 대응한다. [그림 4.1a] 및 [그림 4.1b]는 공식과 비공식 사이를 오가는 전형적인 노동의 유동성을 나타내고, 경제 상황이 변화하고 사회 보호가 약화됨에 따라 개별 노동자 및 그 가구가 자신의 생존과 위험 관리에 어느 정도로 책임이 있는지를 보여준다. [그림 4.1b]는 경제 위기와 경기 침체 동안 공식 경제와 공공부문의 부진을 해결하기 위해 비공식 경제가 어떻게 확장되는지 보여준다.

저숙련·저생산성과 비공식 고용의 전통적 상관관계는 여전하지만, 지난 수십 년간 작업 패턴의 다양성이 증가하고 경제 성장 패턴이 양분되었다. 이는 고도로 숙련된 기술·관리·정규직 노동자의 "개발의 고진로(high road)"와 불안정하고 안전하지 않은 고용 유형과 관련된 "개발의 저진로(low road)"를 말한다.[22]

---

22) 이 점에 대한 자세한 내용은 Benería(2003) 및 4장 참고.

[그림 4.1b] 경제 위기 중 경제 활동 및 노동 사용 영역

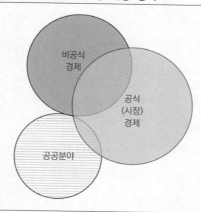

게다가 최신 장비, 컴퓨터 및/또는 기술 노하우의 사용과 관련된 기술 이전이 가치 사슬에 따라 이루어졌기 때문에 이러한 프로세스에 따른 생산은 더 이상 주변성 및 저생산과는 관계가 없다.

그럼에도 불구하고, 다양한 형태의 비공식적 노동은 공식 부문에서의 생산과 분리되어 있다. 가정 및 지역사회 수준에서 이루어지는 생존을 위한 노동이 특히 그러하다. 이들은 보다 공식적인 생산 및 가치 사슬 프로세스와의 관계가 약하거나 전혀 없고 자본 축적의 가능성이 없는 불안정한 형태의 자영업이다. 여기에는 노점, 채소밭 가꾸기, 정비소, 음식 노점·식당, 재봉(여성·남성복), 세탁 서비스, 물 판매, 자동차 청소 및 다양한 형태의 장인 수공예 생산이 포함된다. 사실 이것은 많은 저소득 국가의 농촌 및 도시에서 가장 쉽게 볼 수 있는 활동이다.

고소득 국가에서 나타나는 고용의 비공식화는 지하 경제를 예외로 하고는 대부분 법의 테두리 안에서 발생했다. 예를 들어 비정규직 또는 위에서 언급한 미니잡을 가능하게 하는 단기 계약직 및 임시 인력 센터는 정규 고용에 따른 혜택과 안정성을 제공하지 않음에도 노동시장 규제 완화에 따라 합법적으로 운영 중이다. 저소득 국가에서는 비공식 노동이 합법적으로 이루어지는 사례가 적다. 이러한 국가에서는 그 중요성에도 불구하고 대체로 비공식 노동의 법적 지위가 부족하고, 불안정한 조건과 경찰로부터의 폭력에 노출된 상태에서 노동이 이루

어진다. 그러나 최근 고소득 국가의 농업, 서비스 및 건설 부문에서 비공식 노동 계약의 증가는 비공식 노동이 노동법 및 규정의 범위 밖에서 점점 더 많이 발생 하고 있음을 나타낸다. 이 부문의 노동자는 주로 임시 노동계약이 정규 수입원이 되지 않는 이민자다(Rosewarne, 2012).

여성은 시간제 및 임시 노동, 가계 보조 수입 활동을 포함하여 비공식 경제 에 종사하는 노동자의 상당 부분을 구성한다. 비공식 취업 여성의 비율은 국가마 다 다르며, 2004, 2005년 여성 비농업 취업에서 차지하는 비율은 말리와 인도가 89.2 %와 86 %를 차지했다([그림 4.2]).[23] 성별 분리 통계가 있는 44개국 중 절반 이상에서 이러한 활동에 여성이 남성보다 많은 경향이 있다(ILO, 2011a).

여성이 집중되어 있는 비공식적 노동의 성격과 범위에 관한 통계 정보는 일 반적으로 불충분하지만, 많은 사례 연구에 따르면 가내 노동을 포함하여 수출 지 향적 산업화와 관련된 하도급 과정부터 노점상 및 서비스 활동에 이르기까지 다 양하다. 이들은 세탁 및 가사와 같은 생존 전략을 바탕으로 진화하였다(Portes et al., 1989; Carr et al., 2000; Chen et al., 2005; Mitra, 2005; Benería and Floro, 2006). 가 사 서비스는 많은 국가, 특히 소득 불평등이 심각한 국가들에서 여성이 하는 대 표적인 비공식 노동이다.[24] 자영업자와 이에 기여하는 가족 노동자로 구성된 취 약 고용이 고용 동향의 비공식화를 시사하는 만큼 ILO(2013a)가 제시한 지역별 남성과 여성의 불안정 노동에서의 점유율 추정치는 취약한 고용으로 분류된 여 성 노동자의 비율이 남성보다 높다는 것을 보여준다. 구소련 국가와 선진국을 제 외한 거의 모든 지역에서 이러한 경향을 보이고 있다. 그러나 2000~2011년 사이 여성 비농업 노동력에 종사하는 취약 계층의 비율은 북아프리카를 제외한 모든 지역에서 감소했다.

---

23) 이러한 통계는 잔여 추정 방법(residual estimation method)을 기반으로 한다. 최근까지 비 공식 고용과 비공식 기업체에서의 고용을 직접 측정한 국가는 소수에 불과했기 때문에 개 발도상국의 여러 설문 조사에서 발표된 기존 통계 데이터를 기반으로 한 간접적 접근 방식 이 사용되었다.

24) 브라질의 경우 1990년대 후반에 가사 서비스에 종사하는 여성의 비율은 16~20%로 추정된 다(Benería and Rosenberg, 1999).

[그림 4.2] 비공식 경제 고용률(비농업 활동 비율(%))

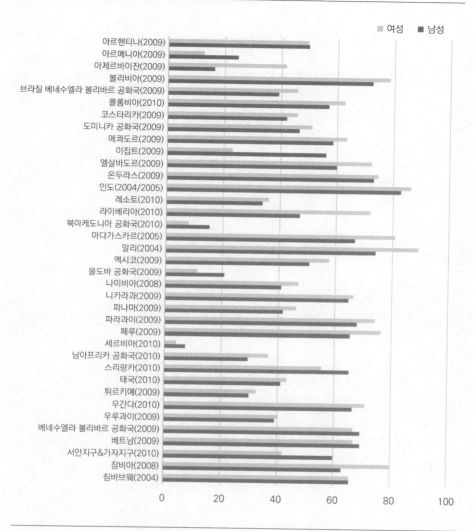

출처: ILO (2011a).
참고: 위의 자료는 ILO의 요청에 대한 국가 응답. 노동력 설문 조사 데이터의 특별 도표. 설문조사
보고서에서 발췌한 내용을 기반으로 한다. 중남미 국가의 경우 데이터는 가구 조사 마이크로
데이터베이스를 기반으로 한다.
* 고용은 사용자를 제외한 직원만을 의미한다.

[그림 4.3a] 국제 및 지역별 남성의 불안정 노동에서의 점유율

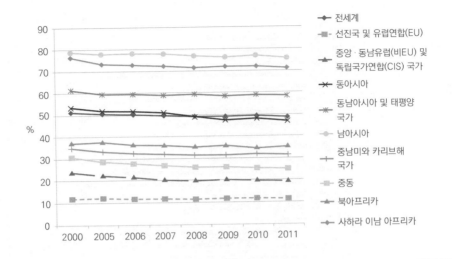

출처: ILO (2013a) 표 A12, p. 142.

[그림 4.3b] 국제 및 지역별 여성의 불안정 노동에서의 점유율

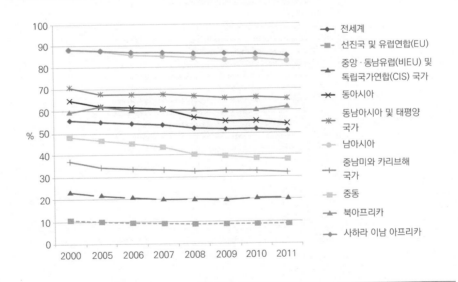

출처: ILO (2013a) 표 A12, p. 142.

대부분의 경우, 개발도상국의 취약 계층 노동자는 비공식 노동자가 겪는 공통적인 상황에 직면한다. 그들은 높은 수준의 고용 불안정에 노출되어 있으며 실업 상태이거나 일을 할 수 없는 동안에는 사회 안전망에 접근할 수 없다. 자영업자는 일반적으로 소득이 매우 낮고 노동 상황이 위태로우며 치열한 경쟁 상황에 놓이기 때문에 경제적 변동과 주기에 민감하다. 동시에 무급 가족 종사자는 제대로 임금을 받지 못한다. 여성은 고소득 국가를 제외한 대부분의 지역에서 이러한 두 그룹 모두에 다수 포진되어 있다. 시장성 있는 기술이 거의 없거나 이동성 부족, 차별적 관행 및 성 규범과 같은 다른 제약, 그리고/또는 유급 노동과 육아 및 가사노동을 병행해야 하는 상황에서 가난한 가정의 많은 여성이 소득을 창출하기 위해 임금이 얼마이든 상관하지 않고 비공식적 활동에 참여한다. 가내 노동 및 영세 기업 창업의 경우에도 그들의 일은 역동적인 기업 운영의 형태라기보다는 주로 생존을 위한 생계 수단으로 작용한다(Messier, 2005; Floro and Messier, 2010; Floro and Bali Swain, 2013).

기업 구조조정은 공식 고용에서 발견되는 성별 위계와 유사한 모습으로 하청을 통해 대기업 본사, 노동 착취 공장 및 탈중앙화된 생산자 간의 연계성을 확대했다. 예를 들어, 탈중앙화 생산의 가장 낮은 단계는 불법의 경계선에 있는 비공식 노동계약에 크게 기반을 두고 있다. [그림 4.4]에서 볼 수 있듯이 여성은 노동 규제가 거의 지켜지지 않는 가치 사슬의 맨 아래에 집중되어 있다. 이 단계에서 가내 노동자의 대다수는 여성이며 일부 국가에서는 여성의 비율이 80% 수준이다(Chen et al., 2005). 가내 노동자는 독립적인 자영업자와 흔히 "가내 노동자"로 불리는 "종속적 하청 노동자"의 두 가지 그룹으로 구성되어 있다(Carr et al., 2000). 여성 비공식 노동자 네트워크인 "세계화, 조직화되고 있는 비공식부문 여성(WIEGO, Women in Informal Employment: Globalizing and Organizing)"이 하청 노동에 대해 수행한 여러 연구에 따르면 하청 노동은 일관성 없는 근로 계약, 열악한 노동 조건 및 매우 긴 노동 시간과 함께 정규직보다 낮은 소득을 받는 경향이 크다(Chen, 2005; Chen and Carr, 2004). 서비스 부문의 가내 노동은 호주, 영국, 미국과 같은 고소득 국가에서도 확장되고 있다(예: 텔레마케팅 및 보육 분야)(Quinlan, 2012).

[그림 4.4] 성별에 따른 평균 소득별 비공식 고용의 세분화

평균임금   성별분리

높음

사용자

상시 비공식
임금노동자

주로 남성

자영업자

여성과 남성

비정규 비공식 임금노동자와
가사노동자

옥외노동자/가내노동자

낮음

주로 여성

출처: UNIFEM(UN 여성 개발 기금. 현 UN Women). 2005. 세계 여성의 진보(Progress of the World's Women) 2005: 여성 노동 및 빈곤, UNIFEM (현 UN Women): 뉴욕

일부 하청 업체는 태국, 필리핀, 방글라데시 및 기타 아시아 국가와 튀르키예의 경우처럼 자녀가 있는 기혼 여성을 가내 노동자로 선호하는 것으로 나타났다(Balakrishnan, 2002; Chen et al., 2005; Dedeoğlu, 2010; Floro and Pichetpongsa, 2010). 기혼 여성은 노동시장에서 이동이 제한적이고 선택범위가 좁기 때문에 기업의 노동력 확보에 있어 더 큰 안정성을 제공한다. 기업은 소득을 얻는 와중에 육아와 가사노동을 위해 집에 머물러야 하는 여성들이 스스로에게 부과하는 자기 규율뿐만 아니라 작업량에 따른 보수 지급 및 할당 시스템을 이용하여 생산성을 높인다.

일반적으로 여성이 가사노동과 육아를 주로 담당한다는 점은 여성이 생계와 돌봄노동을 함께 할 수 있는 노점이나 가내노동과 같은 비공식 노동을 선택하는 데 큰 영향을 미친다. 그리고 돌봄 책임은 무급 노동뿐 아니라 여성의 노동시장 전략을 설계하는 데 있어 여성의 이동성과 자율성을 제한하기 때문에 여성을 취약하게 만드는 원인이 되고 있다. 여성의 비공식 노동 참여와 이들이 노동시장 하위 계층에 몰려있도록 하는 또 다른 요인은 여성의 낮은 문해율이다. 일부 아프리카 및 아시아 국가에서는 문맹률이 여전히 매우 높은 동시에 다른 국가에서

는 여성의 초중등 학교 등록률이 남성보다 낮다(UNDP, 2010; 2011; World Bank, 2012). 여아의 학교 교육 수준을 높이고 교육의 성별 격차를 줄이는 데 있어 상당한 진전이 있었음에도 불구하고 여전히 낮은 문해력은 노동시장에서 여성의 선택권을 제한한다.

법적 차원에서는 비공식성이 높아지면서 노동법 시행이 더욱 어려워졌다. 모성 보호 제도는 여성이 공적 부문 일자리에 참여하여 더 높은 소득을 얻는 데 도움이 될 수 있지만 대다수의 국가에서 이를 중요하게 생각하지 않는다. 모성 보호 제도가 제대로 실행되고 있는지에 대한 의문 이전에, 우선 모성 보호 제도가 법적으로 명문화되어 있는 국가의 수가 상당히 적다. 2013년 기준 98개국에서 최소 14주의 출산 휴가를 제공하고 있지만 전 세계적으로, 특히 주로 아프리카와 아시아에서, 약 8억 3,000만 명의 여성 농업 노동자가 출산 시 적절한 보호를 받지 못하고 있다(ILO, 2014a: xiv). 그리고 노동시장 상황이 악화되는 상황에서 모성 보호를 위한 새로운 법의 비준과 국가 차원의 이행이 이루어질 가능성은 멀어진다.25)

분명 1990년대 말과 2000년대 초에 대부분의 법이 닿지 못하는 비공식 노동을 규제하고, 비정규직 노동자의 활용 방지 및 소외 노동자에 대한 보호를 확대하기 위한 ILO 이니셔티브와 같은 시도가 있었다(ILO, 2000a). 가사노동에 관한 협약(Convention Concerning Home Work)인 177호 협약(1996)과 보호가 필요한 상황에 있는 노동자(Workers in Situations Needing Protection)에 관한 전문가 회의(ILO, 2000b) 등의 성과가 나타났고 여기에서 가사노동자와 고용주의 등록과 노동자 협회 및 단체 교섭을 촉진하는 특별한 프로그램의 수립을 촉구했다. 또한 노동 최저 연령, 단체 교섭, 최저임금, 보수, 혜택 및 법정 자격, 가사노동자에 대한

---

25) 모성 보호 협약(ILO 협약 No.183)은 여성의 재생산 역할과 생산적 역할을 성공적으로 결합하고 재생산 역할로 인한 불평등한 대우를 예방할 수 있도록 제정되었다. 약 29개국(30%)의 유엔 회원국이 명목상 협약 제183호의 유급 출산휴가 요건에 부합하는, 즉 이전 소득의 최소 3분의 2 비율을 지급하는 최소 14주 휴가를 제공한다. 협약을 준수하는 국가의 비율이 가장 높은 지역은 중앙아시아와 유럽이며, 아시아와 태평양 및 중동 지역에서는 그 비율이 특히 낮다.

보호, 사회 보장, 노동 시간, 주간 휴식 및 병가 및 출산 보호에 대한 조항을 포함하여 유사한 대우와 관련된 문제를 다룬다. 그러나 2014년 8월 현재 가사노동 협약을 비준한 국가는 극소수(10개)에 불과하다.

공식적인 직업이든 비공식적인 활동이든, 여성의 노동력 참여 증가는 여성과 남성 간 가사노동의 불평등한 분업을 수반하며, 무급 노동의 대부분은 여성이 부담한다(Pearson and Kusakabe, 2012). 이러한 부담은 여성들이 일자리를 찾거나 노동시장에 참여하면서 가정을 돌보는 이중 역할의 균형을 맞추려 노력하는 데 피할 수 없는 갈등을 불러일으켰다. 일 가정 양립 정책이 도입된 국가에서도 2008년 경제 위기를 핑계로 그 수준을 낮추었다(Benería and Martinez−Iglesias, 2014). 유급 노동과 무급 노동 사이의 이러한 끊임없는 긴장으로 인해 많은 여성은 권리를 박탈당하고 주도권을 잃었다. 여성은 노동시장 기회를 통해 이익을 얻기도 했지만 더욱 늘어난 부담과 스트레스에 시달리기도 했다.

빈곤과 취약성

고소득 국가와 저소득 국가 모두에서 불안정한 일자리의 확산과 경제적 불안정은 빈곤과 취약성으로 이어지며, 이 특성은 전 세계 인구 대다수의 삶에 영구적으로 자리 잡게 될 수도 있다. 이는 물론 새로운 현상은 아니지만 노동시장 규제 완화, 생산 유연성 증가 및 전지구적 경쟁으로 인해 새로운 차원의 문제가 되었다. 특히 북반구의 여러 국가에서 최저임금 이상을 제공하는 일자리를 창출하지 못하고 위와 같은 전환과 구조적 변화 과정에 대한 지원을 하지 못하는 점은, 고소득 국가에서도 지속적으로 빈곤과 경제 불안정성이 발생하는 이유를 이해하는 핵심 열쇠다. 게다가, 영세기업과 같이 계약서 없는 비공식 자영업 노동의 경우, 이들이 주로 활동하는 상품 시장 내의 높은 경쟁과 불안정성으로 인해 노동은 취약해진다.

앞서 논의한 바와 같이 신자유주의 정책은 사회 보장 제도뿐만 아니라 거시경제 정책에서 재분배의 측면도 경시해왔다. 사회 정책의 개혁과 열악한 국가 재정 상태는 분절된 형태의 사회 보장 수준을 겨우 유지하고 있는데, 이는 체계적인 방법으로 보편적 공공복지를 다루기보다는 긴급한 문제들만 산발적으로 대처한 결과다. 이러한 환경에서 우리는 가계 생존 및 위험이 점차 민영화되어가는 과정을 목도하고 있다(Foley and Michl, 1999). 결국, 각 가구와 가족은 이를 어떻게든 수습해야 하며, 특히 실직하게 될 경우 매일의 생존을 위해 분투하게 된다(Molyneux, 2006; Razavi et al., 2012). 빈곤선보다 위에 있는 가구조차도 빈곤화 과정에서 자유로울 수 없다. 실직, 가뭄, 홍수, 심각한 건강 문제, 식량 가격 상승 및 교육 지출과 같은 충격은 상대적인 소득과 자산 지위를 빠르게 변화시켜 이들을 빈곤 상태로 만들 수 있다.

중요한 문제는 이 장에서 논의된 노동시장 구조조정이 젠더화된 빈곤 결과에 어떻게 영향을 미치는가다. 이 질문은 1990년대 중반 이후 빈곤층 내 여성의 비율이 높아지고 있는지, 여성들 사이에서 빈곤이 어떻게 분포되어 나타나는지에 대한 열띤 논쟁과 관련이 있다. "빈곤의 여성화"라는 개념은 1995년 베이징 행동 강령이 "빈곤에 대한 여성의 지속적이고 늘어나는 부담" 근절을 주요 목표 중 하나로 선언한 이후 많은 관심을 받아왔다(UN, 1996). 많은 국제기구와 여성 단체가 UN이 제안한 과제를 진지하게 받아들이고 빈곤 감소와 여성 지위 향상 사이의 연관성을 탐구했다. 예를 들어, 아시아 개발은행은 성평등이 성장을 발전으로 전환하고 빈곤을 감소시키는 데 필수적인 요소라는 점을 고려하여 빈곤 감소 목표가 젠더와 밀접한 관련이 있다고 보고 있다(ADB, 2001). 마찬가지로 라틴 아메리카 및 카리브해 경제위원회는 여성 빈곤 분석에 우선순위를 두었다(CEPAL, 2004). 빈곤의 여성화라는 개념은 빈곤을 감소시키면서 동시에 성평등 목표를 실현할 전망을 제시함으로써 국제 정책 분야에서 널리 사용되었다. 빈곤의 여성화 개념은 슬로건으로서의 가치를 빠르게 획득하고 빈곤 분석에서 활용되어 개념의 대중화 과정이 "빈곤 퇴치 프로그램의 여성화"로 이어질 정도다(Chant, 2008).

빈곤의 여성화 개념은 여성이 생계를 유지하고 가족을 부양할 때 직면하는 불이익에 대한 국제 개발 의제에 집중하고 있긴 하지만, 그것과는 별개로 여러 면에서 문제가 있다(Chant, 2008). 측정의 맥락에서는, 빈곤층 내 여성 비율이 증가하는 추세에 대한 증거가 누락되었다(Fukuda-Parr, 1999). 이 주장은 우리에게 빈곤율의 성별 차이를 증명할 포괄적 성별 분리 데이터가 부족하다는 단순한 이유 때문에 경험적으로 입증되지 않았다. 대부분의 경우 개발도상국의 데이터는 젠더에 관련한 충분한 정보를 제공하지 않고 가구를 단일 의사 결정 모델로 가정하여 자료를 수집한다. 성별 분리 소득 데이터가 없는 상황에서 연구자들은 오랫동안 여성 가장 가구를 측정 대리 수단으로 사용하여 여성 빈곤의 발생률을 평가하고 여성의 빈곤층 비율이 증가하고 있는지 여부를 결정했다. 일부 초기 연구에서 이러한 가정이 남성보다 가난하다는 주장을 뒷받침하는 것으로 나타났지만(Buvinić and Gupta, 1997)이 패턴은 보편적이지 않다(Fukuda-Parr, 1999; Chant, 2008).

여성의 빈곤을 여성 가구주로 측정하는 단순한 접근 방식은 여러 근거에서 논쟁을 낳았다. 첫째, 여성 가구주 가구는 상당히 가지각색이다. 그들은 연로한 과부부터 비혼모에 이르기까지 법률상, 사실상의 여성 가구주를 포함하며 가구주가 되는 다양한 방식을 반영한다(Deere et al., 2010).[26] 더욱이 여성 가구주가 반드시 고난이나 절망을 겪지는 않는다(Chant, 2008). 일부 여성 가구주에게 별거, 이혼, 심지어 과부가 되는 경우와 같은 결혼 상태의 변화가 갈등 또는 폭력, 배우자의 불규칙한 경제적 지원으로 인한 불확실성에서 벗어날 수 있다는 점에서 개인에게 자율성과 자유를 줄 수도 있다. 따라서 비혼모는 "더 나은 빈곤유형"이 될 수 있다(Chant, 2008: 175). 또한 중요한 것은 여성 가구주에만 집중하는 것은 가난하지 않은 남성 가구주 가구 내의 여성 구성원들이 겪는 불평등을 인식하기 어렵게 한다는 것이다.

빈곤의 여성화 추세를 나타내기 위해 소득 빈곤을 사용하는 것도 문제다. 센(Sen, 1999: 87)이 주장하듯이 "빈곤은 단순히 소득의 부족이 아니라 기본 역량의 박탈로 보아야 한다." 이러한 주장은 빈곤의 다면적 본질이 점차 수용될 수 있도록 했다. 빈곤의 다면적 측면은 빈곤의 어떤 측면이 남성보다 여성을 가난하게 만드는지, 그리고 그들의 상대적 박탈이 소득, 소비, 가용 시간, 교육 또는 여

---

26) 사실상의 여성 가장이란 남성이 일시적으로 자리를 비운 가구를 말한다.

성 및 남성의 안녕에 대한 인식에 의해 얼마나 영향을 받는지에 의문을 제기한다(UNDP, 2011). 마지막으로, 빈곤의 여성화라는 용어는 여성의 계급, 인종, 민족성 및 세대 차이를 간과하는 경향이 있다.

이러한 문제에도 불구하고 빈곤의 여성화에 관한 논쟁은 학계, 정책 입안자 및 옹호 단체가 빈곤의 개념과 의미를 면밀히 조사하도록 했다. 챈트(Chant, 2007)가 지적했듯이 이 논쟁은 페미니스트 연구를 빈곤 분석과 빈곤 완화 정책 평가의 최전선으로 끌어왔다. 대중적 용어에 이의를 제기하는 과정에서 페미니스트 연구는 빈곤 역학을 이해하고 모니터링하는 데 있어 다른 요소와 함께 성별의 중심성과 중대한 의미를 밝혔다.[27]

최근의 연구는 소득과 가구주 두 가지 모두 젠더화된 빈곤의 특성과는 거리가 있다는 점을 입증한다. 더욱이 챈트(2008)는 빈곤의 여성화라는 용어가 빈곤의 젠더 분석에 유용하게 쓰이려면 그녀가 "책임 및/또는 의무의 여성화"라고 부르는 경향을 통합, 확장해야 한다고 주장한다. 특히 2003~2005년 코스타리카, 감비아, 필리핀의 사례에 따르면 여성은 남성보다 가구 생존을 위해 더 다양한 방식으로 더 많은 노동력을 제공하고 있지만 가족 내에서 의무나 보상에 대해 협상할 수는 없다. 이러한 맥락에서 조건부 현금 지급 제도와 같이 여성의 노동량과 책임을 증가시키는 빈곤 감소 전략의 도입은 특히 문제가 된다. 대신 정책 설계는 여성의 노동 부담을 줄이고 가정의 책임 평등을 촉진하는 것을 목표로 해야 한다.

요컨대, 최근 수십 년간의 노동시장 구조조정 기간에 소득 빈곤이 여성화되었는지 여부는 확인할 수 없지만, 비소득(역량) 측면에서 저소득층 여성의 대다수가 노동량과 가족을 부양할 책임의 증대를 경험하고 있는 것으로 나타난다.

---

27) 또한 이 논쟁은 주체 및 권력 관계와는 분리된 고질적 문제로서 빈곤이라는 개념에 도전한다. 그리고 데이터 수집 및 가구 조사 설계는 물론, 대부분의 거시경제 및 미시경제 모델과 빈곤 감소 정책의 기저를 이루는 단일한 가구에 대한 가정에 의문을 제기했다. 이는 가구 내 갈등을 고려하지 않고, 가구는 합의에 기반한 또는 조화로운 주체로 행동한다고 가정한다.

노동 조건 개선을 위한 방안

1919년 창설 이래 ILO는 노동 기준에 대한 국제 규정을 제공했다. 수년에 걸쳐 노동 기준에 대한 협약 및 권고를 채택함으로써 노동 조건 및 노동 권리에 관한 국가 법령, 법률, 조치 및 지침을 도입하도록 했다. 이는 보건 및 안전 기준에 대한 권리에 이르기까지 다양하다. 그 예로 출산 휴가 및 가사노동을 위한 휴가 등이 있다. 이러한 방식으로 국제 노동 기준은 국가 차원에서 노동 및 사회 정책을 규율하는 포괄적인 조치를 위한 시스템으로 성장했다. 확실히, ILO 협약은 회원국에 의해 비준되어야 하며 비준조차도 이행을 보장하지는 않는다. 제2차 세계대전 이후 남반구의 많은 정부에서 결사의 자유(No.87, 1948), 조직 및 단체교섭권(No.98, 1949)을 보장하는 등, 노동 기준에 있어 ILO 협약을 채택했다. 그러나 우리가 논의한 바와 같이 노동 단가 최소화를 달성하기 위한 치열한 국제적 경쟁으로 인해 노동시장 규제가 약화되고 많은 부문의 노동 조건이 악화되었다. 또한 규제 범위를 벗어난 비공식적인 활동이 증가했다. 이러한 주요 과제들은 노동이 권리를 유지하기 위한 협상력 회복 방법을 모색하는 새로운 이니셔티브와 채널로 이어졌다. 아래에서 논의하는 전략과 메커니즘에는 노동 기준을 무역권에 연결하려는 ILO의 기본 원칙 및 직장에서의 권리 선언, ILO의 양질의 일자리 의제, 기업 행동 강령과 같은 사회적 책임 제도, 비공식 노동 조직화와 전통적인 노조화를 위한 이니셔티브와 같은 시도가 포함된다.

국제 노동 기준: 사회 조항

1995년 출범부터, 특히 1990년대 후반 이후 세계무역기구(WTO) 장관급 회의는 강제성 있는 전지구적 노동 기준에 대한 토론의 장으로 활용되었다. 부분적으로 이는 바닥으로의 경쟁을 부추긴 무역 자유화 정책과 용납할 수 없는 형태의 노동 및 노동계약이 확산된 상황에 기인한다. 전 세계적으로 노동자의 권리가 놀라울 정도로 약화되고 노동 조건이 열악해지는 상황에서 노동조합, 여성 단체 및 기타 비정부기구(NGO)는 국제기구들에 노동권을 보호하고 노동 조건을 개선할 방법을 모색하라고 압력을 가했다.

주로 북반구 출신인 노동 단체, 페미니스트, 학계 및 정부를 포함한 광범위한 연합이 추진한 한 가지 의제는 국가의 국제 무역권과 공통된 노동 기준 유지를 연결 짓는 무역 규칙이었다. 이 그룹은 아웃소싱, 하도급 또는 수입되는 제품과 서비스를 포함하여 모든 재화와 서비스의 생산에 있어서 최소한의 국제 노동 기준을 준수해야 한다고 주장했다. 최소한의 기준은 일반적으로 ILO의 근로 기본 원칙 및 권리 선언(ILO, 1998)에 명시된 "핵심 노동 기준"으로 이해되었다. 수출국이 이러한 기준을 준수하지 않으면 무역 제재를 받을 수 있다. 일반적으로 '사회 조항'이라고 하는 이러한 형태의 무역 및 노동 조건 간 연계는 국제 무역에 들어가는 상품과 서비스가 ILO 협약을 준수하는 조건에서 생산되도록 보장한다. WTO와 ILO는 이 규칙의 작동을 공동으로 관리해야 했다.

사회 조항 아이디어는 남반구 국가들의 무역을 통한 경제 성장 추구권에 찬성하는 일련의 남반구 옹호자들, 주류 경제학자, 무역 이론가 및 일부 페미니스트 학자들의 강한 반대에 부딪혔다. 이들 그룹은 사회 조항이 보호주의적 조치, 즉 고소득 국가가 비교 우위를 가진 상품으로 저소득 국가의 수출을 약화시켜 산업화 가능성을 낮추는 계획이라 여겼다. 사회 조항에 반대하는 일부 주장은 무역을 하며 자신의 노동 기준을 결정할 수 있는 자유를 강조하는 자유주의적 논조를 견지한다. 일부 페미니스트와 개발 경제학자를 포함한 다른 사람들은 비공식 경제에서 사회 조항을 구현할 메커니즘이 없기 때문에 공식 노동자와 비공식 노동자 사이의 격차를 강화할 위험이 있다고 지적했다. 반대론자들은 또한 훨씬 낮은 노동 기준으로 만들어진 수입품과 서비스로 인해 일자리가 취약해진 북반구 노동자들의 문제를 무시했다.[28]

전지구적 노동 기준의 적용이 여성 노동자들에게 미치는 영향이 논쟁의 중심이 되었다. 일부 페미니스트들은 노동보다 자본을, 투자자의 권리가 대다수 시민의 인권보다 우선하도록 허용해온 현재의 무역 및 금융 체제의 맥락에서 특히

---

28) 전지구적 노동 기준 논쟁 속 주장들의 윤리적 토대에 대해서는 Berik(2008) 참고.

저소득 국가의 사람들에 대한 국제 노동 기준 적용이 시급하다고 주장했다 (Çağatay, 1996; 2001; Hale, 1996). 여성 노동자들의 문제를 해결하기 위해 전지구적 노동 기준이 할 수 있는 일에는 한계가 있지만 경계를 설정하고 최하위 경쟁을 억제하는 데에는 기준이 필요하다. 국제적으로 강제할 수 있는 노동 기준을 확립하는 것은 거시경제 정책 담론에서 종종 무시되거나 경시되는 노동권 문제를 제기하는 수단이기도 하다. 더욱이 사회 조항 의제에서 구상한 것처럼 모든 국가가 노동 기준을 높인다면 특정 국가의 노동 기준 상승으로 인한 투자 손실에 대한 두려움은 거의 근거가 없다.

다른 페미니스트들은 노동 기준의 전지구적 시행은 필연적으로 여성 노동자의 일자리 손실을 초래할 것이며 수출 일자리를 유지하는 것이 최우선 관심사여야 한다고 주장하는 사회 조항 접근법에 반대했다(Razavi, 1999; Kabeer, 2001; 2004). 카비어(2004)는 단체 교섭에 대한 노동자의 권리와 같은 기준이 인건비를 높이고 국가로부터 투자를 멀어지게 할 것이라고 주장한다. 또한 저임금 여성 노동자들조차도 수출 부문 일자리가 그들에게 물질적, 개인적 혜택을 제공한다고 생각한다고 주장했다. 수입을 창출하는 능력은 여성 노동자들의 자립심과 자존감을 고취시킨다. 이들은 또한 여성들이 새로운 사회 연결망에 접근하고 가정 내의사 결정 과정에서 더 큰 목소리를 낼 수 있게 된 것을 중요하게 평가한다. 싱과 재밋(Singh and Zammit, 2001; 2004)은 카비어와 함께 사회 조항의 또 다른 결과로서 비공식성의 증가를 예측했다. 공식 경제에서 높은 임금은 이러한 규칙이 적용되는 일자리의 성장을 늦출 수 있고 대신 비공식적인 일자리 성장을 부추길수 있다. 저소득 국가의 개발 전망이 불투명해질 뿐만 아니라 여성 노동자들도이러한 저임금 비공식 일자리에 집중되는 결과를 낳게 될 것이다.

다른 학자들은 여성이 대다수인 비공식 및 비정규직을 포괄하는 국제 노동기준의 비효율성을 강조했다(Ghosh, 2000). 비공식화의 맥락에서 공식적으로 등록된 기업에서만 모니터링할 수 있는 노동 조건의 개선은 한계가 있다. 더욱이일부는 최악의 노동 조건 중 상당수는 수출 지향적이고 초국적 기업에서 발견되는 것이 아니라 다양한 전통적인 서비스 부문 활동에서 발견된다는 지적을 했다.

예를 들어 카비어와 마무드(Kabeer and Mahmud, 2004)는 방글라데시의 수출 부문 일자리가 여성들이 선택 가능한 다른 대안 일자리들보다 높은 임금을 지불했다는 사례를 제시한다.

이러한 주장의 단점은 노동 기준을 개선하지 않는 변명으로 사용될 수 있다는 것이다. 카비어(2004)는 사회 조항의 대안으로서 기본 소득 프로그램("사회적 층"(social floor))의 형태를 제안하여 고용주에 대한 노동자의 대비책을 마련하고자 했지만, 사회 조항에 대한 반대는 일반적으로 "아무것도 하지 않기"와 마찬가지였다. 많은 사회 조항 반대론자가 노동자의 권리를 강조했지만, 취약한 노조와 노조에 적대적인 정부가 존재하는 한 이 접근법은 효과적인 대안을 제공하지 못한다. 더욱이 반대론자들은 사회 조항이 여성 노동자의 노동 조건 개선의 혜택뿐만 아니라 저소득 국가의 복지 수준을 높일 수 있다는 전반적인 가능성을 간과하는 경향이 있다. 특히, 많은 학자는 높은 노동 기준이 사회적 안정을 촉진하고 민주적 정부를 발전시키는 데 도움이 되며 경제 복지("최고를 향한 경주"(race to the top))를 향상하는 데 활용될 수 있을 것이라고 말했다. 고임금이 외국인 직접 투자를 방해할 것이라는 일부 학계와 정부의 두려움은 오해라고 했다. 로드릭(Rodrik, 1996)은 시민의 자유와 정치적 권리가 더 강한 국가가 경제적 성과에서 더 큰 안정성을 경험하고 불리한 충격에 더 잘 적응한다는 경험적 증거를 제공했다. 또한 쿠체라(Kucera, 2002)는 FDI가 노동권이 강한 국가를 기피하지 않는다는 것을 보여줬고 갈리와 쿠체라(Galli and Kucera, 2004)는 1990년대 중남미에서 더 높은 노동 기준(노동조합 기본 권리)이 고용 비공식화로 이어지지 않았다는 증거를 제시했다.[29] 마지막으로 인도네시아의 사례에 따르면 수출 기업의 임금 인상으로 인한 일자리 손실에 대한 두려움도 잘못된 생각일 수 있다(Harrison and Scorse, 2010). 1990년대 인도네시아의 반노동착취(anti-sweatshop) 캠페인은 외국

---

[29] 산업 수준에서 미국의 FDI 유출을 조사한 최근의 연구는 민주주의 강화가 FDI 유치와 양립할 수 있음을 확인시켜준다. 바닥으로의 경쟁의 망령을 불러오는 자원 부국의 광업과 석유 및 가스 추출은 예외라고 볼 수 있는데, 이는 민주주의 강화를 위해서는 두 가지 층위의 전략이 필요함을 시사한다(Kucera and Principi, 2014). 더 세분화된 산업 분석을 한다면 의류산업과 같은 제조업 하부 분야에서의 바닥으로의 경쟁도 예외로 지적될 수도 있다.

인 소유 및 수출 기업의 실질임금을 크게 높이고 일부 투자 손실은 있었지만 고용에 부정적인 영향을 미치지 않았다.

이러한 증거에도 불구하고 아무것도 하지 않는 입장이 승리했다. 다자간 무역 협정에 전지구적 노동 기준을 포함시키려는 의제는 WTO 회의에서 통과되기 어려웠기 때문에 기각되었다. 이러한 결과에도 불구하고 사회 조항에 대한 논쟁은 저임금 국가의 노동 집약적 생산의 근로 조건에 대중의 관심을 집중시켰고 다양한 관계 당사자를 동원하는 데 도움이 되었다. 또한 거래되는 많은 상품과 서비스를 생산하는 작업 조건을 개선하기 위한 새로운 전략을 개발할 필요가 생겼다. 사회 조항이 사라진 이후 열악한 근로 조건을 해결하기 위한 예상치 못한 접근 방식 중 하나는 점점 더 많은 무역 협정에 노동 조항 또는 조목을 무역 특혜의 조건으로 포함하는 것이다(ILO, 2009; 2013b).[30] 다만 정부가 이러한 노동 조항을 준수하고 실제로 근로 조건을 개선하는지 여부는 아직 연구되지 않았다.[31] 그 외에는 열악한 노동 조건에 대한 지배적인 국제적 대응이 자발적이거나 구속력이 없는 성격의 계획으로 변모했다.

ILO의 양질의 일자리 의제

사회 조항 논쟁의 한 가지 결과는 실제로 동시 개발된 양질의 일자리 의제(Decent Work Agenda)로 알려진 ILO의 플랫폼이었다. ILO 웹 사이트에서 언급한 바와 같이, "양질의 일자리 의제는 노동하는 사람들의 열망을 압축해서 보여준다"(ILO, 2014b). 양질의 일자리 의제의 과업에는 모든 노동자, 특히 "공식 노동시장을 넘어서는 노동자(제도 밖의 임금노동자, 자영업자 및 가사노동자)를 포함하며 그 즉각적인 목표는 전지구적 경제를 위한 사회적 장을 마련하는 것이다"(ILO, 2002b: 2 and 4). 양질의 일자리 의제는 일자리 창출, 직장에서의 권리 보장, 사회 보호 확대, 사회적 대화 촉진의 총 네 가지 전략적 목표를 가지고 있으며, 성평등을

---

30) 이러한 노동 조항의 성격과 이를 형성하는 힘은 아직 잘 연구되지 않았지만, 해당 조항이 있는 특혜 무역 협정은 1995~1999년 4%에서 2005~2009년 31%로 증가했다(ILO, 2009).
31) 초국가적 운동의 압력과 같은 특정 조건이 노동 조항의 집행을 보장하는 열쇠임을 시사하는 몇 가지 증거가 있다(Nolan Garcia, 2011).

범분야의 목표로 둔다(ILO, 2002b; 2014b). 직장에서의 권리 구성 요소는 앞서 언급한 노동조합 기본 권리, 고용에서 동등한 임금 및 차별 금지, 강제 노동 및 아동 노동 철폐와 같은 핵심 노동 기준을 지향한다. 그러나 이것은 오랜 시간에 걸쳐 ILO 협약을 통해 발전해 온 노동권 목록과 비교할 때 최소한의 노동권 의제일 뿐이다.

양질의 일자리 의제에 대한 반응은 해당 의제가 등장할 때부터 존재했던 긴장을 설명해준다. 우선, '양질의 일자리' 개념에 대한 다양한 해석과 그것의 구현에 대한 다양한 견해 또는 접근 방식이 있다. 양질의 일자리 의제를 지지하는 사람들은 이 의제가 한때 경계 밖에 있는 것으로 간주되었던 노동자들을 표준 및 규범 내 활동으로 불러들이기 위해, 통제된 경제의 주변부 노동자들에게 초점을 맞춘 것으로 보았다(Vosko, 2002). 지지자들은 또한 이 의제를 사회 조항 메커니즘의 노동 기준을 전지구적으로 시행하기 위한 실현 가능한 대안으로 여겼다. 이런 의미에서, 양질의 일자리는 전지구적 자본, 회원국, 노동조합, NGO 간의 긴장과 갈등을 중재하는 방법으로 인식된다. 미국과 같은 일부 정부는 제재가 아닌 도덕적 권고에 맡긴다는 이유로 이를 지지했다. 유사하게, 몇몇 G-77 국가는 구속력이 없고 무역과 연계되어 있지 않기 때문에 이 의제를 수락했다. 이는 양질의 일자리 의제가 고소득 국가에서 보호주의 목적으로 사용될 수 없음을 의미한다.

그러나 한편에서는 이 의제에서 누락된 부분을 강조했다. 몇몇 여성 단체와 노동조합은 모든 노동자의 노동권을 위한 투쟁에 주목하는 "올바른 방향"으로의 한 걸음을 위해 이 의제를 크게 지지하지 않았다(Baccaro, 2001). 비판하는 사람들은 이 의제가 여전히 부적절하다고 주장한다. 전지구적 노동 기준 논쟁에서 이 단체들이 제시하는 주요 논의의 지점, 즉 기본 노동권의 침해와 함께 압도적인 우위에 있는 자본의 권한을 다루지 않기 때문이다. 여기에는 고용주의 행동을 통제하고 노동자에게 충분한 보호를 제공할 조치와 메커니즘이 포함되어 있지 않다. 특히 이 의제는 노동을 파괴해온 "바닥으로의 경쟁"에 대한 대응력을 다루고 있지 않다. 마찬가지로 이 의제는 유연한 노동력에 대한 자본의 끊임없는 요구에 대응할 수 있는 조치를 포함하지 않았으며, 구속력이 없기 때문에 양질의 일자리를 촉진하는 데 있어 그 효과가 의심스럽다고 주장한다.

양질의 일자리 의제에 대한 핵심 노동 기준은 실제로 무시되는 경우가 많다(World Bank, 2012). 확실히 이러한 원칙에 대한 언급이 여러 국가 법률과 국제기구의 지역 내 절차 그리고 몇몇 양자 자유무역협정에서 더 늘어나고 있다. 그리고 아동 노동과 같은 노동권 원칙 위반은 상당히 감소했다(ILO, 2013c). 그러나 전 세계적으로 강제 노동, 차별, 단체교섭과 노동조합의 약화가 지속되고 있다는 것은 의제의 비효율성을 보여주는 증거다(ILO, 2013a). 많은 노동 정책이 계속해서 공식 부문 노동자만을 다루고 있다. 또한 많은 정부가 투자 유치를 위해 수출 가공 지역 및 기타 부문에서 일부 노동 규정의 적용을 제외했다.

기업 행동 강령 및 윤리적 거래 이니셔티브

최근 몇 년 동안 소비자 불매운동이나 이보다는 약한 위협의 결과로 많은 초국적 기업이 사회적 책임 프로그램을 고안하고 자발적인 행동 규범을 채택하며 국제적 제재 조치의 설계와 실행을 대체했다. 자발적 규범은 특정 회사에 조달하는 해외 공급 업체를 대상으로 시행하고, 노동자들이 열악한 노동 환경에서 일한다는 인식으로부터 기업 브랜드를 보호하기 위한 것이다. 그러나 이러한 규범은 다소 단편적이다. 이런 식의 행동 규범의 도입은 자동적으로 일어나는 것이 아니기 때문에 노조 및 기타 노동자 권리 단체가 고용주의 규범 준수를 모니터링하는 것이 중요하다. 또한 많은 풀뿌리 조직이 대안적 무역 기관을 설립하고 공정 거래 라벨링 운동을 진행했다(Raynolds et al., 2007; Rice, 2001; LeClair, 2002). 회사는 종종 기업 브랜드, 해외 공급 업체 및 소비자 그룹(예: 대학, 학생 옹호 그룹)을 한데 모은 공정노동협회(FLA)와 같은 이해관계자가 다양한 이니셔티브의 일부가 된다. 이러한 경우 FLA는 공급 업체 공장에 검사 시스템을 설치하여 작업 상태를 모니터링하고 정기적인 검사 보고서를 일반인에게 공개한다.

노동 기준의 이행과 관련된 한 가지 문제는 규제를 시행하기 위한 모니터링 시스템의 설정과 관련이 있다. 이는 비용이 많이 들고 특히 1980년 이후 예산이 삭감되는 상황에서, 많은 개발도상국으로서는 만들기 어려운 수준의 기관을 필요로 한다. 더욱이, 전지구적 가치 사슬의 복잡한 조직과 많은 하청 업체의 활용은 기업의 노동 조건 모니터링을 어렵게 만들어 제한된 결과를 낳았다(Locke et al., 2006). 모니터링 문제를 해결하고 근로 기준 개선을 위한 인센티브를 제공한 흥미로운 프로그램으로 '캄보디아의 더 나은 공장(BFC, Better Factories Cambodia)' 프로그램을 들 수 있는데, 이는 1990년대 중반에 ILO와 캄보디아 및 미국 정부 간의 파트너십으로 발전했다(Polaski, 2006). 이 프로그램은 미국 시장을 위해 상품을 생산하는 공장의 노동 조건을 모니터링하고 개선하기 위해 시장 인센티브에 의존했다. ILO는 노동 조건을 모니터링하는 역할을 했으며, 공장이 규정을 준수하는 것으로 간주되면 캄보디아는 미국 시장에서 우대를 받았다(미국으로의 의류 수출에 대한 관세 인하). 공장 모니터링 비용은 미국 정부, 캄보디아 정부 및 ILO가 분담했다.

'캄보디아의 더 나은 공장' 프로그램은 노동 조건을 개선하는 동시에 무역 제재 대신 무역 인센티브를 통해 수출과 고용을 확대할 수 있다는 점에서 촉망받는 프로그램이었다(Berik and van der Meulen Rodgers, 2010). 그러나 몇 가지 중요한 한계점도 있었다. 모니터링을 받는 노동 조건의 범위가 제한적이었다.32) 그리고 공장 위주 프로그램으로서 캄보디아의 노동조합 기본 권리와 관련된 현황에 주의를 기울이지 않았다. 실제로 일각에서는 이 프로그램이 캄보디아의 노조를 약화시키는 기능을 한다고 주장했다. 따라서 ILO 보고서의 긍정적인 결과는 캄보디아의 노조원에 대한 폭력 상황과 뚜렷한 대조를 이룬다(Miller et al., 2008).

무역 자유화에 따른 관세의 전반적인 하락은 관세를 인센티브로 사용하는 유인을 감소시키고 BFC 프로그램을 따라 할 가능성을 감소시켰다. 실제로 2008년 이후 여러 국가(요르단, 레소토, 니카라과, 베트남 등)에서 나타난 '더 나은 일자

---

32) 모니터링의 지표는 임금과 노동 시간, 보건 및 안전 기준을 포함했는데, 이들은 중요한 기준들이지만 모니터링이 충분히 이루어지기는 어려운 좁은 수준의 지표들이었다(Berik and van der Meulen Rodgers, 2010). 2006년과 2007년에 모니터링된 공장은 임금 기준(예: 정확한 초과 근무 수당 지급)은 거의 완벽하게 준수했지만 다른 기준에서는 성적이 저조했으며 과도한 초과 근무(하루 2시간 이상으로 정의됨) 항목에서는 최악의 결과를 보였다.

리' 프로그램은 국제금융공사(IFC)가 지원하는 의류 산업 내 ILO 모니터링 프로그램으로 운영되고 브랜드 제조사들에게 문제없는 것으로 인증된 상품을 배송하는 것으로 기능했다(Better Work, 2014). 그리하여 '더 나은 일자리'는 좋은 평판을 유지하기 위한 기업의 사회적 책임 프로그램으로 발전했다.

노동 단체

노동자들의 단체 조직 능력은 노동 조건을 개선하는 데 중요하다. 국가에서 노동 기준을 인정하고 시행하는 경우는 오로지 그 국가에서 일어난 오랜 투쟁의 결과에 한한다. 그러나 앞에서 논의했듯이 1980년대 초부터 노동력은 국가, 특히 저임금 국가들에게 일자리를 뺏긴 북반구의 일부 국가들에서 감소했다. 그럼에도 불구하고, 새로운 노동 계급 형성이 장소/지역 이전 과정에서 나타났다. 생산의 지구화는 노동자들이 점점 더 유사한 노동 조건을 공유하고 심지어 동일한 고용주를 두게 하기도 한다. 예를 들어 다른 대륙에 여러 공장이 있는 자동차 산업이 그렇고, 여성 노동자와 더 관련성이 높은 예를 들자면, 베네통, 나이키, 월마트, 자라와 같이 전 세계적으로 운영되는 대규모 공급망이 그렇다. 따라서 생산의 탈중심화는 새로운 국내 및 국제 노동 동맹과 광범위한 연대의 가능성을 열어준다.

또한 수출 부문 일자리가 성장하는 곳에서는 대량 생산 공장이 조직화의 기회를 제공한다. 도미니카 공화국, 방글라데시 및 기타 국가의 의류 수출 회사의 경우와 같이 여러 국가에서 노동 쟁의와 노동조합 활동이 지속되었다(Werner, 2012; Hossain et al., 2013). 여성 공장 노동자들은 낮은 임금과 인간 이하의 노동 조건 속에서 스스로 리더십 역할을 키워 "온순한 여성 인력"이라는 인식에 도전하고 있다. 예를 들어, 널리 알려진 2012년 화재와 2013년 공장 붕괴 이후 다카 의류 공장 지역에서 여성 노동자들의 시위가 몇 주 동안 일어났는데, 이는 고용주가 안전 수칙을 무시하고 관리하지 않은 결과다. 예를 들어 노동자들은 방글라데시 의류 산업 노동자 연맹(BGIWF)과 같이 방글라데시 의류 부문에 적절한 노동 조건을 조성하는 데 도움을 주는 노조를 강화하기 위해 노력하고 있다. 도미니카 공화국에서는 여성 노동자들이 교섭 과정에서 우위를 점한 수출 의류 회사에서 9건의 단체협약이 체결되었다(Werner, 2012).

　　북반구의 많은 국가에서 노동조합은 노조원 감소에 대응하기 위해 이전에 노조가 조직되지 않았던 여성·소수 민족 그룹의 노조를 조직하고 여성이 주로 일하는 서비스 분야를 포함시킴으로써 노조원 감소에 대응했다. 그 결과, 여성 노조 가입률은 지난 수십 년 동안 안정적이거나 감소 속도가 느려졌다. 호주, 미국, 영국 등 여러 국가에서 전체 노조 조직이 감소하는 상황에서 노조원의 성별 격차가 축소되었던 것이다(ILO, 2014c). 반면 캐나다에서는 2000년과 2011년 사이에 여성 노조원 비율이 소폭 증가하여 노조 내 성비를 역전시켰다.[33] 노조 내 여성 비율에 관한 이러한 추세는 여성 노동 참여의 전체적인 증가와 더 긴 근속 연수, 서비스 부문 및 공공부문 노조에서 여성 대표의 증가에 어느 정도 영향을 받았다. 또한 이는 유럽 노조에서 나타난 노조 가입자 범위의 변화에 따른 것이며, 주로 여성들로 구성된, 자영업자 혹은 자영업자의 배우자를 비롯한 시간제 노동자를 포함하게 되었다(Visser, 2006).

　　확실한 것은 노조 내 여성 회원의 증가가 항상 여성 노동자들의 목소리와 협상력 증가로 이어지지는 않는다는 것이다. 대부분의 국가에서 노조 지도부는 여전히 남성이 지배적이며 남성 정규직 노동자의 이익에 초점을 맞추고 있다. 이에 대응하여 여러 부문에서 일부 노조 지도자들은 여성에게 더 강력한 목소리를 제공하고 중앙 지도부의 관심을 끌기 위해 노조 내 여성 단위를 분리해야 한다고 주장해왔다. 콜건과 레드위스(Colgan and Ledwith, 2002)의 영국 노조에 대한 두 사례 연구에서 알 수 있듯이, 이 전략은 여성이 대다수 노동자인 공공서비스 노조에서는 여성의 영향력을 성공적으로 증가시켰지만 여성이 소수인 민간 노조에서는

---

33) 미국에서는 여성 노조 가입률이 1983년부터 2013년까지 14.6%에서 10.5%로 감소한 반면, 남성은 24.7%에서 11.9%로 줄었다. 영국에서는 2000년과 2011년 사이에 여성의 경우 29.4%에서 28.5%로, 남성의 경우 30.2%에서 23.0%로 감소했다. 같은 기간 캐나다 여성은 노동조합 가입률이 29.9%에서 31.1%로 증가한 반면 남성은 29.5%에서 28.2%로 감소했다. 노조화가 급격히 둔화된 호주에서는 여성과 남성의 노조 밀도 격차가 좁아졌을 뿐만 아니라 2012년 17.5% 대비 2014년 18.9%로 여성 노조 가입 비율이 남성의 노조 가입 비율을 앞섰다(ILO, 2014c).

참여적 사회 프로세스를 강화하지 못했다. 7개국에서 약 4만 명의 남성 및 여성 바나나 농장 노동자를 대표하는 라틴아메리카 바나나 연합(COLSIBA)과 같은 다른 노조들은 노조를 강화하기 위해 성차별과 쇼비니즘적 태도에 대해 목소리를 내기 시작했다. 그들은 조직 및 기타 노조 활동 방식에 성평등을 통합한다. 프랭크 (Frank, 2005)가 관찰한 것처럼 중남미의 바나나 농장 노동자들은 노동 조직과 국가 간 노동 연대 구축에 젠더 문제를 통합하는 새로운 모델을 제공했다. 이 모델에서 초국적 기업에 대한 전지구적 투쟁은 본질적으로 여성의 평등과 존중을 위한 가정에서의 투쟁과 연결되어 있다. 그들의 경험은 여성 문제를 핵심으로 하는 전지구적 노동운동을 구상하는 사람들에게 영감의 원천이 되었다.

또 다른 경우에는 시민 사회 단체가 주도하고 유지하는 후원과 사회운동을 통해 여성 노동자를 노조로 조직하는 일이 가능하다. 인도 카르나타카 지역 의류 노동자 조직의 최근 성공 사례에 따르면, 성공은 유연하고 상황에 맞는 접근 방식에 달려 있으며 거시적 수준의 NGO 네트워크가 미시적 수준의 동원을 지원하는 방식으로 이루어진다(Jenkins, 2013). 이 경우, 여성 노동자들의 전국 단위 노조 조직은 불가능한 것으로 나타났으나 풀뿌리 활동가들이 소액금융 단체를 통해 직장에서 멀리 떨어진 노동자들과 네트워크를 구축하고, 그 후 이것이 사회운동으로 성장하여 의류 노동자 조합이 형성될 수 있었다.

비공식적 경제와 비정규직에서 여성 노동자들 간 노동 조직화는 법률 및 정책 환경에 변화를 가져오는 데 매우 중요하다. 여성 노동자들이 노동조합과 조직의 회원이 되어 정기적으로 자신의 대표와 지도자를 선출하지 않는 한, 여성 노동자들의 이익은 노동운동과 국가 정책 개입에서 무시될 것이다. 비공식적으로 고용된 사람들의 협회와 같은 공식적 대표성의 부족은 노동 내 분열을 부르고 노동시장 불평등을 심화시킨다.

비공식 노동에서 여성에 초점을 맞춘 다양한 조직의 회원이 증가하고 있는 것은 희망적인 신호다. 여기에는 다음과 같은 단체들이 포함된다: 인도의 여성 자영업자 협회(SEWA), 남아프리카공화국 더반 소재 여성 자영업자 연합(SEWU), 필리핀의 파타마바(PATAMABA), 스트리트넷(StreetNet), 방글라데시 섬유 의류 노동자 연합(BGIWF), 니카라과의 마리아 엘레나 쿠다라 여성 노동·실업자 운동 (MEC), 가나의 농업 노동자 총연합(GAWU), 홍콩 가사노동조합(HKDWGU), 태국 치앙마이의 노동자 연대 협회(WSA)와 태국 매솟의 노동자협회(YCOWA). 그들의 전략은 노동자로서 법적 인정을 받는 것에서부터 정책 개혁을 위한 로비, 단체 교섭, 파업 및 시위에 이르기까지 광범위하다. 예를 들어 여성 자영업자 협회 (SEWA)는 자체 은행, 사회 보호, 고용 교육 및 주택을 포함하는 매우 정교한 조직을 발전시켜 왔다. 마찬가지로 인도의 가사노동자들은 노동자로서의 법적 인정을 얻고 노동법에 따른 보호를 받기 위해 조직되었는데 2008년에 비조직 노동자 사회 보장법이 제정되었다(Carr and Chen, 2008). 더욱이 임업 및 어업 종사자들은 자원에 대한 그들의 전통적, 공동체적 접근권을 보호하기 위해 로비를 통해 2005년 산림권법과 2009년 해안 및 해양에서의 전통 어업(어민 권리 보호)법을 제정했다 (India Ministry of Environment and Forests, 2011). 이러한 법적 개혁은 추가 조치와 요구에 대한 근거를 제공하지만 지속적인 압력과 모니터링이 없는 한 법 이행이 잘 이루어지지 않는 경향이 있다.

여성 단체들도 가내 노동과 관련된 문제를 해결하기 위해 노력했다. 최근 ILO 이니셔티브는 여성 단체, 노동조합 및 비공식 노동자 단체 간 조정의 장을 제공했다. 흥미로운 예는 1996년 6월에 ILO 가사노동자 협약(No. 177)이 승인되는 과정에서 여성 단체의 중요성이다. 이 협약 승인은 여성의 승리로 여겨졌는데, 몇 여성 단체와 홈넷(HomeNet) 및 여성 자영업자 협회(SEWA) 같은 국제 네트워크가 협약 도입을 위해 광범위한 정보를 제공하였다(Prügl, 1999). 국가 차원에서의 협약 비준은 여전히 저조하지만 이러한 협약은 구체적인 목표와 추가 조치를 취하기 위한 규제의 수단을 제공한다. 엘리자베스 프뤼글(Elizabeth Prügl, 1999)이 지적했듯이, 이러한 협약이 특별한 의미가 있는 것은 실질적인 법적 개혁을 이루어냈기 때문이라기보다는 유연한 노동 규제에 대한 국제적인 담론을 생산해 냈기 때문이다.

또한 국내 및 국제적 단위에서 동맹과 네트워크의 형태로 노동자 그룹과 풀뿌리 조직 간 연대를 구축할 필요가 있다. 특히 정치적, 사회적 경계를 넘어선 동맹은 종종 문화를 초월한 높은 이해관계가 있는 특정 문제를 중심으로 형성된다는 점을 유념해야 한다(Keck and Sikkink, 1998). 예를 들어, 1990년대에 국제 여성 의류 섬유 노동조합(International Ladies Garment Workers Union)과 통합 의류 섬유 노동조합(Amalgamated Clothing and Textile Workers Union)은 멕시코와 캐나다에서 노동조합 프로그램을 수행하기 위해 힘을 합쳤다(Cook, 2002). 마찬가지로, 가내 노동자의 국제적 연맹, 기타 가내 노동자 조직, 스트리트넷과 같은 노점상 조직의 국제적 동맹은 이러한 노동자의 목소리와 가시성을 높이고 사업자, 지방 자치 단체, 정부 및 국제기구와의 협상에 필수적이었다.[34]

초국가적 노동자-활동가 동맹에서 중요한 최근 사례는 2013년 4월 공장 붕괴 이후 채택된 방글라데시 협정("방글라데시의 건물 및 화재 안전에 관한 협정")이다. 협정은 의류 브랜드와 현지 하청 업체가 작업 조건(이 경우 건물 안전)을 공동으로 책임지는 방식으로 전지구적 공급망에서 작업 조건을 개선하는 새로운 모델을 제시했다(Anner et al., 2013). 또 다른 유망한 이니셔티브는 2014년 7월 갱신된 스페인의 티앤씨 인디텍스(TNC INDITEX, 세계 최대 의류 유통 업체)와 인더스트리올(IndustriALL) 전지구적 의류 및 섬유 노동자 연합 간의 협정이다. 이 계약은 생산 체인 전체에서 양질의 일자리 의제 및 기타 ILO 협약을 구현하는 것을 목표로 한다(IndustriALL Global Union, 2014).

결론

이 장에서는 전지구적 경제 통합이 노동시장을 형성하고, 노동권이 행사되고 보호되는 환경을 변화시킨 방식에 대해 논의했다. 전지구적 고용 패턴과 흐름의 변화를 논의했으며 특히, 비공식적 경제와의 연관성 및 인구 다수의 노동이 더 불안정해지도록 만드는 방식에 집중하였다. 비공식 경제에서의 인구 비율은

---

34) 보다 자세한 내용은 www.sstreetnet.org.za와 www.homenetseasia.org 참고.

지난 10년 동안 상대적으로 높은 성장률을 보인 일부 신흥 경제국에서는 감소했을 수 있지만, 우리는 고소득 국가를 포함한 다른 부분에서는 비공식성과 주변화가 심화됐다고 주장했다. 전지구적 경제 위기는 이들 경제가 실업, 저고용 그리고 프리케리아트를 먹여 살리는 불안정한 일자리 창출 경향을 강화시켰다. 이러한 경향은 또한 많은 국가에서 노동조합에 가입한 노동자의 비율이 감소함에 따라 자본가 대비 노동자의 힘을 더욱 약화시켰다.

여성 노동자는 비공식 경제에서 중요한 비율을 차지한다. 전통적으로 노동시장의 하위 계층에 존재하며 가내 노동과 같은 활동에 집중하려면 비전통적인 형태의 조직이 필요하다. ILO의 양질의 일자리 의제는 이러한 노동자 그룹을 위한 표준이다. 또한 여성 자영업자 협회(SEWA), 세계화, 조직화되고 있는 비공식 부문 여성(WIEGO) 및 스트리트넷과 같은 조직이 자기 조직화, 노동 조건 개선 및 다양한 형태의 사회 보장 서비스를 요구하기 위한 투쟁을 하는 데 중요한 역할을 했으며 앞으로도 그럴 것이다. 공장에 고용된 노동자의 경우 노조 대표와 단체 교섭을 달성하기 위한 다양한 전략을 추구하는 것이 중요하다. 사회운동은 이 과정을 지원해야 할 모든 곳에 압력을 가할 것이며 정부가 노동권과 직장에서의 권리를 담은 국내법과 국제 협약을 준수할 책임을 지도록 해야 한다.

그러나 전반적으로 21세기의 20년간 국제 노동시장 상황을 낙관적으로 보기는 쉽지 않다. 지구화된 경제에서 인건비를 하향 평준화시키려는 압력, 신자유주의 체제하에 뒤따르는 퇴행적 정책, 2008년에 시작된 경제 위기는 높은 수준의 실업, 고용 및 소득 불안정, 비공식성 증가, 노동 조건의 악화로 이어졌다. 이렇듯 자본의 급속한 축적과 부와 경제력의 집중과 함께 나타나는 노동시장 동향은 소득 불평등과 사회적 양극화를 불러일으킨다. 한편으로는 인권, 개인의 주체성, 권한 부여를 강조해온 국제적 분위기와 노동 빈곤층 및 주변화된 인구가 직면하는 매일매일의 불리한 노동시장 조건 사이의 모순이 사회적 긴장과 불만을 더욱 부추긴다. 증가하는 불평등은 민주 사회 건설에 위협이 되며 가능한 모든 수단을 통해 대응해야 할 것이다.

05

돈을 받는 일과 받지 않는 일
: 의미와 논점들

여성은 가족의 복지와 사회 발전에 크게 공헌하고 있으나 아직도 그 기여가 제대로 인식되거나 중요성이 충분히 고려되지 않는다. (…) 자녀를 기르는 일은 부모, 여성과 남성 그리고 사회 전체의 책임 분담을 필요로 한다. (…) 많은 나라에서 여성이 가족의 다른 구성원을 돌보는 중요한 역할을 하고 있다는 점도 인정되어야 할 것이다.

— 베이징 제4차 세계여성회의 행동 강령 II. p.27 1996.

들어가며

우리의 일상은 다양한 형태의 일을 통해서 유지된다. 우리는 근로소득자, 농부, 자영업자로서 생계를 유지하거나, 그렇게 생계를 유지하는 다른 사람에게 의지하여 일상의 필요를 충족시킨다. 우리는 또한 요리, 세탁, 침대 정리, 집 청소, 쇼핑, 설거지, 쓰레기 버리기, 어린이·환자·장애인·노인을 돌보는 일 등 다양한 일상 활동을 하고 있으며, 비슷한 일을 하는 다른 사람들에게 의지해 살아가고 있다. 많은 지역사회 공동체에서 자원활동가들이 제공하는 노동력은 문화행사, 예방접종, 성인 문해 교육, 학교의 유지, 관개, 운하 수리, 산림 보전 등 기본적인 서비스를 충족시키는 데에 필수적이다. 홍수, 화재, 지진으로 피해를 본 주택, 기업체, 학교의 복구 또한 자원 활동에 많은 부분을 의존한다. 우리의 일상적 생존과 삶의 질을 지탱하고 있음에도 불구하고 이러한 활동들은 1990년대까지 정책 입안자들의 관심을 받지 못했다. 가사와 자원 활동의 대부분이 일반적으로 무급이기 때문에 경제 영역에서 가시화되지 않았고, 아주 최근까지 전통적인 국민소득계정, 노동 통계 및 기타 경제 지표에 포함되지 않았다.

중산층과 고소득층 가구는 돌봄 및 가정에 필요한 서비스의 대부분을 시장을 통해 조달하는 경향이 두드러진다. 이전에는 집안에서 이루어지던 활동들이 점차 시장으로 이동하는 현상은 다양한 측면에서, 특히 도시 지역과 고소득 국가에 거주하는 사람들의 삶에 영향을 끼쳤다. 이 과정에서 보육, 세탁 서비스, 조리된 식사부터 식료품 배달에 이르기까지 점차 다양한 일이 상품화되었다. 그러나 여전히 대다수의 사람, 특히 저소득층은 일상생활을 영위하는 데에 자신 혹은 타인이 수행하는 무급의 가사노동과 돌봄노동에 크게 의존한다. 경제 정책과 개발계획의 수립 과정에서 이러한 형태의 노동이 충분히 조명되지 않는다는 점은 성평등을 향한 진보를 심각하게 저해하고 있다.

경제학은 전통적으로 시장에 초점을 맞추어왔고, 따라서 돈을 받지 않는 노동은 오랫동안 가시화되지 못했다. 사회가 공적 영역과 사적 영역으로 분리된다고 인식하던 시기에, 초기 경제학자들은 남성 및 상류층의 관점에 서 있었다. 때문에 이들은 공적 영역의 시장 활동에 참여하는 개인의 동기와 행위, 결정을 탐구 대상으로 삼았다. 일반적으로 여성들이 행하는 가사노동이나 다른 비시장적 활동과 같은 사적 영역은 이들의 관심사가 아니었다.[1] 이러한 관점은 경제 분석에 뿌리 깊게 자리 잡았다. 시장이 발달하고 생계가 곧 임금노동을 의미하는 것으로 받아들이는 경향이 커지면서 개인은 "생계부양자"(남성 가장)와 "피부양자"(여성과 아동)로 분류됐다.

경제학의 지배적 사조인 신고전주의적 접근 방식에서, 경제는 외부적으로 주어진 선호와 자원의 제약에 직면한 이기적인 개인이 최선의 선택을 추구하는 광범위한 영역으로 간주된다. 이들은 최대 효용 혹은 만족을 얻고 최대 이익을 확보하기 위해 주로 시장을 통해 상호 작용한다. 대안적 경제학의 전통 또한 경제를 임금노동–자본 간 관계에 초점을 맞춘 생산적 활동의 영역으로 간주해왔으며, 임금노동과 자본주의 생산에 몰두하면서 (주로) 여성에 의해 이루어지는 재생산 활동은 논의에서 배제되었다.[2] 이러한 관점은 프리드리히 엥겔스가 사회 재생산을 위해 필수적이라고 여겨 강조한 생산 활동의 이중적 성격(무급과 유급)과는 거리가 있다.[3] 사람들을 돌보기 위해 가정과 지역사회에서 수행되는 무수히 많은 무급 노동은 경제 분석에 드러나지 않게 되었다. 그리고 일을 한다는 것은 개념적으로 보수를 받는 것 혹은 시장에서 거래되는 노동과 동일하게 여겨졌다.[4]

1930~1940년대 국민계정체계(SNA, System of National Accounts)를 구축하는 과정에 무급 노동의 개념은 전혀 고려되지 않았다. 국민계정은 한 나라의 생산량

---

1) 드문 예로 고전주의 경제학자 존 스튜어트 밀(John Stuart Mill)이 있다. 그는 『정치경제학 원리(Principles of Political Economy)』(1848 [1965])와 『여성의 종속(The Subjection of Women)』(1869 [1970])에서 생산적 소비와 여성 고용의 잠재적 이점에 대한 논의로 가사노동을 일부 다루었다.

2) 비록 제도주의 경제학자들이 복지 체계나 시스템에 광범위한 관심을 가지고 젠더 규범을 주의 깊게 다루어왔지만, 대안적인 경제학이라고 말할 때는 통상적으로 마르크스주의, 제도주의, 케인스주의적 관점을 의미한다. 페미니스트 경제학은 초기의 대안적 관점들보다 나중에 등장했지만, 여기에서는 대안적인 경제학의 일부로 보기로 한다.

3) 『가족, 사유재산, 국가의 기원(The Origin of the Family, Private Property and the State)』([1884] 1981)의 서문.

4) "엄마는 일을 하지 않는다"는 표현으로 대표되듯, 집안일은 아무리 열심히 일해도 무보수 활동이다. 예외는 2장에서 논의한 신가계경제학이다.

규모를 추정하기 위해 시장화된 상품과 서비스의 연간 가치를 계산한다. 국내총생산(GDP)이나 국민총생산(GNP)이 그 예다. 1947년에 미국 국민계정체계가 출범하는 데 기여한 사이먼 쿠즈네츠(Simon Kuznets)가 GDP를 삶의 안녕의 척도로 삼지 말라고 경고했음에도 불구하고 GDP를 안녕의 척도로 보는 해석은 언론뿐 아니라 정치적·경제적 담론에서도 일상화되었다.5) 노동의 개념을 '임금 또는 이윤을 위한 일'로 정의하려는 노력과, 노동력 통계를 이용하여 노동을 측정하려는 노력이 동시에 이루어졌다. 1954년 국제노동통계총회(ICLS)는 이러한 노동 개념을 공식화하는 역할을 했다. 결국 노동시장 분석가, 경제학자, 정책 입안자들은 임금과 이윤에 기반한 노동의 개념을 표준으로 받아들이게 되었다. 이 맥락에서 중요한 것은 시장화된 최종 산출물과 생산에 소비된 노동력의 크기였다.

이 장에서는 발전, 지구화, 노동시장의 광범위한 문제로부터 주의를 돌려, 통계적 그늘에 가려진 무급 노동을 가시화하고 그 중요성에 관심을 환기시키는 데에 기울여온 노력을 다룬다. 페미니스트들, 여성 단체, 개발학자, 생활시간 연구자 및 유엔이 쌓아 올린 이 노력들은 제19차 ICLS에서 통과된 2013년 노동 측정 결의안에 무급 노동을 포함시키는 획기적 성과를 거두며 정점을 찍었다(ILO, 2013e). 그 결의안은 일을 "어떤 성별, 어떤 연령의 사람이든 타인이 사용하거나 스스로 사용하기 위한 상품을 생산하고 서비스를 제공하기 위해 수행하는 모든 활동"(ILO, 2013e:2)으로 정의하고, 15세 이상 개인이 수행하는 각종 무급 훈련, 자원 활동 등 모든 형태의 노동을 측정하는 새로운 틀을 제공한다.6) 아직 노동

---

5) 1953년 유엔 회원국의 공식 회계 시스템으로 채택된 국민계정체계는 무엇이 상품과 서비스의 시장 생산으로 간주되는지 정의한다. 국민계정체계는 그 이후 몇 차례의 개정을 거쳤다. 가장 최근의 주요 개정은 1993년에 이루어졌다. 제27차 유엔 통계위원회 회기 동안 여성 단체, 페미니스트 학자, 일부 여성 국회의원들은 국민계정에 자급적 생산이나 연료와 물을 수집하는 활동을 포함하도록 조화롭고 체계적으로 압박함으로써 국민계정체계의 실질적인 변화를 가져왔다. 1993년 개정은 유엔통계국(UNSD), 국제통화기금(IMF), 세계은행(WB), 경제협력개발기구(OECD), 유럽통계청(Eurostat) 그리고 유엔 지역위원회들로 구성된 국제 국민계정 실무그룹(ISWGNA)에 의해 조정되었다.

6) "주요 목적" 기준에 따르면, 일은 다섯 가지 범주로 나뉜다: (1) 자신이 최종적으로 사용하기 위한 자급적 생산; (2) 타인을 위해 행해지는 실무 경험과 기술을 쌓기 위한 무급 훈련생의 일; (3) 타인을 위한 것이며 무급으로 행해지는 자원 활동; (4) 타인을 위해 대가를 받고 고용되어 하는 일; (5) 복역자의 사회봉사와 무급 노동, 무급 군 복무 혹은 대체 사회근

통계와 경제 모델, 정책 논쟁에서의 노동 개념에 변화를 가져오지는 못했지만, 이 결의안은 경제라는 개념이 모든 형태의 노동을 포함하도록 확장하는 중요한 진전이다. 또한 이 결의안은 페미니스트들이 제기한 고민과 이슈들이 전통적인 경제적 사고의 기본 이념에 대한 중대한 도전들과 광범위한 관련성을 가진다는 점을 보여준다.

첫째로, 우리는 무급 노동을 둘러싼 역사적 통계 관행과 논쟁들을 검토한다. 둘째, 여성의 일과 모든 형태의 무급 노동을 보다 잘 가시화할 수단으로서 여성 노동계정 프로젝트(Accounting for Women's Work Project, 이하 "계정 프로젝트")를 검토한다(Benería, 1992; Waring, 1988). 여성의 노동을 통계적으로 가시화하려는 주장에는 사회적으로 가치 있는 것은 무엇인가라는 기본적인 질문이 깔려 있다. 계정 프로젝트에 대해 우리는 다음과 같은 세 가지 기본적인 질문을 검토한다. "왜 측정하고 기록하려 하는가?", "어떻게 측정하는가?", "무엇을 통해 측정할 수 있는가?" 그러므로, 우리는 측정 및 기록을 옹호하는 논의의 흐름과 계정 프로젝트를 이루는 노력에 가해진 비판에 반론을 제기하는 것에서 시작하여, 생활시간 데이터(time-use data)의 체계적인 수집과 사용으로 정점을 이룬 개념적, 이론적, 방법론적 기여를 평가하는 방향으로 나아갈 것이다. 이어서 시간빈곤과 업무집약도와 같이 삶의 질을 측정하는 새로운 척도의 개발을 검토한다. 그리고 가정과 유급 노동의 균형을 위한 정책과 남녀 간 돌봄 제공의 공평한 분배를 지지하는 데에 무급 노동에 대한 지식이 사용될 수 있다는 점을 강조하면서 이 장을 마무리한다. 이러한 논의들이 새로운 것은 아니지만, 지구화 과정과 노동력의 젠더화가 이러한 긴장을 증폭시켜 계정 프로젝트를 발전 정책 의제와 토론의 최전선에 밀어 올렸다.

로 등의 기타 활동(ILO, 2013d: 3).

무급 노동: 통계적 문제와 도전들

페미니스트들과 여성 단체들은 특히 1970년대 후반부터 국가 생산과 노동력 통계에서 여성의 기여도가 낮게 산정, 평가되는 것을 비판해왔다. 2013년 제19차 국제노동통계총회에서 주요한 개정사항이 권고되기 전까지 국민계정체계의 통계 협약은 급여를 받거나 고용된 경우에만 여성(및 남성)의 근로 시간을 노동력 통계에 반영하였다.[7] 연료와 물을 얻는 것, 자급적 생산 활동, 가족 농장이나 가족 기업 운영을 보조하는 일 등의 일부 무급 노동이 1993년도에 공식적으로 인정되어 국민계정체계에 추가되었다. 그러나 경제활동인구를 파악하는 과정에서 여성들이 식사를 준비하고, 집안 청소를 하고, 환자들을 목욕시키고, 노인들과 아이들을 돌보거나 그 밖에 자원하여 참여하는 활동들은 노동으로 여겨지지 않았다. 따라서 무급 가사노동(가내 노동 및 돌봄노동)과 자원 활동은 국민계정체계에 속하는 경제 활동이 아닌 것으로 간주되었다.[8]

볼리비아, 에콰도르, 멕시코, 모로코, 필리핀, 튀르키예 등의 나라들을 예로 들면, 여성의 경제 활동 비율에 대한 공식 통계와 현장에서 관찰된 물리적 현실 사이의 상당한 괴리가 오랜 기간 드물지 않게 목격되었다. 여성들은 가정이나 지역사회에서 수행하는 역할의 일환으로 마닐라, 과야킬, 마라케시, 멕시코시티의 분주한 거리를 끊임없이 돌아다니거나 튀르키예의 들판에서 일하고 있다. 그러나 최근의 여성 경제 활동 참여율(2009년 기준)은 모로코가 26%(남성 80%), 튀르키

---

7) 여성이 무급 가족종사자, 혹은 특히 가족을 기반으로 한 작은 사업체에서 일할 때, 그들의 노동이 산정되어야 함에도 불구하고 노동 통계에 과소 측정되는 경향이 있다. 이는 여성과 남성이 계약직, 임시직, 단기 일자리에서 일할 때에도 그러하다. 가축을 돌보고 텃밭을 가꾸는 등의 자급 노동 역시 그 산출물은 국가계정의 일부임에도 그를 위한 노동은 노동통계에서 과소 측정된다.

8) 국민계정체계(SNA)는 SNA에 포함되는 생산과 포함되지 않는 활동 간에 분명한 경계를 긋는다. 이에 따라 수행되는 일들은 국민계정체계에 속하는 활동과 속하지 않는 활동으로 각각 지칭된다. 전자는 노동시장에서 거래되고 공식적 혹은 비공식적 기업 속하여 급여를 받으며 하는 일, 자급적 생산의 일, 그리고 가족농장이나 가족기업에서 급여를 받지 않고 참여하는 일이 포함된다. 반면에 후자는 국민계정체계의 경계 밖에서 이루어지는 집안일의 유지 및 관리 무급 노동, 가족 구성원 돌봄, 자원 활동을 지칭한다(United Nations Statistical Commission, 1993).

예가 24%(남성 70%)로 나타났다.9) 멕시코의 경우 해당 수치는 43%(남성 81%)이고, 에콰도르 47%(남성 78%), 필리핀 49%(남성 79%)이다.

노동력과 산출물 데이터에 내재된 정보는 경제 활동의 수준을 측정하고 시간의 경과에 따른 변화를 파악하여 경제 정책과 개발 계획을 수립할 수 있는 기반을 제공하기 때문에 강력하다. 그렇다면, 수집되는 통계 정보에 포함 또는 제외될 것을 가르는 규칙은 어떻게 결정되어왔는가? 여성의 기여를 통계적으로 낮게 산정하는 것은 우선 무엇보다도 시장경제에 초점을 맞추는 경제학의 이론적 편향에서 비롯된다. 가정과 지역사회에서 수행되는 여성의 일 중 상당 부분은 전통적으로 무급이기 때문에 노동력 통계와 국민소득계정에서 제외되었다.

역사적으로 노동력에 대한 통계는 인구 총조사를 통해 수집되었지만, 1930년대 대공황기에 지속된 높은 실업률은 보다 신뢰할 수 있고 정확한 노동력 통계 수집에 대한 관심을 증가시켰다. 1938년 국제연맹의 통계 전문가 위원회(Committee of Statistical Experts)는 "돈벌이를 함(gainfully occupied)"과 "고용되지 않음(unemployed)"의 개념 정의를 제시하고 국제 비교를 위한 인구 조사 데이터 표준화를 제안했다(League of Nations, 1938; ILO, 1976). 1966년, 유엔 통계위원회는 "경제 활동 인구"를 정해진 기간에 상품과 서비스의 생산을 위해 노동력(취업자와 실업자)을 공급하는 특정 연령 이상의 모든 사람을 포괄하는 것으로 규정하는 국제노동통계총회의 권고안을 채택했다.10)

자급적 생산

노동력의 기본 개념과 협약, 국민계정 통계는 1930년대에서 1990년대까지 크게 바뀌지 않았지만, 예외적으로 자급적 생산 활동의 추정치를 GNP 계정에 포함시키려는 노력이 있었다. 미국 최초의 종합적 국민계정체계를 개발한 경제학자 사이먼 쿠즈네츠는 1947년에 이미 자급적 생산이 시장화될 잠재력이 있다는

---

9) 튀르키예의 낮은 여성 비율은 2000년대 가족농업 및 여성의 무급 가족노동의 급격한 감소를 반영한다.

10) 유엔 통계위원회(1983). 보다 상세한 기록은 Benería(1981) 참고.

이유로 이를 국민계정체계에 포함시켜야 한다고 주장하며, 국민계정체계의 개선 필요성에 주의를 환기시켰다. 1950년대 유엔 국민계정체계 지침에서는 이러한 유형의 생산 활동과 이에 참여하는 인구 비율을 추정하고 가치를 할당하는 방법이 권고되었는데, 특히 네팔, 파푸아뉴기니, 탄자니아 등의 국가에서는 이 분야가 상대적으로 중요하다고 인식되었다.[11] 그러나 무급 가족노동을 포함한 자급 생산을 하는 이를 노동력에 포함하라는, 1966년 국제노동통계총회의 권고안이 있기 전까지는 그 지침을 이행하기 위한 노력이 뒤따르지 않았다.[12] 자급적 생산과 이에 종사하는 노동의 시장가치를 추정할 때 마주하는 현실적인 어려움에도 불구하고, 이를 국가 생산 및 노동력 추정치에 포함시키는 것이 받아들여졌다. 1993년에 국민계정체계는 특정 유형의 상품과 서비스를 자급하는 가구 내 생산을 포함하도록 그 경계가 더욱 확대되었다(ILO, 1993).[13]

그러나 실제로 자급적 생산에 대한 여성의 참여는 충분히 측정되지 않았다. 여성의 자급적 생산 활동은 제분, 직조, 식량 재배, 가축 관리 등 집안일과 밀접하게 얽혀 있었고, 국민계정체계의 일부로 간주되는 자급적 생산 활동과 국민계정체계에 속하지 않는 것으로 간주되는 전통적 분류의 가사노동 사이의 경계에 모호하게 자리 잡았다. 여성 노동의 상대적 불규칙성과 여성이 있어야 할 영역은 가정이라는 뿌리 깊은 관념 때문에 과소 보고의 문제가 계속되었다. 여성이 생산

---

11) 1960년에 아프리카 통계 실무 그룹은 뒷마당에 텃밭을 가꾸는 것과 같이 자급을 위한 지역 가구 내 농업, 임업, 어업 활동을 측정해야 한다고 제안했다(Waring, 1988).

12) 무급 가족종사자란 동일가구 내 친족이 경영하는 사업체, 농장에서 무보수로 일하는 사람이며 자영업자로 분류된다.(http://www.ilo.org/trends, 조회일 2013.03.10.). [한국 고용노동 통계조사에서는 이에 더해 조사 대상 기간에 18시간 이상 일했어야 한다는 조건을 제시하고 있으며, 18시간 미만 일한 경우는 비경제 활동 인구 혹은 실업자로 분류한다 (http://laborstat.moel.go.kr/hmp/main/wordExplna.do, 조회일 2020.02.06.)—옮긴이]

13) 국민계정에 포함되는 자가소비를 위한 가계 재화 생산(household production of goods)은 농업 생산, 땔감 모으기, 사냥과 어로, 물 공급과 같은 다른 기본적 자원의 생산, 탈곡·제분·육류의 저장과 같은 농산품 가공, 맥주나 와인 혹은 증류주 생산, 바구니와 돗자리 만들기, 직조, 봉제, 가구와 그릇 만들기 등이다. 이는 또한 기계와 도구의 제작 및 도로와 댐 건설 등과 같은 자산을 형성하기 위한 생산도 포함한다. 자가소비를 위한 가계 서비스 생산(household production of services)은 유급 가사노동과 임대료 등 소유자의 최종 소비를 위한 주거 서비스 생산만을 포함한다.

하는 것이 가정에서 소비될 뿐 아니라 지역 시장에서 거래되기도 하기 때문에 상업적 생산과 자급적 생산의 경계가 모호해지는 경우도 있다. 따라서 1993년에 일부 통계학적 규정이 개정되었음에도 자급적 생산에 있어 여성과 남성의 기여를 과소 측정하는 경향은 지속되었다(Heston, 1994; Charmes, 1998).

비공식 노동

다양한 형태의 비공식 고용에서도 여성의 노동에 대한 또 다른 유형의 과소 측정 문제가 존재한다. 비공식 고용은 자영업자, 고용주, 고용인, 무급 가족종사자를 포함하는데 이들은 영세하거나 미등록인 사업체, 가족 농장 또는 비공식 생산자 협동조합의 구성원으로서 일하며 일반적으로 이들의 노동은 기록하기 어렵다(UN Statistical Commission, 2004). 무급 가족종사자는 노동자의 전통적 정의에 포함되므로, 이 경우 측정의 문제는 개념화보다는 신뢰할 수 있는 통계 자료를 얻기 위한 방법론적 어려움과 조사 및 데이터 수집 방법에서 고착화된 성역할 인식과 관련이 있다.

성별을 막론하고 무급 가족노동자의 노동과 비공식 기업, 중소기업, 농장의 임시 · 기간제 · 계절(임금) 노동을 과소 보고하는 성향은 여러 국가에 널리 퍼져 있다. 페미니스트 연구자들은 통계 조사가 '주요 업무'에 따라 노동자들을 분류하는 경우, 여성은 주부로 기록되어 노동력에 포함되지 않는다는 점에서 이러한 과소 측정 문제가 특히 두드러진다고 보았다.[14] 이 경우, 가족농장이나 가족기업에서 여성이 수행하는 무급 노동은 설문조사원과 응답자 모두에게 남편이나 아버지를 보조하는 역할의 일부로 치부될 수 있다. 이러한 관행이 점진적으로 개선될 때까지 국가 간에 의미 있는 비교를 하는 데 어려움이 있었을 뿐 아니라, 국가

---

14) 그러한 정보를 모으는 것과 관련된 실무적 어려움들을 인지하고 몇몇 유엔 기구들은 1990년대 초에 무급 가사노동을 포함한 비공식적 부문의 여성노동을 측정하기 위한 일련의 개념적 방법론적 가이드라인을 개발했다. 해당 유엔 기구들은 부르키나파소, 콩고, 감비아, 잠비아 등에서 유용한 시범 연구를 진행했다(UN Statistical office/ECA/INSTRAW, 1991a; 1991b, INSTRAW, 1991). 이러한 노력들은 국민계정 및 국내총생산을 추정하는 데 있어서 무급 가족종사자들에 의한 산출물을 통합하고, 노동력에 대한 정의가 무급 가족종사자를 포함하도록 다듬는 것으로 귀결되었다(Charmes, 1998; 2004).

통계에서 남성에 비해 여성의 농업 노동이 과소평가되어 국가 통계를 신뢰할 수 없게 되었다.15)

많은 국가에서 비공식 노동이 전체 노동력의 큰 부분을 차지함에도 최근까지 이에 대한 적절하고 체계적인 데이터 수집이 전반적으로 이루어지지 않은 것은 심각한 문제였다. 1993년 국제노동통계총회에서 국민계정체계 추정치 개선을 위해 비공식 부문의 개념을 도입했지만, 2000년대 초반에 포괄적인 방법론적 지침이 개발되기까지 정보 수집은 체계적이지 못하고 불충분했다(UN Statistical Commission, 2004; Husmanns, 2004).16) 4장에서 언급한 바와 같이, 신자유주의 정책의 채택과 노동시장 규제 완화가 진행되면서 여성들이 비공식, 임시, 계절 고용 및 무급 가족종사자로 일하는 경향이 증가했을 가능성이 높아졌다. 이에 따라 비공식 고용에 대한 보다 정확한 추정치를 얻을 필요성이 증가했다.

가사노동

가사에 투입된 무급 노동력을 국민계정체계의 경계 바깥으로 취급하고 오랫동안 배제해온 것은 지금까지 계정 프로젝트가 직면한 가장 심각한 도전이었다. 자급적 서비스의 생산자나 비공식 노동자와는 달리, 가사노동의 배제는 개념적 근거에 기초한다. 마거릿 리드(Margaret Reid)와 같은 소수를 제외하면, 가사노동이 국민계정체계에서 배제되어온 역사는 1970년대까지 진지한 의문과 도전을 받지 않았다. 수 히멜바이트(Sue Himmelweit)와 막신 몰리뉴(Maxine Molyneux)를 포함한 페미니스트들은 자본주의적 축적이 노동자의 아내와 어머니에 의해 수행되는 무급 노동을 필요로 하는 관계를 검토하면서 무급 가사노동에 관심을 모았다. 이후 로데스 베네리아(Lourdes Benería, 1979)와 베네리아와 센(Benería and Sen, 1981)은 "재생산 활동"이라는 용어를 사용하여 현재와 미래의 노동력을 재생산하는 데 있어 이러한 형태의 무급 노동의 역할이 필수적임을 강조했다.17) 가사노

---

15) 구체적 내용은 Benería(1981) 참고.
16) 1993년 국민계정의 비공식적 부문을 다루는 추가 논의는 United Nations Statistical Commission(2004) 참고.
17) 에스터 보세럽(Ester Boserup 1970)은 "여성들이 사냥과 채집을 통해 식량을 획득하고, 의

동의 가시화를 위한 여성 단체와 페미니스트 학자들의 요구는 1980년대와 1990년대에 걸쳐 다양한 국제회의와 정책 대화 및 학술 담론에서 계속되었다.

1990년대 이후, 페미니스트 담론에서 "가사"와 "돌봄"이라는 용어는 어린이, 환자와 장애인, 노인 및 기타 신체 건강한 가구원의 유지와 돌봄을 위한 일의 성격을 강조하기 위해 사용되어왔다. 이러한 개념화에서 가사와 돌봄은 성인 및 어린이의 신체적, 정서적 필요 충족에 관련된 활동과 관계의 집합으로 정의된다(Daly and Lewis, 2000; Elson, 2005; Razavi, 2007). 지난 15년 동안, 돌봄 개념은 다양한 범주로 개념화되었다. 어떤 사람들은 돌봄을 요리, 청소, 세탁 등과 같은 가사와 구별하여 사람들의 '직접적인' 돌봄만을 지칭하는 엄격한 정의를 채택한다. 그러나 다이앤 엘슨(Diane Elson), 낸시 폴브레(Nancy Folbre), 샤라 라자비(Shahra Razavi)와 같은 페미니스트 학자들은 가사노동을 '간접적 돌봄'으로 생각할 수 있다고 지적한다. 실제로 개발도상국에서는 돌봄과 가사노동의 구분이 모호한 경우가 많은데, 이는 많은 여성이 하나의 일에서 또 다른 일로 전환하거나 동시에 여러 가지 일을 수행하기 때문이다. 돌봄은 누가 이익을 보는지에 따라서도 개념화할 수 있다(Folbre, 2012). 일반적으로 돌봄은 피부양자 즉 어린이, 환자 및 장애인과 노인들의 필요를 충족시키는 것으로 인식되지만, 가사노동의 형태로 건강한 성인의 필요 또한 충족시킨다. 가사노동과 돌봄노동의 많은 부분이 점진적으로 시장 생산의 영역으로 옮겨가면서, 일부 국가에서 이러한 활동에 대한 남성들의 분담 비율이 확실히 증가했다. 그러나 여전히 가사노동과 돌봄노동의 대부분은 여성이 담당하고 있다(Benería and Martinez-Iglesias, 2014; Craig et al., 2020; Fisher et al., 2007; Gershuny and Sullivan, 2003).

복 및 도자기와 그릇, 바구니, 방석과 이불을 만들고, 장작과 연료를 모으고, 장례를 치르고, 머리카락을 다듬고, 전통적 의례와 오락 그리고 의료 서비스를 제공하는 것" 또한 "과일을 밟아서 즙을 짜고, 작물의 껍질을 벗기고, 곡물을 갈아서 가공하는 것"과 더불어 국가계정에 포함되어야 한다고 강력하게 주장했다(pp.162-163). 그러나 그녀는 이 활동들을 집안일이 아닌 "시장에서 판매할 만한 상품들"과 같은 자급적 생산으로 보았다. 보세럽이 "주부의 가사 서비스"가 국가계정에서 빠져있다고 언급하기는 했지만 그녀는 이보다 자급적 생산 활동에 더 초점을 맞추었다. 이에 더해 그는 아이와 환자, 노인, 장애인을 돌보는 중요한 가사 활동을 제외했다는 점을 인지하지 못했다.

가계 영역 내에서 생산된 재화 및 용역의 측정과 평가는 여러 가지 비판에 직면했고 정책 입안자와 통계 기관의 강력한 저항에 부딪혔다. 이는 2008년 국민계정 보고서가 여전히 국민계정체계에서 가계 생산의 배제를 정당화하고 있다는 점을 통해 확인할 수 있다.

이러한 흐름의 경제적 중요성이 화폐 흐름의 경제적 중요성과 매우 다르다는 것은 자명하다. 예를 들어, 유급 노동을 통해 창출되는 소득은 자동적으로 재화와 용역의 소비에 엮인다. 그러나 비화폐성 흐름은 인플레이션이나 디플레이션 또는 경제 내 다른 불균형의 분석과 거의 관련이 없다. 대규모 비화폐성 흐름을 국민계정체계에 포함하면 시장에서 일어나는 일을 파악하기 어려워지고 데이터의 분석적 유용성을 감소시킬 수 있다(UN et al., 2009: 6).

자원활동

통계적 그늘에 남아 있는 또 다른 무급 노동의 형태는 자원활동이다. 자원활동이란 "자원활동가 본인의 가정 밖에서 생활하는 사람에게 제공하는 금전적 보상이나 법적 의무가 없는 일"을 지칭한다(UN, 2003: 4). 비록 자원활동이 오랫동안 대부분의 사회에서 상호 지원 메커니즘이었을 뿐만 아니라 확립된 나눔의 관습 및 규범의 일부로 전 세계의 많은 문화에 깊이 내재되어 있지만, 가사나 돌봄과 마찬가지로 국민계정체계의 경계 바깥에 위치하는 것으로 개념화되었다. 자원활동은 공공 및 비영리단체, 병원, 인도적 지원, 사회 프로그램 등에서 비공식적으로 수행하거나 민간에서 이루어진다. 이 모든 경우에, 특히 시장에서 거래되는 노동에 대한 무급 대체노동을 제공하는 경우에 그러한 작업을 문서화하고 분석하는 것이 중요하다. 실제로 캐나다에서는 병원 내 자원활동의 이용 증가 현상이 전국적으로 등록된 간호직의 감소와 비정규화로 연결되었다(Valiani, 2011).

자원활동에 대한 정의는 여전히 확정되지 않은 상태로 남아 있는데, 이는 자원활동이라는 용어가 다양한 문화와 맥락에서 상이한 의미를 지니고 있기 때문이기도 하다(Rochester et al., 2009; Salamon et al., 2011). 경제학자들과 통계 기관들은 이러한 용어 정의의 어려움 때문에 자원 활동을 측정하는 데 더욱 관심을 가지지 않는 경향이 있다. 또한 특정 유형의 자원활동은 분류하기가 어렵다. 예를 들어, 자선단체나 교회 관련 단체와 연관된 활동과 지역사회 활동을 보조하는 것은 지역사회 구성원들에게 유익한 서비스를 제공함에도 불구하고, 때로는 "사교" 또는 "종교 활동 참여"로 간주되기도 한다. 둘째, 이웃에서 자원활동을 하는 경우는 집안일과 일부 자원 활동이 밀접하게 연관되어 경계를 짓기 어려울 수 있다. 1980년대와 1990년대 안데스 국가들에서 생겨난 '공동주방'은 경제 위기에 대처하기 위해 생겨난 빈민들 사이 집단적 자원활동의 예다. 주로 여성들에 의해 조직되고 운영되는 이러한 공동주방은 구조조정 정책과 증가하는 도시 빈곤에 따른 급격한 생활 수준 저하에 대처하기 위한 생존 전략의 역할을 했다. 리마에서 공동주방은 이웃의 가난한 2000개 지역, 4만 명 저소득 여성이 운영하는 것으로 추정되며 20만 명이 주 5회 식사를 할 만큼의 자원을 모았다(Barrig, 1996; Lind, 1997).

자원활동은 성별과 교육 수준에 따라 다른 양상을 보인다. 많은 연구가 여성이 남성보다 더 많이 자원활동에 참여한다는 것을 보여준다. 예를 들어 미국에서 6만 명 이상의 미국인을 대상으로 한 최근 연구는 모든 연령대에서, 특히 교육 수준이 높거나 기혼일수록 남성들에 비해 여성들이 더 많은 자원활동을 했음을 보여주었다(US Bureau of Labor Statistics, 2010). 에티오피아에서 시행된 또 다른 연구에 따르면 2008년 식량 위기 당시 지역사회 보건 에이즈 치료 자원활동가의 80% 이상이 여성이었다(Maes et al., 2010).

또한 자원활동의 성격과 조직 유형 선호도에서도 성별에 따른 차이가 있다 (Mesch et al., 2006; Wymer and Samu, 2002; Heymann et al., 2007). 예를 들어 와이머 (Wymer, 2011)가 미국의 자원활동에 대해 조사한 결과, 여성이 가난한 사람이나 곤경에 처한 사람들을 돕기 위해 헌신하는 조직에서 일하는 데에 남성보다 더 강한 선호를 가지고 있는 것으로 나타났다. 반면에 남성은 위험한 상황에서, 혹은 다른 사람들과의 대립과 갈등을 수반하는 상황의 자원활동에 더 기꺼이 참여한다. 와이머의 연구는 또한 여성들은 합의와 참여적 의사결정이 특징인 조직에서 자원활동을 하는 경향이 있는 반면, 남성들은 그들을 권위 있는 위치에 두는 역할에서의 자원활동을 선호하는 경향이 있다는 점을 시사한다. 그러나 전 세계적으로 자원활동의 양을 체계를 갖춰 기록하려면 할 일이 많이 남아 있기 때문에 이러한 차이를 일반화하기는 어렵다.

자원활동은 참여자의 삶의 질에 미치는 영향 면에서 무급 가사노동과 구별된다. 자원활동은 대체로 선택에 의한 것이고, 다른 사람들을 위해 일함으로써 소속감과 성취감을 느끼게 하며 참여자들에게 지역사회에서 사람을 사귀고 적극적으로 활동할 수 있는 기회를 준다. 반면에 무급 가사 및 돌봄은 사회화된 역할에 의해 부과된 필요와 의무감 때문에 수행되는 경우가 많다. 이는 성취감을 높일 수 있지만 규범, 사회 계급 그리고 다른 요소들에 따라 스트레스, 피로, 고립감, 심지어 지루함까지 가져올 수 있다. 많은 가사노동자의 경우 무급 노동을 수행하면서 경제적으로 "생계부양자"에게 의존하며, 그들이 사회에 기여하는 부분은 눈에 보이지 않고 가치도 인정되지 않기 때문에 사회에서 하위 등급의 또는 종속적인 지위를 갖게 된다.

지금까지 국가 차원에서 자원활동을 측정하려는 노력은 산발적으로 이루어졌는데, 이는 신뢰할 수 있고 비교 가능한 자료가 빈약하기 때문이기도 하다. 소수의 고소득 국가를 제외하면, 자원활동은 공적 조사에서 추적되지 않는다.[18] 이용 가능한 데이터는 대개 비교적 작은 표본을 사용하는 민간 조사로부터 제공되며, 다양한 정의와 방법론에 기초하여 광범위한 추정치를 산출한다 (Rochester et al., 2009; Salamon et al., 2011).[19] 이는 자원 활동가들이 경제 각 분야에 기여하는 바에 대한 인식이 높아짐에 따라 변화할 것으로 예상된다. 최근 유엔 통계부서, ILO, 존스홉킨스 대학은 자원활동에 대한 체계적인 데이터 수집 방법론에 관한 문서를 제작했다(ILO, 2008; 2011a; Salamon et al., 2011). 이러한 방법론을 사용하여 처음으로 산출된 공공·비영리·영리 단체 또는 친구나 이웃을 위해 직접 자원활동을 한 사람의 전지구적 추정치는 연간 약 10억 명이었다

---

18) 최근에는 호주, 캐나다, 영국, 스위스, 노르웨이, 미국에서 정기적인 자원 활동 조사가 이루어지고 있다.
19) 예를 들어 서로 다른 조사결과를 비교해보면 영국의 인구대비 자원 활동 비율은 1997년에 48%, 2009년에 2%, 다시 2010년에는 29%로 다양하게 나타났다(Salamon et al., 2011).

(Salamon et al., 2011).

계정 프로젝트: 여성의 기여 가시화하기

"여성 노동계정 프로젝트"는 평가 절하의 근원이 되는 개념적·이론적·통계적 편견을 해소함으로써, 무급으로 이루어지는 여성 노동의 사회적 기여에 대한 평가 절하를 해결하려는 집단적 노력이다. 이 프로젝트는 일을 유급 노동과 시장을 위한 생산적 활동으로만 규정하는 통념에 내재된 편견을 드러냄으로써 경제적 사고와 통계적 방법의 기본 개념에 광범위한 도전을 제기해왔다. 무급 노동의 비가시성이 간과되면서 개인 간 업무집약도 분배에 심각한 불균형이 지속되었던 것이다.

가장 기본적인 수준에서, 계정 프로젝트는 여성이 수행하는 무급 노동을 기록할 것을 요한다. 이를 위해서는 각 활동에 소비되는 시간의 양을 추산하고 투입된 노동력이나 산출물의 금전적 가치를 제시해야 한다. 이 프로젝트는 유엔 세계여성대회와 1995년 베이징 행동강령으로 힘을 얻은 여성 단체, 페미니스트 학자, 국제기구 및 정책 입안자들의 노력을 대변해왔다. 처음에 경제 분석과 정책 논의에 여성의 노동을 전부 산입하는 것을 목표로 계획되었던 계정 프로젝트는 비공식 노동에 대한 노동력 통계를 개선하고 모든 무급 활동을 측정한다는 광범위한 목표로 나아갔다. 또한 시간빈곤이나 업무집약도와 같이 정책 입안 및 평가에 활용할 수 있는 새로운 삶의 질의 척도를 마련하는 데 일조했다. 이에 더해 무급 돌봄노동의 통계적 가시성은 돌봄 경제와 시장 경제를 연계하는 논의에 기여했다.

수를 세는 것은 왜 중요할까?

페미니스트 경제학자들은 수많은 논증을 통해 무급 노동을 측정하고 기록하는 프로젝트를 수행하는 데 찬성해왔다(Delphy, 1984; Delphy and Leonard, 1992;

Benería, 1999c; Folbre, 2006; Esquivel et al., 2008). 첫째로, 무급 노동은 인간의 능력을 키우는 데 중요한 기여를 하며 무급 노동을 측정하는 것은 그 기여를 좀 더 가시화하고 사회적으로 인정받게 만들 것이다. 둘째, 무급 노동, 특히 무급 돌봄 노동은 이 노동을 하는 사람에게 부담(비용)을 발생시키므로 무급 노동을 측정하는 것은 전체 노동(유급 노동과 무급 노동)이 가구에서 공평하게 분담되는지를 분석하는 데 매우 중요하다.[20] 셋째, 유급 노동과 무급 노동의 조화와 공평한 업무분배를 정책에서 다루도록 하기 위해서는 이들의 측정이 필수적이다. 넷째, 거시경제 정책과 예산을 투입하는 사업이 무급 노동에 미치는 성별화된 효과를 파악하는 데 중요하다. 이 같은 분석은 정부가 성인지적 거시경제 정책 및 사회 정책을 설계하는 데 도움을 줄 수 있다. 다섯째, 본 프로젝트는 가계 총생산과 노동력 통계 개선에 관한 위성계정을 생성하기 위한 통계를 작성한다. 여섯째, 생산성 수준의 비교가 쉽지 않더라도 생활시간 지표를 활용하여 유급/무급 초과 근무 비율의 추이를 분석할 수 있어 시간빈곤과 업무 집약화로 인한 삶의 질 악화를 파악할 수 있다. 또한 무급 노동의 측정은 소송이나 이혼 소송에서의 금전적 보상 추정과 같은 다른 실용적인 쓰임이 있다(Cascels, 1993; Collins, 1993; Çağatay et al., 1995; Bakker and Elson, 1998).

미국에서 국민소득계정이 개발되고 있던 1930년대에도 물론 무급 가사 업무를 여기에 포함하려는 노력이 있었다. 우리는 앞서 1934년 저서 『가계생산의 경제』에서 가사의 가치를 추정하는 방법을 고안한 마거릿 리드를 언급했다. 이후 에스터 보세럽(Boserup, 1970: 163)은 "생산과 소득 통계에서 일반적으로 누락되는 자급적 활동은 주로 여성의 일"이라고 지적했다. 보세럽은 식량 생산과 가공뿐만 아니라 땔감을 모으고 물을 길어오는 것과 같은 육체적으로 고된 일을 포함한 농촌 경제 활동의 시간 소모적 성격을 강조한 선구자였다. 그는 이러한 활동들이 인간 삶을 유지하는 기반이 되고 있으며, 신체의 욕구, 생활 수준 그리고 가족 및 공동체 내에서의 감정적 관계의 구조를 유지하는 데 기여한다는 것

---

20) 무급(비시장) 노동은 무급 돌봄노동과 가족농장 혹은 가족기업에서의 무급 노동을 모두 포함한다.

을 분명히 포착했다. 보세럽은 "주부들의 가사서비스"가 국민계정에서 누락된 점을 언급했지만, 아동·환자·장애인·노인 돌봄이 배제되었다는 점을 지적하지 않았다는 한계가 있다.

페미니스트 경제학자들은 성불평등과 무급 노동의 관계에 대한 지적 탐구에 기여해왔으며, 계정 프로젝트와 관련된 논의의 중심도 초기의 탐색과 개념화를 위한 노력(Benería, 1981; Folbre and Pujol, 1996)으로부터 이후의 측정을 위한 경험적이고 기술적인 노력으로 나아갔다. 1988년 출간된 매릴린 워링(Marilyn Waring)의 저서『여성이 포함된다면(If women counted)』은 여성의 경제 활동을 과소평가하는 사례를 제시하고 무급 노동이 학계와 연구자를 넘어 더 많은 대중에게 알려지게 함으로써 인간의 안녕 증진에 기여했다. 따라서 무급 노동, 특히 돌봄노동의 가치 평가가 인간의 현상 유지와 역량 증진에 필수불가결한 것임이 분명해졌다. 폴브레(Folbre, 2006)는 전반적으로 남성이 소비 욕구를 위해 더 많은 돈을 쏟아붓는 경향이 있는 반면 여성은 더 많은 노동(돌봄) 시간을 바치는 경향이 있으므로 이 둘 사이의 몇몇 공통분모를 고려해야 이들의 전반적인 기여를 비교할 수 있다고 주장했다.

노동의 또 다른 중요한 부분은 생활시간 데이터 수집 및 분석과 연관되어 있다. 생활시간 데이터는 1920년대 초 노동자 가정의 생활 실태에 대한 사회 조사의 일환으로 처음 도입되었다. 무급 가사노동에 대한 최초의 추정 중 하나는 1912년 노르웨이 통계청에 의해 이루어졌다(Aslaksen and Koren, 1996). 1924년 소련은 여가 및 지역사회 공동체 활동과 같은 변수에 대한 정보를 얻기 위해 최초로 이 데이터를 체계적으로 수집했다(Juster and Stafford, 1991). 미국 농무부 가정경제국(USDA)도 1920년대에 신기술이 농가 살림 담당자의 시간 사용에 미치는 영향을 파악하기 위해 생활시간 데이터를 수집했다(Franzis and Stewart, 2007). 스웨덴은 노르웨이의 예를 따라 1930년대에 가정과 시장으로 구성되는 경제 규모를 묘사하고 측정했다(Aslaksen and Koren, 1996).[21]

---

21) 이후에 개발도상국에서도 생활시간조사가 이루어졌으나 이들은 통근, 대중미디어 사용, 여가 등 페미니스트적 목표와 직결되지는 않는 부분들을 다루었다(Hirway, 2010: 3). 개발도

1980년대에는 여성의 무급 노동을 추정하는 핵심 자료로서 생활시간조사 데이터의 가치가 명백해졌다(Goldschmidt Clermont, 1983; Chadeau, 1993). 당시에 생활시간조사 데이터는 업무집약도 격차 및 성별에 따른 삶의 질 차이에 의문을 제기하는 페미니스트 분석과 반드시 연계되지는 않았으나, 페미니스트 경제학자 및 여타 사회과학자들이 이러한 노력에 동참함에 따라 달라졌다(Bittman, 1991; Juster and Stafford, 1985; Gershuny and Robinson, 1988; Ironmonger, 1996; Eloro and Miles, 2003; Antonopoulos and Hirway, 2010; Budlender, 2010). 연구자들은 특히 국제 시간 사용 연구협회(IATUR)와 그 대표 학술지『전자저널 국제 시간 사용 연구 (electronic international journal of time use research, e-ijtur)』를 통해 선진국과 개발도상국 모두에서 생활시간 데이터의 수집, 연구 방법, 분석을 진전시켰다.

1975~1995년 네 차례에 걸친 유엔 세계여성대회와 후속 메커니즘 및 관련 규약으로 이어진 유엔의 활동은 여성 노동을 측정 및 기록하는 것을 의제화하고, 이후 행동 계획을 세우기 위한 수단이었다. 1986년 이래로 국제여성개발진흥원 (INSTAW, International Training and Research Institute for the Advancement of Women) 과 유엔 사무국 통계청이 주도적으로 여성의 일에 대한 국민계정 및 기타 통계 정보를 초기 검토하고 개정을 요구해왔다. 무급 노동은 1995년 3월 코펜하겐에 서 열린 유엔 사회정상회의(UN Social Summit)에서도 논의의 핵심으로 주목받았 다. 이러한 다양한 회의는 회원국 정부 대표들이 NGO, 페미니스트 연구자들 그 리고 여성 단체들과 여성의 노동을 측정하고 가치 평가하는 일에 관련된 문제들 을 논의할 기회를 제공했다. 이 과정은 전체 계정 프로젝트에 대한 초기의 회의 론과 적대적 반응에도 불구하고 20년에 걸쳐 점진적으로 진행되었다. 이어 무급 가사노동이 복지에 중요한 기여를 한다는 점에 착안해 무급 가사노동을 측정할 필요성에 대한 상당한 공감대가 형성됐다.

계정 프로젝트의 목적은 1995년 베이징에서 열린 제4차 세계 여성대회에 서 채택된 행동 강령에 공식화되고 요약되어, 다음과 같은 설계와 이행을 요구

상국에서 초기에 이루어진 생활시간조사로는 1952년의 감비아, 1967년의 부르키나파소, 1966년의 페루에서의 연구 등이 있다.

하였다.

적절한 통계적 수단으로 무급 및 가사 부문을 포함한 모든 범위의 여성의 일과 국가 경제에 대한 모든 기여를 인지하고 가시화하며, 여성의 무급 노동과 빈곤 취약성 발생의 관계를 조사한다(UN, 1996: 119).

유엔개발계획(UNDP), 유엔통계국, 아시아태평양·중남미·카리브해 및 아프리카에 있는 유엔의 지역 기관들은 이러한 베이징 행동 강령의 전략적 목표를 지원했다. 선구적 노력의 일환으로, UNDP는 1995년 『인간개발보고서』에서 소수 국가의 유급 및 무급 노동 예상 비율을 보고했다. 이러한 노력은 개발도상국과 선진국의 정부, 연구자, 여성 단체들이 정책 기획 및 평가에 노동을 포함한 성별 분리 데이터와 정보를 수집하여 사용하도록 장려하는 데 도움이 되었다(UN, 1996). 그 결과 2011년 세계은행은 『2012년 세계 개발 보고서』(World Bank, 2011)에 시간 사용에 대한 상당한 자료와 연구 내용을 보고할 수 있었다.

계정 프로젝트에 대한 반발

여성의 총 기여를 측정하기 위해 필요한 제도적 자원과 노력 그리고 방법론적 우려와 실질적인 어려움이 이 프로젝트의 효과에 의문을 던져왔다. 비판과 논쟁은 계정 프로젝트를 구체화하기 위한 협력의 시작점에서부터 뒤따랐다. 다수의 학자, 페미니스트 및 정책 입안자가 심각한 반대와 우려의 목소리를 냈다. 그 반론은 다음과 같이 서로 다른 범주로 분류된다.

■ 이론적으로 잘못됨

경제학계의 비판에도 불구하고 극소수만이 서면으로 반대 의사를 표명했다. 『아메리칸 이코노믹리뷰』에 실린 샬럿 펠프스(Charlotte Phelps)의 초기 논평은 계정 프로젝트와 관련된 아이디어를 완전히 무시하는 경향이 있었다. 그녀에 따르면 "많은 여성이 자신의 가정 내 활동을 주로 사랑의 실천, 즉 여가 활동으로 간주한다. 이 경우 금전적 수입은 활동의 승인 요건이 아니다. 여성들이 가사

활동에 시간을 쓴다고 해서 자존감을 잃지는 않는다"(Phelps, 1972: 167). 따라서 가사노동의 분담은 비교 우위에 근거한 이성적 개인의 선택의 문제로서, 여성들은 임금 없이 이 일을 하면서 효용을 극대화하고 있으며 이 일을 하는 것 자체가 보상이라는 것이다.

수자이 시바쿠마르(Sujai Shivakumar, 1996)는 기록되지 않은 일련의 비판을 덧붙였다. 그는 무급 노동에 금전적 가치를 부여하는 어떤 행위도 현대 경제학과는 양립하지 않기에 이는 이론적 토대가 없는 "수사적 노력"에 불과하고, 단지 "통계적 축구의 이변적 경기"(p.374)라고 지적했다. 그는 계정 프로젝트가 주류 경제학과 맞지 않거나 이질적인 이론과 관련이 있다고 주장했는데, 예컨대 리카르도와 마르크스의 노동가치설이나 젠더를 '인간 삶의 사회적 공급 체계'라는 경제적 과정의 주요 '분석 도구'로 사용하는 사회주의 페미니스트의 수사적 노력이 이에 해당한다고 보았다. 그는 이러한 대안적 이론의 주장과 달리 가격은 시장에서 형성된다고 주장했다. 따라서 시장에서 교환되지 않는 서비스에는 가격을 정할 수 없다. 더구나 가격은 단순히 노동의 가치에 그치는 것이 아니라 다른 생산원가의 반영이기도 하다. 결국, 주류 이론이 가치 평가에 대한 이론적 지침을 제공하지 않기 때문에 "가치 평가 방법"(시간당 임금이나 활동의 총가치를 산출하기 위해 단위당 가격을 할당하는 것)의 선택이 자의적이게 된다.

이 같은 입장은 '잠재가격'을 활용하는 오랜 주류 경제 관행이나 가계 생산에 시장 가치를 부여한 신가계경제학과는 배치되는 것이다. 또한 국민소득계정 추산을 위해 자급형 생산에 가치를 부여하는 통계적 관행과도 배치된다. 그러나 시바쿠마르는 이에 대해 아무런 언급도 하지 않는다. 그는 무급 노동 측정에 관한 연구가 학자와 연구자들의 다양한 이론적 접근과 실용적 정치를 담고 있는 점도 무시한다. 그의 잘못된 주장과 추론은 비시장 생산 측정 관련 논의가 경제 전문가들의 입장에서 시장, 가격, 분할 메커니즘에 집중하는 잘 정의되고 '객관적인' 경제 패러다임을 망치고 있다는 짜증섞인 감정을 반영한다. 이러한 입장은 2008년 국민계정체계 보고서에서 가계 내 생산을 제외하는 명분으로 사용되기도 했다.

이후로 비시장(가계) 생산의 중요성을 인식하는 경제학자들이 늘어나고 있기는 하지만, 비시장 생산을 측정하거나 그를 통해 얻은 정보를 경제 이슈의 연구나 조사에 포함시키는 데 대한 저항은 여전하다.[22] 무급 노동의 측정 및 기록에 대한 저항은 주류 경제학의 방법론적 개인주의와도 관련이 있을 수 있다. 줄리 넬슨(Julie Nelson, 2010)은 방법론적 개인주의가 자율적인 개인이 합리적이고 자급자족한다는 개념과, 타인에 대한 의존이나 자립성 약화를 약점으로 보는 관점을 강화한다고 주장한다. 따라서, 돌봄이 필요하지 않은 "분리된 자신"은 돌봄 노동의 인지를 기피하는 것이다.

■ 시간 낭비

이 반론은 두 가지 서로 다른 주장에 근거한다. 첫 번째 맥락은 계정 프로젝트가 심각한 방법론적, 실무적 문제로 가득 차 있으며 이를 해결하기 위한 시도들도 품질이 좋지 않은 데이터를 산출하거나, 특히 빈곤한 저개발국에서 상당한 양의 자원을 필요로 한다는 우려에 기반한다. 두 번째는 측정이 되더라도 그 결과물인 통계 자료가 여성의 삶을 개선하지 못할 수도 있다는 두려움에 근거한다. 산출될 정보는 하루에 많은 시간을 일해야 하는 가난한 여성들의 부담을 줄이거나, 자신의 소득이 없는 도시 주부들의 권한을 강화하는 데 사용될 수 있는가? 예를 들어 버그만은 "자급을 위해서 만들어진 식품을 국내총생산에 포함시키는 것은 농부들에게 아무런 변화도 가져다주지 않는다"는 의미에서 무급 노동에 대한 더 나은 정보가 "단 한 명의 여성이라도 도울 수 있는지"에 대해 회의적이었다.[23] 가사노동의 중요성에 대한 사회적 인지가 높아짐에 따라, 오히려 여성은 사회적으로 가치 있지만 경제적 자립성을 보장받지 못하는 일로 내몰리고 필요한 자원에 대한 통제력을 잃어감으로써 노동의 분업을 강화하는 방향으로 나아

---

22) 노드 하우스(Nordhaus, 2006)와 같은 이들은 기존의 국민계정에 주요한 비시장 활동을 더하는 것에 반대하면서 비시장적인 환경 위성계정을 만드는 것이 선행되어야 한다고 주장했다.

23) 1998년 3월 13일에 이 주제에 대해 로데스 베네리아(Lourdes Benería)와 바바라 버그만(Barbara Bergmann)이 나눈 대화에 기반한다. 버그만은 젠더 불평등에 대한 노동시장 기반 해결책의 확고하고 전적인 옹호자다.

간다는 것이다. 버그만은 여성의 역할을 가정주부로 한정하는 일부 보수 단체가 가사는 사회적으로 중요하고 대체 불가능한 일이라며 "가정주부를 우상화하는" 데에 가사 관련 통계를 이용할 가능성이 높다고 우려했다. 이는 성평등에 기여하지 않을 뿐더러 오히려 여성의 남성 의존을 공고히 하는 데 기여할 것이다. 버그만은 "가사를 부각시키는 데에는 반(反)페미니스트적인 함의가 있다"고 결론짓는다. 대신에 그는 여성의 남성에 대한 의존도를 낮추고 가정 내외에서 협상력을 높이기 위해 여성이 유급 노동에 종사할 필요성을 강조해야 한다고 주장했다. 여성의 노동력 참여를 장려하는 적정 가격의 보육 제공과 유급 출산 휴가 등의 정책, 임금 형평성, 우대 조치, 비교 가능한 가치 등 노동시장에서 성평등을 강제하는 정책을 옹호하고 추진하는 데 자원과 노력을 들이는 것이 더 가치 있는 일이라는 것이다.

첫 번째 주장은 타당성 있는 논점을 제기하고 있으며 페미니스트와 여성 단체들도 이 점을 숙지하고 있다. 그렇지만 개념적이고 방법론적인 문제들에서는 지난 20년 동안 상당한 진전이 있었고, 이에 따라 신뢰할 만한 통계를 내는 것이 가능해졌다. 다양한 유엔 기관의 국제 지침 및 매뉴얼 작성, 정부 관계자 및 통계학자를 위한 교육 연수 개발, 공여기관의 지원으로 데이터 품질 문제에 대한 관심이 높아졌으며, 강력한 압박을 통해 많은 개발도상국이 데이터 수집 노력을 강화하는 정치적 결정을 하도록 도움을 주었다. 이것만으로 여성들이 마주하는 상황이 나아지는 것은 아니지만, 그들을 위해 사용될 수 있는 귀중한 정보를 제공한다.

두 번째 주장은 정책 설계와 실행 면에서 어떤 변화를 기대할 수 있는지에 대한 주의를 환기한다. 그럼에도 여성의 유급·무급 노동 참여에 대한 체계적인 정보가 필요하다는 점은 주목할 만하다. 인도의 페미니스트 데바키 자인이 지적한 바와 같이, "여성을 돕는 데 있어 가장 큰 어려움 중 하나는 그들의 수, 문제, 성과에 관한 신뢰할 수 있는 자료가 없다는 것이다"(Jain, 1975, 개인적 대화). 예를 들어, 당국이 상수원 및 안전한 식수 관리에 낮은 우선순위를 부여하는 상황에서 무급 노동량에 대한 데이터는 물을 길어오는 데 소요되는 시간을 입증하는 데 중요한 역할을 할 수 있다. 마찬가지로, HIV/AIDS 환자를 돌보는 데 소요되는 시간에 대한 정보는 종합적인 건강 정책을 개발하는 데 중요한 정보를 제공할 것이다. 『페미니스트 경제학』 특별호인 "시간 사용, 무급 노동, 빈곤 및 공공정책"(2010 and 2011)에 기술되었듯이, 생활시간 연구는 경제 및 사회 정책이 삶의 질과 인간 개발의 진전에 미치는 영향을 보여준다(Grown et al., 2010; Floro and Pichetpongsa, 2010).

게다가, 생활시간 통계는 정부 예산과 거시경제 정책이 성차별적 인식에 기반하였음을 비판하고 성인지적 정책을 요구하는 데에 점점 더 중요한 역할을 하고 있다. 예를 들어 스페인에서는 여성이 무급 가사노동의 일환으로 돌봄에 많은 시간을 할애한다는 실증 연구 결과를 바탕으로 부양가족 돌봄에 대한 공적 지원을 보장한 '개인 자치 및 부양가족 보호법(Personal Autonomy and Dependent Care Law, 39/2006)'이 2007년 승인 및 시행되었다(Eurofound, 2014). 마찬가지로, 한국의 경우 생활시간 연구는 여성의 무급 돌봄노동 부담을 방치함으로써 초래되는 심각한 인구통계학적, 사회적, 경제적 결과를 보였고 이는 육아 보조금과 노인 보호 서비스를 제공하는 사회 정책으로 이어졌다(Park, 2010; Yoon, 2014). 윤 (2014)은 이러한 정책이 시행된 후 가족, 시장, 국가 간 돌봄 복지 제공과 돌봄 비용 재분배가 젠더 관계를 얼마나 변화시켰는지 기록하기 위해 생활시간 연구가 계속 이루어져야 한다고 설명한다.

계정 프로젝트는 그 자체로 완결성이 있는 것이 아니라 누가 어느 정도까지 인류의 삶의 질에 기여하는지 이해하기 위한 수단으로 보아야 한다. 이 자료가 '가정 내 여성의 위상'을 홍보하는 데 오용될 수 있지만, 이는 정치적·이념적 논쟁의 문제이지 이 정보를 수집할지 여부에 대한 문제가 아니다. 일부 집단이 이 정보를 자신의 정치적 의제로 사용할 수 있다는 우려는 성인지적 사회, 노동 및 경제 정책의 보다 효과적인 설계를 포함하여 다양한 긍정적인 결과를 위해 해당 정보를 사용하는 경우와 비교되어야 한다.

■ 돌봄은 질적으로 다른 일이다

무급 노동의 돌봄 요소에 초점을 맞춘 또 다른 반론은 이러한 유형의 활동이 개인적, 관계적 측면과 연관되어 노동시장에서 거래되는 일이나 다른 유형의 무급 노동과 질적인 차이가 있다는 점을 지적한다. 히멜바이트(1995)는 특히 "여성의 기여를 기존의 '일' 범주에 끼워 넣는 것이 그 가치를 인정받는 가장 좋은 방법인가"와 관련하여 계정 프로젝트 자체의 장점에 의문을 제기했다(p.2). 첫째로, 돌봄이 물리적 측면과 정서적 측면을 모두 포함하지만, 물리적 돌봄은 "돌봄 제공자와 돌봄을 받는 사람 사이의 관계로부터 어느 정도 독립적일 수 있는 것"인 반면 정서적 측면의 돌봄은 "그 돌봄이 돌봄 제공자와 분리될 수 없다"(1995: 8). 게다가 돌봄 제공자는 돌봄 행위 자체를 통해서 성취감을 얻는다. 돌봄은 이 두 가지 특징으로 인해 임금노동과 질적으로 다르기 때문에 수량화 및 가치 평가가 매우 어렵다. 따라서 히멜바이트는 모든 것을 '일'로 볼 필요는 없다고 결론 짓는다.[24]

또한 이 반론에서는 무급 노동에 대한 페미니스트들의 활동이 노동력의 사회적 재생산 기능에 초점을 맞춘 경제 환원주의적 공식에서 벗어난 것임을 강조한다. "무급 (가사)노동"에서 "돌봄노동"으로의 전면적 변화는 이러한 공식에 대한 불만 때문이기도 하지만, 시장 확대와 자본주의적 발전 과정에서 가계가 변모했기 때문이기도 하다(Esquivel, 2011). 특히 고소득 국가의 중산층과 상류층 가정은 시장의 대체재에 의존하면서 가사노동량이 줄어들었으며, "가정생활이 점점 더 음식을 나누거나 잠들기 전 동화책을 읽어주는 것과 같이 대체품을 살 수 없는 것에 집중되었다"(Folbre and Nelson, 2000; 129).[25]

이와 유사한 맥락에서, 다른 페미니스트 경제학자들은 무급 돌봄노동에 금

---

24) "기존에 노동의 개념에 대해서 문제제기를 하지 않은 채로 가사 활동은 노동이라고 주장함으로써 돌봄의 중요성과 자기충족적인 면모는 인지되지 못한 상태로 남겨둔다"(p.14).

25) 생활시간 데이터는 이러한 주장을 뒷받침하는 근거가 되며, 그 예는 다음과 같다: Bittman (1999); Bianchi et al.(2000); Sayer(2005); Gershuny and Sullivan(2003); Gershuny and Fisher(2013).

전적 가치를 부가하고 이를 가시화하는 과정에서 무언가 중요한 것을 잃어버리게 된다고 주장해왔다. 무급 돌봄노동에 금전적 가치를 부여하면 돌봄이 이 시장의 규범하에 놓이게 될 것이라는 우려다. 예를 들어, 시장적 관점에서 무급 돌봄을 '시장에서 돌봄노동을 통해 벌어들일 수 있는 소득의 상실'로 보는 것이다. 또 다른 이슈는 보육, 식사, 양육 등의 돌봄의 질이 시장을 통해 제공될 때와 무급의 양육자에 의해 이루어질 때 큰 차이가 있을 수 있다는 점이다. 폴브레는 돌봄노동에 보수가 지급될 때 돌봄이 가지고 있는 "애정과 의무의 측면을 갉아먹을" 가능성이 높다고 주장한다(Dorman et al., 1996: 83). 마찬가지로, 피터 도르만(Peter Dorman)은 시장의 이상을 확산시키는 "기름칠된 경사로"는 "거의 모든 것의 시장화"로 이어진다고 경고했다(Dorman et al., 1996: 75). 한편 디어드리 매클로스키(Deirdre McCloskey)는 아동을 보살피고, 애정을 담아 경청하는 등의 돌봄 활동들이 "유급 노동이 되면 사랑이 담기지 않을 것이다. 이런 점에서 사랑은 시장 교환의 대척점에 있다"고 말했다(McCloskey 1996: 138). 비교적 근래에 줄리 넬슨(Nelson, 2010)은 시장화가 개인주의와 개인의 이익 추구라는 규범에서 자유로울 수 없으며 이는 우리가 진정성 있는 돌봄에 기대하는 포용적이고, 친밀하고, 감정적으로 충족된 관계와 양립할 수 없다고 주장했다.

확실히, 일부 유료 돌봄 서비스는 사랑하는 가족 구성원이 제공하는 것과 같은 품질의 돌봄 내지 정서적 지원을 제공하지 않을 것 같다. 그러나 이러한 예상에 대한 예외를 어렵지 않게 찾아볼 수 있다. 실제로 계약에 따른 거래 내용을 넘어 사심 없는 정서적 지원을 제공하는 시장 기반 돌봄이 있을 수 있다. 예를 들어 간호사, 간호조무사, 요양보호사, 보모, 보육 시설 종사자가 제공하는 유급 돌봄 수행에서 연대, 이타주의, 돌봄과 관련된 동기를 찾을 수 있다. 브라운슈타인과 연구자들(Braunstein et al., 2011)이 지적했듯이 돌봄노동의 수행에는 이타주의, 개인의 이익 추구, 사회적 규범을 따르거나 타인에게 도움이 되려는 욕구/강박 등 다양한 동기가 있을 수 있다.[26] 따라서 금전적 보상을 대가로 제공되는 서

---

26) 이와 같이 정의될 때 돌봄 제공자들이 금전적 보상 혹은 급여를 받는 상황을 제외할 이유가 없다. 돌봄의 새로운 개념은 베이징 행동 강령으로부터 출발하여 "가정이나 시장과 같

비스에 개인적, 관계적 측면이 없다고 주장하기는 어렵다. 게다가 가정폭력의 문제를 고려할 때, 가정은 상호 돌봄 및 사랑과 존중의 장소라고 가정하거나 이상화할 수 없다(Dubury et al., 2012). 둘째로, 가정에서 주요 돌봄 제공자가 수행하는 많은 무급 활동이 반드시 만족감을 주거나 보살핌의 감정을 수반하는 것도 아니다. 상속과 같은 이기적인 기대에 근거한 가족 돌봄이나 아내에게 시댁 식구들을 돌보게 하는 경우처럼 애정보다는 사회적 압력에 근거한 가족 돌봄이 존재한다. 셋째, 무급 돌봄노동에만 속한 고유한 기술이라는 것이 사실상 전무하다. 집안일에 사용되는 기술은 어느 정도 노동시장의 일에 사용될 수 있고 그 반대의 경우도 가능하다. 때문에 유급 보육 종사자나 간호사는 가정에서 배운 기술로 높은 수준의 개인 돌봄을 제공할 수 있으며, 노동시장에서 습득한 관리 능력은 무급 가사노동에서 서비스의 질을 낮추지 않고도 노동 시간을 줄이는 데에 사용될 수 있다.

요약하자면, 일부 페미니스트들은 계정 프로젝트에 반대하면서 보수의 지급 여부와 상관없는 돌봄의 본질에 대한 중요한 통찰을 제공하는데, 이들의 주장을 돌봄의 측정이 달성할 수 있는 것에 관해 보다 넓은 맥락에서 살펴볼 필요가 있다. 어떤 면에서는 시간 투입을 측정하고 무급 돌봄노동의 금전적 가치를 추정하는 과정에서 무언가가 상실될 수도 있다. 그러나 돌봄노동의 물질적, 시간적 차원에 대한 보다 깊은 이해는 인간의 안녕에 있어 돌봄의 중요성을 입증하는 데 필수적이다. 그것은 경제 분석과 정책 수립에서 무시되어온 돌봄의 경제적 비용에 관심을 불러일으킨다. 돌봄의 물질적, 시간적 차원은 돌봄의 관계적 측면과 누가 그것을 제공하는지를 결정하는 사회적 규범만큼이나 중요하다.

또 다른 통약 불가능성(incommensurability) 논쟁은 가사노동과 같이 돈을 받지 않는 일을 측정하고 시장 생산과 비교하는 것의 어려움에 집중되어왔다. 통상적으로 무급 가사노동은 임금노동에 비해 기술 수준과 생산성이 떨어진다고 가

은 생산 장소와의 관계 혹은 국민계정에 포함되는지의 생산 경계보다 노동 과정에 더 집중하여 더욱 상세하게 정의"된다(Folbre, 2006: 186). 이러한 재개념화는 무급 노동을 넘어 교사, 간호사, 의사, 유급 가사노동자 등이 수행하는 경제 내의 유급 돌봄 활동까지 포함하게 된다.

정된다.[27] 그 결과로 일부 연구자와 실무자는 비시장적 일에 대한 금전적 가치 평가가 강제적이고 오해의 소지가 있으며, 오히려 시장을 통해 생산되지 않는 서비스에 대한 완벽한 대체재를 시장이 제공한다는 잘못된 결론으로 이어질 수 있다고 주장한다.

그러나 무급 노동을 측정하고 기록하는 이유가 단순히 유급 노동과 비교하기 위함은 아니다. 이는 돈을 받지 않는 일을 드러나게 함으로써 사회적으로 인정받게 하고, 이 일이 사회의 안녕과 인적 자원의 재생산에 기여한다는 점을 확인하는 것과 더 관련이 있다. 유급 노동과 무급 노동을 비교할 수 있는지 여부의 문제가 전체 노동이 가정에서 어떻게 공유되는지나 유급 노동 및 무급 노동과 여가와 휴식 사이에 시간을 어떻게 할당하는지와 같은 유/무급 노동 사이의 중요한 연관성을 인지하고 이해하는 일을 방해해서는 안 된다.

무급 노동 측정과 가치 부여를 향한 진전

무급 가사노동 시간을 과연 측정해야 하는가에 대한 의문이 계속 제기되지만, 지난 수십 년 동안 계정 프로젝트와 관련된 개념적, 실무적 문제를 해결하는 데 상당한 진전이 있었다. 이러한 진전은 주로 개념적, 이론적, 방법론적 세 가지 부문에서 이루어져왔다.

일과 경제의 개념화

돈을 받지 않는 일을 측정하기 위해서는 노동과 비노동의 명확한 구별과 경제 활동 개념의 재정립이라는 두 가지 중요한 단계가 필요했다.

첫째, 가정에서 행해지는 다양하고 많은 활동을 감안할 때, 어떤 일을 노동으로 포함시킬 것인지가 주요하게 논의되었다. 그리고 마거릿 리드의 '제3자 원

---

27) 혹자는 유급 노동과 무급 가사노동 모두에 관여된 사람의 경우, 시장의 경쟁 압력이 가정에까지 미쳐서 시간당 집안일의 효율성을 증진한다고 주장할 수도 있다.

칙'이 수행 기준으로 채택되었다. 이에 따라 가계 생산은 다른 사람이 담당할 경우 급여를 지급해야 하지만 현재 돈을 받지 않는 일을 지칭한다. 이 기준에 따르면 쇼핑, 청소, 음식 준비, 육아와 같은 일은 노동에 포함되지만, 텔레비전을 시청하거나 잠을 자고, 책을 읽고, 옷을 입는 것은 노동으로 보기 어렵다. 매우 부유한 사람이나 병든 사람들이 옷을 입는 것을 돕는 유급 인력이 존재하는 것과 같이 여전히 모호한 지점이 몇 가지 있지만, '제3자 원칙'의 채택은 정의의 기준을 설정함으로써 국가들 간의 비교를 가능케 했다.[28]

둘째, 2장에서 논의한 바와 같이, 1970년대 후반 이후 페미니스트 경제학자들은 경제 활동 개념에 시장과 직접 연결되지 않는 사회적 재생산 및 인류의 현상 유지 활동을 포함하도록 하는 상당한 변화를 가져왔다. 이 재정의는 시장을 통해 생산되고 교환되었는지 아니면 가정, 지역사회, 사회 단체에서 무보수로 생산되었는지를 막론하고, 인간이 생존하고 번영하기 위해 필요로 하는 모든 최종 재화와 서비스의 생산을 총산출물 측정에 포함할 것을 요구한다. 이와 같이 확대된 경제 개념은 생산과 소비의 추정에 있어서 기존의 국민계정 개념에 의문을 제기했고, 뒤에서 논의할 바와 같이 가계 총생산의 '위성계정'을 개발하게 되었다.

이론적 기여

이론적 측면에서 볼 때, 경제적 모델 구축이 계정 프로젝트보다 시기적으로 조금 앞서거나 그와 동시에 이루어졌다. 2장에서 살펴본 바와 같이, 1960년대 이래로 신가계경제학에서부터 주류 협상 모델까지 다양한 경제적 모델이 가계 내 생산과 가사노동의 젠더 분업을 검토하기 위해 개발되었다(Manser and Brown, 1980; Thomas, 1990; Bourguignon and Chiappori, 1992). 페미니스트 경제학자들은 이러한 접근법을 비판적으로 바라보면서, 가족 구성원 간 노동의 불평등한 분배와 이에 따른 비대칭적 결과를 초래하는 성 역할의 사회적 구성에 더 중점을 둔

---

28) 제3자 원칙은 시장을 경제 활동의 척도로 가정한다고 비판받아왔다(Wood, 1997). 그러나 경제 활동에는 제3자가 금전적 보수 없이 시장 밖에서 수행한 가사가 포함될 수 있다.

분석적 프레임워크를 제안했다(McCrate, 1987; Sen 1990b; Agarwal, 1997; Katz, 1995; Braunstein and Folbre, 2001; Doss, 2013).

거시경제 수준에서 1990년대 이후 페미니스트 경제학자들은 무급 노동과 성별 차이를 다양한 방법으로 도입하는 성인지적 거시경제 모델을 개발했다 (Braustain, 2000; Fontana and Wood, 2000; Ertürk and Çağatay, 1995; Brounstein et al., 2011; Walters, 1995). 이러한 모델들은 무급 노동, 여성의 안녕과 같은 경제 정책 속에 숨겨진 비용과, 이러한 전제가 미래 경제 성장에 미치는 행동과 효과, 현재 와 미래 세대 모두의 육성 및 발전에 미치는 부정적인 결과를 드러낸다. 따라서 그들은 통상적으로 거시경제 분석의 영역에서 다뤄온 경제 부문이 기능하기 위 해, 비시장생산이 필요한 이유에 대한 더 깊이 있는 이해를 제공했다.

측정과 가치 평가의 방법들

실제적으로 계정 프로젝트는 (1) 이러한 활동에 소비되는 노동 시간에 대한 정보를 어디서 얻을 것인가 (2) 노동 시간의 가치를 어떻게 추정할 것인가라는 두 가지 과제에 직면해 있다. 이 과제들을 해소하기 위한 노력은 몇 가지 발전으 로 이어졌다. 첫째, 여성과 남성이 수행하는 다양한 무급 노동의 유형과 양을 보 다 정확하게 포착할 수 있도록 데이터 수집 방법이 개발되었다. 특히 국가 통계 기관, 유엔, 생활시간 연구자들의 노력으로 개발도상국의 여건에 맞는 생활시간 조사(time-use surveys)가 개발되어 100여 개 국가에서 시행되고 있다.[29] 둘째, 이러한 조사들은 무급 노동의 가치를 측정하고 가계 생산의 총가치를 추정하여 한 국가의 국민계정에 병행되는 '위성계정'을 구축하는 방향으로 진화했다(Ahmad and Koh, 2011).

■ 생활시간조사의 역할

2013년 제19차 ICLS에서 공인된 바와 같이, 생활시간조사는 가계 구성원이

---

[29] 연구에 활용할 수 있는 생활시간조사 데이터의 목록은 다음에서 찾아볼 수 있다. http://www.timeuse.org/mtus/access

기여하는 노동 시간을 추정하고 모든 형태의 일을 측정하는 매우 귀중한 방법이다(ILO, 2013d). 이러한 유형의 조사를 통해 제공되는 상세한 측정 기록은 단기 노동을 기록할 수 있게 하고, 모든 활동을 포괄적으로 다룰 수 있게 한다.30) 생활시간조사는 일반적으로 응답자인 가구원에게 자기관리 일지, 회상 면접 또는 단기 업무 목록을 통해 특정 기준 기간(일반적으로 지난 24시간 또는 지난 한 주) 안에 수행한 다양한 활동과 작업을 기록하도록 요청한다.

생활시간조사는 무급 노동 시간에 대한 정보를 제공할 뿐 아니라 인도와 남아프리카공화국 등의 공식 노동 조사에서 누락되었던 국민계정 내 일시적, 부분적, 가정 기반 노동 등의 자급적 생산과 비공식적 노동 데이터 수집에 기여했다(Hirway and Jose, 2011; Floro and Komatsu, 2011). 히르웨이와 호세(Hirway and Jose, 2011)는 인도 국립표본조사기구의 1999~2000년 인도 노동력조사와 1998~ 1999년 인도 생활시간조사의 예비조사 결과를 비교하여 전자에 비해 후자의 규모가 훨씬 크다는 것을 보여준다. 노동력 조사와 생활시간조사 추정치의 가장 큰 격차는 도시 여성에게서 나타나는데, 도시 남성의 노동참여율이 51%에서 59%로 증가한 반면 도시 여성들의 노동참여율은 평균 12.8%에서 30.9%로 증가했다. 농촌 여성의 경우 추정치는 25%에서 58%로 두 배 이상 높아졌다.31) 남아프리카공화국의 사례에서 플로로와 고마쓰(Floro and Komatsu, 2011)는 2000년 전국 생활시간조사를 활용하여 비(非)경제활동인구 혹은 실업자로 분류되지만 실제로는 자급적 생산, 임시직 및 단기 일자리를 거친 개인을 식별했다. 이들의 연구 결과에 따르면 비경제활동인구로 분류된 여성의 11.1%, 남성의 15.8%는 각각 하루 평균 2.6시간과 3.6시간을 노동시장 내 활동에 사용했다. 또한 실업자 여성의 12%, 남성의 26.7%가 각각 하루 평균 2.9시간과 4.6시간을 자급적 생산, 노동시장의 임

---

30) 주요 범주는 다음과 같다. (1) 노동시장에서의 일, 가사, 아이 돌봄, 쇼핑, 자원 활동 등의 일, (2) 사교적이고 능동적, 수동적인 것을 포함하는 여가 활동, (3) 수면, 위생관리, 교육 등의 기타 활동.

31) 생활시간조사가 일정 업무상 지위를 가진 안정적 노동자를 확보하기 위해 기준 유급 노동 시간을 더 높게 지정할 때에도 통계청 조사 기준 추정치에 비해 도시 여성의 추정치는 주 4시간 이상 근무자가 22.7%, 주 8시간 이상 근무자가 18.8% 더 높다. 그러나 맥락에 관한 질문이 없다면 생활시간조사는 비공식 활동과 생계 활동 참여를 구별할 수 없다.

시직 및 단기 고용 노동에 사용했다(Floro and Komatsu, 2011).

생활시간조사의 높은 비용과 자원 제약으로 인해 일부 개발도상국들은 가장 비용이 적게 드는 "단기 작업 목록법(short task list method)"을 채택하여 특정 작업에 대한 정형화된 질문을 활용했다(Esquivel et al., 2008). 예를 들어 볼리비아의 2001년 생활시간조사는 육아, 요리 및 청소, 식료품 구매, 세탁 및 다림질, 간단한 수리, 자가 소비를 위한 생산, 연료와 식수 조달 등 7개 과제만을 제시했다. 그 후 응답자에게 각 과제에 대해 수행 여부를 응답하게 하고 '하루 평균 소요 시간'과 빈도를 물었다. 마찬가지로, 2003년 생활시간조사에서 기니와 나이지리아는 각각 9개, 14개의 활동을 사전에 제시하는 "회상 면접법(recall interview method)"을 사용했다.

국민계정의 구조화된 데이터 수집과 달리, 생활시간조사의 데이터 수집의 빈도와 방법은 국가마다 다르다. 호주, 캐나다, 프랑스, 네덜란드, 노르웨이, 스웨덴, 영국 등의 나라들이 수십 년간 정기적으로 조사를 수행한 반면, 다른 나라들은 한두 번밖에 자료를 수집하지 못했다.[32] 더욱이 표본추출과 조사 설계 방식 또한 다양하다. 이에 따라 1997년 유엔통계국이 개발한 국제생활통계활동분류(ICATUS)를 채택하여 생활시간 데이터를 표준화하고 통합하자는 주장이 제기되었다.[33]

그러나, 개발도상국들은 고소득 국가들과는 상이한 실질적 어려움에 직면하기 때문에 표준화가 어렵다. 우선 최빈국에서는 낮은 문해율 때문에 신뢰성이 높다고 여겨지는 시간일지법(time diary method)을 사용하기 어렵다(Juster and Stafford, 1991). 둘째, 다수의 빈곤 가정은 시간을 확인하기 위해 시계를 사용하지

---

32) 일례로 스페인은 2002~2003년, 2009~2010년 두 차례에 걸쳐 국내 조사를 실시하였으며 튀르키예는 2006년에 한 차례 실시하였다.

33) 유엔 생활시간조사 활동의 국제 분류(ICATUS) 웹사이트: http://unstats.un.org/unsd/cr/registry/regcst.asp?CI=231&Lg=1. 이후 옥스포드 대학 시간 사용 연구 센터(CTUR, Oxford University Center for Time Use Research)의 존 거셔니(John Gershuny)와 킴벌리 피셔(Kimberly Fisher)는 다른 생활시간 연구자와 협력하여 25개 국가의 60개 데이터셋을 포괄하는 맞춤형 활동 일화와 맥락 정보를 담은 다국가 생활시간조사(MTUS, Multinational Time Use Survey) 데이터셋을 만들었다. 그러나, 특히 개발도상국에서 생활시간조사의 통합은 정치적 상황의 긴박함과 방법론적 문제로 인해 진행되지 못했다.

않으며, 때문에 단기 작업 목록법과 회상 면접법에서 "주어진 활동에 시간을 몇 분이나 할애했는가?"와 같은 질문에 대한 응답의 신뢰성이 확보되기 어렵다.34)

　　많은 개발도상국은 생활시간 데이터 수집에 실용적으로 접근하고 있다. 그들은 방법론적 절충이 불가피함을 전제하고, 현지 수요와 예산에 맞게 생활시간조사를 설계한다(Esquivel et al., 2008). [표 5.1]은 해당 국가 그룹에서 수행된 생활시간조사의 목표가 상이함을 보인다. 또한 활동의 유형 역시 국가의 이해와 정치적 여건을 기준으로 선정된다. 예를 들어 남아프리카공화국은 2000년에 거의 모든 유형의 일을 개념화하고 더 많은 성인지적 정책을 만들기 위해 국가 생활시간조사를 실시했다(Budlender, 2008). 부탄이나 라오스 같은 나라들은 국민총행복지수 추계, 농업 생산성 측정, 중소기업 노동 투입량 산정 등의 목적으로 생활시간조사 데이터를 수집했다. 반면 고소득 국가의 생활시간조사는 주로 모바일 통신에 소비하는 시간, 여가, 삶의 질, 여행이나 출퇴근 시간 측정에 사용된다.35)

[표 5.1] 국가 단위 생활시간조사의 목적

국가	조사 시기	조사 목적
부탄	2007~2008	국민총행복지수의 측정에 활용하기 위함.
		사람들이 행복하기 위해 어떤 활동에 어떻게 시간을 사용하는지 이해하기 위함.
		응답자의 사회경제적 특징에 따른 무급 노동 시간(가사노동, 돌봄노동 등)을 연구하기 위함.
쿠바	2001	활동에 따른 시간 배분을 확인하여 무급 노동의 현황과 변화에 대한 정보를 수집하기 위함.
에콰도르	2003~2004, 2005	여성과 남성이 비공식/자급 노동에서 무급돌봄에 사용한 시간에 관한 정보를 모으기 위함.
가나	1991ª	가나의 여성과 남성이 사용한 시간에 관한 정보를 모으기 위함.
		가나인의 삶의 수준에 관한 정보를 모으기 위함.
인도	1998-99	여성과 남성의 시간 사용 유형에 관한 정보를 모으고 분석하기 위함.

---

34) "지난주에는"과 같이 좀 더 이전에 대해 질문하면 응답의 신뢰성 문제는 더욱 심각해진다.
35) 데이터 수집 목표뿐만 아니라 활동에서 강조되는 지점의 차이도 활동이 분류되는 방식과 세분화 수준에 영향을 미칠 수 있다. 무급 가사노동은 요리, 환자 구완, 아이들과 놀기, 학교 공부 보조하기, 집안 청소 등을 병행하는 단일 활동으로 코딩하거나 세분화할 수 있다.

국가	조사 시기	조사 목적
		노동력에 관한 보다 신뢰할 만한 추정치를 얻기 위함.
		무급 노동을 측정하고 가치 매기기 위함.
		인도의 생활시간 연구를 기획하고 수행하기 위한 개념적 틀과 적절한 방법을 개발하기 위함.
라오스	1997~1998[b]	쌀농사를 중심으로 농업의 생산성을 측정하기 위함.
		소규모기업 및 비공식 경제의 노동 투입을 측정하기 위함.
마다가스카르	2001[a]	여성과 남성 간 유급 및 무급 노동 분배를 이해하기 위함.
		여성과 남성이 비공식 노동과 자급 노동에 사용하는 시간을 측정하기 위함.
말라위	2003~2004[a] 2004[c]	여성과 남성이 가사노동, 연료 수집, 농업, 어업 등의 활동에 사용하는 시간에 관한 정보를 모으기 위함.
		여성과 남성의 무급 가사노동을 측정하기 위함.
팔레스타인	1999~2000	정책 입안과 의사 결정 활동에 사용한 시간에 관한 정보를 제공하기 위함.
남아프리카 공화국	2000, 2009~2010	여성과 남성의 시간 사용을 측정하고 분석하기 위함.
		여성과 남성 간 유급 노동과 무급 노동의 분배에 관한 정보를 얻기 위함.
		위성계정의 무급 노동과 연계하기 위함.
		자급 노동, 임시 노동, 비공식 부문의 노동 등의 생산 활동에 대한 통찰을 얻기 위함.
탄자니아	2004, 2006[c]	비공식 노동을 포함하여 유급 노동을 하는 노동력의 크기를 측정하기 위함.
		여성과 남성이 무급 노동에 사용한 시간에 관한 데이터를 모으기 위함.
태국	2000~2001	10세 이상의 사람들이 유급 노동과 무급 노동에 어떻게 시간을 사용하는지에 관한 종합적인 지식을 얻기 위함.
		유급 노동과 무급 노동에서의 성차를 확인하기 위함.
		GDP에 대한 노동의 기여에 관련된 개선된 추정 데이터를 제공하기 위함.
		국제적으로 비교 가능한 국가 생활시간 데이터를 제공하기 위함.

메모: a 생활 수준 측정 조사(LSMS, Living Standards Measurement Survey)의 일부.
   b 가계의 소득, 지출, 소비조사(Household Income and Expenditure and Consumption Survey)의 일부.
   c 노동력 조사(Labor Force Survey)의 일부.
출처: Antonopoulos and Hirway(2010) 재인용, Centre for Time Use Research- information gateway, http://www-2009.timeuse.org/information/studies/ 검색일 2013.05.07

　　국가마다 생활시간 데이터를 수집하는 방식 또한 상이하다. 남아프리카공화국은 보완적 인구 통계와 다른 가정 및 지역사회 수준 정보를 포함한 독립형 생활시간조사를 수행했다. 다른 개발도상국들은 가구 조사(태국, 오만, 라오스, 볼리비아, 멕시코, 튀니지), 노동력 조사(중국, 코스타리카, 방글라데시, 에콰도르, 네팔), 보건 영양 조사(중국), 생활 수준 측정 조사(가나, 과테말라, 마다가스카르, 말라위, 시에라리온) 등 다른 국가 통계에 생활시간 모듈을 붙여 시간 사용 데이터를 수집했다(Esquivel et al., 2008). 기존의 통계 조사에 모듈을 사용하여 생활시간 정보를 수집하는 것은 제한된 예산하에서 모니터링 도구로서 실효성 있는 종적 자료를 축적하는 유효한 전략임이 입증되었다.

고소득 및 저소득 경제 주체 모두에게서 발생하는 또 다른 어려움은 성차별적 규범 및 사회화의 패턴과 관련이 있는데, 이는 육아와 같은 특정 활동의 과소 보고로 이어질 수 있다. 생활시간 연구는 육아가 종종 부차적인 활동으로 여겨진다는 점을 보여준다(Ironmonger, 2004; Bittman et al., 2004). 응답자는 환자와 장애인을 돌보는 것뿐만 아니라 보육도 종종 일상에 녹아든 배경으로 여기고 보고하지 않을 수 있다. 예를 들어, 육아는 오후 사교 활동을 위해 모이는 어머니들에 의해 집단적으로 이루어질 수 있다. 이 활동의 사회적 본질을 사회적 교류로 인식하는 여성들은 이를 '여가'라고 보고한다. 마찬가지로 여성은 육아와 같은 특정한 일들을 자신의 의무로 당연시하도록 사회화되기 때문에 자신이 일을 하고 있다는 사실을 모르고 보고하지 않는 현상이 자주 발생한다. 그러므로, 여성이 텃밭을 가꾸면서 아기를 등에 업고 있을 때 그녀는 밭농사만을 자신의 활동으로서 보고하게 될 수 있다.

연구자들은 돌봄과 병행하는 여성의 중복적 또는 동시적 수행(멀티태스킹)이 개발도상국에 국한되거나 특이한 현상이 아니라는 점을 보여주었다.36) 멀티태스킹

---

36) 생활시간조사 설계의 개선에 따라 검사 도구가 무급 돌봄노동의 관리 감독 측면을 더 잘 포착할 수 있게 되었다. 이러한 개선 사항에는 능동적 개입 없이 아이를 돌보는 것을 가리키는 말 "어린이를 지켜보기(minding children)" 또는 "수동적 육아(passive childcare)" 같은 활동을 생활시간조사 범주에 포함시키는 것에서부터, '자녀 감독(child-minding)'을 포함한 보조 활동에 대한 명확한 지침을 조사관에게 제공하는 것까지 다양하다. 이러한 방법은 호주의 국가 생활시간조사 및 2002년 태국 도시 가사노동자 생활시간조사에 채택되었으며, 보다 나은 보육 활동 추정치를 제공하였다. 반대로 1999년 남아프리카 생활시간조사와 2000년 영국 생활시간조사는 이 두 가지 특징이 모두 결여되어 있어 훨씬 더 낮은 수준의 보육 활동을 보고했다(Folbre and Yoon, 2007).

의 과소 보고 문제를 해결하기 위해 생활시간 연구자들은 여러 가지 방법을 개발했다. 한 가지 접근법은 동일한 시간 단위에서 1차 및 2차 활동이 무엇인지 질문하는 것이다. 둘째로는 시간 일지를 사용하는 고소득 국가의 경우, 연구자들은 "이 활동 중 함께 있는 사람이 누구였습니까?" 등의 질문을 통해 상황에 맞는 정보를 추가하거나 부모와 자녀의 생활시간 정보를 결합하여 제공된 자료에 대한 더 나은 추정치를 얻는다(Mullan, 2010).[37] 이러한 생활시간 데이터 수집의 혁신은 특히 여성에 의한 무급 돌봄노동의 더 정확한 추정치를 제공했다(Bittman and Pixley, 1997; Ironmonger, 1996; Floro and Miles, 2003; Floro and Miles, 2003; Pichetpongsa, 2010 등). 결과적으로 공공정책을 체계화하고 사회 정책을 이끌어내기 위해 더 상세한 생활시간 데이터의 사용이 촉진되었다(Budlender, 2010; Grown et al., 2010).

■ 가치 평가 방법의 발전

데이터 수집과 동시에, 무급 노동의 가치 평가에도 방법론적 발전이 있었다. 하나는 노동 시간에 대한 숨겨진 가치에 근거한 '투입법(input—related method)'이고 다른 하나는 무급 노동자가 생산한 재화와 용역에 대한 시장 가격에 근거하는 '산출법(output—related method)'이다. 투입법의 핵심 질문은 무급 노동 시간의 시장가치를 어떻게 부여할 것인가이다. 이 질문에 대한 세 가지 평가 기법이 다음과 같이 제시되었다.[38]

- 다양한 가사를 수행하기 위해 고용된 가사노동자의 비용을 이용하는 '국제대체법(global substitute method)'
- 정원사, 조리사, 아동 돌봄 전담사 등 각 분야 '전문가'의 평균 임금을 각 특정 가계 과제에 적용하는 '전문대체법(specialized substitute method)'
- 무급 노동을 수행하는 자가 얻을 수 있었을 시장임금을 적용하는 '기회비용법'[39]

---

37) Mullan(2010)은 부모와 자녀가 같은 방에 있지는 않지만 같은 공간에 있는 시간을 포함하는 보육 감독의 양을 계산하기 위해 자녀의 생활시간 정보를 활용한다.

38) 자세한 내용은 Goldschmidt—Clermont(1983; 1993); Benería(1992); Chadeau(1992); Allard et al(2007); Craig and Bittman(2008); Fraumeni(1998) 등 참고.

39) 생애소득 접근법(lifetime—income approach)은 기회비용법의 변형이다(Fraumeni 1998).

앞의 두 가지 방법을 "대체비용법(replacement cost method)"이라고도 한다. 각각의 방법에는 몇 가지 장단점이 있다. 국제대체법은 가사노동자가 임금 체계의 하위 단위에 위치하기에 노동의 대가로 낮은 추정치를 제시하는 경향이 있다. 따라서 형태를 막론하고 무급 노동은 기술이 거의 필요 없거나 전혀 필요하지 않아 생산성이 낮다고 보는 경향을 강화한다. 반면에, 그러한 서비스를 거래하는 특정 시장이 존재한다고 가정할 때 전문대체법은 다양한 집안일의 시장 가치를 더 잘 나타낼 것이다. 다만 이 방법은 무급 노동 시간을 특정 과제에 따라 세분화하고 각각의 특정 시장 임금을 산정해야 하는 실질적인 문제를 야기한다.

기회비용법은 개인의 기술과 수익 수준에 따라 광범위한 추정치를 산출한다. 따라서, 이 방법은 다소 터무니없는 추정치를 낳을 수 있다. 예를 들어 의사가 만든 요리에 비해 요리사가 만든 요리가 더 낫지만, 전자에 더 높은 값을 책정하게 되는 것이다. 이는 또한 노동시장 운영에 내재된 특정 젠더 편향을 재현하고 성별 임금 격차를 반영하기 때문에 여성 가구원에 비해 남성 가구원이 수행하는 무급 노동의 가치가 더 크다고 간주한다.

실제적으로는 국내 노동자 임금에 대한 데이터를 비교적 쉽게 얻을 수 있다는 점을 감안하여 대체비용법인 국제대체법이 가장 보편적으로 사용된다. 일부 연구자들은 활동 가치에 대한 낮은 추정치와 높은 추정치를 생성하기 위해 두 가지 다른 임금률을 사용한다. 예를 들어, 폴브레(Folbre, 2008)는 미국의 두 가족 유형에 대해 육아에 전념하는 부모의 시간 가치에 적용할 두 개의 추정치를 생성하고자 보육 종사자의 평균 시간당 임금과 모든 근로자의 중간임금을 사용한다.[40] 폴브레는 이를 통해 부모가 자녀에게 쓰는 금전적 지출만을 근거로 할 때 자녀로 인한 비용을 추정하는 전통적인 수치는 부모의 생활 수준을 과대평가하고 부모가 경제에 기여하는 정도를 과소평가한다고 결론짓는다.

산출법은 투입된 순비용으로서 무급 노동의 산출물에 대한 가치 평가와 연

---

[40] 폴브레의 2000년도 보육 돌봄 시간-비용 측정치는 양부모 2자녀 가족과 한부모 2자녀 가족을 대상으로 한 것이다. 높은 추정치는 높은 급여율뿐 아니라 긴 보육 시간 또한 포함한다. 폴브레에 따르면 자녀당 금전적 지출과 더불어 양부모 가족의 경우 아동당 시간 사용이 총시간의 62%를 차지하고, 한부모의 경우는 65%를 차지했다.

[표 5.2] 2008년의 가계생산 추정치

	대체비용법에 따른 추정치		기회비용법에 따른 추정치	
	1인당 가계 생산(USD)[A]	GDP 대비 비율	1인당 가계 생산(USD)[A]	GDP 대비 비율
호주	9,682	24.73	26,144	53.54
오스트리아	8,708	21.85	23,833	49.08
벨기에	8.577	23.26	22,928	50.44
캐나다	8,882	22.84	22,902	47.95
덴마크	8,731	22.11	23,839	49.43
에스토니아	8,999	41.59	21,861	71.35
핀란드	8,425	22.29	22,741	49.20
프랑스	8,119	23.72	21,666	51.16
독일	9,488	25.53	24,726	52.99
헝가리	8,384	40.50	19,524	67.13
아일랜드	8,142	19.09	23,248	45.78
이탈리아	9,429	28.34	24,255	56.81
일본	6,546	19.31	19,310	47.74
한국	6,034	22.44	15,605	47.42
멕시코	7,576	49.55	18,064	79.00
네덜란드	9,397	21.91	24,875	47.58
뉴질랜드	9,182	31.58	23,008	60.14
노르웨이	6,690	11.04	20,206	30.02
폴란드	8,484	46.97	20,340	76.62
포르투갈	9,668	38.73	22,854	65.99
슬로베니아	9,808	33.54	24,058	61.61
스페인	8,478	25.56	22,594	54.25
스웨덴	9,024	22.86	23,936	49.35
튀르키예	7,971	53.27	18,934	82.56
영국	8,861	24.07	23,028	50.41
미국	8,497	18.12	22,720	41.01

메모: [A] 1인당 가계 소득(USD)의 값은 구매력을 나타내기 위해 일부 조정되었다. 추정치는 Ahmad and Koh(2011)의 연구에서 [표 10]에 표기된 1인당 GDP와 확장된 1인당 GDP(=GDP+가계생산)의 차이를 계산한 값이다.

출처: Ahmad and Koh(2011), 재인용 Tables 9 & 10 (pp.30-31).

관되어 있다. 이 접근법은 생활시간 데이터가 아니라 재화와 용역의 시장 가격을 사용하여 산출함으로써 국민계정체계에서 사용하는 산정 방식에 필적할 수 있다는 일반적인 이점이 있다. 그러나 개발도상국에서는 생활시간조사를 통해 무급 노동 시간을 확인할 수 있다는 실무적인 이유로 인해 투입법이 더 일반적으로 사용된다.

어떤 방법으로 산정하는가에 따라 가계 생산의 추정치가 달라질 수 있다는 점을 유의해야 한다.[41] 투입법과 산출법은 특히 육아와 같이 노동 집약적인 일에서 서로 다른 평가 추정치를 산출하는 경향이 있다(Bittman et al. 2004).[42] [표 5.2]와 같이 대체비용법을 사용한 총가계생산 추정치는 기회비용법에 따른 추정치에 비해 낮은 경향이 있다. 대체비용 추정치는 GDP 대비 53.3%(튀르키예)에서 11%(노르웨이)까지, 기회비용 추정치는 83%에서 30%까지 분포했다.

최근에는 가계 생산과 무급 노동을 평가하는 데에 대체비용법과 기회비용법을 결합하거나 이들을 단순히 병행하는 등 더욱 섬세한 방법이 채택되고 있다. 그들은 투입물에 대한 평가 방법으로서 "품질 조정" 대체 비용이라고 불리는 것을 강조했다(Abraham and Mackie, 2005). 따라서 생활시간조사 데이터는 다른 조사 정보와 함께 특정 가정에서 사용 중일 수 있는 가계 기술 수준을 고려한다. 전반적으로, 유엔통계국과 같은 국제기구의 가이드라인 확립과 무급 노동 측정 및 평가 경험의 축적은 여성의 무급 노동과 기여를 계정에 산입할 수 있는 기반을 마련했다.[43]

---

41) 뮬런(Mullan, 2010)이 수행한 영국의 아동 돌봄 가치 평가에서, 아동 돌봄에 이용되는 시간 전반을 측정한 투입법에서는 GDP의 12~23% 가치로 평가되었으나 산출법에서는 GDP의 7.8~13.8%로 산출되었다.

42) 투입법에 따르면 한부모 가족에 비해 부모가 모두 있는 가족이 아동 돌봄에 많은 가치를 투입하는데, 이는 아동의 수와 관련 없이 부모 각각의 투입 가치를 합산하기 때문이다. 반면에 산출법은 돌봄을 받는 아동의 수를 고려한다. 그럼에도 불구하고 활동의 맥락과 제도적 측면에 적절한 주의를 기울이면 투입법에 따른 가치는 산출법으로 계산한 값과 유사하다. 이는 영국의 자녀 돌봄 가치 측정과 관련한 뮬런의 연구에 기술되어 있다.

43) 유엔통계국은 2005년에 '유급 노동과 무급 노동의 측정(Measuring Paid and Unpaid Work)'이라는 통계를 위한 가이드라인을 만들었다. 해당 웹사이트는 생활시간통계의 방법, 참고자료, 최근 생활시간조사를 수행한 국가들의 경험을 담은 회의자료를 담고 있다. 웹사이트 주소: http://unstats.un.org/unsd/demographic/sconcerns/tuse/

■ 가계 생산에서의 위성계정 개발

가계 생산을 측정하기 위한 노력의 중요한 성과는 GNP의 '확장된' 추정치를 산정할 수 있는 보완적 계정의 개발이다(UN 1989). 노르웨이 통계청은 1980년대 후반 경제 활동의 종합적인 그림을 제공하기 위한 선구적인 노력의 일환으로 위성계정을 만들고 국가 생활시간조사를 이용하여 무급 가사노동의 가치를 추정했다. 그 가치는 GDP의 거의 40%에 달했다(Aslaksen and Koren, 1996: 67). 또 다른 예는 호주의 가계생산 측정을 위한 위성계정 개발이다. 던컨 아이언멍거(Duncan Ironmonger, 1996)는 무급 노동과 가계의 자기자본에 의해 추가된 경제적 가치에 대한 추정치를 제공했고, 이를 "가계총생산"이라고 칭했다. 그는 시장에서 제공되는 무급 노동 투입(국민계정체계 데이터에 기반한 추정치)을 보여주었다. 가계 생산의 위성계정은 [표 5.3]에 나타난 것과 같이 현재 몇몇 국가의 공식 국가계정을 수반한다.

[표 5.3] 국민계정 내에 가계생산 위성계정을 두고 있는 국가들

국가	연도	방법	가계생산 측정치 (100만)	통화	GDP 대비 비율*
핀란드	2001	투입법	62.80	유로€	33.10
독일	2001	투입법	820.00	유로€	29.40
핀란드	2001	임금 개념 (Wage concept)	57.27	유로€	31.00
독일	2001	임금 개념	1008.00	유로€	34.00
호주	2000	기회비용법	471.00	2002 호주달러$	43.80
캐나다	1998	대체비용법	297.30	캐나다 달러$	33.00
영국	2000	산출법	877.30	파운드£	37.40
콜롬비아	2012~ 2013	전문대체법	135.87	콜롬비아 페소	20.40

메모: *캐나다를 제외하고 모든 비율은 확장된 GDP(GDP+국민계정 상의 가계생산+국민계정 밖의 가계생산)를 이용하여 산출되었다.
출처: Ahmad and Koh(2011) 재인용, Departmento Administrativo Nacional de Estadistica (DANE) (2014)

계정은 어떤 차이를 만들어내는가?

무급 노동의 젠더화 경향 모니터링

생활시간조사를 수행한 국가가 늘어나면서 여성이 무급 노동에 소비하는 시간의 양을 통계적으로 확인할 수 있었고, 성별에 따른 노동 부담의 불평등한 분배가 분명하게 드러났다. [표 5.2]에 나타난 추정치는 무급 노동의 경제적 가치가 상당할 수 있음을 보여준다. 그러나 [표 5.4]에서 알 수 있듯이, 여성의 하루 무급 노동 시간은 국가마다 크게 다르며, 1인당 하루 평균 3시간(베냉과 남아프리카공화국)에서 6시간 이상(튀르키예와·이탈리아)에 이르기까지 다양하다. 이에 반해 마다가스카르, 캄보디아, 파키스탄, 대한민국 등 일부 국가에서 남성은 하루 평균 30분 미만의 무급 노동을 하고, 불가리아, 에스토니아, 프랑스, 폴란드, 슬로베니아, 스웨덴에서는 남성의 무급 노동 시간이 일일 3시간을 조금 넘는다.

여성 노동의 상당 부분은 무급 돌봄 및 가사노동의 수행과 관련이 있다. 놀랍게도, World Bank(2011)는 모든 지역에서 여성이 이러한 활동에 전체 시간의 59%(스웨덴) 내지 89%(인도)를 쏟는다는 것을 보여준다. 『2012년 세계 개발 보고서』에서 인용한 자료에 따르면 부부 중 여성이 노동시장의 일을 더 많이 수행하는 경우에도 가사노동과 돌봄노동의 대부분을 여성이 담당한다(World Bank, 2011).[44] 예를 들어 가나에서 아내가 혼자 가구 소득을 책임지는 경우에도 집안일의 80% 이상을 하는 경향이 있다. 그리고 프랑스에서는 여성이 가족 중 유일한 생계부양자이더라도 돌봄노동의 절반을 담당한다.

[표 5.4]와 World Bank(2011)에서 사용된 무급 노동 데이터는 표본 설계와 데이터 수집 방법이 서로 다른 생활시간조사에 근거한다는 점에 유의해야 한다. 그러나 비교를 할 때 주의할 필요가 있다는 점을 고려하더라도, 이러한 추정치는 국가 전체에 걸쳐 여성과 남성이 기여하는 무급 노동의 일반적인 유형을 엿볼 수 있게 한다.

---

44) 시간이 지남에 따라 일부 국가에서는 가사노동의 분담이 변화하는 모습을 보인다. 남성의 무급 노동은 여전히 여성에 비해서는 낮지만 꾸준히 증가하고 있다는 의미다(Benería and Martinez-Iglesias, 2014).

[표 5.4] 여성과 남성이 무급 노동에 사용하는 시간(일일 사용시간)

지역	국가	조사연도	여성평균 사용시간	남성평균 사용시간	평균값 차이 (여성-남성)
아프리카	베냉(도시)	1998	3:15	1:00	2:15
	베냉(지방)	1998	3:15	1:05	2:10
	마다가스카르(도시)	2001	3:45	0:55	2:50
	마다가스카르(지방)	2001	3:30	0:40	2:50
	모리셔스	2003	4:37	1:13	3:24
	남아프리카	2000	3:36	1:23	2:13
	탄자니아	2006	4:12	1:15	2:58
아시아	아르메니아	2004	5:46	1:06	4:40
	캄보디아	2004	3:54	0:56	2:58
	중국	2008	3:54	1:31	2:23
	이라크	2007	5:47	1:00	4:47
	키르키즈스탄	2005	5:42	2:19	3:23
	라오스	2002/2003	2:30	0:36	1:54
	몽골	2000	4:36	2:10	2:26
	팔레스타인	1999/2000	5:01	1:16	3:45
	오만	1999/2000	4:56	1:46	3:10
	파키스탄	2007	4:47	0:28	4:19
	대한민국	2004	3:31	0:44	2:47
	일본	2006	4:18	1:08	3:10
	튀르키예	2006	6:11	1:28	4:43
유럽	벨기에	2005	4:38	2:57	1:41
	불가리아	2001/2002	5:29	3:06	2:23
	덴마크	2001	3:30	2:26	1:04
	에스토니아	1999/2000	5:29	3:11	2:18
	핀란드	1999/2000	4:34	2:51	1:43
	프랑스	1998/1999	4:34	2:45	2:09
	독일	2001/2002	5:01	3:07	1:54
	헝가리	2000	4:57	2:39	2:18
	아일랜드*	2005	5:07	1:42	3:25
	이탈리아	2002/2003	6:06	2:06	4:00
	라트비아	2003	4:39	2:24	2:15
	리투아니아	2003	5:08	2:46	2:22
	네덜란드	2005	4:01	2:06	1:55
	뉴질랜드	1999	4:46	2:46	2:00

지역	국가	조사연도	여성평균 사용시간	남성평균 사용시간	평균값 차이 (여성-남성)
	노르웨이	2000/2001	4:19	2:53	1:26
	폴란드	2003/2004	5:38	3:08	2:30
	포르투갈	1999	5:02	1:17	3:45
	루마니아	2000	5:12	2:42	2:30
	슬로베니아	2000/2001	5:26	3:10	2:16
	스페인	2002/2003	5:32	2:00	3:32
	스웨덴	2000/2001	4:21	3:07	1:14
	마케도니아	2004	5:42	1:57	3:45
	영국	2000/2001	5:06	2:55	2:11
북아메리카	미국	2006	4:19	2:40	1:39
	캐나다	2005	4:12	2:42	1:30
오세아니아	뉴질랜드	1999	4:46	2:46	2:00
	호주	2006	5:13	2:52	2:21

메모: * 월평균 데이터. 유급 노동은 고용된 노동과 학업을 의미한다.
출처: UN Department of Economic and Social Affairs(2010), Table 4c, p.211.

무급의 가사·돌봄노동 수준과 성별 분업은 고정된 것이 아니다. 이들은 노동시장 상황, 가구원의 수와 연령, 정책 변화 외에도 도시화, 이주, 이혼율과 같은 다양한 인구통계학적, 사회적 요인에 대응하여 변화한다. 사회복지 서비스 접근성, 기술 및 소득의 변화로 인해 가정과 개인이 각각의 활동에 쓰는 시간이 조정될 수 있다. 고소득 국가 대상 연구에 따르면, 유급 노동과 무급 노동에서 남녀의 시간 사용에는 큰 차이가 지속되었으나 1960년대와 1990년대 사이에는 이 차이가 좁혀진다(World Bank, 2011).[45] 이러한 변화는 주로 여성의 노동시장 참여가 지속적으로 증가함에 따라 엄마들의 무급 노동이 감소하고 아빠들의 무급 노동은 증가했기 때문이다.

---

45) 미국에서 1960년대와 1990년대 사이에 남성의 가사노동 시간이 두 배로 증가한 반면 여성의 가사노동 시간은 반으로 줄었다(Bianchi et al., 2000). 그럼에도 불구하고 1995년에 여성은 남성에 비해 두 배 가까이 되는 시간을 가사에 사용했다. 이와 유사하게, 호주에서의 생활시간조사는 1990년대에 여성의 노동시장 참여 증가의 결과로 아동과 관련한 가사에서의 젠더 격차가 줄어드는 결과를 보였다(Craig et al., 2010). 이는 고소득 국가에서 여성과 남성의 일이 구성되는 데 있어 다소 수렴하는 모습을 보이는 것과 같은 현상이다(Allard et al., 2007; Fisher et al.; Sayer, 2005; Kan et al., 2011; Fisher and Gershuny, 2013).

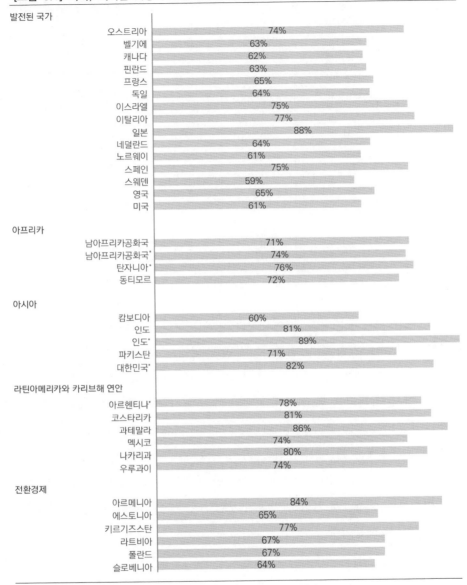

[그림 5.1] 국가, 지역별 여성이 수행하는 무급 돌봄·가사 비율

발전된 국가

오스트리아	74%
벨기에	63%
캐나다	62%
핀란드	63%
프랑스	65%
독일	64%
이스라엘	75%
이탈리아	77%
일본	88%
네덜란드	64%
노르웨이	61%
스페인	75%
스웨덴	59%
영국	65%
미국	61%

아프리카

남아프리카공화국	71%
남아프리카공화국*	74%
탄자니아*	76%
동티모르	72%

아시아

캄보디아	60%
인도	81%
인도*	89%
파키스탄	71%
대한민국*	82%

라틴아메리카와 카리브해 연안

아르헨티나*	78%
코스타리카	81%
과테말라	86%
멕시코	74%
나카리과	80%
우루과이	74%

전환경제

아르메니아	84%
에스토니아	65%
키르기즈스탄	77%
라트비아	67%
폴란드	67%
슬로베니아	64%

출처: World Bank (2011), Figure 5.9, p. 219; Budlender (2007)
참고: *표시된 수치는 Budlender (2007), 그림 4, p. 14에서 발췌함

그러나 이러한 경향은 쉽게 역전될 수 있다. 예를 들어, 주 40시간 근무 규제에도 불구하고 노동시장 규제 완화와 '장시간 노동 문화'의 확산에 따라

[그림 5.2] 여성의 경제활동 참여에 따른 가사분담 패턴

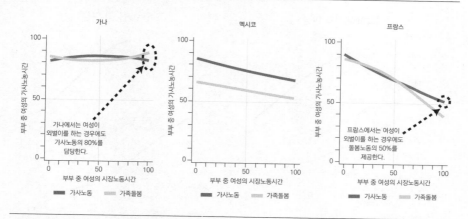

출처: World Bank: 2012 World Development Report: Gender Equality and Development. 2011, Figure 5.10. under CC BY 3.0 IGO license.
http://siteresources.worldbank.org/INTWDR2012/Resources/7778105-1299699968583/778862
10-1315936222006/Complete-Report.pdf

1997~2006년 사이 호주에서는 차이 폭이 줄어들지 않고 오히려 늘어난 것으로 보인다(Craig et al., 2010). 그 결과 자녀가 있는 가구의 2006년 무급 노동 분담은 1992년과 크게 다르지 않았다. 정부가 신자유주의적이고 사회적으로 보수적인 정책을 채택하는 동안 성별에 따른 유급 노동과 무급 노동의 격차 폭이 다시 상당한 규모로 회귀했다. 베릭과 콘가(Berik and Kongar, 2013)는 2007~2009년 미국 경기 침체 당시 여성과 남성의 무급 노동 격차가 소폭 줄어든 뒤 다시 늘어난다는 점을 보였다.[46] 이러한 사례들은 사회 정책과 거시경제적 조건이 집안일과 돌봄노동에 소비되는 시간의 성별 분포에 강한 영향을 미친다는 것을 보여준다.

남녀의 노동 시간 격차가 줄어드는 경향(또는 그 반대)은 2차 활동(또는 복수의 작업)이 동시에 수행되는 정도를 고려하지 않고, 1차 활동에 근거하여 확인되었음을 유념해야 한다. 앞서 지적한 바와 같이 여성은 노동시장 참여 시간이 늘

---

46) 이 경우 여성은 경기불황기에 유급 노동 시간을 무급 노동 시간으로 대체하지만 남성은 추가적인 무급 노동을 하지 않으므로 무급 노동의 차이가 줄어드는 현상이 목격된다. 이러한 불황 효과는 1990년대 후반 수렴 현상이 멈춘 이후에 무급 노동과 유급 노동의 차이가 정체되어 있는 상황에서 발생했다.

[그림 5.3] 복지레짐 유형별 여성의 무급노동 분담비율(%)

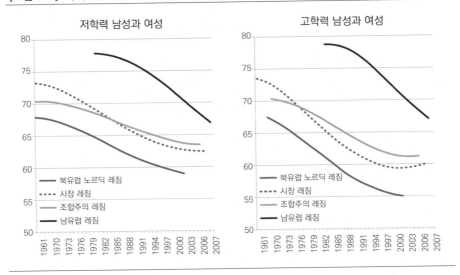

출처: Gershuny and Fisher (2013), Figure 3.
참고: 자녀가 있는 가정의 40대 여성과 남성의 총 무급노동시간.

어나는 상황에 대응해 여가를 줄이고 활동을 중첩한다. 중첩된 활동으로 인한 업무 집약화는 남녀 노동 시간 격차가 줄어들 것이라는 수렴가설이 수정될 필요가 있음을 시사한다. 만약 여성이 남성에 비해 집안일과 돌봄노동에서 멀티태스킹을 늘렸다면 무급 노동 시간의 성별 격차는 줄어들지 않은 것이다.

국가 비교 연구는 복지 제도의 유형과 배우자의 총업무량 그리고 그들 간 집안일 분배 사이에 강한 상관관계를 드러냈다(Fuwa, 2004; Goodin et al., 2008; Gálvez−Muñoz et al., 2011; Kan et al., 2011). 예를 들어 갈베스−무뇨스 외 연구진 (Gálvez−Muñoz et al., 2011)이 유럽 15개국에 걸쳐 여성과 남성의 총 노동 시간을 비교한 결과, 국가가 사회 서비스 및 복지 혜택을 보장하는 정도가 높은 스웨덴과 노르웨이에서는 성별에 따른 노동 시간이 같거나 거의 동등한 양상을 보였다. 이 같은 결과는 리투아니아, 슬로베니아, 에스토니아, 헝가리, 이탈리아, 스페인 등 1인당 사회보장적 지출이 적고 가족 정책이 취약한 남유럽·동유럽 국가의 여성들의 노동 시간이 상대적으로 긴(하루 최소 1시간) 것과 대비된다. 이는 1961~2004년의 국제적 시간 사용에 관한 종단연구(MTUS) 데이터에 기초한 연구 결과와 일치한다(Kan et al., 2011; Fisher and Gershuny 2013). 이들의 연구는 남유럽처럼 복지 제도가 취약한 국가들에 비해 북유럽 국가처럼 광범위한 복지 정책, 긴 육아휴직 기간, 육아 보조금 지원 등을 갖춘 국가들에서 여성의 총체적 무급노동 비율이 더 빠르게 감소했음을 보여준다. 여러 정책 시스템에 걸쳐 여성의 가사노동 비중 감소율이 다른 것은 사회 및 기타 공공정책이 성평등에 미치는 영향을 암시한다.

빈곤, 불평등, 삶의 질에 대한 이해 증진

■ 시간빈곤과 업무집약도

계정 프로젝트는 시간빈곤과 역량 접근법에 대한 클레어 비커리(Claire Vickery)와 같은 학자들의 초기 연구와 함께 노동 시간의 집약, 개인의 능력을 개발할 시간 부족과 같은 덜 인지된 형태의 박탈에 관심을 가져왔다. 역량 접근법에 따르면, 사람들의 삶의 질에 대한 모든 조사는 사람들이 얼마나 벌고 있는지뿐만 아니라 생활을 이루는 상품과 서비스를 얻기 위해 시간을 어떻게 사용하는지를 함께 물어야 한다. 시간빈곤은 충분한 휴식과 수면, 여가생활과 지역사회 활동 및 사회생활 참여를 방해하기 때문에 개인의 삶의 질에 심각한 제약을 가져온다. [표 5.4]에 나타난 것과 같이 다수가 하는 유급 노동과 별도로 특히 여성이 수행하는 무급 노동은 스트레스와 과로로 이어질 수 있다. 최근 수십 년 동안 더 많은 사회과학 연구자가 일과 가정의 균형을 맞추기 위한 만성적이고 심각한 시간적 압박이 노동자의 건강과 다른 기능에 심각한 영향을 미친다는 것을 보여주었다(Hyder et al., 2005). 이 연구는 빈곤과 삶의 질과 관련된 두 가지 시간 관련 측정 도구인 시간빈곤과 업무 집약을 이끌어냈다.

시간빈곤에 대한 개념은 클레어 비커리(1977)가 처음 개발했다. 그녀는 공식적인 빈곤 대책이 가계 필요를 충족시키는 데 필요한 노동 시간의 중요성을 소홀히 하기 때문에 가계 필요를 정확하게 측정하지 못한다고 주장했다. 비커리는 "시간빈곤"이라는 개념을 도입하고, 빈곤선 이상의 생활 수준을 영위하기에는 금전적 소득과 가용 시간이 부족하다고 판단되는 가구를 파악하는 방법을 개발했다.[47] 더 최근의 연구에서는 선택이 아닌 필요에 따라 장시간 일할 수밖에 없는 사람들을 식별하기 위해 시간빈곤 임계값을 설정하였다(Good in et al., 2008; Burchardt, 2008; Bardasi and Wodon, 2010; Zacharias et al., 2012). 개미지(Gammage, 2010)는 시간빈곤 임계값을 12시간으로 설정할 때 2000년 과테말라에서 여성의 평균 33%, 남성의 14%가 시간빈곤층이었다고 추정한다. 5분위 소득별로 조사했을 때, 같은 소득 분위에서 여성은 남성보다 2~3배 더 많은 시간적 빈곤을 경험했다.

연구에 따르면 시간이 부족한 사람들은 중첩적으로 일을 하거나 2차적인 일을 보육과 요리, 육아와 시장 활동과 같은 다른 1차적 활동과 연계하여 수행하기도 한다(Roldan, 1985; Baruch et al., 1987; Benton, 1989; Floro and Miles, 2003; Floro and Pichetpongsa, 2010). 여성들이 생계부양자, 주 가사노동자, 돌봄 제공자로서 수행하는 다양한 역할이 '업무집약도'를 구성한다.[48] 업무집약도는 유급 및 무급 평균 노동 시간의 길이와 '스트레스를 줄 법한' 중첩되는 활동의 발생 정도를 말한다. 빈곤을 능력의 박탈이라고 보는 것과 동일하게 업무집약도는 두 가지 이상의 업무를 동시에 수행하거나 주어진 시간 내에 서로 다른 일을 빈번히 전환하여 수행하는 데 소요되는 시간을 측정한다. 개인이 두 개 이상의 동시 작업을 수행하는 시간이 길수록, 특히 당면한 활동이 지속적인 집중력이나 에너지를 필요로 할수록 업무 과정에서 발생하는 스트레스의 양이 증가한다. 시간빈곤은 1차 활동의 시간 사용에 근거해서도 측정할 수 있지만, 2차 활동 데이터를 취합할 때 여성의 시간빈곤율은 남성과의 차이가 더 커진다. 이는 여성들이 전통적으로 중첩된 여러 가지 일을 하는 사람들이기 때문이다. 일례로 북부 모잠비크에서 수행된 디크샤 아로라(Diksha Arora)의 연구에 따르면, 여가를 즐기면서 동시 돌봄에 소비하는 시간을 산입할 때 여성의 하루 노동 시간은 11.70시간에서 12.42시간으로 증가하는 반면 남성의 노동 시간은 총 6.42시간에서 6.46시간으로 변화하여 거의 차이가 없는 것으로 나타났다(Arora, 2014). 이러한 젠더 격차는 여가 중에

---

47) 클레어 비커리는 시간과 소득을 합하여 빈곤선을 만들어 시간과 돈의 교환을 측정했다. 이러한 경우 가정이 빈곤하다는 것은 시간과 돈의 합이 특정 기준보다 낮은 경우를 뜻한다.
48) 활동의 중첩은 주의 집중 혹은 에너지를 요하거나 반복적이고 단조로운 활동을 두 가지 이상 동시에 하는 것이다.

돌봄노동을 수행하더라도 동시에 하고 있던 활동에 대한 질문을 받지 않는 한 돌봄을 노동으로 보고하지 않은 여성들의 경험을 반영한다.

■ 유급 노동과 무급 노동: 계속되는 논의

더 많은 국가가 생활시간조사를 시행함에 따라, 생활시간 데이터를 사용하여 돌봄 복지를 지원하거나 업무집약도를 완화하는 정책을 개발하기 위한 새로운 연구 질문을 검토할 수 있게 된다. 특히 일련의 발전에 따라 돌봄의 수요가 증가하고 있으므로, 유급 노동뿐 아니라 무급 노동에서도 어떤 일들이 일어나고 있는지 추적하는 것이 중요하다.

1980년대 이후 여성의 노동력 참여 증가와 함께 고령화와 의료 수요 증가, 정부가 공급하는 사회 서비스의 부족 및 감소의 맥락에서 돌봄 수요는 크게 증가했다. 이러한 경향은 고소득 국가에서 '돌봄의 위기'로 발전하였으며 개발도상국에서도 감지되기 시작했다. 이에 따라 무급 노동이 정책 결정에 중요하다는 논의가 지속되고 있다.

첫째로, 대부분의 국가에서 여성의 노동시장 참여가 증가하면서 가족 내 노동의 분배를 둘러싼 긴장이 사회 정책 및 고용 정책의 화두가 되었다. 여성들은 점차 더 많이 생계부양자와 돌봄 제공자의 이중적 책임을 떠맡고 있다. 더욱이 도시화, 이주, 도시 지역에서 두드러지는 핵가족화는 친족 관계에서 교환되던 전통적인 돌봄 지원을 약화시켜 가족들이 자체적으로 돌봄 수요를 충족시키기 위한 해결책을 찾도록 몰아가고 있다. 따라서 유급 노동과 무급 노동의 요구를 모두 충족시키려는 시도는 태국의 가사노동자들에게서 볼 수 있듯이, 특히 저소득 노동자들의 장시간 노동과 스트레스로 이어지는 것으로 나타났다(Floro and Pichetpongsa, 2010).

둘째, 많은 나라에서 지난 수십 년 동안 목격된 저출생, 기대 수명 연장, 도시화와 같은 인구통계학적 변화는 노인 돌봄의 필요성을 심화시켰다. 스페인, 이탈리아, 일본 및 한국과 같이 많은 국가에서 출생률은 인구 고령화를 극복할 수 없을 정도로 낮은 수준이었다(Benería, 2009; Flora, 2012). 개발도상국의 경우

HIV/AIDS, 뎅기열, 말라리아와 같은 주요 건강상의 우려가 돌봄에 소요되는 시간을 늘렸다. 따라서, 메리 데일리(Mary Daly, 2001: 6)가 주장했듯이 이미 많은 나라에서 돌봄의 위기를 직면하고 또한 심화되고 있으며, "돌봄노동은 많은 사람의 삶을 쥐어짜면서 돌아가는 경향이 있다."

결과적으로, 무급 돌봄 시간의 증가는 경제 활동 참여와 소득에 악영향을 미칠 수 있다(Lilly et al., 2007; Friedmann-Sanchez and Griffin, 2011). 시장 자유화 정책은 노동자들과 그 가족들이 돌봄 책임에 대처하기 위한 해결책을 스스로 찾아야 한다는 생각을 강화하지만, 이러한 해결책에 대한 접근성은 사회적 계층에 따라 다르다. 역사적으로나 지금이나 통상 여성인 가사노동자를 고용하는 것은, 개발도상국과 고소득 국가인 스페인과 남아프리카공화국, 케냐와 필리핀의 중산층과 상류층 가정의 공통된 해결책이다(ILO, 2007; Carrasco and Dominguez, 2011). 고용 노동과 무급 돌봄 업무를 병행할 수 있는 방법을 찾아야 하는 많은 저소득 근로자에게 이것은 선택사항이 아니다. 보 등의 연구(Vo et al., 2007)에 따르면 베트남 맞벌이 부모의 63%가 양육 책임으로 인해 그들 중 (대부분이 어머니인) 한 명 또는 두 명의 소득이나 승진 기회를 잃거나 직장 유지에 어려움을 겪는 것으로 나타났다.

연구에 따르면, 여성들을 종종 비공식 고용으로 눈을 돌리게 하는 이유 중 하나가 바로 가정 및 돌봄에 대한 책임이다. 예를 들어 과테말라 도시 빈민가의 어머니들 중 40%는 자녀들과 동행할 수 없기 때문에 공식적 일자리를 찾지 않는다고 했다(Quisumbing et al., 2003). 조사 결과는 또한 코스타리카의 많은 여성이 유연한 노동 시간의 필요성 때문에 낮은 임금과 아무런 복지 혜택도 받지 못하는 비공식적인 고용을 선택했음을 보여준다(Ramirez and Roses, 2005). 이는 돌봄에 대한 요구가 증가하고 비공식적인 일자리를 택해야 하는 상황에서, 가구 내 노동 분담의 규모와 성별 분포가 어떻게 변화하는지 기록하기 위해 생활시간 데이터가 필요하다는 것을 보여준다.

셋째, 기술 변화와 기업 구조조정, 신자유주의 정책의 상호작용으로 인한 전 세계 노동시장 상황의 전반적인 악화는 무급 노동의 수준과 분배에 대한 모니터링의 필요성을 증가시킨다. 실업, 불완전 고용, 노동시장에서의 불안정하고 낮은 소득에 직면하는 사람들은 필요를 충족시키기 위해 무급 노동에 더 많이 의존하는 대처 메커니즘을 개발할 것이다. 더 이상 감당할 수 없게 된 시장 구매를 대체하기 위한 사적 해결책에는 무급 가사 및 돌봄노동, 자원 활동, 자영업, 농장 및 가족기업에서 수행하는 무급 가족 노동 증가가 포함될 수 있다. 현재의 상황에서 이러한 시간 사용의 변화는 노동력 통계에서는 확인하기 어렵지만 생활시간조사에서는 포착될 수 있다. 무급 노동력을 이용하여 가내 생산품과 서비스를 대체하려는 압력은 실업급여와 사회 보호 제도가 약하거나 존재하지 않는 국가들에서 특히 심각하다. 무급 노동의 증가가 가구원들 사이에서 동등하게 부과되지 않으며, 성별 관습은 여성 구성원들에게 추가적인 노동 부담을 부과하는 경향이 있다(Berik and Kongar, 2013, Benería and Martinez-Iglesias, 2014).

이러한 경향과 관련하여, 오늘날의 지구화와 관련된 시장 개혁은 사회 복지를 위한 자원이 줄어드는 결과를 가져왔고 불충분한 공적 지원은 가사노동 및 자원 활동과 같은 무급 노동을 증가시킬 수 있다. 확실히, 2008년 위기 전까지 대부분의 OECD 국가는 유급 육아휴직을 연장하고 공공보육 및 돌봄 보조금 지원을 확대함에 있어 중요한 진전을 이루었다(Benería and Martinez-Iglesias, 2010; 2014). OECD 국가들에는 돌봄의 가격과 접근성에 영향을 미치는 다양한 사회 정책이 있지만, 대부분의 국가에서는 돌봄에 대한 공공자금 조달이 불충분하다(Gornick and Meyers, 2003; Floro and Meurs, 2009; Ilkkaracan, 2013a).

1980년대에 구소련 국가들에서 동유럽의 경우 3~6세 아동의 유치원 취학률은 약 70% 이상, 중앙아시아와 코카서스의 경우 약 20~50%로 높았다. 그러나 1990년 이후 중앙아시아와 코카서스에서 국가보조금, 가계 소득, 교육 접근성이 감소함에 따라 이 비율 역시 감소했다(UNICEF, 2008; Giddings et al., 2007). 고소득 국가들과 구소련 국가들 모두에서 사회 복지 제도의 축소는 여성과 남성이 직업과 가정 생활의 균형을 맞추기 어렵게 만들었다. 예를 들어, 중국에서는 최근 공공돌봄 서비스를 축소하는 개혁이 이루어지면서 여성들이 장년층 친척, 특히 시부모를 돌보는 시간이 늘어났으며 유급 노동과 소득 활동에 대한 참여가 감소하고 있다(Liu et al., 2010).

개발도상국에서는 돌봄 복지에 대한 정부 지원이 제한적이거나 감소하고 있다. 일부 개발도상국에서는 모든 저소득층에게 양육지원금을 지급(남아프리카)하거나 보육 정책을 개발하여 공공보육을 제공하거나 보조금을 지급(콜롬비아, 멕시코, 아르헨티나, 브라질)함으로써 보육 수요를 해결하려 노력한다(Nino-Zarazella et al., 2012; Patel, 2012).[49] 노동 부담의 변화, 가정 내 노동 분배 및 시간빈곤에 미치는 영향 측면에서 이러한 정책의 효과를 평가하려면 무급 노동에 대한 체계적인 통계 자료가 필요하다. 콜롬비아에서는 2012년 법률에서 정부가 생활시간 데이터를 수집하고 무급 노동의 동향을 모니터링하도록 의무화하고 있다(Rey de Marulanda, 2012; Lopez-Montano, 2013). 이로 인해 2012년 최초의 국가 생활시간 조사 데이터가 수집되고 2014년 콜롬비아의 가계 생산 위성계정이 생성되었다(DANE, 2013; 2014).

정책 측면에서, 생활시간 데이터는 여성의 총 노동 부담 관련 정책 및 프로그램의 의도하지 않은 부작용을 해결하는 데 도움이 될 수 있다. 빈곤 감축을 위한 새로운 전략인 조건부 현금 지급 제도(CCTS)에 관한 연구에서는 프로그램 참여가 유급 노동 시간을 줄일 뿐 아니라 수혜 가구 내 여성의 무급 노동량을 증가시킬 수도 있다는 것을 지적한다(Molyneux and Thomson, 2011; Escobar and Gonzalez de la Rocha, 2008). 과테말라의 경우, 개미지(Gammage, 2010)는 자녀의 학교 출석률을 조건으로 조건부 현금 지급 제도를 시행할 때, 자녀의 노동을 대체하는 여성의 시간빈곤이 심화될 수 있음을 생활시간 데이터를 활용하여 보여준다. 이미 시간과 소득이 부족한 가구에서는 추가 무급 노동 부담이 삶의 질을 감소시킬 수 있다. 생활시간 데이터는 이러한 조건부 현금 지급 제도가 미치는 영향을 모니터링하고, 현금 지급 증가 및 암묵적 비용 절감을 통해 시간빈곤을 조절하는 프로그램을 설계하도록 돕는다.

---

49) 유사한 체제의 유럽 국가들뿐 아니라 이들 국가의 사례에서도, 양육 지원금을 지급하거나 보육 정책을 개발하여 공공보육을 제공하거나 보조금을 지급함으로써 보육 수요를 해결하려는 프로그램은 여성의 일하는 시간을 늘릴 뿐 아니라 정규직으로 일할 수 있도록 돕는다(Folbre and Yoon, 2007; Razavi and Staab, 2012; World Bank, 2011).

요컨대, 계정 프로젝트는 여성들이 수행하는 상당량의 무급 노동을 가시화하고 사회적으로 인정받도록 함으로써, 심각한 돌봄 문제를 해결하기 위한 개발 및 사회 정책 의제를 추진하는 데 도움을 주었다. 그리고 생활시간 데이터는 일과 가정의 균형과 성평등한 노동 분담을 촉진하는 돌봄의 사례를 만들고 정책을 설계하는 데 도움이 될 수 있다.

결론

이 장에서는 돈을 받지 않는 일을 가시화하고자 하는 계정 프로젝트를 평가하였다. 1980년대 이후 이 프로젝트는 여성의 기여도를 과소평가하게 된 통계적 편향의 개념적 기초를 다루었다. 그것은 또한 무급 노동을 가시화하기 위한 방법론의 개발을 촉진했고, 전 세계적으로 점점 더 많은 정부, 통계 기관, 연구자들이 이 프로젝트를 받아들이고 생활시간 데이터의 수집을 의제로 포함시켰다. 계정 프로젝트는 또한 돈을 받는 일과 받지 않는 일 사이의 연관성 그리고 무급 노동량의 할당과 돌봄의 분배에서 성불평등이 어떻게 재생산되는지 조명한다. 결과적으로, 남성과 여성 사이의 불평등한 무급 노동량 분담은 여성의 양질의 일자리에 대한 접근성에 지대한 영향을 미치며, 그 정도는 계급, 인종, 그리고 민족에 의해 매개된다. 부유한 가정들은 요리된 식사나 세탁 서비스와 같은 시장 대체품을 구입하거나 집안일과 돌봄에 다른 여성들을 고용할 수 있으나, 가난한 가정은 이러한 상품과 서비스를 집에서 무상으로 생산해야 한다. 마지막으로, 계정 프로젝트는 가족 생활과 유급 노동 사이의 균형을 추구하고 성평등한 무급 노동 분배를 달성하며 가족, 정부, 고용주 사이의 돌봄 제공의 공동 책임을 강화하는 정책의 설계와 시행 사례를 만드는 데 도움이 된다.

좀 더 일반적인 수준에서, 엘리자베스 미닉(Elizabeth Minnich)의 표현을 빌리자면, "지식의 변환"과 전통적인 패러다임의 경계를 넘어설 것을 요구한다는 점에서 계정 프로젝트는 변혁적이라 볼 수 있다. 여기에는 "신비화된 개념" 또는

"아이디어, 개념, 범주같이 익숙하기에 의문을 갖지 않는 것" 그리고 그것의 결과로 나타나는 "편향된 지식"에 대한 재사유가 포함된다(Minnich 1990). 비록 무급노동에 관한 정보가 때때로 여성들이 집에 머무르는 것의 중요성을 강조하는 보수적인 의제에 사용되었지만, 이러한 사례들은 정보 그 자체의 중요성을 훼손하지 않는다. 계정 프로젝트는 우리가 삶의 가치를 측정하는 방법에 의문을 제기하고, 누가 우리 지역사회와 사회 전체의 삶의 조건 유지에 기여하는지를 이해하도록 이끌었다. 또한 이 경우 '일'을 유급 노동과 시장 기반의 활동으로 정의하는 지식의 이면에 있는 가정에 의문을 제기하게 한다. 계정 프로젝트는 무급 노동, 특히 일상생활에서 돌봄의 경제적·재정적·시간적 차원과 그 중요성에 대한 우리의 이해를 심화시킴으로써 삶의 유지와 재생산에 대한 여성의 기여뿐만 아니라 성불평등의 중요한 영역인 가정 내 불평등한 노동 분업을 조명한다.

06

"모두를 위한" 발전

2015년 이후의 개발에서는 어떤 종류의 성장이 나타났는지, 이러한 성장이 인류의 안녕과 지속 가능성에 어떻게 기여했는지를 면밀히 살펴보는 것이 중점 과제다. 이를 위해서는 먼저 국가 간, 사회 집단 간에 만연한 경제적 불평등을 야기한 구조적 조건을 살펴야 한다.

— DAWN, 2013.

들어가며

앞선 장들에서는 현대의 지구화를 젠더 관점에서 분석하고 여성과 남성에게 영향을 미치는 경제 체제가 신자유주의로 인해 어떻게 변화하고 있는지 살펴보았다. 이러한 변화는 집단에 따라 상반된 영향을 미쳤으나, 인류 전체를 놓고 바라보았을 때 1980년대에 떠오른 문제들을 더욱 악화시켰을 뿐만 아니라 인류 발전에 거대한 난제를 안겨주었다. 앞서 우리는 이러한 난제의 상당 부분을 페미니스트 관점에서 풀어나갔다. 이번 장에서는 정책과 대응에 대한 질문으로 넘어가고자 한다.

20세기 말과 21세기 첫 10년 동안 세계는 수많은 자본주의의 위기로 점철되었다. 신자유주의 정책과 시장의 전지구적 확대는 충실히 이행되어 왔지만 전 세계 대다수의 사람에게 생활과 노동 환경 개선은 아직 먼 이야기인 듯하다. 자본주의의 발전은 일부 분야와 국가, 지역에서 전에 없던 경제 성장을 가져왔지만, 대부분의 국가에서는 소득과 부의 불평등이 심화되었다. 전례 없는 자본의 지리적 이동과 함께 정치 조직에서 영향력을 행사하는 자본 소유자들의 막강한 권력은 양질의 일자리와 생계로 가는 길에서 넘어야 할 큰 장애물이다. 거의 예외 없이 신자유주의 정책은 거시경제 경영의 표준이 되었다. 이렇듯 신자유주의 정책이 전 세계적으로 확대됨에 따라 대부분 사람의 생계에 심각한 경제 불안정성이 닥치게 되었다. 신자유주의는 2007~2008년 금융 위기를 맞은 고소득 국가에 긴축 조치 형태로 부활했고, 유례없는 글로벌 경제의 통합은 수출 감소, 외국인 직접투자, 송금 등 다양한 방식으로 저소득 국가에 경제 위기를 전가해왔다.

2007~2008년의 금융 위기를 통해 사람들은 인권 존중, 지속 가능하며 인간 중심적인 발전, 정의로운 사회 건설에 더욱 관심을 갖게 되었다. 1980년대와 1990년대의 채무 위기와 구조조정 정책을 거친 개발도상국들은 최근까지 이런 근본적인 질문을 던지는 선구자였지만, 2000년대 금융 위기를 겪으면서 고소득 국가들 역시 같은 질문을 던지고 있다. 게다가 전 세계적으로 심화된 경제적, 사회적 불평등은 부유한 지역에서도 사회 불안의 심화와 사회적 안정의 약화를 초

래하고 있다. 실제로 불평등은 민주주의에 대한 위협이며 권력의 공평한 분배 없이는 민주주의도 없다. 드레즈와 옌(Drèze and yen, 2013)이 최근 수십 년간 인도가 이룩한 눈부신 성장이 사실상 인도 전체 인구를 고려할 때 상대적으로 적은 비율의 사람들에게만 그 이익이 돌아간 것을 지적했듯이, 민주주의의 생존은 지속적인 불평등에 의해 심각하게 위협받고 있다.

자본주의 논리에 따른 계급 불평등의 심화와 경제적, 정치적 권력의 불균형한 집중은 민주주의 기구들을 자본의 이익에 종속시키고, 간헐적인 경제 체제 위기를 조성할 뿐만 아니라 인류를 지탱하고 있는 지구의 수용 능력에 심각한 위협이 되고 있다. 신자유주의 시대는 기존의 위기(기후, 금융 위기)를 심화시키고 과거의 위기(식량, 에너지 위기)를 부활시켰다. 또한, 현 국제 경제 질서의 정당성에 의구심을 불러일으켰으며 경제 성장만을 외치는 신자유주의 체제 안에서 환경문제의 심각성에 대한 우려의 목소리도 높아졌다. 1990년대 이후 내전에서부터 침략에 이르기까지 전 세계 모든 곳에서 갈등과 불안이 심화되어 수많은 나라가 파괴되고, 수백만 명이 실향민이 되어 기존의 난민 위기를 증폭시켰다. 갈등을 부채질하고 단기 이익을 극대화하려는 자본주의의 경향(장기적인 관점이나 계획으로 기후 위기와 같은 문제를 해결하는 것을 거부)은 지구상의 생명체를 위험에 빠뜨리고 수많은 집단과 종들을 생존의 가장자리에 몰아넣어 역설적이게도 자본주의 자체를 소멸의 길로 인도하고 있다.

이 장에서는 먼저, 다양한 정책이 실행되지만 본질이 변하지 않는 '포장지 바꾸기(Plus ça Change)' 현상에 초점을 맞추어 공정한 인간 개발의 달성을 방해하는 세 가지 문제를 조망할 것이다. 첫 번째 문제는 빈곤 감소가 국제사회의 개발 의제로 인식될수록 이것이 분배 및 불평등 문제 혹은 지속 가능한 개발 전략과는 별개의 프로그램으로 간주된다는 점이다. 마찬가지로 금융 위기가 빈번해지고 그 영향이 참혹해질수록 자본의 힘은 강해지고 신자유주의적 해결책도 고착화되는 것이 두 번째 문제다. 마지막 문제는, 개발 정책 의제에서 성주류화가 대두됨에 따라 여성들이 경제 성장이라는 신자유주의적 목표에 부역하는 '도구'로 더 많이 이용된다는 점이다. 이를 비관적으로 바라볼 이유는 많으나, 우리는 지금이 세계 경제 질서 및 개발 정책의 현 상태를 공고히하는 이 패턴을 깰 수 있는 좋은 기회라고 생각한다. 따라서 지금 할 수 있는 일에 초점을 맞추려 한다. 이 장에서는 새로운 개발 의제를 추진하기 위해 한데 모일 수 있는 페미니스트 경제학자, 다른 대안 경제학자, 생태경제학자 간 지적 연대의 가능성에 대해 논의할 것이다. 불평등 감소, 복지 증진, 환경 파괴 및 기후변화 대처를 위한 대안적인 정책을 시행하기 위해서는 국가 및 국제 차원에서 거버넌스 개혁이 필요하다. 그러나 동시에 시민사회가 결집하고 사회운동이 활성화되지 않는다면 이러한 개혁과 관련된 정책들 중 어느 것도 실현될 수 없다.

포장지 바꾸기(Plus ça Change)

이 절에서는, "이제까지 해왔던 방식"으로 개발에 접근하는 것이 인간 중심 발전을 성취하는 데 있어서 지속적인 한계를 보여왔음을 지적한다. 세 가지 주요 쟁점은 다음과 같다. 첫째, 오늘날 세계의 시급한 문제를 해결하는 데 급급하여 국제 개발 의제가 개발을 재정립하는 데 있어 어느 정도의 한계를 보여왔는지 알아볼 것이다. 둘째, 2007~2008년 금융 위기 대응 정책이 어떤 방식으로 신자유주의를 지속하여 대다수 인구의 필요를 충족하지 못했는가에 대해 논의할 것이다. 끝으로, 최근 몇 십 년간의 사회경제적 지표가 보여주는 일부 성별 격차의 해소에도 불구하고 여전히 개발과 젠더의 통합에 남아 있는 과제는 무엇인지 살펴볼 것이다.

개발 의제

21세기 초 대부분의 공식적인 개발 의제는 다자기구와 다양한 공여 기관을 통해 추진된 새천년개발목표(MDGs, Millennium Development Goals), 도하 라운드(Doha Round), 소액금융 프로그램 등 3대 핵심 이니셔티브에 초점을 맞추었다. 장하준(2011)은 이러한 이니셔티브에서 강조된 개발 개념은 비개발적, 반(反)개발적 경제 개발 전략이 최근 몇 십 년간 어떻게 변화해왔는지를 잘 보여준다고 주장한다. 이러한 계획들은 교활한 전략과 교묘한 변형으로 신자유주의 정책 틀을 보완하는 데 이용되어왔다. 실제로 앞서 언급한 세 가지 핵심 이니셔티브 모두 필요한 사회적 변화와 변혁을 피하는 데 일조했다고 볼 수 있다. 이러한 현대적 발전 의제에 내포된 목표는 부채 탕감, 해외 원조 확대, 고소득 국가 시장에 대한 무역 접근성 증대, 소액 신용 등의 방법을 통해 극심한 빈곤 완화와 보건 및 교육 수준 향상에 국한되어있다. 그러나 이러한 방식은 인권을 존중하고 경제적 이득이 남성뿐만 아니라 여성 및 인구의 하위 계층의 복지 향상으로 환원되는 환경 및 경제 시스템 안에서만 가능하다.

새천년의 도래와 함께 새천년개발목표(MDGs)는 논의할 만한 가치가 있는 목표를 제시함으로써 전 세계가 지속적인 빈곤과 성불평등 문제에 관심을 갖도록 하는 데 기여했지만, 경제 개발 전략에 대한 많은 의문을 남겨놓았다. 장하준(2011)은 이 부실한 개발 어젠다를 '주인공이 빠진 연극'의 사례로 묘사했는데, 특히 저소득 국가에서 교육 및 보건 분야 지출을 위한 자금 확보와 경제적으로 지속 가능한 복지국가 건설을 위해 필요한 자원을 창출할 수 있는 생산 부문에 대한 논의가 결여되었다는 점을 지적한다.

고부가가치 산업은 고도화된 기술 및 신기술 활용, 양질의 고용 창출, 공공재 및 사회 서비스의 적절한 제공을 가능케 하며 이러한 산업을 창출하기 위해서는 생산 구조의 전환이 이루어져야 한다. 그러나 앞서 설명한 개발 의제는 이러한 개념과는 거리가 멀다. 개발 정책의 틀이 수십 년간 신자유주의적 경제 정책 영향 아래 형성됨에 따라, 개발도상국들이 조정을 통해 역동적인 비교 우위를 창출할 수 있으며 또 그렇게 해야 한다는 생각은 지금은 거의 사라졌다. 실제로 개발도상국 수출은 종종 식민지 시대에 활성화됐던 1차 생산품 수출을 통한 정적인 비교 우위에 의해 이루어지거나, 기껏해야 아웃소싱 협정에 따른 노동 집약적 제조업 수출과 같은 제한된 범위 내에서 주도될 것으로 예상된다.

한편, 소상공 단위를 넘어서는 기업의 설립과 보다 건강하고 높은 교육 수준을 갖춘 노동력을 위한 양질의 일자리 창출에 대한 논의는 찾아보기 힘들다.

마치 노동 공급이 올라간 만큼 수요도 자동적으로 창출된다고 믿는 것처럼 보인다(Amsden, 2010). 사실, 새천년개발목표는 일과 노동시장에 관한 어떤 목표도 언급하지 않기 때문에 오늘날 전 세계 수백만 명의 사람에게 심각한 문제로 대두되고 있는 실업, 불완전 고용, 노동시장 조건의 악화는 다루지 않고 있다. 현재 개발 우선순위에서 누락된 또 다른 요소는 누진세 부과의 방법으로 재원을 마련하는 재분배에 대한 의제이다. 불평등 해소, 노동권 보호, 사회 보호, 농업 개혁, 글로벌 금융 규제 등을 위한 재분배 방안이 없다면 여성의 경제 기회를 확대하는 데에는 한계가 있을 수밖에 없다.

'주인공이 빠진 연극' 문제를 넘어 새천년개발목표(MDGs)의 과정에 대한 평가 역시 이러한 한계를 보여준다(Nayyar, 2013; UN Women, 2013). MDGs의 성과를 개념화하고 측정하는 데에는 많은 문제가 있다. 모두가 이해할 수 있는 수준으로까지 단순화를 시도하면서, MDGs는 국가의 초기 상황이나 성과 목표 달성까지 드는 노력에 대한 고려 없이 규정되었다. MDGs가 천편일률적으로 적용될 수 있다는 암묵적인 가정하에서는 실질적인 진전 상황을 파악하기가 어렵다. 인간 개발 프레임워크에서 비롯된 더 광범위한 원칙을 담고 있는 밀레니엄 선언과 MDGs의 목표 및 지표는 일치하지 않는다. 예를 들어, 성평등 목표(MDG 3)는 주로 교육의 성별 격차 해소를 중심으로 측정된다. 돌봄노동의 분배, 가사와 노동시장 참여 간의 균형, 여성의 역량 강화와 같은 성평등의 중요한 측면은 고려 대상에서 제외되었다.[1] 더욱이 MDGs가 목표만을 세웠을 뿐 달성 방법에 대해 침묵하고 있는 동안 성장에 초점을 둔 주류 경제학이 대신하여 이에 답하였다(Nayyar, 2013: 375). 무엇보다도 MDGs는 불평등 및 심화된 부와 권력의 집중, 시급한 환경 위기와 지속 가능성 목표, 소비주의와 쓰레기 문제, 민주주의 거버넌스 구축의 필요성과 같이 오늘날 우리가 직면한 시급한 문제에 대응할 수 있는 새로운 개발 비전을 내포하고 있지 않다. 포스트-2015 의제 관련 고위급 패널

---

[1] 2000년 9월 UN 총회에서 채택한 밀레니엄 선언의 목표와 원칙은 새천년개발목표(MDGs) 보다 더 젠더를 강조하며, 선언서는 유엔 여성차별철폐협약(CEDAW)을 구체적으로 언급한다(Johnsson-Latham, 2010).

보고서에서도 드러나듯, 개발에 대한 분절적이고 근시안적인 접근은 새로운 시대를 위한 여성 발전 대안(DAWN)과 같은 여성 단체에 의해서도 의문이 제기되었다(DAWN, 2013).

2007~2008년도 금융 위기

2007년에 발생한 위기에 대한 정책적 대응은 신자유주의의 회복력과 이것이 생계에 미치는 악영향을 보여주는 하나의 사례다. 주류 경제학이 맞닥뜨린 학제적 위기는 금융 위기의 심각한 여파 속에서 나타났다. 로버트 웨이드(Robert Wade, 2011: 23)가 말했듯이, "경제학 관련 직군은 위기에 빠졌었다." 주류 경제학은 "정부는 경제 성장을 저해하는 반면 (…) 시장은 부를 창출한다. 따라서 시장은 '수단'이 아닌 '주체'가 되어야 한다"(ibid., p.23)고 강조하며 시장 근본주의를 키워왔다. 경제학 직군 전체가 수백만의 사람이 겪는 어려움에 대한 책임이 있는 것이다. 금융 위기가 전개된 지 7년이 지난 지금까지도 자본주의 전반, 특히 신자유주의가 모든 사람에게 양질의 생계를 제공할 수 있는지, 환경 위기 및 기후 변화와 같이 새롭게 떠오른 난제에 대처할 수 있는지에 대한 의문이 지속적으로 제기되고 있다. 미국에서 시작된 위기가 유럽과 전 세계로 빠르게 확산되자, 대부분의 국가에서는 신자유주의 정책을 지속하는 대응 방식이 지배적이었다. 이 절에서 우리는 금융 위기의 전체적인 윤곽을 제시하고 가장 눈에 띄는 결과 몇 가지와 정책 대응을 검토할 것이다.

2007~2008년 금융 위기의 주요 원인은 금융시장의 규제 완화와 미국의 광범위한 부채였다.[2] 1990년대에 규제가 완화되자 미국 은행들은 위험도가 큰 금융상품을 만들어내면서 교묘하게 규제를 우회했고, 대출을 과도하게 남발했다. 금융 부문의 취약성이 높아지면서 부와 소득의 불평등 또한 급격히 증가했다. 금융 위기 이전 10년간의 기술 혁신에 의해 생산성이 엄청나게 증가함에 따라 자본 소유자에게 돌아가는 이익이 늘어난 반면, 노동자의 임금 수준은 그대로였다. 이는 소득 정체에도 불구하고 이전의 소비 수준을 유지하려고 했던 많은 사람들

---

2) 금융 위기의 원인과 관련한 논쟁의 개요는 Bilginsoy(2015) 참고.

의 가계부채를 부추겼다. 시간이 지나면서 규제 완화는 부채의 질을 떨어뜨리고 금융 취약성을 가중시켰으며, 채무자들의 채무 불이행과 맞물려 금융 위기로 번졌다.

대형 금융 기관의 채무 불이행과 몰락으로 금융 부문의 회생이 미국 정책 의제의 최전선에 놓였다. 공적 자금은 은행을 지원하기 위해 빠르게 투입되었고, 이에 따라 공적 부채가 누적되는 결과를 불러일으켰다. 미국과 유럽 경제가 침체에 빠지자 과세 기반 축소와 금융 위기의 충격 해소를 위한 공공지출이 증가했고 국내총생산(GDP) 대비 재정적자가 더욱 심화되었다. 은행이 부채 부담을 크게 지고 있는 유럽 국가에서는 정부가 은행을 구제하는 데 몰두했다. 이러한 부채에는 정부 부채와 부동산, 미국발 주택 담보 대출 관련 부채가 포함된다. 경제 위기가 전개되면서 정책 우선순위는 금융 부문 구제에서 적자 감축으로 옮겨갔고, 대부분의 정부는 일자리 창출이나 자국민의 복지보다 적자를 더 우려하게 되었다.

미국 정부가 경기회복이 시작되기 전인 2010년에 경기 대응적 재정 정책을 중단한 반면, 많은 유럽 국가는 긴축 정책을 시행했다. 이 프로그램들은 개발도상국이 1980년대와 1990년대 채무 위기의 해결책으로서 강제적으로 시행했던 구조조정 프로그램(SAPs)의 변형이었다. 여기에는 보건 및 교육과 같은 공공서비스의 축소, 사회 보호 프로그램의 축소, 민영화가 포함되었으며, 몇몇 국가에서는 구조조정 프로그램의 일환으로 노동시장의 유연성을 높이고 인건비를 낮추기 위해 노동 개혁을 시행하였다. 형태와 정도만 다를 뿐, 이러한 조치들은 전반적으로 복지국가를 해체하는 방식으로 진행되었다. 이미 금융 위기 이전부터 복지국가 해체가 일어나고 있었지만, 위기 발생 이후 특히 미국뿐만 아니라 유럽 국가에서도 가속화되었다.

이러한 정책 결정은 다양한 이해관계자, 행위자, 기관에 의해 형성 및 입안되었다. 비록 IMF가 긴축 정책이 갖는 경기 침체의 위험성에 대해 경고한 바 있지만 IMF, 유럽중앙은행, 유럽집행위원회와 같은 투자자와 금융 기관의 압력은 국가 차원의 재정 규율 및 긴축 정책의 시행에 중요한 영향을 미쳤다. 이러한 정책 결정은 독일 등 주요 채권국들을 상대로 강화되었는데, 채무의 우선 청산과 더불어 부를 소유한 자들의 자산 가치를 자칫 훼손할 수 있는 인플레이션 상승을 막기 위함이었다. 유럽 긴축 정책의 결과로 높은 실업률, 빈곤 증가, 소비 감소, 미래에 대한 전반적 기대치 감소, 이주 노동자들의 본국 귀환 등이 나타났으며, 이와 함께 높은 교육 수준을 갖춘 청년 노동자들의 경우 경기 침체에 빠진 본국에서 다른 나라 혹은 지역으로 이주하기도 했다(Krugman, 2009; European Commission, 2012; Ezquerra, 2012; Gàlvez, 2013; Martinez-Tablas, 2012; Young et al., 2010; Krugman, 2012).

금융 위기 자체도 은행 산업의 집중화와 불평등 심화에 기여했다. 이러한 구제금융은 금융권에 어느 정도 안정을 가져다주었지만 한편으로는 배당금의 증가와 금융 기관 임원의 급여 증가로 이어졌다(Schuberth and Young, 2011). 구제 정책은 투자자와 금융 기관이 책임져야 하는 사적 리스크의 결과를 공적 자원으로 해결하는 신자유주의적 거버넌스와 궤를 같이한다. 이를 위해 사용된 비용은 향후 몇 년간 납세자들이 부담하게 된다. 빈곤층과 중산층이 실직, 압류, 복지 축소, 기타 긴축 정책을 경험했듯 대다수 국민의 개인적 리스크가 증가한 반면, 고위험 활동에 종사하지만 위기 이후 약간의 규제만 받았던 은행들은 대부분 빠르게 수익을 올렸다. 금융 위기와 이에 따른 정부 및 다자 기구의 대응의 결과로 나타난 위험과 자원의 재분배는 시장 시민권(즉, 1달러당 1표)이 어떻게 빈곤층과 무급 노동자에게 위기의 부담을 불균등하게 지우는지 보여준다. 현재(2014년 말 기준) 유럽과 미국의 일부 지역에서는 어느 정도 경제 회복의 징후를 보이고 있지만, 라틴아메리카와 아프리카, 특히 남유럽 국가들의 경우 "잃어버린 10년"으로 불리는 1980년대 경기 침체가 되풀이되는 상황을 피하기 어려울 것으로 보인다.

한편, 금융 위기는 신뢰 저하, 자본 흐름의 변동성, 수출과 송금의 감소를 통해 미국과 유럽에서 전 세계로 번졌다. 2008~2009년 당시 대부분의 개발도상국 정부는 금융 위기에 대응하기 위해 주로 대규모 인프라 투자의 형태로 확대 통화 정책을 펼치거나 일부 국가는 재정 부양책을 시행했다. 그러나 대부분의 대응 정책은 오래 가지 못했다(Kyrili and Martin, 2010; Floro et al., 2010; Ortiz and

Cummins, 2013).[3] 신규 IMF 대출의 예산 삭감 조건을 완화해야 한다는 주장이 광범위하게 제기되었으나, 그럼에도 상당수의 개발도상국은 2010년에 공공지출을 삭감했다(Elson and Warnecke, 2011). 물가 안정을 목표로 하는 소위 '독립적인' 중앙은행들은 공공지출에 자금을 대는 확장적 통화 정책을 허용하지 않았기 때문에 세수 부족에 직면한 국가들은 긴축 정책을 할 수밖에 없었다. 이렇듯 소극적인 경기 역행적 대응은 국가들이 신자유주의적 사고방식에서 벗어나지 못했음을 암시한다.[4] 오티즈와 커민스(Ortiz and Cummins, 2013)가 제시했듯이, 여성, 아동 및 빈곤층에 악영향을 미칠 수 있음에도 불구하고 개발도상국 정부는 2010~2012년 예산 계획에서 보조금, 보건 및 교육 예산, 임금 및 연금 분야의 지출 삭감을 고려했다.[5] 이렇듯 개발도상국은 유럽과 미국에 비해 위기에 대응하는 형태는 다양했으나 신자유주의적 정책 기조가 우세했다.

그러나 여전히 대안은 있다. 일부 국가에서 긴축이 가차 없이 진행되는 동안, 경제학 내에서도 '가차 없이' 비판의 목소리가 나왔으며 2008년 이후의 경제 침체를 다루는 데 있어서 긴축의 역생산성(Counter-productivity)을 강조했다(Krugman, 2009; 2012; Reich, 2012; Stiglitz, 2012). 대안적 거시경제학자들은 경제 침체에서 즉각적으로 벗어날 방법으로서 케인스주의를 기반으로 구축된 뉴딜 형태의 정책을 제시한다. 그러나 현재의 장애물과 앞으로 논의할 페미니스트 비전에

---

3) 1990년대 후반의 아시아 위기에 대한 대응과는 달리, 많은 개발도상국 정부는 세입 감소에도 불구하고 지출을 유지하거나 늘렸고, 이로 인해 재정적자가 크게 증가했다. 몇몇 국가에서는 정부가 가계와 기업 수요를 자극하기 위해 세금을 감면하고 보조금을 제공하기도 했다. 키릴리와 마틴(Kyrili and Martin, 2010)의 연구에 따르면, 56개 저소득 국가의 적자가 2009년에 432억 달러 증가했다. 그러나 2009년에 증가했던 기반시설, 보건, 농업 관련 지출은 2010년에 감소했다. 사회 보호 관련 지출은 꾸준히 감소하여 2010년에는 2008년 수준보다 낮아졌다.

4) 에스키벨과 로드리게스 엔리케스(Esquivel and Rodríguez Enríquez, 2014)가 지적했듯이, 신자유주의 거시경제 접근법에 천착한 나머지 멕시코는 위기에 취약해졌고, 정부의 위기 대처 능력 또한 약화되었다.

5) 국제통화기금(IMF) 재정 전망과 IMF 국가 보고서를 바탕으로 한 오티즈와 커민스(Isabel Ortiz and Michael Cummins, 2013)의 연구에 따르면, 2010년에 개발도상국 128개국 중 70개국이 국내총생산(GDP)의 3%에 이르는 공공지출을 삭감했으며 또한 128개 개발도상국 중 4분의 1 가까이가 위기 이전(2005~2007) 수준 이하로 줄인 것으로 나타났다.

비추어 볼 때 뉴딜 형태의 정책, 그 이상의 것이 필요하다. 간단히 말해서, 금융 부문의 과도한 위험 감수와 구조적 불균형(높은 불평등 수준)을 줄이기 위해 새로운 규제 프레임워크가 만들어져야 한다(Wray, 2008; Young et al., 2011; Arestis and Singh, 2010; Fukuda−Parr et al., 2013; Bilginsoy, 2015). 규제 프레임워크 없이는 증가 하는 자본의 권력과 헤게모니, 경제 위기의 취약성에 효과적으로 맞설 수 없다.

개발에서의 젠더 통합

1990년대 이후 많은 국가의 다양한 사회경제적 지표는 교육, 건강, 고용, 신 용에 대한 접근과 같은 일부 분야에서 성불평등 감소에 큰 진전이 있었음을 보 여준다. 이러한 발전은 국제 개발 의제에 페미니스트 아이디어와 목표를 포함하 는 데 있어 나타난 진보와 더불어, 많은 국가에서 여성의 노동력 참여가 증가하 고 보건 및 교육 서비스의 개선이 이루어졌기에 가능했다. 그러나 1장에서 논했 듯이, 1980년대 이후 관찰된 성주류화 과정은 가부장적 권력과 성불평등의 뿌리 깊은 구조적 원인을 체계적으로 타파하지 못했다. 성평등 촉진과 여성의 지위 및 권리 향상을 위해 정부의 행동과 리더십에 대한 요구가 증가함에 따라 정부 부 처나 국, 위원회, 기관과 같이 젠더를 다루는 조직의 수가 늘어났다. 그러나 빈곤 과 여성 대상 폭력 등 기본적인 문제들에 대응하기에는 역부족이었다.

시장을 통해 문제를 해결하고자 하는 신자유주의적 의제 아래, 젠더 문제 역시 이러한 방식으로 다뤄지는 경향이 있었다. 이에 따른 프로그램과 정책 개혁 은 종종 거시경제의 영향력과 사회구조 및 제도 간 상호 작용을 무시해왔다. 이 는 시장·가정·사회에서 불평등한 젠더 관계를 고착화한다. 특히 문제가 되는 것은 신자유주의적 체제를 지지하고 이를 도입하는 기관의 프로그램들이 그러한 상호 작용을 간과하고 배제할 때다. 여성의 노동시장 진출을 목표로 하는 적극적 여성 취·창업 의제는 여성과 남성의 가사노동과 시장에서의 노동 간 균형은 물 론, 가족 형태와 돌봄 및 가사노동의 분업에도 거의 관심을 기울이지 않는다. 신 자유주의의 핵심은 인권을 보호하고, 사회 서비스를 제공하며, 시장이 실패하거 나 사회·경제적 배제 혹은 주변화로 이어질 시 개입 및 규제해야 하는 정부의 역할을 흩트리는 것이다. 이는 사회복지의 공급자를 정부에서 무급 돌봄노동자로 전위하여 가정 및 지역사회에서 그들의 돌봄노동 부담을 더욱 가중시켰다.

무역 개방 및 시장 자유화에 대한 무조건적인 지지와 거시경제 정책이 성별에 구애받지 않는다는 끈질긴 믿음은 지난 수십 년 동안 거시경제 정책이 가져온 복지의 역효과와 사회적 비용을 고려하지 못한다. 예를 들어, 공장, 상업적 농업 및 소기업에서의 여성 고용 촉진은 소득 증대, 더 많은 자유 및 이동성을 가져올 수 있다. 그러나 4장과 5장에서 논의된 바와 같이 노동력 참여의 성격과 여성에게 불평등하게 전가된 무급 노동의 부담, 거시경제 정책과 노동 조건 사이의 연관성을 인식하고 그에 맞게 정책이 설계되어야 한다. 그렇지 않은 한, 여성 노동자는 하나를 얻으면 더 많은 부담을 질 수밖에 없는 선택지 안에서 타협하거나 인권 침해를 겪을 것이다.

마찬가지로, 여성 노동자들의 긍정적인 기여와 여성 기업가, 여성 가장, 저소득 가구의 여성 가장들을 대상으로 하는 일부 정책에도 불구하고 젠더 문제는 여전히 다수의 주요 빈곤 감축 이니셔티브에서 주변화되고 있다(Grown, 2014). 신자유주의 정책과 빈곤 완화 사이의 본질적인 모순 그리고 그 기저에 자리 잡은 긴장과는 별개로, 많은 빈곤 담론에서 젠더 관점의 부족은 여성의 노동 부담을 가중시키는 정책적 개입을 양산해냈다.

심지어 브라질의 볼사 파밀리아(Bolsa Familia)나 멕시코의 프로그레사/오포르투니다데스(PROGRESA/Oportunidades)와 같이 성공을 거두었던 성인지적 조건부 현금 지급(CCT, conditional cash transfer) 계획이나 칠레, 콜롬비아, 에콰도르에서 진행된 다른 유사한 프로그램들 모두 여성을 "정책을 위한 수단"으로 여기며 돌봄과 같은 여성의 전통적인 역할을 강조하는 경향이 있다(Reynolds, 2008; Molyneux, 2006; Sen, 2010). CCT는 특히, 경제적 기회가 부족한 상황이나 경제 위기 동안 소득 감소나 소비 충격에 직면한 사람들에게 도움이 되었다. 현금 송금은 사람들에게 생존에 필요한 수단을 제공하기 때문에 아동 노동이나 자산 매각, 자산을 담보로 현금과 맞바꾸는 지속 불가능한 대처 방안에 의존하지 않도록 도움을 줄 수 있다(González de la Rocha, 2012; Slater et al., 2010; Grown, 2014). 실제로 CCT 프로그램을 통해 극심한 빈곤이 감소했으며 교육 성과 개선이 이루어졌다고 평가된다(Veras et al., 2010). 그러나 건강과 영양 분야에서는 효과가 저조했으며, CCT에 참여한 가정 내 청소년의 교육 수준은 향상되었지만 그에 걸맞은 수준의 직업을 얻는 것에는 어려움이 있었다.[6]

CCT는 가정 내 내구재에 대한 지출과, 프로그램과 직접적 연관이 있었던 아동의 의료비 지출 및 학교 출석에 대한 여성의 의사 결정권을 다소 강화한 성과가 있었다. 최근 볼사 파밀리아에 대한 종단 연구에 따르면, 프로그램의 효과가 도시 지역에 국한되었다는 한계를 감안하더라도 피임에 대한 결정을 포함한 다양한 영역에서 여성의 의사 결정 능력과 목소리가 향상되었다는 것을 알 수 있다(De Brauw et al., 2014). 그러나 프로그램의 구성과 설계 자체가 CCT로 인해 가중될 수 있는 여성의 시간적 부담을 고려하지 않았기 때문에 의도치 않게 여성들의 무급 노동이 증가하는 결과를 가져왔다(Escbar and Gonzallez de la Rocha, 2008; Gammage, 2010). 이러한 결과는 프로그램 설계 차원에서 개선과 돌봄 문제를 체계적으로 해결하고 여성의 무급 노동 부담을 완화하기 위한 보완적인 정책이 필요함을 시사한다.

빈곤 완화 프로그램을 여성들에게 그리고 여성들을 통해 진행하는 행태는 특히 1990년대 중반 이후 공여자들과 다자 기구들이 추구한 소액금융 프로그램에서도 두드러진다. 이 프로그램들은 여성에게 권한을 부여하고 성불평등을 해소하는 동시에 빈곤을 줄이기 위한 핵심 전략으로 추진되고 있다. 소액금융에 대한 접근이 소비 평활화(Consumption Smoothing) 또는 약간의 소득보장을 확보하면서, 몇몇 실현 가능한 환경에서 많은 여성과 이들의 가정에 도움이 되었음에는 의심의 여지가 없다. 그러나 소액금융의 긍정적인 영향에 대한 확신을 온전히 뒷받침할 만한 증거에 대해서는 의견이 분분하다(Armendariz and Morduch, 2010;

---

6) 균형표본을 활용하여 진행된 생애 연구에 따르면, 멕시코에서 프로그램이 시작된 지 12년이 지났지만, 보조금을 수령한 가정 출신, 특히 원주민과 메스티소 청년들의 경우 부모보다 더 나은 직업을 찾는 데 성공하지 못했다(Sánchez López and Jiménez Rodríguz, 2012). 현지에서 직업을 찾거나 다른 지역으로 이주할 경우에도 노동 기회는 드물었으며 일자리 역시 임시직이 많았다.

Chant, 2010). 특히, 별다른 자원이 없는 대출자들에게는 사업이 성공할 확률이 극히 낮지만 소액금융은 마치 이러한 가능성이 모두 동일하며 다 같이 높은 확률로 사업에 성공할 수 있을 것처럼 홍보된다. 예를 들어, 시간도 부족하고 리스크를 감당할 여력도 없는 에티오피아 시골 지역의 가난한 여성들에게 성공 가능성이 지극히 낮은 사업 활동에 힘쓰라는 것은 시간 낭비에 불과하다(Sweetman, 2010). 다른 한편으로는, 적절한 수준의 임금노동이 여성들의 복지를 향상시킬 수 있다는 증거가 있음에도, 성주류화 과정에서 여성 임금노동자 혹은 작업량에 따라 보상을 받는 노동자가 처한 낮은 임금과 열악한 노동 조건을 체계적으로 해결하기 위한 노력은 거의 없었다(Sender et al., 2006). 적절한 가격의 보건 및 보육 서비스에 대한 접근성 향상과 같이 여성 역량 강화를 뒷받침해주는 필수적인 메커니즘들은 아직 충분한 관심과 재정적 지원을 받지 못하고 있다.

현재 성주류화 모델의 또 다른 문제는 2장에서 지적한 바와 같이, 젠더 관계가 본질적으로 계급과 인종, 민족, 성적 지향과 같은 사회적 관계와 연관되어 있으며 경제 및 사회 제도에 반영되어 있다는 사실을 고려하지 않는 데 있다. 따라서 성불평등을 다루는 것은 모든 형태의 불평등을 완화하는 데 집중하는 일이자 자산, 소득, 위험 부담 및 노동 부담의 영역에서의 분배를 최우선 과제로 채택하는 것을 의미한다. 캐슬린 가이어 외 연구진(Kathleen Geier et al., 2014)이 지적한 바와 같이, 토마 피케티(Thomas Piketty)가 그의 저서 『21세기 자본』에서 예측한 대로 자본 소유자와 노동력 보유자 사이의 불평등과 격차가 계속해서 증가한다면 성평등과 여성 권력의 증진을 불가능하게 하는 환경이 조성되고, 이것은 곧 "여성에 대한 재앙의 징조"(p.1)로서 해석된다. 그럼에도, 계층 간 불평등을 줄이는 것은 국내 및 국제 정책 의제에서 우선적인 관심사가 아니며 이러한 사실은 인간 중심 개발로 가는 길에 있어 가장 큰 장애물이다.[7] 심지어 계층 간 불

---

7) 한 가지 흥미로운 예외적인 사례는, 최근 IMF 보고서에서 불평등의 증가가 경제 성장에 걸림돌이 된다는 것을 시사했다는 점이다(Ostry et al., 2014). 이는 최근 몇몇 보고서에서 IMF가 오랫동안 고수해왔던 자본 통제를 반대하는 입장을 연화시킨 것과 흐름을 같이한다. 오스트리 외 연구진(Ostry, 2014)은 낮은 불평등이 빠른 경제 성장 속도와 관련이 있다고 보고하는데, 이는 대안 경제학자들이 오랫동안 주장해온 것을 방증한다. 그러나 IMF의

평등이 증가하는 현상과 신자유주의 정책 사이의 연관성에 대한 인식도 없다. 따라서, 최근 세계은행이 발간한 성불평등에 관한 보고서처럼 성평등을 향한 눈에 띄는 진전이 있을지언정, 세계은행이 권고하는 주류 거시경제 정책과는 분리되어 논의되고 있다(World Bank, 2014).

　　많은 국가 관료가 성주류화에 대한 노력을 보여주기식으로 입증하는 것의 또 다른 문제는 2007~2008년 금융 위기에 대한 정책 대응에 전반적으로 성인지적 관점이 부재하다는 점이다. 에스키벨과 로드리게스 엔리케스(Esquivel and Rodríguez Enríquez, 2014)가 주장했듯이, 아르헨티나, 멕시코, 에콰도르가 실시한 경기 변동적 거시경제 정책 대응에는 성인지적 관점이 내포되어 있지 않다. 예를 들어, 신자유주의적 정책 기조를 바탕으로 구축된 멕시코 정부의 위기 대응은 효과가 미약했고 시기적절하지 못했다.[8] 많은 여성 단체와 페미니스트 비정부기구는 여성에 대한 폭력과 사회 및 돌봄 정책 홍보와 같은 근래에 이슈화된 젠더 문제에 초점을 맞추는 경향이 있으며, 적절한 생계 창출을 가능케 하는 성인지적 거시경제 정책을 실현하기 위한 운동에는 아직 완전히 관여하고 있지는 않다. 실제로, 위기 대처를 위한 조건부 현금 지급(CCT) 제도 확대와 같은 일부 빈곤층 친화적 대책이 멕시코 여성에게 도움은 되었지만, 돌봄 부문 투자와 같이 거시경제 회복과 고용 성장에서 더 많은 젠더 균형을 창출할 수 있었던 기타 조치들은 채택되지 않았다.[9]

입장이 진정으로 변화했는지 여부는 이러한 의견이 보건, 교육, 인프라와 같은 공공재의 재분배 및 투자를 추구하도록 각국에 권고하는 행동으로 이어질지에 달렸다.

8) 저자에 따르면, 멕시코 국가여성연구소(INMUJERES)는 성인지적 관점을 포함한 거시경제적 대응으로 나아가지는 못했다.

9) 돌봄 부문에 대한 투자는 주로 여성을 위한 일자리를 창출하고, 가장 필요한 서비스를 제공할 수 있었을 것이다. 그러나 이것 대신 멕시코와 기타 라틴 아메리카 국가에서는 물리적 인프라에 대한 투자에 초점을 맞추었다(Esquivel and Rodríguez Enriquez, 2014; Espino, 2013).

더 나은 내일을 위한 몇 가지 대안들

앞선 논의에서 설명한 세 가지 문제점은 개발 정책 의제가 지속적으로 신자유주의 틀 내에서 설정되어 협소하고 다소 고립된 접근법에 갇혔기 때문에 발생하며, 이는 공정한 인간 개발로의 발전을 가로막고 있다. 우리가 강조한 정책 관련 문제들은 지속 가능한 개발을 촉진하는 일에 관여하는 많은 사람의 좌절감을 설명한다. 그러나, 2007~2008년의 글로벌 금융 위기와 2015년 종료된 새천년개발목표(MDGs) 체제는 1980년 이후의 경제 정책과 개발 전략 이행의 효과를 재평가하는 기회이기도 하다. 국가를 막론하고 사회적 불만이 지속된다는 점을 감안할 때, 신자유주의에 대한 서로 다르지만 중복되는 비판들을 기반으로 변화를 위한 진보적 의제를 담은 개발 목표 및 전략을 중심으로 뭉칠 기회가 많다. 페미니스트 경제학적 사고와 대안 경제학적 제안은 이러한 대안적 관점에 기여할 수 있다. MDGs의 결과에 대한 비판적 평가는 또한 2015년 이후의 국제 개발 의제에서 정책 목표를 재고하고 수정하는 데 중요한 통찰력을 제공한다. 지구상에 존재하는 다수의 행복과 인간의 삶에 해로운 신자유주의의 사슬을 끊기 위해서는 대안책을 파악하고, 이를 중심으로 움직임을 구축해야 한다.

지금까지 파악한 문제점을 바탕으로 우리는 세 가지 우선순위에 초점을 맞춘다. 경제 생산 구조를 변화시키는 개발 전략을 추구하여 지속 가능한 생계를 보장하고 분배 문제를 체계적으로 해결하는 것, 기후변화와 같이 오늘날 세계가 직면한 시급한 위기를 해결하는 것, 포괄적이고 변혁적인 방식으로 젠더를 개발 정책에 통합하는 것이 그에 해당한다. 우리는 각각의 목표를 추구하기 위해 필요한 정책들이 서로 시너지 효과를 낼 수 있다고 믿는다.

변화를 위한 의제 형성과 가교 놓기

2장에서 논의한 바와 같이, 페미니스트 경제학은 젠더뿐만 아니라 계급, 인종 및 민족 불평등에도 관심을 기울이면서 사람들의 생계와 역량을 평등한 방식으로 증진하려 한다. 이러한 목표는 상품 및 서비스의 확대와 자원의 재분배를 전제로 하는 동시에 필요로 한다. 지속 가능한 생태계의 중요성에 대한 인식을 바탕으로 상품 및 서비스 확대와 자원 재분배가 이루어진다면 삶의 안녕을 촉진할 수 있기 때문이다. 모두를 위한 생계 유지와 복지 향상에 필요한 수단을 창출할 수 있는 개발 방식 외에도 민주적 자유의 구축, 저렴한 교육 및 건강 케어 시스템, 투명성 보장, 사회 안전망, 포용적 금융 및 경제 거버넌스 등 역량 강화를 위한 보완적 제도 변화가 필요하다. 이러한 제도적 변화가 없다면, 취약 계층의 필요, 권리, 요구는 충족되지 못한 채, 정책 결정의 공공담론에서 무시될 것이다. 이러한 변화를 위한 의제는 대안 경제학자들 간의 더 많은 소통을 필요로 하며, 대화를 통해 신자유주의에 대한 비판을 강화할 뿐만 아니라 일관된 대안 의제를 구체화할 수 있다. 또한, 개발 프레임워크를 확대하여 인간 활동이 생태계 환경에 미치는 영향과 결과를 다뤄야 한다. 더하여, 현 세대와 다음 세대의 필요를 더 잘 해결하기 위해 생태환경 단체와 협력하는 것도 중요하다.

지난 10년 동안 페미니스트 경제학자들은 보다 의미 있는 분석틀을 구축하기 위해 대안 경제학자 및 생태경제학자들의 활발한 참여를 요구해왔다(Danby, 2004; Brody et al., 2008; Van Staveren, 2010; Fukuda−Parr et al., 2013; Power, 2009; Perkins et al., 2005; Nelson, 2013; Floro, 2012).[10] 우리는 경제적·사회적·환경적 지속 가능 발전이라는 목표에 초점을 맞추면서, 다양한 생각의 지류들 사이에서 유사한 생각들을 병합하여 시너지 효과를 내는 것이 대안 정책을 시행하고 사회 변화를 위한 대안적인 모델을 만드는 데 기여할 수 있을 것이라 주장한다. 대안 경제학자들은 대안적 목표에 대한 논의를 활발히 전개했다. 이러한 논의는 기본 소득 체제의 설계에서부터 일자리 나누기 및 생산 기관의 보다 협력적인 생산

10) 콜린 댄비(Colin Danby)와 이렌 반 스타베렌(Irene Van Staveren)은 포스트케인스주의 경제학과 페미니스트 경제학의 분석이 겹치는 부분이 있으며, 이 두 관점이 잠재적 시너지 효과를 가질 수 있음을 설명했다. 후쿠다 파 외 연구진(Fukuda−Parr et al., 2013)들은 경제 위기에 대한 다양한 대안적 사고를 한데 모으는 것이 2007~2008년의 금융 위기에 대한 분석을 보다 풍부하게 만들 수 있다며 이것의 가치를 주장했다. 마찬가지로, 파워(Power, 2009)는 생태적 관점과 사회복지 관점 간 유사성을 강조한다. 플로로(Floro, 2012)는 페미니스트 경제학과 생태 경제학 사이의 유사성과 상호 보완성에 대해 논의하며, 퍼킨스외 연구진(Perkins et al., 2013)과 넬슨(Nelson)은 환경 문제 해결의 시급성을 페미니스트 관점에서 탐구한다.

구조로의 전환에 이르기까지 다양하다. 금융 거버넌스의 젠더 인식을 기반으로 하는 구조조정과 함께, 이러한 대안적 발상은 양질의 생계를 지원하고 성평등을 촉진할 가능성을 제공하는, 보다 지속 가능한 경제 체제를 약속한다.

페미니스트 경제학자들이 대안 경제학자와 생태경제학자들의 논의에서 어떠한 접점을 찾았는가에 대한 논의는 개발의 개념에서부터 출발해야 한다. 이는 대부분의 페미니스트 경제학자가 수용하는 인간 발전 개념을 넘어서, 인간 역량의 확대를 추구하고 무급 활동을 삶의 안녕을 가져오는 중요한 '입력값(Input)'으로 보는 것을 의미한다. 첫째, 개발에 대한 새로운 개념은 사회가 생태계 서비스(또는 환경의 저하가 야기하는 박탈)로부터 인간 복지를 위한 이익을 도출한다는 것을 인식해야 한다.[11] 이는 경제 분석, 정책 수립 및 평가에서 환경의 기여도를 측정하는 것을 의미한다. 기후변화를 포함한 긴급한 환경 문제를 해결해야 한다는 절박함을 가질지 혹은 놓을지는 우리에게 달려 있다. 따라서 개발 개념은 경제 전반과 생산 부문뿐만 아니라 생태계의 상호 의존성을 고려해야 한다. 이러한 상호 의존성은 여러 수준에서 작동하며 활발한 순환고리(Feedback Loop) 메커니즘을 갖는 것으로, 우리로 하여금 근시안적인 시각을 피하고 정책 및 인간 행동의 결과와 최종 성과에 대해 더 넓은 시각을 갖도록 한다.

둘째, 사람들의 생계와 개인 역량을 확대하기 위해서는 개발도상국의 생산 능력과 구조를 변화시켜야 한다. 이를 통해 정해진 수출 품목을 조립하는 플랫폼 형식의 폐쇄적 구조에서 벗어나 지속 가능한 상품 및 서비스 생산과 양질의 고용 창출이 가능한 구조로의 연계를 꾀할 수 있다. 또한, 현 세대와 다음 세대의 역량을 증진하기 위해서는 우리의 경제 활동과 과정을 변화시켜 지구의 자원 기반과 돌봄노동이 무한히 공급될 것이라는 착각 속에서 가해지는 압박을 줄여야

---

11) 다큐멘터리 『Who's Counting: Marilyn Waring on Sex, Lies, Global Economics』(1995)에서 웨링(Waring, 1988)은 무급 노동과 함께 전통적으로 표준 경제 프레임워크에서 무시되어 온 생태계 서비스(예: 깨끗한 공기, 깨끗한 물, 산림)의 기여에 대한 관심을 촉구했다. 1990년대 이후 생태계 서비스의 가치를 측정하는 방법은 무급 가사 노동 역시 포함하는 순수 진보 지표(GPI, Genuine Progress Indicator)와 같은 복합 지표의 개별 지표로서 그리고 구성 요소 일부로서 개발되었다(Bagstad et al., 2014). 물론, 생태계 서비스에 금전적 가치를 부여한다는 개념은 무급 노동의 경우처럼 중요한 주제이자 지속적인 논쟁거리이다.

한다.

셋째, 개발 개념은 "보편적 인간성과 돌봄에 대한 실질적인 책임"(Nelson, 2013: 150)을 인식해야 하며, 사람과 환경을 돌보고, 재분배 의제를 통합해야 한다. 이러한 돌봄의 윤리는 적절한 돌봄을 지원하고 여성과 남성의 동등한 책임 공유가 가능하도록 자원을 재분배하는 정책을 필요로 한다. 또한 개발 계획, 성 주류화 및 경제 정책 수립에서 환경의 회복탄력성과 환경용량을 유지하는 데 들어가는 비용을 통합해야 한다.

개발 계획에 지속 가능성을 접목하는 일의 중요성을 부정하는 사람은 없겠지만, 우리의 사고방식과 의사 결정 방식, 생산 기법과 방법, 소비 패턴과 행동 방식을 실질적으로 변화시킬 필요성에 대해서는 많은 논쟁과 거부반응마저 존재한다. 지속 가능성을 위해 노력한다는 것은 소득 불평등의 증가, 과시 소비, 가속화된 화석 연료와 천연자원의 과도한 추출 간 연관성을 인식한다는 것을 의미한다. 위스먼(Wisman)이 지적하듯이, "소득과 부의 불평등이 커질수록, 최상위 부유층을 제외한 모든 사람이 상대적인 지위를 유지하고 개선하기 위해 소비해야 하는 양도 늘어난다"(2011: 10).[12] 궁극적으로, 경쟁과 물질적 번영을 향한 끊임없는 추구에 의해 작동되는 경제 질서 체계는 지속 가능성의 측면에서 한계를 지닌다. 지속 가능하고 공평한 개발 프레임워크는 개인주의적 관점보다는 사회적인 관점을 취하면서 지역사회, 국가 및 전지구적 수준에서 집단행동과 협력을 구축하기 위한 노력을 최우선 순위에 두는 것으로서, 이를 가능하게 하는 의사 결정과 경제 활동을 필요로 한다(Agarwal, 2007; Baland et al., 2007; Nelson, 2008).

우리는 페미니스트 관점, 생태학적 관점, 신개발주의 관점과 연대 경제가 의도하는 보다 급진적인 변화들 모두가 상호 보완적일 수 있으며, 각 관점의 약점을 인식하면서 동시에 각 관점의 강점을 기반으로 변화의 비전이 구축될 수 있다고 믿는다. 신개발주의는 페미니스트 경제학의 관점과 통합될 가능성이 있는 대안적 사고의 한 줄기로, 이는 생산 구조를 변화시키는 전략을 논의에 포함하여

---

12) 비슷한 논제는 19세기 말에 소스탄인 베블렌(Thorstein Veblen)의 『여가계급이론(Theory of the Leisure Class)』([1889] 1973)에서 논의되었다.

논의의 범위를 확장하기 위함이다.13) 이러한 생각의 지류는 1940년대에서 1960년대 초기 경제 개발 이론가들의 기반을 되찾고, 현대 국제 개발 의제에 의해 추진되고 있는 생산 과정을 재평가하는 것을 지향한다(Chang, 2002; Khan and Christiansen, 2011).14) 신개발주의 의제가 강조하는 것은 저소득 국가의 정부가 낮은 기술, 낮은 부가가치 활동에서 더 나아가기 위해서는 경제 생산 구조를 변화시키는 산업 정책의 시행이 반드시 필요하다는 점이다. 각 국가는 이 목표를 달성하기 위한 정책을 입안할 수 있는 충분한 장을 마련하여 산업 정책의 추진과 복지 개선에 필요한 자원을 창출해야 한다.

신개발주의 연구는 생태학적·사회적 지속 가능성 원칙을 통합할 수 있는 산업 정책을 설계함에 있어 귀중한 통찰력을 제공한다. 실제로 페미니스트 경제학자들은 산업 정책이 남성뿐만 아니라 여성들을 위한 양질의 일자리를 창출할 수 있는 도구라고 인식했기 때문에 이러한 정책에 찬성한다고 주장해왔다. 그러나 지금까지 지속 가능성에 대한 문제는 신개발주의의 주요 관심사는 아니었다(Zarsky, 2011). 우리가 제안하는 지적 파트너십과 일맥상통하지 않는 것처럼 보이는 두 가지 문제는 성인지적 관점의 부족과 신개발주의자들의 친성장주의 입장이다(Berik, 2014). 신개발주의자들의 저술은 사회적 지속 가능성, 즉 인간 및 사회의 안녕을 위한 복지의 핵심인 지역사회 내 사회적 관계의 유지와 무급 돌봄 노동을 고려하지 않는다. 더구나 저소득 국가가 빈곤층의 생활 수준을 높이기 위해서는 성장이 필요하나, 생태학적 관점에서 볼 때 끊임없이 성장을 추구하는 것은 비판을 피할 수 없다. 지금 세계에서는 극단적 기후 현상으로 인해 위험성이 증가하고 있으며, 이와 더불어 과소비는 중시되지만 양질의 생계와 가장 취약한

---

13) Berik(2014) 참조. 베릭(Berik)은 신개발주의자, 페미니스트 및 생태경제학자들의 목적과 수단에 대한 관점들이 상호보완적이라 주장한다.

14) 유명한 초기 개발주의 이론가들로는 라울 프레비쉬(Raul Prebisch), 한스 싱어(Hans Singer), 폴 로젠스타인-로단(Paul Rosenstein-Rodan), 라그나 넉시(Ragnar Nurkse), 알버트 허쉬만(Albert Hirschman) 등이 있는데, 이들은 저소득 국가들이 낮은 수준의 생활에서 빨리 벗어날 수 있는 생산 구조를 구축하는 것이 중요하다고 강조했다. 동시대의 것으로는 사우스 센터(South Centre)의 연구가 이 관점을 전제로 하고 있다. 예를 들어, 사우스 센터(South Centre, 2014)는 남반구 경제의 관점에서 저소득 국가가 지속 가능한 개발을 추구하는 데 있어 필요한 정책을 제시한다.

계층의 복지는 경시되고 있다. 이 점에서 친성장주의 입장은 고소득과 저소득 국가 모두의 지속 가능성에 대한 전망을 고려하여 재검토되고 구체화되어야 한다(Zarsky, 2011; Broad and Cavanagh, 2013). 경제가 미래 세대를 위한 환경을 훼손하지 않고, 어떠한 집단을 사회적으로 배제 혹은 소외시켜 사회적 유대를 훼손하거나, 가족의 돌봄 능력을 약화시키지 않도록 환경·사회·경제의 지속 가능성을 감안하는 정책이 필요하다.

페미니스트 경제학자들과 생태경제학자들 사이의 이러한 지적 교류는 서로에게 도움이 될 수 있다. 페미니스트 경제학자들은 경제적 성공의 척도로서 소득의 증가보다 역량의 확대를 선호해왔다. 이를테면, 페미니스트 경제학자들과 생태경제학자들이 세대 간 지속 가능성을 달성하는 데 있어 적절하다고 판단되는 시간적 지평은 비슷하다. 생태경제학자들은 보다 장기적인 시간의 단위를 상정한다. 마찬가지로 페미니스트들은 현재와 다음 세대의 돌봄을 강조하는데, 이를 통해 사회적 재생산에 기여하며 아이 세대에게 기술을 전달하고, 사람들 사이의 관계 및 공동체를 구축할 수 있다고 역설한다. 생태경제학자들의 시간적 지평은 이러한 페미니스트들의 견지와 일치하며, 동시에 다른 모든 시장과 우리 삶 속 비시장적인 측면들을 지배하고 있는 금융 시장의 단기적 관점과 극명한 대조를 이룬다. 더욱이, 성불평등이 경제 성장에 어떻게 악영향을 미치는지(혹은 성평등이 어떻게 성장을 촉진하는지)에 중점을 둔 페미니스트들의 글을 큰 틀에서 바라보았을 때, 이 연구들은 사회적 지속 가능성을 뒷받침하는 경제 활동의 확대를 찬성하면서 성장을 구성하는 요소 자체를 문제시하는 경향이 있다(Seguino, 2012; İlkkaracan, 2013b).

그러나 종종 페미니스트 경제학자들의 연구 범위는 돌봄과 사회적 재생산이 현세대와 미래 세대 간 관계와 약속을 포괄하며, 이는 불가피하게 생태계의 유지를 수반한다는 것을 인식하지 못한다. 성불평등과 천연자원에 대한 수요 증가, 불평등한 접근 사이의 상호 연관성을 탐구하기 위한 추가적인 연구가 필요하다. 특히 경작지와 석유 및 셰일 가스와 같은 화석 연료들에 대한 접근성은 집단, 공동체 및 국가들 간 사회적 긴장감을 조성했다. 자원을 둘러싼 갈등은 다양한 층위의 집단 사이에, 또는 내부에 존재해왔다. 심지어는 가구 내 자원 사용에서도 남성과 여성은 상호보완적 성격을 띠기보다는 차이를 보이며 때때로 상충되는 경우가 있다. 그러므로, 지구 생태계의 건강은 가계, 공동체, 국가, 지역의 대응 능력뿐만 아니라 충격과 위험에 대한 취약성을 형성하는 중요한 요소다. 빈곤층 은 인구의 다른 계층보다 더 취약하다. 이들은 깨끗한 물에 대한 접근이 제한적 이거나 아예 접근하지 못할 가능성이 더 높다. 게다가 오염된 환경에 노출되고, 토지 수탈의 대상이 되는 경우도 많을 뿐만 아니라 이러한 상황에 대처할 수 있 는 자원과 수단을 적게 가지고 있다. 한 연구에 따르면, 여성이 남성보다 기후변 화의 위험, 특히 자연재해에 더 취약하다(Neumayer and Plümper, 2007). 기후변화 영향, 환경 지속 가능성 이니셔티브, 집단행동 구축에서의 젠더적 차원을 보다 심도 있게 검토할 필요가 있으며 이 역시 페미니스트와 생태경제학자들 사이의 추가적인 대화와 협력을 요한다.

한동안 일반 대중 차원에서 진행되어온 사회연대경제(SSE, Social and Solidarity Economy)운동은 환경·사회·경제적 지속 가능성에 대한 우려의 해법이 될 수 있 는 제도적 장치에 어떤 것이 있는지 대안적 시각을 제공한다. 정의 내리기는 쉽 지 않지만, 신자유주의에의 대안을 구축하는 한 방법으로서 사회연대경제는 경 제 민주주의 및 참여 경제 달성과 연관된 "행위의 다양성"을 보여준다(Dash, 2014; Marques, 2014). 역사적으로 사회연대경제라는 개념이 형성되고 이것이 실질 적으로 이행된 것은 19세기 유럽에서 등장한 산업경제의 개인주의 및 경쟁을 향 한 사회적 반발에서부터 시작되었다. 그러나 최근에는 매년 스위스 다보스에서 열리는 세계경제포럼에 대응하여 결성된 세계사회포럼(World Social Forum)의 등 장과 연결되는 경우가 많다. 세계사회포럼의 첫 회의는 2001년 브라질의 포르투 알레그리에서 개최되었으며, 익히 알려진 "다른 세계는 가능하다"는 슬로건을 내 세워 대안 경제와 대체 제도에 대한 전지구적 추진력을 상징적으로 보여주었다. 연대 경제를 둘러싼 담론과 관행은 대중뿐 아니라, 서로 다르지만 연결되어 있는 목표에 대해 우려의 목소리를 내온 다양한 대안적 조직들을 통해 발전해왔다.

사회연대경제운동의 핵심은 이윤 추구와 자본 축적의 목표보다는 필요, 호혜, 공동체, 지속 가능성에 기반을 둔 사회적 공급체계를 구축하는 것이다. 전 세계 많은 국가에서 협동조합, 지역사회 연결망, 윤리적 금융, 공정거래 조직, 지속 가능한 농업, 환경 친화적 기업, 사회적 책임을 강조하는 기업 관행 등이 구축됨에 따라 사회연대경제운동에 기여했다(Allard et al., 2007; Broad and Cavanagh, 2013; Felber, 2012). 사회연대경제가 추구하는 이러한 협력 모델은 양질의 생계, 근무 환경, 서비스 접근성뿐만 아니라 경제·환경·사회적 지속 가능성 목표를 촉진할 수 있는 중요한 수단으로서 신속하게 자리매김하고 있다(Wanyama, 2014). 특히 협동조합은 여성의 집단적 힘을 활용하여 자원과 경제적 기회에 대한 여성의 접근성을 높이고 성평등 목표를 앞당긴다. 이러한 노력은 에반스(Evans, 2008)가 설명한 "반−헤게모니 지구화(Counter−Hegemonic Globalization)"의 한 흐름으로, 복지 및 지속 가능한 생산, 재생산과 같은 페미니스트 경제학의 목표와 상당 부분 조화를 이룬다. 따라서 많은 페미니스트 조직과 여성 단체가 사회연대경제에 참여하게 된 것은 그리 놀랄 일은 아니다(Marques, 2014). 기존 경제 체계에서는 이러한 대안적 노선이 진지하게 받아들여지는 일이 드물었지만, 신자유주의에 대한 불만의 목소리가 커지고 배타적 경향이 나타남에 따라 이런 노선은 많은 곳에서 사회연대경제에 대한 관심을 증폭시키는 비옥한 토대가 되었다. 유엔사회개발연구소와 같은 다자 기관에서 진행한 새로운 연구와 이 주제에 대한 학술대회가 보여주듯이, 사회연대경제 구상에 대한 관심은 풀뿌리 차원을 넘어 확대되고 있다.[15]

지속 가능한 경제를 위한 정책

앞서 강조했듯이, 지속 가능한 경제를 구축하기 위해서는 환경·사회·경제적 지속 가능성에 대한 관심이 필요하다.[16] 이 절에서는 경제적 지속 가능성을

---

15) UNRISD Occasional Papers(Dash, 2014; Marques, 2014) 혹은 2014년 10월 스위스 제네바 국제 연구 대학원(Gradute Institute of International and Development Studies)이 개최한 "사회적 경제는 페미니스트일 수 있는가"(Can a solidarity economy be feminist?) 회의 등이 그 예다.
16) 이는 삶의 지속 가능성 자체를 포함한다.

추구하는 방향으로 나아가는 데 필요한 정책에는 어떤 것이 있는지 논의하며, 이를 통해 환경·사회·경제적 지속 가능성이 서로 시너지 효과를 낼 수 있음을 보여준다.

인간의 활동이 기후변화를 초래한 것이 분명해지면서, 생산과 소비의 규모, 방법 및 양상을 어떻게 바꿀 것인가 하는 문제가 중요한 논쟁거리가 되었다. 그중 한 논의는 경제 성장과 환경 보호 사이의 상충 관계를 어떻게 극복할 수 있는지, 경제 성장을 향한 끊임없는 열망 없이 삶의 질을 어떻게 개선할 수 있는지에 초점을 맞춘다. 기후변화로 인한 위기는 경제 성장을 억제하지 않고는 해결할 수 없다는 인식이 확산되고 있다. 그러나 이는 북반구와 남반구 간의 형평성에 대한 의문을 불러일으킨다. 신개발주의자들이 강조하는 바와 같이 가난한 나라들은 생산을 확대하고 시민들에게 기본적인 생계를 제공해야 하기 때문에, 어떤 사람들은 기후 위기를 타개하기 위해서는 개발도상국이 성장할 수 있도록 선진 경제국이 성장의 속도를 늦추거나 이를 아예 중단해야 한다고 주장해왔다.

그러나 더 넓은 관점에서 보면, 고소득 국가와 저소득 국가 모두 생태계에 대한 인간의 수요가 증가함에 따라 부과되는 압력에 대해 다른 시각으로 접근하여 문제를 해결할 수도 있다. 여기에는 전지구적 생산과 소비 규모를 줄이는 것뿐만 아니라 생산 및 소비 구조, 사용하는 기술과 방식을 변화시키는 것도 포함된다. 이러한 접근 방식은 가난한 사람들의 생활수준을 높이는 것과 환경 파괴를 억제하는 것 사이의 상충이 일반적으로 가정하는 것만큼 극명하지 않으며 또한 해결될 수 있음을 시사한다. 이 목표를 향해 나아가기 위해서는 농업에서부터 제조업 및 기타 경제 활동에 이르기까지 지속 가능한 생계를 증진하기 위한 페미니스트 경제학자, 대안 거시경제학자 및 생태경제학자 간의 협력이 필요하다. 이들이 공유하는 집단적 비전은 개발 의제와 재생 에너지로의 전환, 농생태학, 친환경 농업, 돌봄체계 증진을 위한 행동 계획으로 이어질 수 있다. 그러한 계획에는 생태계 훼손의 예방 또는 완화 방안, 기후변화 적응 방안, 스턴(Stern, 2011)이 말하는 "신산업혁명" 등도 포함된다.

지속 가능한 경제를 구축하기 위해 취할 수 있는 실질적인 조치에는 환경 파괴적인 경제 활동에 자원 소비를 지양하고, 특히 저소득층 대다수의 삶의 질을 높이기 위해 자원을 지속 가능한 방식으로 창출하며, 소비주의로부터 거리를 두는 것이 해당된다. 그러므로 지속 가능성을 위한 공공 정책의 목표는 삶의 안녕과 환경을 증진하는 생산 및 재생산 구조와 서비스를 만드는 것이다. 전자는 교육과 의료 정책, 가계 및 가족 정책을 통해, 후자는 재생 에너지 정책을 통해 이루어질 수 있다. 이러한 정책은 지속 가능성을 촉진하고 일자리, 생태계, 돌봄 위기를 해결할 수 있는 부문과 직무를 확대할 수 있다.[17]

또한 사회적 지속 가능성은 경제를 재정비하여 보편적 복지를 위한 적절한 돌봄 지원을 제공해야 한다. 이를 위해서는 아이 양육, 노인 돌봄에 들어가는 비용은 물론 이로부터 창출되는 이익을 사회화하는 공공정책과 함께 새로운 사회계약 설계가 필요할 것이다. 어느 고용 정책이든지 간에 포괄적 돌봄 정책을 반드시 수반해야 한다. 그러한 돌봄 정책은 무급 돌봄 제공자에게 권리를 부여하여 이들 스스로가 가진 능력에 의거해 이들을 생산자이자 적극적인 노동자로 취급할 뿐만 아니라, 충분한 여가의 제공, 사회적 관계 형성, 지역사회의 유지를 가능하게 하는 일과 삶 간의 균형을 촉진할 수 있다.

이에 더하여, 환경을 훼손하는 활동을 단계적으로 폐지하기 위한 정책들이 시행되어야 한다. 스티글리츠(Stiglitz, 2012)는 이러한 정책의 청사진을 제공했다. 오염자 부담, 자원 절약과 일자리 유지에 기여한 기업에 보조금(선택세액공제) 지급, 환경 보전과 일자리 유지를 위한 정부의 혁신 지원 제공 등이 그 예다. 마지막으로, 지위 상징적 소비를 억제하고 '과도하다'고 일컬어지는 생활 양식을 조정하는 것은 에너지 및 자원의 사용, 폐기물 및 배출물의 증가를 제한하여 환경에

---

17) 대안적 거시경제학, 생태경제학, 페미니스트 경제학의 목표와 수단 간 상보성은 해리스 (Harris, 2013), 일카라칸(İlkkaracan, 2013b)과 안토노풀로스 외 연구진(Antonopoulos, 2014)의 주장에서 명확하게 보인다. 해리스는 생태학적 목표를 지원하는 일자리 창출을 촉진하기 위한 재정 정책을 주장하는 반면, 안토노풀로스 외 연구진은 돌봄 부문 일자리 창출을 위한 재정 정책을 주장한다. 일카라칸은 더 나아가 돌봄 부문을 촉진하는 것이 성평등한 인간의 안녕과 생태학적 목표 모두에 도움이 될 것이라고 주장한다. 즉, 돌봄 부문의 일자리 창출은 여성의 고용을 확대하고, 돌봄 부담을 완화하며, 인간의 행복을 높이는 동시에 에너지 집약적이고 생태계에 미치는 피해가 적다는 것이다.

긍정적인 영향을 미칠 것이다(Melber, 2012).[18] 형평성에 대한 고려와 함께, 환경 친화적 관점에서 이런 식의 제한은 우선적으로 북반구와 남반구의 부유층에게 부과되어야 한다. 이러한 목표를 위한 수단의 예로는 누진 소득세 부과, 고가 사치품에 대한 높은 세율 적용을 들 수 있다.

경제적 지속 가능성을 달성하기 위해서는 빈곤과 노동시장 불안 등 이 책에서 제기된 많은 문제점뿐만 아니라 2007~2008년 금융 위기의 주요 원인이었던 소득 불평등을 줄일 필요가 있다. 재분배에 필요한 경제 정책으로는 금융권 개혁과 같이 상위 소득(부유) 계층의 점유율을 억제할 수 있는 개혁과, 많은 산업 부문에서 발견되는 거의 독재에 가까운 권력 독점을 해체하기 위한 경쟁 정책을 시행하는 것, 기업에 특혜를 주는 국가 정책을 중단하고 효과적인 누진세제를 구축하는 것 등이 있다. 소득 중하위층의 소득을 증대하는 것은 의료·교육 접근성 향상, 사회 보호 강화, 완전고용 달성을 위한 재정 및 통화 정책의 활용, 초국적 단기 자본 흐름 통제 등을 통한 지구화 완화 등 자본과 관련한 노동자의 협상력을 강화할 수 있는 정책을 수반한다. 일자리 창출을 위한 적극적인 노동시장 정책 역시 공평한 복지를 촉진하기 위해 추가적으로 고려할 수 있는 정책의 핵심 요소이지만, 일자리 공유, 주당 근로시간 단축 등 보다 혁신적인 방안들도 도입할 수 있다. 로봇화를 비롯하여 기타 노동력 감축 추세를 감안할 때 후자의 정책은 특히 중요하다.

인권 프레임워크는 소득 불평등을 해결하고, 보다 폭넓게 경제를 신자유주의 정책의 굴레로부터 벗어나는 방향으로 전환시킬 수 있는 중요한 수단이다(Balakrishnan and Elson, 2011). 1장에서 논의한 바와 같이, 인권 관련 국제규약에 가입한 정부가 경제적·사회적 권리 보장의 의무를 불이행했을 경우에는 시민들이 책임을 물을 수 있다.[19] 이 프레임워크에 따르면, 긴축 정책은 이러한 권리를

---

18) 어느 정도가 "과도한지" 정의하는 것은 물론 어려운 질문일 수 있으나, "얼마나 충분한지" 혹은 인간의 욕구와 목적을 형성하는 데 있어 "도덕적인 방법은 무엇인지"에 관한 이론적이고 실용적인 질문을 다루는 문헌들이 이미 다수 존재한다(Skidelsky and Skidelsky, 2012; Frank, 2004).

19) 세계인권선언에 따르면, 경제적·사회적 권리는 노동권, 건강권, 식량권, 적절한 생활 수준

보호하기로 약속한 정부의 의무를 위반한 것이다. 예를 들어, 예산 삭감은 불균등하게, 특히 여성과 소수 인종에게 영향을 미치는 것으로서 수많은 인권 원칙에 대한 위반이며, 이는 특히 모두가 누려야 할 식량, 주거, 보편적 교육 등 삶을 이루는 기본 요건의 제공을 축소할 때에 그러하다. 마찬가지로, 규제 프레임워크의 부재로 인해 금융권의 위험 행동이 허용되고 시민의 생계가 위협받는 것은 정부가 시민의 경제적, 사회적 권리를 보호하지 못하고 있음을 시사한다. 따라서 인권 프레임워크는 경제 정책을 평가 및 구현하고 정부에 책임을 묻는 운동에 참여할 수 있는 중요한 도구를 제공한다. 물론, 이 도구의 효력은 정부가 약속한 인권 보호 의무를 충실히 이행하도록 강제할 수 있는 효과적인 거버넌스 시스템에 달려 있다. 결국, 이러한 요소는 브레턴우즈 체제의 개편에서부터 현재의 필요를 반영한 유엔 개혁에 이르기까지, 다양한 차원을 아우르는 프로젝트인 전지구적 거버넌스 시스템 개혁의 중요성을 보여준다.

전지구적 거버넌스 개혁

이전 절에서 개략적으로 설명한 정책들을 구현하려면, 국제적 규칙을 통해 해당 정책들이 이행될 수 있는 환경을 마련해야 한다. 이 책에서 강조한 많은 문제는 대부분의 정부가 대다수 인구의 생계를 지탱할 수 있는 방식으로 경제를 규제하지 못했기 때문이다. 다자 금융기구가 승인 및 지원하는 자유화 정책은 자본의 자유로운 이동을 가능케 하고, 이는 정부의 규제를 무력화시켜 국가 내 자본에 세금을 부과하고 자본의 활동을 규제하는 정부의 능력을 약화시킨다. 그러나 세계 경제는 전지구적인 규제를 필요로 한다. 웨이드(Wade, 2011: 23)가 지적한 바와 같이, "규제의 영역은 시장의 영역과 일치해야 한다는 원칙에 따라 규제는 이제부터 훨씬 더 다자적 성격을 띠어야 할 것이다". 금융 위기가 주기적으로 발생할 가능성이 낮은 사회를 만들기 위해서는 더 큰 금융 규제를 시행하고, 분

을 누릴 권리, 주거권 등을 포괄한다. 경제적·사회적 및 문화적 권리에 관한 국제규약(International Covenant on Economic, Social, and Cultural Rights: ICESCR)은 경제적·사회적 권리를 보호하기 위해 이 규약에 서명하는 정부가 준수해야 할 원칙을 제시한다.

배 효과를 감안한 거시 경영을 구현할 수 있는 국제적 공조가 필요하다. 장하준과 그레이블(Chang and Grabel, 2014)은 가까운 미래에 전지구적 거버넌스가 변화할 것이라는 낙관적 입장을 취하고 있다. 구체적으로는, IMF의 정책 권고가 신뢰를 잃게 된 시점인 아시아 금융 위기를 시작으로 IMF의 힘이 약화되고 있다고 본다. 이를 기점으로 아시아와 다른 신흥국들, 특히 브릭스(BRICs)가 새로운 제도를 구축했으며, 경제 위기 속에서 정책 자율성을 강화하고 있다.[20] 또한 이러한 대응은 브레턴우즈 체제 내 미국과 유럽의 지배력에 대항하여 이를 대체할 만한 새로운 금융 구조를 개발하려 했던 노력이 실패한 데서 기인한다.

중요한 것은 자본 흐름을 규제할 필요가 있다는 점이다. 여기에는 양질의 일자리 창출을 저해하고 조세 피난처를 찾아 정부 수입을 감소시키는 불안정한 금융 흐름뿐만 아니라 아웃소싱 생산에 관련된 자본의 이동 또한 포함된다. 자본의 흐름을 억제하는 것은 자본 통제와 조세 정책을 포함한 여러 가지 방법으로 이루어질 수 있다. 금융거래세(FTT, Tobin tax 또는 "Robin Hood" tax라고도 함)의 제도화도 글로벌 거버넌스를 필요로 한다. 금융거래세(FTT)는 금융 거래가 경제에 미치는 불안정성을 줄이고 개발 자금을 조달할 수 있는 정책 수단으로서 미국, 유럽, 남반구에서 많이 논의되어왔다. 유럽 의회는 2012년에 이러한 형태의 세금을 승인했지만, 세율 완화를 지속적으로 시도하면서 아직 회원국에서는 시행하지 않고 있다.[21] 2014년 8월을 기준으로 유럽연합 국가들은 2016년 1월 1일부터 금융거래세를 이행할 예정이지만, 영국 등 일부 회원국의 거센 반발로 인해 진행 속도가 계속 늦춰지고 있다. 자본을 규제하기 위한 이러한 정책들은 모두 전지구적 공조를 필요로 한다. 정책 시행에 있어 드는 경제적 비용이 높기 때문에 한 국가만이 그러한 정책을 채택하기는 어렵기 때문이다.

---

20) 브릭스(BRICs)에는 브라질, 러시아, 인도, 중국, 남아프리카공화국이 포함된다. 2014년 7월 신개발은행이 창설된 것은 새로운 금융 구조의 구축을 위한 브릭스 국가의 노력을 보여준다. 이 국가들은 브레턴우즈 제도에서 충분하게 인정을 받지 못했는데, 신개발은행의 창설은 이제까지 쌓아온 이들의 힘을 나타낸다.

21) 더 자세한 정보는 『파이낸셜타임스(Financial Times)』가 2013년 2월 14일 발간한 "브뤼셀, 30억 유로 토빈세 제안(Brussels proposes 30 billion euros Tobin tax)"과 EUbusiness (2014) 참조.

빈곤 감축 목표를 지원하기 위한 다자협력 틀도 강화될 필요가 있다. 이는 빈곤이 지속되는 근본적인 원인이 무역과 금융을 지배하는 국제 규칙과 신자유주의적 거시경제 정책의 운용에 있다는 인식에 기초한다. 새천년개발목표(MDGs)는 가장 시급하고 기초적인 문제의 극복에 초점을 맞추었으나, 이렇게 협소하게 설정된 목표조차도 달성하기 위한 노력이 부족했다. 이러한 미완성 의제와 함께, 2015년 이후 개발 목표의 윤곽을 잡기 위한 논의의 중심에는 성불평등이 자리 잡고 있다. MDGs에 대한 많은 평가는 성평등이 그 자체만으로 중요하기도 하지만, 특히 개발 목표를 달성하는 데 있어 필수적임을 강조한다. 그러나 성평등 목표(MDG 3)가 갖는 결점을 감안할 때, 2012년에 채택된 '지속 가능한 개발 목표(SDGs)'라는 프레임워크가 2015년 이후부터는 보다 변혁적인 목표를 제시해야 한다는 요청이 있었다. 예를 들어, 유엔 여성기구(UN Women, 2013)는 여성 대상 폭력 종식, 여성의 역량과 자원 확대, 가정과 공공기관에서 여성의 의사 결정 참여 보장으로 일컬어지는 세 가지 우선순위에 집중함으로써 성불평등의 원인을 다루는 "변혁적인 동시에 독립적으로 존재하는" 성평등 목표를 촉구한다.

환경적 지속 가능성을 달성하기 위해서도 역시 전지구적 거버넌스가 필요하다. 보건, 교육, 위생 등과 더불어 환경의 질이 공공재로 존재하는 한, 환경 복지는 시장 규율하에 일어나는 일련의 개인행동이 아니라 외부 효과와 무임승차 문제를 해결하는 집단행동의 구축을 요한다.[22] 그러나 현재까지 환경에 영향을 미칠 뿐만 아니라 국경과 정치적 경계를 뛰어넘어 생태계에 피해를 주는 다양한 이해관계자들의 행위를 효과적으로 관리 감독하는 전지구적 거버넌스 기구는 전무하다.[23] 침체에 빠져 있던 경제를 회생시키는 일이 우선시되는 상황에서,

---

22) 군서 도서 개발국은 기후변화와 같은 외부 환경적 요인의 변화에 대한 일차적인 책임 소재가 없음에도 해수면 상승으로 인해 실존적 위협에 직면했다. 이처럼 급속하게 산업화된 국가들, 특히 잘 알려진 중국의 이산화탄소 배출은 이들 국가에 미치는 부정적인 외부효과의 한 예다. 청정에너지 개발 비용을 지불할 필요 없이 기업의 투자를 통해 이익을 얻는 것은 무임승차 문제의 한 예가 될 수 있다.

23) 기후변화에 관한 정부 간 협의체(IPCC, Intergovernmental Panel on Climate Change)는 기후변화 평가를 시행하는 주요 국제단체다. IPCC는 기후변화와 관련한 지식의 최근 동향과 기후변화의 잠재적인 환경적·사회경제적 영향에 대한 과학적 관점을 세계에 제공한다.

상품과 서비스 수요 증가에 대한 대응은 다시 천연자원과 에너지 사용에 대한 수요 증가로 이어졌고, 이에 따라 1992년 환경과 개발에 관한 리우 선언(1992 Rio Declaration on Environment and Development)의 원칙과 가치는 이제까지 등한시되어왔다. 대부분의 경우, 이러한 원칙들은 아직 정책과 개발 의제에 반영되지 않았다. 환경 문제를 다루는 민주적이고 포괄적인 전지구적 거버넌스가 부족하기 때문에, 국제적으로 합의된 공약에서 내세운 핵심 가치와 원칙이 지속 가능하며 공정한 개발을 위한 시행 가능한 규칙 및 정책으로 전환되기가 힘들다.24) 그동안 자본은 명시된 목표를 중심으로 움직이는 국제기구와 국제회의의 힘을 약화시키기 위해 여러 가지 방법으로 개입해왔다. 예를 들어, 초국적 기업들은 이들의 이익에 영향을 미치는 보건 혹은 무역 규제와 같은 규칙들을 없애거나 이의를 제기하기 위해 국제적인 장에서 정부를 상대로 고소를 진행해왔다. 이와는 대조적으로, 지역사회와 지역 단체들은 기업을 상대로 이들이 초래한 오염과 기타 해로운 영향들에 대해 소송을 청구하기가 어렵다(Melber, 2012). 따라서 전지구적 거버넌스를 개혁하려면 자본과 노동의 불평등을 정면으로 해결해야 한다. 그래야만 "자본의 권력을 저지하고"(Melber, 2012: 30) 인권을 보호함으로써 권리의 균형을 지킬 수 있다.

변화를 위한 사회적 움직임

이러한 정책과 지배 구조의 개혁이 얼마나 변혁적일지는 궁극적으로 시민들의 행동과 요구에 달려 있다. 더 자세히 들여다보면, 경제적·생태학적 위기와 불평등의 지속을 해결하기 위한 모든 실질적인 대책은 사회운동, 정치 행동, 집단 행동에 달려있다. 피케티(Piketty, 2014)는 증가하는 자본의 경제적·정치적 힘이

---

24) 투명성의 부족과 배타성은 또한 경제적·재정적 결정을 내리는 많은 국제기구의 의사결정 과정의 특징이다. 글로벌 거버넌스를 개선하려면 투명성, 책무성을 높이고 주요 경제, 금융 및 환경 관련 의사 결정 과정에서 시민사회 집단을 활용하여 시민들의 참여를 보장해야 한다.

국내 민주주의 제도에 미치는 부패한 영향력 앞에서 사회 변화의 가능성에 대해 회의적인 입장을 취한다. 그러나 우리는 사회운동만이 진보적 의제의 진척을 이뤄낼 수 있는 유일한 길이라고 본다. 최근 수십 년간 그래왔듯, 여성, 시민사회, 농민, 노동자, 환경단체 간의 협력과 집단행동은 세상을 지배하는 강력한 이해관계에 도전해왔다. 이 집단들은 학문적 토론, 통계 관련 컨벤션, 사회 전반의 운동과 언론을 포함한 여러 채널을 통해 정부에 압력을 가하여 대응을 이끌어냈고, 사회 변화를 위해 노력해왔다. 다른 장에서 논의한 바와 같이, 페미니즘 운동은 1970년대 이후부터 젠더와 발전 문제에 있어 지역적·전지구적 차원의 사회 변화를 만들어내는 막강한 원천이었다. 페미니즘 운동은 또한 국가와 국제적 수준에서 성인지적 의제를 형성하고, 건강, 교육, 가사노동, 가족법과 법적 권리, 평화와 갈등, 리더십과 거버넌스를 다루는 정책을 일부 변화시키는 데 중요한 기여를 했다. 사회운동의 힘을 보여주는 한 가지 인상적인 사례로 자발적으로 결성되어 거세게 일어났던 페미니즘 운동을 들 수 있는데, 이는 1975~2005년 사이 국가적 차원에서 여성 대상 폭력을 퇴치하기 위한 조치를 이끈 가장 핵심적이고 지속적인 원동력이었다(Htun and Weldon, 2012).[25] 많은 페미니스트 투쟁, 특히 세계은행(World Bank, 2014)이 강조했던 여성 폭력에 대한 저항은 여전히 계속되고 있으며, 이는 정부가 조직적이고, 지속적이며, 강력한 사회운동에 반응하고 있다는 일반적인 메시지를 역설한다.

보다 넓게는, 다음과 같은 많은 여성 단체가 지역과 국제 네트워크 및 연합에 가입했다.

① 발전대안을 위한 여성 네트워크(DAWN), ② 남반구 페미니스트 네트

---

25) 70개국을 대상으로 한 흐툰과 웰던의 연구(Htun and Weldon, 2012)에 따르면, 페미니스트 운동이 가장 거세게 일어났던 국가에서는 여성 대상 폭력을 다루기 위한 보다 포괄적인 정부 정책이 존재하며, 다른 국가는 비슷한 수준이다. 여성 국회의원 수, 국부, 좌파 정당과 같은 다른 요소들과 그러한 정책들이 채택되는 것 간의 연관성은 약한 수준이다. 페미니스트 운동은 국내와 국제적 차원 모두에서 일어나 정부에 더 큰 압력을 가하기 위한 국제적인 조치를 추진해왔다. 성평등 문제에 초점을 맞춘 국가기구는 여성운동의 요구에 따라 설립되었으며, 여성 대상 폭력을 정책 의제로 삼는다.

워크, ③ 국제 가사노동자 네트워크, ④ 경제 정의를 위한 국제 여성 동맹, ⑤ 개발 속 여성 유럽 네트워크, ⑥ 아프리카 여성 발전과 소통 네트워크, ⑦ 인도 여성 자치 그룹 네트워크

이들은 모두 젠더 정의를 위한 운동, 성인지적 거시경제 정책을 위한 활동을 이어나가면서 사회 변화를 위한 새로운 사고방식을 촉구하고 있다. 볼리비아와 에콰도르 같은 새로운 중남미 발전 모델에 관여하고 있는 페미니스트 네트워크는 사회적 재생산과 환경 위기와 관련한 논의에 기여했으며, 토착 지식과 선조들의 관습으로 돌아갈 것을 촉구했다. 이는 공동체 전체를 지칭하고 그러한 공동체 내 개개인 삶의 안녕을 의미하는 "잘 살기(buen vivir)"로도 일컬어지며, 2장에서 논의된 바와 같이 자본 축적이나 효용 극대화가 아닌, 인간 삶의 안녕을 중점 목표로 하는 페미니스트 경제학에서의 경제 개념과 매우 유사하다.

인도 자영업자 협회(SEWA)와 같은 여성 단체와 발전대안을 위한 여성 네트워크(DAWN), 개발에서의 여성 권리 협회(AWID) 같은 지역적·초국가적 네트워크는 멈추지 않고 끊임없이 그들 자신을 재점검하고 재정의 내린다. 이 두 가지 네트워크 모두 기본적인 젠더 이슈를 다루기 위해 상호 소통, 자원 동원뿐만 아니라 실질적인 경제적·사회적 변화의 가능성을 모색하는 장과 메커니즘을 만들어낸다. 북반구와 남반구에서 특히 여성들이 직면한 문제들은 공통성을 가지며, 이는 지역적·국제적 네트워크의 성장으로 이어진다. 여성 인권 침해가 인권 유린에 해당한다는 인식과 같은 담론들은 북반구와 남반구 여성 모두에게 더욱 큰 중요성을 갖게 되었다. 또한 페미니스트 네트워크와 여성 단체들은, 예를 들어 세계사회포럼과 같이 경제적 정의와 사회 변화를 위한 더 광범위한 움직임과 포럼에 참여하며 노동 운동, 농민 단체, 환경 단체, 기타 풀뿌리 단체들과의 동맹을 추구하고 있다. 연대체를 구축하고 사회운동을 조직하는 과정이 순탄하다는 말은 아니다. 오히려 그것과는 거리가 멀다. 정치적 의제, 이슈의 프레임워크를 둘러싼 긴장이 존재하며, 어떤 해결책과 어떤 정책을 추진해야 하는지에 대한 많고도, 열띤 토론이 벌어진다. 그러나 다양한 견해와 경험을 표현하고, 격렬한 토론

에 참여하며, 현지에서 대안 프로그램과 이니셔티브를 실행하는 것만이 더 나은 개발 전략과 정책을 육성하고 발전시킬 수 있다.

요약하자면, 변화를 위한 진보적인 의제를 추구하기 위해서는 다양한 활동가 간의 연합이 필요하다. 이 활동가에는 페미니스트, 환경주의자, 주변화된 여타 사회정치 집단이 포함된다. 이들은 보다 평등하고 지속 가능한 사회를 만드는데 앞장 설 뿐만 아니라 지적 연대를 구축함으로써 이 책에서 강조한, 우리가 직면한 다양한 과제를 다루는 데 필요한 전략 개발에 도움을 줄 수 있다.

지구상 다수의 사람이 운동에 참여하여 정치적이고 장기적인 경제 개혁을 이루고, 다양한 형태의 불평등을 해결하며, 지속 가능한 방식으로 경제를 구축해야 한다. 일반적인 페미니스트들과 페미니스트 경제학자들은 높은 수준의 소득 불평등과 불안이 우리가 제어할 수 없는 경제적 힘이 작용해서가 아닌, 정치적 선택의 산물이라는 스티글리츠(Stiglitz, 2013)와 센과 드레즈(Sen and Drèze, 2013)의 의견에 동의할 것이다. 정치적 변화 없이는 현재 추구하는 경제 정책에서 변화를 일으킬 수 없다. 평등한 미래 사회 설계를 구체화함에 있어 우리가 필요하다고 인식한 지적 연대도 중요하지만, 진보적이며 페미니스트적인 의제를 발전시키기 위해 가장 필요한 동력은 집단행동이다. 웰던과 흐툰(Weldon and Htun, 2013: 246)의 말을 빌려보자면, 오직 사회운동만이 "말이 행동이 되도록" 보장할 것이다.

REFERENCES

Abraham, Katharine G., and Christopher D. Mackie. 2005. *Beyond the Market: Designing Nonmarket Accounts for the United States.* Washington DC: National Academies Press.

Abu−Lughod, Lila. 2002. "Do Muslim Women Really Need Saving? Anthropological Reflections on Cultural Relativism and Its Others." *American Anthropologist* 104 (3): 783–90.

ACTU (Australian Council of Trade Unions). 2014. Available at www.actu.org.au/actu_me−dia/media_releases/2014/new_push_to_give_casual_workers_the_right_to_permanent_work. p. 259.

Adams, Dale, and Linda Mayoux. 2001. "Crossfire." *Small Enterprise Development* 12 (1): 4–6.

AFL−CIO (American Federation of Labor and Congress of Industrial Organization). 2014. "Executive Pay Watch." Available at, www.aflcio.org/Corporate−Watch/Paywatch−2014.

Agarwal, Bina. 1992a. "Gender Relations and Food Security: Coping with Seasonality, Drought and Famine in South Asia." *In Unequal Burden, Economic Crises, Household Strategies and Women's Work*, edited by Lourdes Beneria and Shelly Feldman, 181–218. Boulder, CO: Westview Press.

_____. 1992b. "The Gender and Environment Debate: Lessons from India." *Feminist Studies* 18 (1): 119–58.

_____. 1994. *A Field of One's Own: Gender and Land Rights in South Asia.* Cambridge, UK: Cambridge University Press.

_____. 1997. "Bargaining and Gender Relations: Within and Beyond the Household." *Feminist Economics* 3 (1): 1–51.

_____. 2007. "Gender Equality, Cooperation and Environmental Sustainability." In Inequality, *Cooperation and Environmental Sustainability*, edited by Jean−Marie Baland, Pranab Bardhan, and Samuel Bowles, 274–313. Russell Sage Foundation and Princeton University.

Ahmad, Nadim, and Seung−Hee Koh. 2011. *Incorporating Estimates of Household Production of Non−Market Services into International Comparisons of Material Well−Being.* Paris: Organization for Economic Cooperation and Development.

Ahmed, Leila. 1992. *Women and Gender in Islam: Historical Roots of a Modern Debate.* New Haven, CT: Yale University Press.

Akee, Randall, Arnab K. Basu, Arjun Bedi, and Nancy H. Chau. 2009. "Combating Trafficking in Women and Children: A Review of International and National Legislation, Co−ordi−nation Failures and Perverse Economic Incentives." *Journal of Human Rights and Civil*

Society 2: 1–24.

Albelda, Randy P. 1997. *Economics & Feminism: Disturbances in the Field*. New York: Twayne Publishers.

———. 1999. "Marxist Political Economics." In *The Elgar Companion to Feminist Economics*, edited by Janice Peterson and Margaret Lewis, 536–43. Cheltenham, UK: Edward Elgar.

———. 2013. "Gender Impacts of the 'Great Recession' in the United States." In *Women and Austerity: The Economic Crisis and the Future of Gender Equality*, edited by Maria Karamessini and Jill Rubery. New York: Routledge.

Albelda, Randy and Robert Drago. 2013. *Unlevel Playing Fields: Understanding Wage Inequality and Discrimination*. 4th ed. Boston: Dollars and Sense.

Allard, Mary Dorinda, Suzanne Bianchi, Jay Stewart, and Vanessa R. Wright. 2007. "Comparing Childcare Measures in the ATUS and Earlier Time−Diary Studies." *Monthly Labor Review* 130 (27).

Allchin, Joseph. 2013. "Death Mill: How the Ready−Made Garment Industry Captured the Bangladeshi State." *Foreign Policy*, May 9. Available at, http://www.foreignpolicy.com/ar−ticles/2013/05/09/bangladesh_factory_collapse.

Allendorf, Keera. 2007. "Do Women's Land Rights Promote Empowerment and Child Health in Nepal?" *World Development* 35 (11): 1975–88.

Amsden, Alice. 2010. "Say's Law, Poverty Persistence, and Employment Neglect." *Journal of Human Development and Capabilities* 11 (1): 57–66.

Anker, Richard. 1998. *Gender and Jobs: Sex Segregation of Occupations in the World*. Geneva: International Labour Organization.

Anner, Mark, Jennifer Bair, and Jeremy Blasi. 2013. "Toward Joint Liability in Global Supply Chains: Addressing the Root Causes of Labor Violations in International Subcontracting Networks." *Comparative Labor Law and Policy Journal* 35 (1): 1–43.

Antonopoulos, Rania, ed. 2014. *Gender Perspectives and the Gender Impacts of the Global Economic Crisis*. New York: Routledge.

Antonopoulos, Rania, and Indira Hirway. 2010. *Unpaid Work and the Economy: Gender, Time Use and Poverty in Developing Countries*. London: Palgrave Macmillan.

Antonopoulos, Rania, Kijong Kim, Tom Masterson, and Ajit Zacharias. 2014. "Investing in Care in the Midst of a Crisis: A Strategy for Effective and Equitable Job Creation in the United States." In *Gender Perspectives and the Gender Impacts of the Global Economic Crisis*, edited by Rania Antonopoulos, 49–72. New York: Routledge.

Apne App. 2014. "Prostitution Is Commercial Rape; Don't Term Prostitutes as Sex Workers." Available at, http://apneaap.org/prostitution−is−commercial−rape−dontterm−prosti−tutes−as−sex−workers/.

Appiah, Kwame Anthony. 2010. "Wars Against Women." In *The Honor Code: How Moral Revolutions Happen*, 137–72. New York: W.W. Norton and Co.

Arestis, Philip, and Ajit Singh. 2010. "Financial Globalisation and Crisis, Institutional Transformation and Equity." *Cambridge Journal of Economics* 34 (2): 225–38.

Arestis, Philip, Aurelie Charles, and Giuseppe Fontana. 2013. "Financialization, the Great Recession, and the Stratification of the US Labor Market." *Feminist Economics* 19 (3): 152–

80.

Arguello, Reineira. 2010. "Securing the Fruits of Their Labours: The Effect of the Crisis on Women Farm Workers in Peru's Ica Valley." *Gender & Development* 18 (2): 241–47.

Armendariz, Beatriz, and Jonathan Morduch. 2010. *The Economics of Microfinance.* Cambridge, MA: MIT Press.

Arndt, Sven W., and Henryk Kierzkowski, eds. 2001. *Fragmentation: New Production Patterns in the World Economy.* Oxford University Press.

Arora, Diksha. 2014. "Gender Differences in Time Poverty in Rural Mozambique." Salt Lake City: Department of Economics, University of Utah, Working Paper No. 2014-5.

Asian Development Bank (ADB). 2001. *Gender Action Plan 2000-03.* Manila. Available at, http://www.adb.org/documents/gender−action−plan−2000-2003.

Aslaksen, Iulie, and Charlotte Koren. 1996. "Unpaid Household Work and the Distribution of Extended Income: The Norwegian Experience." *Feminist Economics* 2 (3): 65–80.

Atkinson, Anthony B., Thomas Piketty, and Saez Emmanuel. 2011. "Top Incomes in the Long Run of History." *Journal of Economic Literature* 49 (1): 3–71.

Augsburg, Britta, and Cyril Fouillet. 2013. "Profit Empowerment: The Microfinance Institution's Mission Drift." In *The Credibility of Microcredit: Studies of Impact and Performance*, edited by Dwight Haase, 199–227. Leiden: Koninklijke Brill NV Publishers.

Austen, Siobhan, Monica Costa, Rhonda Sharp, and Diane Elson. 2013. "Expenditure Incidence Analysis: A Gender−Responsive Budgeting Tool for Educational Expenditure in Timor−Leste?" *Feminist Economics* 19 (4): 1–24.

Australian Bureau of Statistics. 2008. *Forms of Employment, Australia, November 2007.* Catalogue No. 6359.0. Canberra.: Australian Bureau of Statistics.

_____. 2012. *Yearbook Australia 2012.* Canberra: Australian Bureau of Statistics. Available at, http://www.abs.gov.au/ausstats/abs@.nsf/.

Baccaro, Lucio. 2001. *Civil Society, NGOs, and Decent Work Policies: Sorting out the Issues.* Geneva: International Institute for Labour Studies, ILO.

Badgett, M.V. Lee. 1995a. "The Wage Effects of Sexual Orientation Discrimination." *Industrial and Labor Relations Review* 48 (4): 726–39.

_____. 1995b. "Gender, Sexuality, and Sexual Orientation: All in the Feminist Family?" *Feminist Economics* 1 (1): 121–39.

Bagstad, Kenneth J., Gunseli Berik, and Erica J. Brown Gaddis. 2014. "Methodological Developments in US State−Level Genuine Progress Indicators: Toward GPI 2.0." *Ecological Indicators* 45: 474–85.

Bakker, Isabella, and Diane Elson. 1998. *Towards Engendering Budgets.* Alternative Federal Budget Papers No. 297. Ottawa: Canadian Center for Policy Alternatives.

Balakrishnan, Radhika, ed. 2002. *The Hidden Assembly Line: Gender Dynamics of Subcontracted Work in a Global Economy.* Bloomfield, CT: Kumarian Press.

Balakrishnan, Radhika, and Diane Elson. 2011. "Introduction: Economic Policies and Human Rights Obligations." In *Economic Policy and Human Rights*, edited by Radhika Balakrishnan and Diane Elson, 1–27. London and New York: Zed Books.

Baland, J. M., Pranab Bardhan, and Samuel Bowles. 2007. *Inequality, Cooperation, and*

Environmental Sustainability. Princeton, NJ: Princeton University Press.

Banerjee, Abhijit, and Esther Duflo. 2011. *Poor Economics: A Radical Rethinking of the Way to Fight Global Poverty.* New York, NY: Public Affairs.

Bardasi, Elena, and Quentin Wodon. 2010. "Working Long Hours and Having No Choice: Time Poverty in Guinea." *Feminist Economics* 16 (3): 45–78.

Bardhan, Pranab. 1989. "The New Institutional Economics and Development Theory: A Brief Critical Assessment." *World Development* 17 (9): 1389–95.

Barker, Drucilla K. 1999. "Neoclassical Economics." In *Elgar Companion for Feminist Economics*, edited by Janice Peterson and Margaret Lewis, 570–77. Cheltenham, UK: Edward Elgar.

Barker, Drucilla K., and Susan F. Feiner. 2004. *Liberating Economics: Feminist Perspectives on Families, Work, and Globalization.* Ann Arbor, MI: University of Michigan Press.

Barrett, Michele. 1999. *Imagination in Theory: Culture, Writing,* Words, and Things. New York: New York University Press.

Barrig, Maruja. 1996. "Women, Collective Kitchens, and the Crisis of the State in Peru." *UCLA Latin American Studies* 82: 59–77.

Baruch, Grace K., Lois Biener, and Rosalind C. Barnett. 1987. "Women and Gender in Research on Work and Family Stress." *American Psychologist* 42 (2): 130–36.

Basu, Kaushik. 2013. *The Method of Randomization and the Role of Reasoned Intuition.* Washington DC: The World Bank, World Bank Policy Research Working Paper, No. WPS 6722.

Baxter, Janeen, and Belinda Hewitt. 2013. "Negotiating Domestic Labor: Women's Earnings and Housework Time in Australia." *Feminist Economics* 19 (1): 29–53.

Becker, Gary. 1965. "A Theory of Allocation of Time." *Economic Journal* 75: 493–517.

———. 1981. A Treatise on the Family. Cambridge, MA: Harvard University Press.

Beerepoot, Niels, and Mitch Hendriks. 2013. "Employability of Offshore Service Sector Workers in the Philippines: Opportunities for Upward Labour Mobility or Dead–End Jobs?" *Work Employment Society* 27 (5): 823–41.

Behrman, Julia, Ruth Meinzen–Dick, and Agnes Quisumbing. 2012. "The Gender Implications of Large–Scale Land Deals." *Journal of Peasant Studies* 39 (1): 49–79.

Beller, Andrea H. 1979. "The Impact of Equal Employment Opportunity Laws on the Male–Female Earnings Differential." In *Women in the Labour Market*, edited by Emily Andrews, Cynthia Lloyd, and Curtis Gilroy. New York: Columbia University Press.

Bellman, Eric. 2012. "Nike Contractor Pays Indonesians in Settlement." *The Wall Street Journal*, January 13. Available at, http://blogs.wsj.com/searealtime/2012/01/13/nike?s–latest–sponsorship–deal–222–for–indonesian–factory–workers/.

Belser, Patrick. 2005. *Forced Labour and Human Trafficking: Estimating the Profits.* Geneva: International Labour Organization.

Beneria, Lourdes. 1979. "Reproduction, Production and the Sexual Division of Labour." Cambridge *Journal of Economics* 3 (3): 203–25.

———. 1981. "Conceptualizing the Labor Force: The Underestimation of Women's Economic Activities." *The Journal of Development Studies* 17 (3): 10–28.

_____. 1987. "Gender and the Dynamics of Subcontracting in Mexico City." In *Gender in the Workplace*, edited by Clair Brown and Joseph Pechman, 159–88. Washington DC: Brookings Institution.

_____. 1992. "Accounting for Women's Work: The Progress of Two Decades." *World Development* 20 (11): 1547–60.

_____. 1999a. "Structural Adjustment Policies." In *The Elgar Companion to Feminist Economics*, edited by Janice Peterson and Margaret Lewis, 687–95. Cheltenham, UK: Edward Elgar.

_____. 1999b. "Globalization, Gender and the Davos Man." *Feminist Economics* 5 (3): 61–83.

_____. 1999c. "The Enduring Debate over Unpaid Labour." *International Labour Review* 138 (3): 287–309.

_____. 2003. *Gender, Development, and Globalization: Economics as If All People Mattered.* New York: Routledge.

_____. 2008. "The Crisis of Care, International Migration, and Public Policy." *Feminist Economics* 14 (3): 1–21.

_____. 2009. "Globalization, Women's Work, and Care Needs: The Urgency of Reconciliation Policies." *North Carolina Law Review* 88 (5). HeinOnline: 1501–26.

Beneria, Lourdes, and Shelly Feldman. 1992. *Unequal Burden, Economic Crises, Persistent Poverty, and Women's Work.* Boulder, CO: Westview Press.

Beneria, Lourdes, and Maria Sagrario Floro. 2006. "Labour Market Informalization, Gender and Social Protection: Reflections on Poor Urban Households in Bolivia and Ecuador." In *Gender and Social Policy in a Global Context*, edited by Shahrashoub Razavi and hireen Hassim, 193–217. Hampshire and New York: Palgrave Macmillan.

Beneria, Lourdes, and M. Martinez–Iglesias. 2010. "The New Gender Order and Reconciliation Policies: The Case of Spain." In *Work-Family Life Reconciliation in Comparative Perspective: Towards Gender Equality in the Labor Market*, edited by İpek Ilkkaracan. Istanbul Technical University Center for Women's Studies in Science, Technology and Engineering.

_____. 2014. *Taking Advantage of Austerity: The Economic Crisis and Care in Spain.* Working Paper, Istanbul Technical University Women's Studies Center and WWHR–New Way. Available at, http://www.kaum.itu.edu.tr/index.php?islem=sayfa&id=2&sid=100.

Beneria, Lourdes, and Breny Mendoza. 1995. "Structural Adjustment and Social Emergency Funds: The Cases of Honduras, Mexico and Nicaragua." *The European Journal of Development Research* 7 (1): 53–76.

Beneria, Lourdes, and Inaki Permanyer. 2010. "The Measurement of Socioeconomic Gender Inequality Revisited." *Development and Change* 41 (3): 375–99.

Beneria, Lourdes, and Martha Roldan. 1987. *The Crossroads of Class and Gender: Homework, Subcontracting and Household Dynamics in Mexico City.* Chicago: University of Chicago Press.

Beneria, Lourdes and Fulvia Rosenberg, 1999. *Brazil Gender Review,* report/evaluation of World Bank projects in Brazil.

Beneria, Lourdes, and Gita Sen. 1981. "Accumulation, Reproduction, and 'Woman's Role in

Economic Development': Boserup Revisited." *Signs*, 279–98.

———. 1982. "Class and Gender Inequalities and Woman's Role in Economic Development –
Theoretical and Practical Implications." *Feminist Studies* 8 (1): 157–78.

Beneria, Lourdes, Carmen Diana Deere, and Naila Kabeer. 2012. "Gender and International
Migration: Globalization, Development and Governance." *Feminist Economics* 18 (2): 1–34.

Benham, Lee. 1974. "Benefits of Women's Education within Marriage." In *Economics of the
Family: Marriage, Children, and Human Capital*, edited by Theodore W. Schultz, 375–94.
University of Chicago Press.

Benton, Lauren A. 1989. "Homework and Industrial Development: Gender Roles and
Restructuring in the Spanish Shoe Industry." *World Development* 17 (2): 255–66.

Berger, Silvia. 1995. "Mujeres En Suspuestos: Clases Sociales Y Oferta de Trabajo En La
Reestructuracion Del Capitalismo Argentino." *Estudios Sobre Reestructuración
Socioeconómic Y Subordinación de Género En Argentina* 3.

Bergmann, Barbara. 1974. "Occupational Segregation, Wages and Profit When Employers
Discriminate by Race and Sex." *Eastern Economic Journal* 1 (2): 103–10.

———. 1981. "The Economic Risks of Being a Housewife." *American Economic Review* 71
(2): 81–86.

———. 1995. "Becker's Theory of the Family: Preposterous Conclusions." *Feminist Economics*
1 (1): 141–50.

Berik, Gunseli. 1989. *Born Factories: Women's Labor in Carpet Workshops in Rural Turkey.*
Women and International Development Working Paper No. 177. Michigan State University.

———. 1997. "The Need for Crossing the Method Boundaries in Economics Research."
Feminist Economics 3 (2): 121–25.

———. 2000. "Mature Export–Led Growth and Gender Wage Inequality in Taiwan." *Feminist
Economics* 6 (3): 1–26.

———. 2008. "Growth with Gender Inequity: Another Look at East Asian Development." In
*Social Justice and Gender Equality: Rethinking Development Strategies and Macroeconomic
Policies*, edited by Gunseli Berik, Yana van der Meulen Rodgers, and Ann Zammit, 154–86.
New York and Abingdon, UK: Routledge.

———. 2011. "Gender Aspects of Trade." In *Trade and Employment: From Myths to Facts*,
edited by Marion Jansen, Ralph Peters, and Jose Manuel Salazar–Xirinachs. Geneva: ILO.

———. 2014. "Towards Feminist, Ecological, New Developmentalism: A Conversation on
Ends and Means." Paper presented at the URPE/IAFFE joint panel at ASSA Meeting,
Philadelphia, PA, January 5, 2014.

Berik, Gunseli, and Cihan Bilginsoy. 2000. "Type of Work Matters: Women's Labor Force
Participation and the Child Sex Ratio in Turkey." *World Development* 28 (5): 861–78.

Berik, Gunseli, and Ebru Kongar. 2013. "Time Allocation of Married Mothers and Fathers in
Hard Times: The 2007–09 US Recession." *Feminist Economics* 19 (3): 208–23.

Berik, Gunseli, and Yana van der Meulen Rodgers. 2010. "Options for Enforcing Labour
Standards: Lessons from Bangladesh and Cambodia." *Journal of International Development*
22 (1): 56–85.

———. 2012. "What's Macroeconomic Policy Got to Do with Gender Inequality? Evidence from Asia." *Global Social Policy* 12: 183–89.

Berik, Gunseli, Yana van der Meulen Rodgers, and Stephanie Seguino. 2009. "Feminist Economics of Inequality, Development, and Growth." *Feminist Economics* 15 (3): 1–33.

Berik, Gunseli, Yana van der Meulen Rodgers, and Ann Zammit, eds. 2008. *Social Justice and Gender Equality: Rethinking Development Strategies and Macroeconomic Policies.* New York: Routledge.

Berik, Gunseli, Yana van der Meulen Rodgers, and Joseph E. Zveglich. 2004. "International Trade and Gender Wage Discrimination: Evidence from East Asia." *Review of Development Economics* 8 (2): 237–54.

Bernstein, Jared, Heidi Hartmann, and John Schmitt. 1999. *The Minimum Wage Increase: A Working Woman's Issue.* Washington DC: Economic Policy Institute.

Better Work. 2014. http://betterwork.org/global/

Bhagwati, Jagdish. 2004. *In Defense of Globalization.* New York: Oxford University Press.

Bhatla, Nandita, Swati Chakraborty, and Nata Duvvury. 2006. *Property Ownership and Inheritance Rights of Women as Social Protection from Domestic Violence: Cross–Site Analysis.* Washington DC: International Center for Research on Women.

Bhattacharya, Haimanti. 2015. "Spousal Violence and Women's Employment in India." *Feminist Economics* 21 (2).

Bhattacharya, Sudhir. 1985. "On the Issue of Underenumeration of Women's Work in the Indian Data Collection System." In *Women in Poverty. Tyranny of the Household: Investigative Essays on Women's Work,* edited by D. Jain and N.

Banerjee, 195–214. New Delhi: Shakti Books.

Bhattacharyya, Manasi, Arjun S. Bedi, and Amrita Chhachhi. 2011. "Marital Violence and Women's Employment and Property Status: Evidence from North Indian Villages." *World Development* 39 (9): 1676–89.

Bianchi, Suzanne M., Melissa A. Milkie, Liana C. Sayer, and John P. Robinson. 2000. "Is Anyone Doing the Housework? Trends in the Gender Division of Household Labor." *Social Forces* 79 (1): 191–228.

Bilginsoy, Cihan. 2015. *A History of Financial Crises: Dreams and Follies of Expectations.* New York: Routledge.

Bittman, Michael. 1991. *Juggling Time: How Australian Women Use Time.* Canberra, Australian Capital Territory: Office of the Status of Women, Department of the Prime Minister and Cabinet.

———. 1999. "Parenthood Without Penalty: Time Use and Public Policy in Australia and Finland." *Feminist Economics,* 5(3): 27–42.

Bittman, Michael, and Jocelyn Pixley. 1997. *The Double Life of the Family.* Sydney: Allen & Unwin.

Bittman, Michael, Lyn Craig, and Nancy Folbre. 2004. "Packaging Care: What Happens When Parents Utilize Non–Parental Child Care." In *Family Time: The Social Organization of Care,* edited by Michael Bittman and Nancy Folbre, 133–51. London: Routledge.

Bittman, Michael, Paula England, Liana Sayer, Nancy Folbre, and George Matheson. 2003. "When Does Gender Trump Money? Bargaining and Time in Household Work." *American*

Journal of Sociology 109 (1): 186–214.

Bivens, Josh, and Sarah Gammage. 2005. "Will Better Workers Lead to Better Jobs in the Developing World?" In *Good Jobs, Bad Jobs, No Jobs: Labor Markets and Informal Work in Egypt, El Salvador, India, Russia, and South Africa* edited by Tony Avirgan, Josh Bivens, and Sarah Gammage, 1–30. Washington, DC: Economic Policy Institute.

Black, Sandra, and Elizabeth Brainerd. 2004. "Importing Equality? The Impact of Globalization on Gender Discrimination." *Industrial and Labor Relations Review* 57 (4): 540–59.

Blackden, Mark, and Elizabeth Morris–Hughes. 1993. *Paradigm Postponed: Gender and Economic Adjustment in Sub–Saharan Africa.* Technical Department, African Region, The World Bank.

Blanco, Lorenzo, and Sandra M. Villa. 2008. "Sources of Crime in the State of Veracruz: The Role of Female Labor Force Participation and Wage Inequality." *Feminist Economics* 14 (3): 51–75.

Blank, Rebecca. 1993. "What Should Mainstream Economists Learn from Feminist Theory?" In *Beyond Economic Man: Feminist Theory and Economics*, edited by Julie A. Nelson and Marianne Ferber, 133–43. Chicago: University of Chicago Press.

Blau, Francine. 1976. "Longitudinal Patterns of Female Labor Force Participation." *Dual Careers* 4. Washington DC.

Blau, Francine, Marianne Ferber, and Anne Winkler. 2014. *The Economics of Women, Men, and Work.* 7th ed. Boston: Pearson.

Boeri, Tito, and Pietro Garibaldi. 2007. "Two Tier Reforms of Employment Protection: A Honeymoon Effect?" *The Economic Journal* 117 (521): F357–F385.

Boserup, Ester. 1970. *Woman's Role in Economic Development.* New York: St. Martin's Press.

Bourguignon, Francois, and Pierre–Andre Chiappori. 1992. "Collective Models of Household Behavior: An Introduction." *European Economic Review* 36 (2): 355–64.

Brainerd, Elizabeth. 2000. "Women in Transition: Changes in Gender Wage Differential in Eastern Europe and the Former Soviet Union." *Industrial and Labor Relations Review* 54 (1): 138–62.

Branisa, Boris, Stephan Klasen, Maria Ziegler, Denis Drechsler, and Johannes Jutting. 2014. "The Institutional Basis of Gender Inequality: The Social Institutions and Gender Index (SIGI)." *Feminist Economics* 20 (2): 29–64.

Braunstein, Elissa. 2000. "Engendering Foreign Direct Investment: Family structure, labor markets and international capital mobility." *World Development* 28 (7): 1157–72.

Braunstein, Elissa, and Nancy Folbre. 2001. "To Honor and Obey: Efficiency, Inequality and Patriarchal Property Rights." *Feminist Economics* 7 (1): 25–44.

Braunstein, Elissa, Irene van Staveren, and Daniele Tavani. 2011. "Embedding Care and Unpaid Work in Macroeconomic Modeling: A Structuralist Approach." *Feminist Economics* 17 (4): 5–31.

Breman, Jan. 2010. *Outcast Labour in Asia—Circulation and Informalization of the Workforce at the Bottom of the Economy.* New Delhi: Oxford University Press.

Breman, Jan, and Marcel van der Linden. 2014. "Informalizing the Economy: The Return of the Social Question at a Global Level." *Development and Change* 45 (5): 920–40.

Brennan, Denise. 2002. "Selling Sex for Visas: Sex Tourism as a Stepping—Stone to International Migration." In *Global Woman Nannies, Maids and Sex Workers in the New Economy*, 154–68. London: Granta.

Broad, Robin. 1988. Unequal Alliance: *The World Bank, the International Monetary Fund, and the Philippines*. Berkeley: University of California Press.

———. 2002. *Global Backlash: Citizen Initiatives for a Just World Economy*. New York and Oxford: Rowman & Littlefield.

Broad, Robin, and John Cavanagh. 2013. "Reframing Development in the Age of Vulnerability: From Case Studies of the Philippines and Trinidad to New Measures of Rootedness." *Third World Quarterly* 32 (6): 1127–45.

Brody, Alyson, Justin Demetriades, and Emily Esplen. 2008. *Gender and Climate Change: Mapping the Linkages*. Brighton, UK: BRIDGE—Institute for Development Studies, University of Sussex.

Bronfenbrenner, Kate. 2000. *Uneasy Terrain: The Impact of Capital Mobility on Workers, Wages, and Union Organizing*. U.S Trade Deficit Review Commission.

Bruegel, Irene, and Diane Perrons. 1998. "Deregulation and Women's Employment: The Diverse Experiences of Women in Britain." *Feminist Economics* 4 (1): 103–25.

Buckley, Peter J., and Pervez N. Ghauri. 2004. "Globalisation, Economic Geography and the Strategy of Multinational Enterprises." *Journal of International Business Studies* 35 (2): 81–98.

Budlender, Debbie. 2000. "The Political Economy of Women's Budgets in the South." *World Development* 28 (7): 1365–78.

———. 2007. "A Critical Review of Selected Time Use Surveys." Paper N ° 2. Geneva: Unites Nations Research institute for Social Development.

———. 2008. *The Statistical Evidence on Care and Non—Care Work across Six Countries*. Geneva: United Nations Research Institute for Social Development.

———. 2010. *Time Use Studies and Unpaid Care Work*. New York: Routledge.

Buechler, Simone Judith. 2002. "Enacting the Global Economy in Sao Paulo, Brazil: The Impact of Labor Market Restructuring on Low—Income Women." PhD. Dissertation. Columbia University.

———. 2013. *Labor in a Globalizing City: Economic Restructuring in São Paulo, Brazil*. New York: Springer Interational Publishing.

Burchardt, Tania. 2008. *Time and Income Poverty*. London: Centre for Analysis of Social Exclusion, London School of Economics.

Busse, Matthias, and Christian Spielmann. 2006. "Gender Inequality and Trade." *Review of International Economics* 14 (3): 362–70.

Buvinić, Mayra. 1986. "Projects for Women in the Third World: Explaining Their Misbehavior." *World Development* 14 (5): 653–64.

Buvinić, Mayra, and Geeta Rao Gupta. 1997. "Female—Headed Households and Female—Maintained Families: Are They Worth Targeting to Reduce Poverty in Developing Countries?" *Economic Development and Cultural Change* 45 (2): 259–80.

Byrnes, Andrew, and Marsha Freeman. 2012. *The Impact of the CEDAW Convention: Paths to*

Equality. Research Series No. 7. University of New South Wales Faculty of Law.

Cağatay, Nilufer. 1996. "Gender and International Labor Standards." *Review of Radical Political Economics* 28 (3): 92–101.

———. 2001. *Trade, Gender, and Poverty.* New York: United Nation Development Programme (UNDP).

———. 2003a. "Engendering Macro—Economics." In *Macroeconomics: Making Gender Matter,* edited by Martha Gutierrez, 22–41. London: Zed Press.

———. 2003b. "Gender Budgets and Beyond: Feminist Fiscal Policy in the Context of Globalisation." *Gender & Development* 11 (1): 15–24.

Cağatay, Nilufer, and Gunseli Berik. 1991. "Transition to Export Led Growth in Turkey: Is There a Feminization of Employment?" *Capital & Class* 43.

Cağatay, Nilufer, and Şule Ozler. 1995. "Feminization of the Labor Force: The Effects of Long—Term Development and Structural Adjustment." *World Development* 23 (11): 1883–94.

Cağatay, Nilufer, Diane Elson, and Caren Grown. 1995. "Gender, Adjustment and Macroeconomics. Special Issue." *World Development* 23 (11): 1827–36.

Cappelli, Peter. 1999. *The New Deal at Work: Managing the Market—Driven Workforce.* Boston: Harvard Business School Press.

Carney, Judith A. 1992. "Peasant Women and Economic Transformation in the Gambia." *Development and Change* 23 (2): 67–90.

Carr, Marilyn, and Martha Chen. 2008. "Globalization, Social Exclusion and Gender." *International Labour Review* 143 (1–2): 129–60.

Carr, Marilyn, and Mariama Williams. 2010. *Trading Stories: Experiences with Gender and Trade.* London: Commonwealth Secretariat.

Carr, Marilyn, Martha Chen, and Jane Tate. 2000. "Globalization and Home—Based Workers." *Feminist Economics* 6 (3): 123–42.

Carrasco, Cristina, and Marius Dominguez. 2011. "Family Strategies for Meeting Care and Domestic Work Needs: Evidence from Spain." *Feminist Economics* 17 (4): 159–88.

Carter, Michael R., and Elizabeth G. Katz. 1997. "Separate Spheres and the Conjugal Contract: Understanding the Impact of Gender—Biased Development." In *Intra—Household Resource Allocation in Developing Countries: Models, Methods and Policy.* Baltimore, MD: Johns Hopkins University Press.

Cassels, Jamie. 1993. "User Requirements and Data Needs." In *Summary of Proceedings of the International Conference on the Valuation and Measurement of Unpaid Work,* 18–30. Ottawa: Statistics Canada.

Castells, Manuel, and Alejandro Portes. 1989. "World Underneath: The Origins, Dynamics and Effects of the Informal Economy." In *The Informal Economy: Studies in Advanced and Less Developed Countries,* edited by Alejandro Portes, Manuel Castells, and Lauren A. Benton. Baltimore, MD: Johns Hopkins University Press.

CEPAL. 2004. *Panorama Social de América Latina 2004.* Santiago, Chile: Naciones Unidas, CEPAL.

Chadeau, Ann. 1992. *What Is a Households' Non—Market Production Worth.* Paris:

Organization for Economic Cooperation and Development.

Chambers, Robert. 2006. "Vulnerability, Coping and Policy." *IDS Bulletin* 37 (4): 33–40.

Chang, Ha–Joon. 2002. *Kicking Away the Ladder: Development Strategy in Historical Perspective*. Anthem Press.

_____. 2011. "Hamlet without the Prince of Denmark." In *Towards New Developmentalism: Market as Means rather than Master*, edited by Shahrukh R.

Khan and Jens Christiansen, pp. 47–58. Abindgdon, UK and New York: Routledge. Chang, Ha–Joon, and Ilene Grabel. 2014. "Preface to the Critique Influence Change Edition." In *Reclaiming Development: An Alternative Economic Policy Manual*, edited by Ha–Joon Chang and Ilene Grabel. London and New York: Zed Books. pp. xxvi–xxxi.

Chang, Hongqin, Fiona MacPhail, and Xiao–yuan Dong. 2011. "Feminization of Labor and the Time–Use Gender Gap in Rural China." *Feminist Economics* 17 (4): 93–124.

Chant, Sylvia. 2007. *Gender, Generation and Poverty: Exploring the "Feminisation of Poverty" in Africa, Asia and Latin America*. Cheltenham, UK: Edward Elgar.

_____. 2008. "The Feminisation of Poverty and the Feminisation of Anti–Poverty Programmes: Room for Revision?" *Journal of Development Studies* 44 (2): 165–97.

_____. 2010. "Gendered Poverty across Space and Time: Introduction and Overview." In *The International Handbook of Gender and Poverty*, edited by Sylvia Chant, 1–28. Cheltenham, UK and Northampton, MA: Edward Elgar.

_____. 2012. "The Disappearing of 'Smart Economics'? The World Development Report 2012 on Gender Equality: Some Concerns about the Preparatory Process and the Prospects for Paradigm Change." *Global Social Policy* 12: 198–218.

Chant, Sylvia, and Caroline Sweetman. 2012. "Fixing Women or Fixing the World? 'Smart Economics', Efficiency Approaches, and Gender Equality in Development." *Gender and Development* 20 (3): 517–29.

Charles, Aurelie. 2011. "Fairness and Wages in Mexico's Maquiladora Industry: An Empirical Analysis of Labor Demand and the Gender Wage Gap." *Review of Social Economy* 69 (1): 1–28.

Charmes, Jacques. 1998. *Women Working in the Informal Sector in Africa: New Methods and New Data*. New York: UN Statistics Division, the Gender in Development Programme of UNDP.

_____. 2004. *Data Collection on the Informal Sector: A Review of Concepts and Methods Used Since the Adoption of an International Definition Towards a Better Comparability of Available Statistics*. Geneva: ILO.

_____. 2012. "The Informal Economy Worldwide: Trends and Characteristics" *Margin: The Journal of Applied Economic Research* 6 (103): 103–132. Available at, http://mar.sagepub.com/content/6/2/103. Accessed on April 11, 2013.

Chen, Martha. 2005. "Rethinking the Informal Economy: Linkages with the Formal Economy and the Formal Regulatory Environment." Research Paper No. 2005/10. UNU–WIDER, United Nations University (UNU).

Chen, Martha, and Marilyn Carr. 2004. "Globalization, Social Exclusion and Work: With Special Reference to Informal Employment and Gender." *International Labour Review* 143

(1–2): 129–60.

Chen, Martha, Joann Vanek, Francie Lund, James Heintz, Renana Jhabvala, and Christine Bonner. 2005. *Progress of the World's Women: Women, Work and Poverty.* New York: United Nations Development Fund for Women.

Chin, Christine. 2013. *Cosmopolitan Sex Workers: Women and Migration in a Global City.* Oxford, UK and New York: Oxford University Press.

Chin, Yoo−Mi. 2012. "Male Backlash, Bargaining, or Exposure Reduction?: Women's Working Status and Spousal Violence in India." *Journal of Population Economics* 25: 175–200.

Cho, Seo−young, Axel Dreher, and Eric Neumayer. 2013. "Does Legalized Prostitution Increase Human Trafficking?" *World Development* 41: 67–82.

Chor, Davin, and Richard B. Freeman. 2005. *The 2004 Global Labor Survey: Workplace Institutions and Practices around the World.* NBER Working Paper 11598, Cambridge, MA: NBER.

Coase, Ronald H. 1937. "The Nature of the Firm." *Economica* 4 (16): 386–405.

Cobham, Alex, and Andy Sumner. 2013. *Is It All About the Tails? The Palma Measure of Income Inequality.* Working Paper. No. 343. Center for Global Development. Available at, http://www.cgdev.org/sites/default/files/it−all−about−tails−palmameasure−in−come−inequality.pdf

Coleman, Brett E. 2006. "Microfinance in Northeast Thailand: Who Benefits and How Much?" *World Development* 34 (9): 1612–38.

Colgan, Fiona, and Sue Ledwith, eds. 2002. *Gender, Diversity and Trade Unions.* New York: Routledge.

Collins, Mary. 1993. "Opening Remarks." In *Statistics Canada/Status of Women. Summary of Proceedings of the International Conference on the Valuation and Measurement of Unpaid Work.* Ottawa, 18–30 April. Ottawa.

Commonwealth Secretariat. 1989. *Engendering Adjustment for the 1990s.* London: Commonwealth Secretariat.

Connolly, Kate, and Louise Osborne. 2013. "Low−Paid Germans Mind Rich−Poor Gap as Elections Approach." *The Guardian*, August 30. Available at, http://www.theguardian.com/world/2013/aug/30/low−paid−germans−mini−jobs.

Cook, Maria Lorena. 2002. "Cross−Border Labor Solidarity." In *Global Backlash: Citizen Initiatives for a Just World Economy*, edited by Robin Broad, 140–41. New York and Oxford: Rowman & Littlefield.

Cornia, Giovanni Andrea, Richard Jolly, and Frances Stewart. 1987. *Adjustment with a Human Face: Protecting the Vulnerable and Promoting Growth, A Study by UNICEF.* New York: Oxford University Press.

Costanza, Robert. 1989. "What Is Ecological Economics?" *Ecological Economics* 1 (1): 1–7.

Craig, Lyn, and Michael Bittman. 2008. "The Incremental Time Costs of Children: An Analysis of Children's Impact on Adult Time Use in Australia." *Feminist Economics* 14 (2): 59–88.

Craig, Lyn, Killian Mullan, and Megan Blaxland. 2010. "Parenthood, Policy and Work−Family Time in Australia 1992–2006." *Work, Employment & Society* 24 (1): 27–45.

Cravey, Altha. 1997. *Women and Work in Mexico's Maquiladoras.* Lanham, MD: Rowman &

Littlefield.

Croll, Elisabeth. 1979. *Women and Rural Development in China: Production and Reproduction*. Geneva: International Labour Office.

_____. 1985. *Women and Rural Development in China: Production and Reproduction*. Women, Work and Development Series No. 11. Geneva: International Labour Office.

Crompton, Rosemary, Duncan Gallie, and Kate Purcell. 1996. "Work, Economic Restructuring and Social Regulation." In *Changing Forms of Employment–Organizations, Skills and Gender*, edited by Rosemary Crompton, Duncan Gallie, and Kate Purcell, 1–20. London: Routledge.

Cypher, James M. 2014. *The Process of Economic Development*. 4th ed. Abingdon, UK and New York: Routledge.

Cypher, James M. and James Dietz. 2009. *The Process of Economic Development*. 3rd ed. Abingdon, UK and New York: Routledge.

Da Roit, Barbara, and Bernhard Weicht. 2013. "Migrant Care Work and Care, Migration and Employment Regimes: A Fuzzy–Set Analysis." *Journal of European Social Policy* 23 (5): 469–86.

Daly, Herman E, and Joshua Farley. 2004. *Ecological Economics: Principles and Practice*. Washington DC: Island Press.

Daly, Mary E. 2001. *Care Work: The Quest for Security*. Geneva and London: International Labour Organization.

Daly, Mary E., and Jane Lewis. 2000. "The Concept of Social Care and the Analysis of Contemporary Welfare States." *The British Journal of Sociology* 51 (2): 281–98.

Danby, Colin. 2004. "Toward a Gendered Post Keynesianism: Subjectivity and Time in a Nonmodernist Framework." *Feminist Economics* 10 (3): 55–75.

Dannin, Ellen J. 2006. *Taking Back the Workers' Law: How to Fight the Assault on Labor Rights*. Ithaca, NY: ILR Press.

Darity, William Jr. 1995. "The Formal Structure of a Gender–Segregated Low–Income Economy." *World Development* 23 (11): 1963–68.

Dasgupta, Sukti, and David Williams. 2010. "Women Facing the Economic crisis—The Garment Sector in Cambodia." In *Poverty and Sustainable Development in Asia*, edited by A. Bauer and M. Thant. Manila: Asian Development Bank.

Dash, Anup. 2014. *Toward an Epistemological Foundation for Social and Solidarity Economy*. UNRISD Occasional Paper No. 3. Geneva. UNRISD.

Dayal, Mala. 2002. *Towards Securer Lives: SEWA's Social–Security Programme*. New Delhi: Ravi Dayal Publisher.

DAWN (Development Alternatives for Women in a New Era). 2013. "DAWN Response to High Level Panel Report on Post 2015 Development Agenda." http://www.dawnnet.org/advocacy–appeals.php?id=306.

De Brauw, Alan, Daniel O. Gilligan, John Hoddinott, and Shalini Roy. 2014. "The Impact of Bolsa Familia on Women's Decision–Making Power." World Development 59: 487–504.

De la O, M. E. 2006. "El Trabajo de Las Mujeres En La Industria Maquiladora de Mexico: Balance de Cuatro Decadas de E/studio." *AIBR: Revista de Antropología*

Iberoamericana 1 (3).

De Ruyter, Alex, Ajit Singh, Tonia Warnecke, and Ann Zammit. 2012. "Labor Standards, Gender and Decent Work in Newly Industrialized Countries: Promoting the Good Society." In *Alternative Perspectives of a Good Society*, edited by John Marangos, 121–46. New York: Palgrave Macmillan.

De Vogli, Roberto, and Gretchen L. Birbeck. 2011. "Potential Impact of Adjustment Policies on Vulnerability of Women and Children to HIV/AIDS in Sub–Saharan Africa." *Journal of Health, Population and Nutrition* 23 (2): 105–20.

Dedeoğlu, Saniye. 2010. "Visible Hands–Invisible Women: Garment Production in Turkey." *Feminist Economics* 16 (4): 1–32.

Deere, Carmen Diana. 1976. "Rural Women's Subsistence Production in the Capitalist Periphery." *Review of Radical Political Economics* 8 (1): 9–17.

_____. 1977. "Changing Social Relations of Production and Peruvian Peasant Women's Work." *Latin American Perspectives* 4 (12–13): 58–69.

_____. 1982. "The Division of Labor by Sex in Agriculture: A Peruvian Case Study." *Economic Development and Cultural Change* 30 (4): 795–811.

_____. 2009. "The Feminization of Agriculture?: The Impact of Economic Restructuring in Rural Latin America." In *The Gendered Impacts of Liberalization: Towards Embedded Liberalism?*, edited by Shahra Razavi, 99–127. New York and Abingdon, UK: Routledge.

Deere, Carmen Diana, and Cheryl R. Doss. 2006. "The Gender Asset Gap: What Do We Know and Why Does It Matter?" *Feminist Economics* 12 (1–2): 1–50.

Deere, Carmen Diana, and Magdalena Leon de Leal. 1987. *Rural Women and State Policy: Feminist Perspectives on Latin American Agricultural Development*. Boulder, CO: Westview Press.

_____. 2001a. *Empowering Women. Land and Property Rights in Latin America*. Pittsburgh: University of Pittsburg Press.

_____. 2001b. "Institutional Reform of Agriculture under Neoliberalism: The Impact of the Women's and Indigenous Movements." *Latin American Research Review* 36 (2): 31–64.

_____. 2003. "The Gender Asset Gap: Land in Latin America." *World Development* 31 (6): 925–47.

Deere, Carmen Diana, Gina E. Alvarado, and Jennifer Twyman. 2012. "Gender Inequality in Asset Ownership in Latin America: Female Owners versus Household Heads." *Development and Change* 43 (2): 505–530.

Deere, Carmen Diana, Abena D. Oduro, Hema Swaminathan, and Cheryl Doss. 2013. "Property Rights and the Gender Distribution of Wealth in Ecuador, Ghana and India." *The Journal of Economic Inequality* 11 (2): 249–65.

Delphy, Christine. 1984. *Close to Home: A Materialist Analysis of Women's Oppression*. Amherst, MA: University of Massachusetts Press.

Delphy, Christine, and D. Leonard. 1992. *Familiar Exploitation: A New Analysis of Marriage in Contemporary Western Societies*. Cambridge: Polity Press.

Departamento Administrativo Nacional de Estadistica (DANE). 2013. *Encuesta Nacional de*

Uso Del Tiempo (ENUT). Boletin de Prensa. Bogota, Colombia. Available at, http://www.dane.gov.co/files/investigaciones/boletines/ENUT/Bol_ENUT_2012_2013.pdf. Accessed on July 10, 2014.

———. 2014. *Economia de Cuidado.* Bogota, Colombia. Available at, http://www.dane.gov. co/index.php/es/cuentas−economicas/cuentas−satelite/77−cuentas−nacionales/cuentas− anuales/2805−economia−del−cuidado.Accessed on June 25, 2014.

Dijkstra, Geske. 2006. "Towards a Fresh Start in Measuring Gender Equality: A Contribution to the Debate." *Journal of Human Development* 7 (2): 275–83.

———. 2011. "The PRSP Approach and the Illusion of Improved Aid Effectiveness: Lessons from Bolivia, Honduras, and Nicaragua." *Development Policy Review* 29 (S1): S110–33.

Dijkstra, Geske, and Lucia Hanmer. 2000. "Measuring Socio−Economic Gender Inequality: Toward an Alternative to the UNDP Gender−Related Development Index." *Feminist Economics* 6 (2): 41–75.

Doellgast, Virginia, and Ian Greer. 2007. "Vertical Disintegration and the Disorganization of German Industrial Relations." *British Journal of Industrial Relations* 45 (1): 55–76.

Dollar, David, and Roberta Gatti. 1999. *Gender Inequality, Income, and Growth: Are Good Times Good for Women?* Policy Research Report on Gender and Development, Working Paper Series. Washington DC.

Dominguez, Edme, Rosalba Icaza, Cirila Quintero, Silvia Lopez, and Asa Stenman. 2010. "Women Workers in the Maquiladoras and the Debate on Global Labor Standards." *Feminist Economics* 16 (4): 185–209.

Dominguez−Villalobos, Lilia, and Flor Brown−Grossman. 2010. "Gender Wage Gap and Trade Liberalization in Mexico." *Feminist Economics* 16 (4): 53–79.

Doraisami, Anita. 2008. "The Gender Implications of Macroeconomic Policy and Performance in Malaysia." In *Social Justice and Gender Equality: Rethinking Development Strategies and Macroeconomic Policies,* edited by Gunseli Berik, Yana van der Meulen Rodgers, and Ann Zammit, 187–212. New York and London: Routledge.

Dorman, Peter, Nancy Folbre, Donald McCloskey, and Tom Weisskopf. 1996. "Debating Markets." *Feminist Economics* 2 (1): 69–85.

Doss, Cheryl. 2013. *Intrahousehold Bargaining and Resource Allocation in Developing Countries.* Policy Research Working Paper No. 6337. Washington DC: The World Bank.

Dreze, Jean, and Amartya Sen. 2013. *An Uncertain Glory: India and Its Contradictions.* Princeton, NJ: Princeton University Press.

Duvvury, Nata, and Madhabika B. Nayak. 2003. "The Role of Men in Addressing Domestic Violence: Insights from India." *Development* 46 (2): 45–50.

Duvvury, Nata, Patricia Carney, and Huu Minh Nguyen. 2012. *Estimating the Costs of Domestic Violence against Women in Viet Nam.* Galway: National University of Ireland.

Dwyer, Daisy, and Judith Bruce. 1988. *A Home Divided: Women and Income in the Third World.* Stanford, CA: Stanford University Press.

Dymski, Gary, Jesus Hernandez, and Lisa Mohanty. 2013. "Is This Race, Gender, Power, and the US Subprime Mortgage and Foreclosure Crisis: A Meso Analysis in Feminist Economics." *Feminist Economics* 19 (3): 124–51.

ECA (Economic Comission for Africa). 1989. *Adjustment with Transformation*. Addis Ababa: Economic Commission for Africa, United Nations.

ECLAC (Economic Comission for Latin America). 1990. *Transformación Productiva Con Equidad*. Santiago, Chile: Economic Commission for Latin America.

_____. 1995. *Social Panorama of Latin America*. Santiago, Chile: Economic Commission for Latin America.

Edwards, Richard, Michael Reich, and David Gordon. 1973. *Labor Market Segmentation*. Lexington, MA: D.C. Heath and Co.

Egana, Pablo, and Alejandro Micco. 2011. *Labor Market in Latin America and the Caribbean: The Missing Reform*. 345. Serie Documentos de Trabajo. Santiago, Chile.

Eisenstein, Hester. 2005. "A Dangerous Liaison? Feminism and Corporate Globalization." *Science & Society*, 487–518.

_____. 2009. *Feminism Seduced; How Global Elites Use Women's Labor and Ideas to Exploit Women*. Boulder, CO and London: Paradigm Publishers.

Elborgh–Woytek, Katrin, Monique Newiak, Kalpana Kochhar, Stefania Fabrizio, Kangni Kpodar, Philippe Wingender, Benedict Clements, and Gerd Schwartz. 2013. *Women, Work, and the Economy: Macroeconomic Gains from Gender Equity*. Staff Discussion Note, International Monetary Fund (IMF).

Elson, Diane. 1991a. *Male Bias in the Development Process*. Manchester, UK: Manchester University Press.

_____. 1991b. "Male Bias in Macroeconomics: The Case of Structural Adjustment." In *Male Bias in the Development Process*, edited by Diane Elson, 164–90. Manchester and New York: Manchester University Press.

_____. 1999. "Labor Markets as Gendered Institutions: Equality, Efficiency and Empowerment Issues." *World Development* 27 (3): 611–27.

_____. 2002a. "Gender Justice, Human Rights and Neo–Liberal Economic Policies." In *Gender Justice, Development and Rights*, edited by Maxine Molyneux and Shahra Razavi. Oxford: Oxford University Press.

_____. 2002b. "International Financial Architecture: A View from the Kitchen." *Politica Femina: Zeitschrift Fur Feministische Politik–Wissenschaft* 11 (1): 26–37.

_____. 2005. "Unpaid Work, the Millennium Development Goals, and Capital Accumulation." In *Conference on Unpaid Work and the Economy: Gender, Poverty and the Millennium Development Goals, United Nations Development Programme and Levy Economics Institute of Bard College, Annandale–on–Hudson, New York*(1–3 October. 2005).

_____. 2012a. "The Reduction of the UK Budget Deficit: A Human Rights Perspective." *International Review of Applied Economics* 26 (2): 177–90.

_____. 2012b. "Review of World Development Report 2012: Gender Equality and Development." *Global Social Policy* 12 (2): 178–83.

Elson, Diane, and Nilufer Cağatay. 2000. "The Social Content of Macroeconomic Policies." *World Development* 28 (7): 1347–64.

Elson, Diane, and Ruth Pearson. 1981. "Nimble Fingers Make Cheap Workers: An

Analysis of Women's Employment in Third World Export Manufacturing." *Feminist Review* 7 (1): 87–107.

———, eds. 1989. *Women's Employment in Multinationals in Europe.* London: Macmillan Press.

Elson, Diane, and Tonia Warnecke. 2011. "IMF Policies and Gender Orders. The Case of the Poverty Reduction and the Growth Facility." In *Questioning Financial Governance from a Feminist Perspective,* edited by Brigitte Young, Isa Bakker, and Diane Elson, 110–31. London and New York: Routledge.

Engelhart, Neil A., and Melissa K. Miller. 2014. "The CEDAW Effect: International Law's Impact on Women's Rights." *Journal of Human Rights* 13: 22–47.

Engels, Frederick. [1884] 1981. *The Origin of the Family, Private Property and the State.* New Jersey: New World Paperbacks.

England, Paula. 1993. "The Separative Self: Andocentric Bias in Neoclassical Assumptions." In *Beyond Economic Man: Feminist Theory and Economics,* edited by Julie A. Nelson and Marianne Ferber, 37–53. Chicago: University of Chicago Press.

———. 2003. "Separative and Soluble Selves: Dichotomous Thinking in Economics." In *Feminist Economics Today: Beyond Economic Man,* edited by Marianne Ferber and Julie A. Nelson, 33–60. Chicago: University of Chicago Press.

EPI. 2014. "State of Working America." *2014.* Available at, http://state–ofworkingamerica.org/charts/underemployment–gender/. Accessed on September 9.

Ertürk, Korkut, and Nilufer Cağatay. 1995. "Macroeconomic Consequences of Cyclical and Secular Changes in Feminization: An Experiment at Gendered Macro –modeling." *World Development* 23 (11): 1969–77.

Escobar Latapi, Augustin, and Mercedes Gonzalez de la Rocha. 2008. "Girls, Mothers and Poverty Reduction in Mexico." In *The Gendered Impacts of Liberalization: Towards Embedded Liberalism?,* edited by Shahrashoub Razavi, 435–68. New York: Routledge/UNRISD.

Esguerra, Emmanuel. 2011. *Microfinance: One Promise Too Many?* School of Economics Working Paper. Quezon City: University of the Philippines.

Esim, Simel. 1997. "Can Feminist Methodology Reduce Power Hierarchies in Research Settings?" *Feminist Economics* 3 (2): 137–39.

———. 2002. *Women's Informal Employment in Transition Economies.* Washington DC: International Center for Research on Women (ICRW), Economic and Social Committee and the Committee of the Regions.

Esping–Andersen, Gosta. 1990. *The Three Worlds of Welfare Capitalism.* Princeton, NJ: Princeton University Press.

Espino, Alma. 2013. "Gender Dimensions of the Global Economic and Financial Crisis in Central America and the Dominican Republic." *Feminist Economics* 19 (3): 267–88.

Esquivel, Valeria. 2011. "Sixteen Years after Beijing: What Are the New Policy Agendas for Time–Use Data Collection?" *Feminist Economics* 17 (4): 215–38.

Esquivel, Valeria, and Corina Rodriguez Enriquez. 2014. "Addressing the Global Economic Crisis in Mexico, Ecuador and Argentina: Implications for Gender Equality." In *Gender*

Perspectives and the Gender Impacts of the Global Economic Crisis, edited by Rania Antonopoulos. New York: Routledge.

Esquivel, Valeria, Debbie Budlender, Nancy Folbre, and Indira Hirway. 2008. "Explorations: Time−Use Surveys in the South." *Feminist Economics* 14 (3): 107–52.

EUbusiness. 2014. "Europeans Move Towards Watered−down 'Tobin' Tax." September 15. Available at, http://www.eubusiness.com/news−eu/finance−economy.xt4.

Eurofound. 2014. "Law to Support Care of Dependent People, Spain." Available at, http://www. eurofound.europa.eu/areas/labourmarket/tackling/cases/es001.htm. Accessed on July 15, 2014.

European Commission. 2012. *The Impact of the Economic Crisis on the Situation of Women and Men and on Gender Equality Policies. Report of the European Network of Experts on Gender Equality.* Available at, http://ec.europa.eu/justice.

Eurostat. 2013. *Trafficking in Human Beings.* Available at, http://ec.europa.eu/dgs/home−affairs/what−is−new/news/news/2013/docs/20130415_thb_stats_report_en.pdf.

Evans, Peter. 2008. "Is an Alternative Globalization Possible?" *Politics and Society* 36 (1): 271–305.

Express Employment Professionals. 2013. "Express Employment Professionals." http://irvineca. expresspros.com/.

Ezquerra, Sandra. 2012. "Acumulación Por Desposesión, Género Y Crisis En El Estado Español." *Revista de Economía Crítica* 14: 124–47.

Farm−to−Consumer Legal Defence Fund. 2013. "Lawsuit over Monsanto GMO Seed Patents and Farmland Contamination." Available at, www.farmtoconsumer.org/news_wp/?p=7764.

Felber, Christian. 2012. *La Economia Del Bien Comun.* Barcelona: Deusto S.A. Ediciones.

Ferber, Marianne A., and Bonnie G. Birnbaum. 1977. "The 'New Home Economics': Retrospects and Prospects." *Journal of Consumer Research*: 19–28.

Ferber, Marianne, and Julie A. Nelson, eds. 1993. *Beyond Economic Man: Feminist Theory and Economics.* Chicago: University of Chicago Press.

———, eds. 2003a. *Feminist Economics Today. Beyond Economic Man.* Chicago and London: University of Chicago Press.

———. 2003b. "Introduction." In *Feminist Economics: Beyond Economic Man*, edited by Marianne Ferber and Julie Nelson, 1–29. Chicago: University of Chicago Press.

Fiala, Robert, and Susan Tiano. 1991. "The World Views of Export Processing Workers in Northern Mexico: A Study of Women, Consciousness, and the New International Division of Labor." *Studies in Comparative International Development* 26 (3): 3–27.

Figart, Deborah M. 1997. "Gender as More than a Dummy Variable: Feminist Approaches to Discrimination." *Review of Social Economy* 55 (1): 1–32.

Figart, Deborah M., Ellen Mutari, and Marilyn Power. 2013. "A Feminist Theory of Labor Markets." In *Models of Labor Markets*, edited by Bruce Kaufman. Palo Alto, CA: Stanford University Press.

Filippin, Antonio, and Paolo Crosetto. 2014. *A Reconsideration of Gender Differences in Risk Attitudes.* 8184. Bonn, Germany: IZA DP.

Fisher, Kimberly, and Jonathan Gershuny. 2013. "Time Use and Time Diary Research." In

Oxford Bibliographies in Sociology, edited by Jeff Manza. New York: Oxford University Press.

Fisher, Kimberly, Muriel Egerton, Jonathan I. Gershuny, and John P. Robinson. 2007. "Gender Convergence in the American Heritage Time Use Study (AHTUS)."
Social Indicators Research 82 (1): 1–33.

Fisher, Monica G., Rebecca L. Warner, and William A. Masters. 2000. "Gender and Agricultural Change: Crop—Livestock Integration in Senegal." *Society & Natural Resources* 13 (3): 203–22.

Flecker, Jorg, and Pamela Meil. 2010. "Organisational Restructuring and Emerging Service Value Chains: Implications for Work and Employment." *Work, Employment and Society* 24 (4): 680–98.

Floro, Maria Sagrario. 1995. "Economic Restructuring, Gender and the Allocation of Time." *World Development* 23 (11): 1913–29.

———. 2005. "The Importance of the Gender Dimension in the Finance and Economic Development Nexus." In *Financial Liberalization: Beyond Orthodox Concerns*, edited by P. Arestis and M. Sawyer, 43–89. UK: Palgrave Macmillan.

———. 2012. "The Crisis of Environment and Social Reproduction: Understanding Their Linkages." *Development Dialogue: 50 Years Dag Hammarskjöld Foundation Special Issue* 60: 175–98.

Floro, Maria Sagrario, and Hitomi Komatsu. 2011. "'Labor Force Participation, Gender and Work: What Time Use Data Can Reveal?'" *Feminist Economics* (4): 33–67.

Floro, Maria Sagrario, and John Messier. 2010. "Is There a Link between Quality of Employment and Indebtedness? The Case of Urban Low—Income Households in Ecuador." *Cambridge Journal of Economics* 35 (3): 1–28.

Floro, Maria Sagrario, and Mieke Meurs. 2009. *Global Trends in Women's Access to Decent Work*. 43. Occasional Paper Series. Geneva and Berlin: Friedrich Ebert Stiftung.

Floro, Maria Sagrario, and Marjorie Miles. 2003. "Time Use, Work and Overlapping Activities: Evidence from Australia." *Cambridge Journal of Economics* 27 (6): 881–904.

Floro, Maria Sagrario, and Anant Pichetpongsa. 2010. "Gender, Work Intensity, and Well—Being of Thai Home—Based Workers." *Feminist Economics* 16 (3): 5–44.

Floro, Maria Sagrario, and Ranjula Bali Swain. 2013. "Food Security, Gender, and Occupational Choice among Urban Low—Income Households." *World Development* 42: 89–99.

Floro, Maria Sagrario, and Kendall Schaefer. 1998. "Restructuring of Labor Markets in the Philippines and Zambia: The Gender Dimension." *The Journal of Developing Areas*: 73–98.

Floro, Maria Sagrario, Emcet Oktay Taş, and Annika Törnqvist. 2010. *The Impact of the Global Economic Crisis on Women's Well—Being and Empowerment*. Stockholm: Swedish International Developmen Agency.

Folbre, Nancy. 1982. "Exploitation Comes Home: A Critique of Marxian Theory of Family Labour." *Cambridge Journal of Economics* 6: 317–29.

———. 1994. *Who Pays for the Kids? Gender and the Structures of Constraint*. New York: Routledge.

_____. 1995. "'Holding Hands at Midnight': The Paradox of Caring Labor." *Feminist Economics* 1 (1): 73–92.

_____. 2006. "Measuring Care: Gender, Empowerment and the Care Economy." *Journal of Human Development* 7 (2): 183–99.

_____. 2008. *Valuing Children: Rethinking the Economics of the Family.* Cambridge, MA: Harvard University Press.

_____. 2012. "Should Women Care Less? Intrinsic Motivation and Gender Inequality." *British Journal of Industrial Relations* 50 (4): 597–619.

Folbre, Nancy, and Jayoung Yoon. 2007. "#What Is Child Care? Lessons from Time–Use Surveys of Major English–Speaking Countries." *Review of Economics of the Household* 5 (3): 223–48.

_____. 2008. "The Value of Unpaid Child Care in the US in 2003." In *Document presented at the meetings of the Allied Social Science Association, Boston, MA.*

Folbre, Nancy, and Julie A. Nelson. 2000. "For Love or Money—Or Both?" *The Journal of Economic Perspectives* 14 (4): 123–40.

Folbre, Nancy, and Michele Pujol. 1996. "A Special Issue in Honor of Margaret Reid." *Feminist Economics* 2 (3): 1–120.

Foley, Duncan K., and Thomas R. Michl. 1999. *Growth and Distribution.* Cambridge, MA: Harvard University Press.

Fontana, Marzia. 2009. "The Gender Effects of Trade Liberalization in Developing Countries: A Review of the Literature." In *Gender Aspects of the Trade and Poverty Nexus: A Macro–Micro Approach*, edited by Maurizio Bussolo and Rafael E. De Hoyos. Washington DC: The World Bank.

Fontana, Marzia, and Adrian Wood. 2000. "Modeling the Effects of Trade on Women, at Work and at Home." *World Development* 28 (7): 1173–90.

Francisco, Josefa. 2012. "Engendering the WTO? What Else?". *Review of Women's Studies* 15 (2): 2–8.

Frank, Dana. 2005. *Bananeras: Women Transforming the Banana Unions of Latin America.* Cambridge, MA: South End Press.

Frank, Robert H. 2004. *What Price the Moral High Ground?: Ethical Dilemmas in Competitive Environments.* Princeton, NJ: Princeton University Press.

Fraser, Nancy. 1997. *Justice Interruptus. Critical Reflections on the "Postcolonialist" Condition.* New York and London: Routledge.

_____. 2009. "Feminism, Capitalism and the Cunning of History." *New Left Review* 56.

_____. 2010. *Scales of Justice: Reimagining Political Space in a Globalizing World.* New York and Chichester, West Sussex: Columbia University Press.

_____. 2013. "How Feminism Became Capitalism's Handmaiden and How to Reclaim It." *The Guardian*, October 14.

Fraumeni, Barbara. 1998. "Expanding Economic Accounts for Productivity Analysis: A Nonmarket and Human Capital Perspective." Paper presented at the Conference on Income and Wealth, organized by the National Bureau for Economic Research, 20–21 Mar. 1998.

Frazis, Harley, and Jay Stewart. 2007. "Where Does the Time Go? Concepts and Measurement in the American Time Use Survey." In *Hard–to–Measure Goods and Services: Essays in Honor of Zvi Griliches*, edited by Ernst Berndt and Charles Hulten, 73–97. University of Chicago Press.

Freeman, Carla. 2000. *High Tech and High Heels in the Global Economy: Women, Work, and Pink–Collar Identities in the Caribbean.* Duke University Press Books.

Friedan, Betty. 1963. *The Feminine Mystique.* New York: W.W. Norton & Company.

Friedemann–Sanchez, Greta. 2006. "Assets in Intrahousehold Bargaining among Women in Colombia's Cut–Flower Industry." *Feminist Economics* 12 (1–2): 247–69.

Friedemann–Sanchez, Greta, and Joan M. Griffin. 2011. "Defining the Boundaries between Unpaid Labor and Unpaid Caregiving: Review of the Social and Health Sciences Literature." *Journal of Human Development and Capabilities* 12 (4): 511–34.

Friedman, Milton, and Rose Friedman. 1980. *Free to Choose: A Personal Statement.* New York: Harcourt Brace Jovanovich.

Fukuda–Parr, Sakiko. 1999. "What Does Feminization of Poverty Mean? It Isn't Just Lack of Income." *Feminist Economics* 5 (2): 99–103.

Fukuda–Parr, Sakiko, James Heintz, and Stephanie Seguino. 2013. "Critical Perspectives on Financial and Economic Crises: Heterodox Macroeconomics Meets Feminist Economics." *Feminist Economics* 19 (3): 4–31.

Fussell, Elizabeth. 2000. "Making Labor More Flexible: The Recomposition of Tijuana's Maquiladora Female Labor Force." *Feminist Economics* 6 (3): 59–80.

Fuwa, Makiko. 2004. "Macro–Level Gender Inequality and the Division of Household Labor in 22 Countries." *American Sociological Review* 69 (6): 751–67.

Galli, Rossana, and David Charles Kucera. 2004. "Labor *Standards and Informal Employment in Latin America."* World Development 32 (5): 809–28.

Galvez, Lina. 2013. "Una Lectura Feminista Del Austericidio." *Revista de Economía Crítica* 15: 80–110.

Gálvez–Muñoz, Lina, Paula Rodríguez–Modroño,, and Monica Dominguez–Serrano. 2011. "Work and Time Use by Gender: A New Clustering of European Welfare Systems." *Feminist Economics* 17 (4): 125–57.

Gammage, Sarah. 2010. "Time Pressed and Time Poor: Unpaid Household Work in Guatemala." *Feminist Economics* 16 (3): 79–112.

Garikipati, Supriya. 2008. "The Impact of Lending to Women on Household Vulnerability and Women's Empowerment: Evidence from India." *World Development* 36 (12): 2620–42.

Garikipati, Supriya, and Stephan Pfaffenzeller. 2012. "The Gendered Burden of Liberalization: The Impact of India's Economic Reforms on Its Female Agricultural Labour." *Journal of International Development* 24: 841–64.

Geier, Kathleen, Kate Bahn, Joelle Gamble, Zillah Eisenstein, and Heather Boushey. 2014. "How Gender Changes Piketty's Capital in the 21st Century." *The Nation*, August 6. http://www.thenation.com/blog/180895/what–pikettys–capital–21st–centurymissed

Gereffi, Gary. 1998. "Commodity Chains and Regional Divisions of Labor in East Asia." In *Four Asian Tigers: Economic Development and the Global Political Economy*, edited by Eun Mee Kim, 94–124. London: Academic Press.

Gereffi, Gary, and Miguel Korzeniewicz, eds. 1994. *Commodity Chains and Global Capitalism*. Westport, CT: Praeger.

Gershuny, Jonathan and Kimberly Fisher. 2013. "Exploit and Industry: Why Work Time Will Not Disappear For Our Grandchildren." Paper presented at the 35th International Association for Time Use Research Conference, Rio de Janeiro, Brazil, August 4–6.

Gershuny, Jonathan, and J. P. Robinson. 1988. "Historical Changes in the Household Division of Labor." *Demography* 25 (4): 537–52.

Gershuny, Jonathan, and Oriel Sullivan. 2003. "Time Use, Gender, and Public Policy Regimes." *Social Politics: International Studies in Gender, State & Society* 10 (2): 205–28.

Ghemawat, Pankaj. 2007. *Redefining Global Strategy: Crossing Borders in a World Where Differences Still Matter*. Boston, MA: Harvard Business School Publishing.

Ghosh, Jayati. 2000. "Rules of International Economic Integration and Human Rights." Background Paper for the Human Development Report, UNDP, New York.

Giddings, Lisa, Mieke Meurs, and Tilahun Temesgen. 2007. "Changing Preschool Enrolments in Post—Socialist Central Asia: Causes and Implications." *Comparative Economic Studies* 49 (1): 81–100.

Gill, Stephen. 2000. "Knowledge, Politics, and Neo—Liberal Political Economy." In *Political Economy and the Changing Global Order*, edited by Richard Stubbs and Geoffrey R. D. Underhill, 48–59. Toronto: Oxford University Press.

Global Social Policy. 2012. *GSP Forum on World Bank's World Development Report* 2012, 12 (2).

Goetz, Anne Marie, and Rina Sen Gupta. 1996. "Who Takes the Credit? Gender, Power, and Control over Loan Use in Rural Credit Programs in Bangladesh." *World Development* 24 (1): 45–63.

Goldin, Claudia. 1995. "The U—Shaped Female Labor Force Function in Economic Development and Economic History." In *Investment in Women's Human Capital and Economic Development*, edited by T. Paul Shultz, 61–90. Chicago: University of Chicago Press.

Goldschmidt—Clermont, Luisella. 1983. "Output—Related Evaluations Of Unpaid Household Work: A Challenge for Time Use Studies." *Home Economics Research Journal* 12 (2): 127–32.

_____. 1993. "Monetary Valuation of Unpaid Work: Arguing for an Output Measurement." *Bulletin of Labour Statistics* 4: 28–30.

Gonzalez de la Rocha, Mercedes. 2007. "The Construction of the Myth of Survival." *Development and Change* 38 (1): 45–66.

_____. 2012. *Vulnerability, Household Dynamics and Social Policy in Mexico*. Mexico, D.F. Secretaria del Desarrollo Social.

Goodin, Robert E., James Mahmud Rice, Antti Parpo, and Lina Eriksson. 2008. *Discretionary Time: A New Measure of Freedom*. Cambridge University Press.

Gordon, David, Richard Edwards, and Michael Reich. 1982. *Segemented Work, Divided Workers: The Historical Transformation of Labor in the United States*. Cambridge: Cambridge University Press.

Gornick, Janet C., and Marcia K. Meyers. 2003. "Welfare Regimes in Relation to Paid Work and Care Advances in Life Course Research." In *Changing Life Patterns in Western Industrial Societies*, edited by Janet Zollinger Giele and Elke Holst, 45–67. Netherlands: Elsevier Science Press.

Graaf, John De, Ilona Boniwell, and Robert Levine. 2013. *Report of International Expert Working Group on Gross National Happiness*. Unpublished manuscript, Thimphu, Bhutan, February.

Grapard, Ulla. 1995. "Robinson Crusoe: The Quintessential Economic Man?" *Feminist Economics* 1 (1): 33–52.

Greenglass, Esther, Gerrit Antonides, Fabian Christandl, Gigi Fosterd, Joana K. Q. Katter, Bruce E. Kaufman, and Stephen E. G. Lea. 2014. "The Financial Crisis and Its Effects: Perspectives from Economics and Psychology." *Journal of Behavioral and Experimental Economics* 50: 10–12.

Gross, James A. 2010. *A Shameful Business: The Case for Human Rights in the American Workplace*. Ithaca, NY: ILR Press.

Grown, Caren. 2014. *Missing Women: Gender and the Extreme Poverty Debate*. Available at, http://usaidlearninglab.org/library/missing−women−gender−andextreme−poverty−debate. Accessed on August 20, 2014.

Grown, Caren, Diane Elson, and Nilufer Cağatay. 2000. "'Introduction' to Special Issue on Growth, Trade, Finance and Gender Inequality." *World Development* 28 (7): 145–56.

Grown, Caren, Maria Sagrario Floro, and Diane Elson. 2010. "Guest Editors' Note." *Feminist Economics* 16 (3): 1–3.

Gunewardena, Dileni, Darshi Abeyrathna, Amalie Ellagala, Kamani Rajakaruna, and Shobana Rajendran. 2008. *Glass Ceilings, Sticky Floors or Sticky Doors? A Quantile Regression Approach to Exploring Gender Wage Gaps in Sri Lanka*. 04. Poverty and Economic Research Network Working Paper.

Gupta, Ruchira. 2014. *Trafficking of Children for Prostitution and the UNICEF Response*. New York: UNICEF.

Hale, Angela. 1996. "The Deregulated Global Economy: Women Workers and Strategies of Resistance." *Gender & Development* 4 (3): 8–15.

Halls, A. S., and M. Johns. 2013. *Assesment of the Vulnerability of the Mekong Delta Pangasius Catfish Industry to Development and Climate Change in the Lower Mekong Basin*. Report prepared for the sustainable fisheries partnership. Bath, UK: ASL Fisheries Management and Development Services, Bath UK. Available at, msdevelopment.sustainablefish.org.s3.amazon aws.com/2013/01/22/Pangasius Mekong Delta−4b2036ad.pdf. Accessed September 9, 2013.

Hampson, Ian, and Anne Junor. 2005. "Invisible Work, Invisible Skills: Interactive Customer Service as Articulation Work." *New Technology, Work and Employment* 20 (2): 166–81.

Haney, Lynne. 2000. "Global Discourses of Need: Mythologizing and Pathologizing Welfare in Hungary." In *Global Ethnography: Forces, Connections, and Imaginations in a Postmodern World*, edited by Michael Burawoy, Joseph A. Blum, Sheba George, Zsuzsa Gille, and Millie Thayer, 48–73. Berkeley: University of California Press.

Harding, Sandra. 1995. "Can Feminist Thought Make Economics More Objective?" *Feminist*

Economics 1 (1): 7–32.

Harding, Sandra, and Kathryn Norberg. 2005. "New Feminist Approaches to Social Science Methodologies: An Introduction." *Signs* 30 (4): 2009–15.

Harris, Jonathan M. 2013. "Green Keynesianism: Beyond Standard Growth Paradigms." In *Building a Green Economy: Perspectives from Ecological Economics*, edited by Robert B. Richardson, 69–82. East Lansing, MI: Michigan State University Press.

Harrison, Ann, and Jason Scorse. 2010. "Multinationals and Anti–Sweatshop Activism." *American Economic Review* 100 (1): 247–73.

Harriss–White, Barbara. 2003. "On Understanding Markets as Social and Political Institutions in Developing Economies." In *Rethinking Development Economics*, edited by Ha–Joon Chang. London and New York: Anthem Press.

Hart, Gillian. 1992. "Household Production Reconsidered: Gender, Labor Conflict, and Technological Change in Malaysia's Muda Region." *World Development* 20 (6): 809–23.

Hart, Keith. 1972. *Employment, Income and Inequality: A Strategy for Increasing Productive Employmnet in Kenya*. Geneva: ILO.

Hartmann, Heidi I. 1979a "Capitalism, Patriachy, and Job Segregation by Sex." In *Capitalist Patriarchy and the Case for Socialist Feminism*, edited by Zillah Einstein. New York: Monthly Review Press.

_____. 1979b. "The Unhappy Marriage of Marxism and Feminism: Towards a More Progressive Union." *Capital & Class* 3 (2): 1–33.

_____. 1981. "The Family as the Locus of Gender, Class, and Political Struggle: The Example of Housework." *Signs: Journal of Women, Culture and Society* 6 (3): 366–94.

Hartsock, Nancy. 1983. "The Feminist Standpoint: Developing the Ground for a Specifically Historical Materialism." In *Discovering Reality: Feminist Perspectives on Epistemology, Metaphysics, Methodology and Philosophy of Science*, edited by Sandra Harding and Merrill B. Hintikka. Dordrecht, Holland: D. Reidel Publishing Company.

Harvey, David. 2007. *A Brief History of Neoliberalism*. Oxford: Oxford University Press.

Hazarika, Gautam, and Rafael Otero. 2004. "Foreign Trade and the Gender Earnings Differential in Urban Mexico." *Journal of Economic Integration* 19 (2): 353–73.

Heckman, James. 2000. "Policies to Foster Human Capital." *Research in Economics* 54 (1): 3–56.

_____. 2011. "The Economics of Inequality: The Value of Early Childhood Education." *American Educator* 35 (1): 31–35.

Hegewisch, Ariane, Claudia Williams, and Angela Edwards. 2013. *The Gender Wage Gap: 2012*. Washington DC. http://www.iwpr.org/publications/pubs/the–genderwage–gap–2012/.

Heilbroner, Robert, and William Milberg. 1995. *The Crisis of Vision in Modern Economic Thought*. Cambridge: Cambridge University Press.

Herrigel, Gary, and Jonathan Zeitilin. 2010. "Inter–Firm Relations in Global Manufacturing: Disintegrated Production and Its Globalization." In *The Oxford Handbook of Comparative Institutional Analysis*, edited by Glenn Morgan, John

L. Campbell, Colin Crouch, Ove Kaj Pedersen, and Richard Whitley, 527–61. New York: Oxford University Press.

Herszenhorn, D. M. 2008. "Administration Is Seeking $700 Billion for Wall Street." *The New York Times*, September 20. http://www.nytimes.com/2008/09/21/business/21cong.html?_r=1.

Heston, Alan. 1994. "A Brief Review of Some Problems in Using National Accounts Data in Level of Output Comparisons and Growth Studies." *Journal of Development Economics* 44 (1): 29–52.

Hewitson, Gillian. 1999. "Deconstructing Robinson Crusoe: A Feminist Interrogation of Rational Economic Man." In *Feminist Economics: Interrogating the Masculinity of Rational Economic Man*. Cheltenham, UK: Edward Elgar.

———. 2014. "The Commodified Womb and Neoliberal Families." *Review of Radical Political Economics* 46 (4): 489–95.

Heymann, Jody, Alison Earle, Divya Rajaraman, C. Miller, and Kenneth Bogen. 2007. "Extended Family Caring for Children Orphaned by AIDS: Balancing Essential Work and Caregiving in High HIV Prevalence Nations." *AIDS Care* 19 (3): 337–45.

Himmelweit, Susan. 1995. "The Discovery of 'Unpaid Work': The Social Consequences of the Expansion of 'Work.' *Feminist Economics* 1 (2): 1–19.

Himmelweit, Susan, and Simon Mohun. 1977. "Domestic Labour and Capital." *Cambridge Journal of Economics* 1. JSTOR: 15–31.

Hinrichs, Karl, and Matteo Jessoula, eds. 2012. *Labour Market Flexibility and Pension Reforms: Flexible Today, Secure Tomorrow?* Basingstoke, UK: Palgrave Macmillan.

Hinz, Richard P., David D. McCarthy, and John A. Turner. 1997. "Are Women Conservative Investors? Gender Differences in Participant–Directed Pension Investments." In *Positioning Pensions for the Twenty–First Century*, edited by Michael S. Gordon, Olivia S. Mitchell, and Marc M. Twinney, 91–103. Philadelphia, PA: University of Pennsylvania Press.

Hirway, Indira. 2010. "Understanding Poverty: Insights Emerging from Time Use\ of the Poor." In *Unpaid Work and the Economy: Gender, Time Use and Poverty*, edited by Rania Antonopoulos and Indira Hirway, 22–57. Basingstoke: Palgrave Macmillan.

Hirway, Indira, and Sunny Jose. 2011. "Understanding Women's Work Using Time–Use Statistics: The Case of India." *Feminist Economics* 17 (4): 67–92.

Hochschild, Arlie R. 2012. *The Outsourced Self: Intimate Life in Market Times*. New York, NY: Metropolitan Books/Henry Holt & Company.

Hoddinott, John, and Lawrence Haddad. 1995. "Does Female Income Share Influence Household Expenditures? Evidence from Cote d'Ivoire." *Oxford Bulletin of Economics and Statistics* 57 (1): 77–96.

Hoff, Karla, Avishay Braverman, and Joseph E. Stiglitz, eds. 1993. *The Economics of Rural Organization*. Oxford University Press.

HomeNet Thailand. 2002. *Impact of the Economic Crisis on Homeworkers in Thailand*. HomeNet Thailand.

Hossain, Md. Ismail, Golam M. Mathbor, and Renata Semenza. 2013. "Feminization and Labor Vulnerability in Global Manufacturing Industries: Does Gendered Discourse Matter?" *Asian Social Work and Policy Review* 7 (3): 197–212.

Howcroft, Debra, and Helen Richardson. 2008. "Gender Matters in the Global Outsourcing of Service Work." *New Technology, Work and Employment* 23 (1–2): 44–60.

Hsiung, Ping—Chun. 1996. *Living Rooms as Factories: Class, Gender, and the Satellite Factory System in Taiwan*. Philadelphia, PA: Temple University Press.

Htun, Mala, and S. Laurel Weldon. 2012. "The Civic Origins of Progressive Policy Change: Combating Violence Against Women in Global Perspective." *American Political Science Review* 106 (3): 548–569.

Huber, Manfred, Ricardo Rodrigues, Frederique Hoffmann, Katrin Gasior, and Bernd Marin. 2009. *Facts and Figures on Long—Term Care. Europe and North America*. Vienna: European Centre for Social Welfare Policy and Research.

Hugo, A., and E. N. Pistikopoulos. 2005. "Environmentally Conscious Long—Range Planning and Design of Supply Chain Networks." *Journal of Cleaner Production* 13 (15): 1471–91.

Humphries, Jane. 1977. "Class Struggle and the Persistence of the Working—Class Family." *Cambridge Journal of Economics* 1: 241–58.

Humphries, Jane, and Carmen Sarasua. 2012. "Off the Record: Reconstructing Women's Labor Force Participation Rates in the European Past." *Feminist Economics* 18 (4): 39–67.

Hung, S. 2009. "Lessons Not Learned? Gender, Employment and Social Protection in Asia's Crisis—Affected Export Sectors." Paper presented at conference on "Impact of the Global Economic Slowdown on Poverty and Sustainable Development in Asia and the Pacific," Hanoi, 28–30 September. Available at, www.adb.org/Documents/Events/2009/Poverty—Social—Development/papers.asp. Accessed on October 31, 2013.

Husmanns, Ralf. 2004. *Statistical Definition of Informal Employment: Guidelines Endorsed by the Seventeenth International Conference of Labour Statisticians*. Geneva: International Labour Organization.

Hyder, A., S. Maman, J. Nyoni, S. Khasiani, N. Teoh, Z. Premji, and S Sohani. 2005. "The Pervasive Triad of Food Security, Gender Inequity and Women's Health: Exploratory Research from Sub—Saharan Africa." *African Health Sciences* 5 (4): 328–34.

İlkkaracan, İpek. 2012. "Why so Few Women in the Labor Market in Turkey?" *Feminist Economics* 18 (1): 1–37.

_____. 2013a. "Political Economy of Caring Labor, Gender and Deepening Conservatism in a Developing Economy Context: The Case of Turkey." Istanbul Technical University, Women's Studies Center, Working Paper Series. Available at, http://www.kaum.itu.edu.tr/dosyalar/30 13WorkingPaper.WorkFamilyBalance. Turkey.pdf

_____. 2013b. "The Purple Economy: A Call for a New Economic Order beyond the Green." In *Sustainable Economy and Green Growth: Who Cares? International Workshop Linking Care, Livelihood and Sustainable Economy*, edited by Ulrike Rohr and Conny van Heemstra, 32–37. Berlin: LIFE e.V./German Federal Ministry for the Environment.

ILO (International Labor Organization). 1976. *International Recommendations on Labour Statistics*. Geneva: ILO.

_____. 1993. Statistics of employment in the informal sector, Report for the XVth International Conference of Labour Statisticians, Geneva, 19–28 January 1993.

_____. 1998. *ILO Declaration on Fundamental Principles and Rights at Work*, http://www.ilo.org/declaration/lang——en/index.htm.

_____. 2000a. "Organization, Bargaining and Dialogue for Development in a Globalizing

World," GB.279/WP/SDG/2, Geneva: ILO.

_____. 2000b. "Report of the Meeting of Experts on Workers in Situations Needing Protection GB.279/2 279th Session. Geneva: ILO. http://www.ilo.org/public/english/stand – ards/relm/gb/docs/gb279/pdf/gb–2.pdf. Accessed on February 13, 2013.

_____. 2002a. "Effect to be given to resolutions adopted by the International Labour Conference at its 90th Session (2002), (b) Resolution concerning decent work and the in – formal economy, ILO Governing Body, 285th Session," Geneva: ILO.

_____. 2002b. *Decent Work and the Informal Economy; Report of the Director–General*. Geneva: ILO.

_____. 2007. *Equality at Work: Tackling the Challenges. International Labour Conference 96th Session 2007, Report I (B)*. Geneva: ILO.

_____. 2008. A Manual on the Measurement of Volunteer Work, Exposure Draft. Geneva: ILO.

_____. 2009. *World of Work Report 2009: The Global Jobs Crisis and Beyond*. Geneva.

_____. 2010. *Women in Labour Markets: Measuring Progress and Identifying Challenge*. Geneva: ILO.

_____. 2011a. *Statistical Update on Employment in the Informal Economy*. Geneva: ILO.

_____. 2011b. *Manual on the Measurement of Volunteer Work*. Baltimore: ILO and Johns Hopkins University.

_____. 2013a. *The Social Dimensions of Free Trade Agreements*. Geneva: ILO.

_____. 2013b. *Global Employment Trends: Recovering from a Second Job Dip*. Geneva: ILO.

_____. 2013c. *Global Child Labour Trends, 2008–2012*. Geneva: ILO.

_____. 2013d. *Measuring Informality: A Statistical Manual on the Informal Sector and Informal Employment*. Geneva: ILO.

_____. 2013e. *Resolution Concerning Statistics of Work, Employment and Labour Underutilization*. Geneva: ILO.

_____. 2014a. *Maternity and Paternity at Work: Law and Practice around the World*. Geneva. Available at http://www.ilo.org/wcmsp5/groups/public/–––dgreports/–––dcomm/– ––publ/documents/publication/wcms_242615.pdf. Accessed on January 13, 2014.

_____. 2014b. "Decent Work." http://www.ilo.org/global/topics/decent–work/lang––en/in dex.htm. Accessed on Sept. 8, 2014.

_____. 2014c. *Trade Union Membership Statistics: Industrial Relations Indicators*. Geneva: ILO. Available at, http://www.ilo.org/ifpdial/information–resources/dialogue–data/lang– en/index.htm.

IMF (International Monetary Fund). 2001. "IMF Lending to Poor Countries: How Does the PRGF Differ from the ESAF? Factsheet." Washington DC: International Monetary Fund. Available at, http://www.imf.org/external/np/exr/ib/2001/043001.

_____. 2014. "IMF Conditionality. Factsheet." http://www.imf.org/external/np/exr/facts/condi tio.htm.

India Ministry of Environment and Forests. 2011. "The Traditional Coastal and Marine Fisherfolk (Protection of Rights) Act 2009." Delhi. Available at, http://www.indiaenvironmentportal.org.i n/files/TheTraditionalFisherfolkProtectionofRights_Act2009.pdf. Accessed on January 13, 20

15.

IndustriALL Global Union. 2014. *IndustriALL Renews Agreement with World's Largest Fashion Retailer.* July 8. Available at, http://www.industriall — union.org/special — report — inditex — and — industriall — global — union — getting — results — from — a — globalframework.

INSTRAW (United Nations International Research and Training Institute for the Advancement of Women). 1991. *Methods of Collecting and Analysing Statistics on Women in the Informal Sector and Their Contributions to National Product. Results of Regional Workshops.* INSTRAW/BT/CRP.1. Santo Domingo: United Nations.

Ironmonger, Duncan. 1996. "Counting Outputs, Capital Inputs and Caring Labor: Estimating Gross Household Product." *Feminist Economics* 2 (3): 37–64.

_____. 2004. "Bringing up Bobby and Betty: The Inputs and Outputs of Childcare Time." In *Family Time: The Social Organization of Care*, edited by Michael Bittman and Nancy Folbre, 93–109. London and New York: Taylor & Francis. Jackson, Cecile. 2013. "Cooperative Conflicts and Gender Relations: Experimental

Evidence from Southeast Uganda." *Feminist Economics* 19 (4): 25–47.

Jacob, Rahul. 2013. "Cambodia Reaps Benefit of China's Rising Wage." *Financial Times*, January 8.

Jaggar, Alison. 1983. *Feminist Politics and Human Nature.* Oxford: Rowman & Littlefield.

Jahiruddin, A. T. M., Patricia Short, Wolfram Dressler, and M. Adil Khan. 2011. "Can Microcredit Worsen Poverty? Cases of Exacerbated Poverty in Bangladesh." *Development in Practice* 21 (8): 1109–21.

Jain, Devaki, and Nirmala Banerjee. 1985. *Women in Poverty. Tyranny of the Household: Investigative Essays on Women's Work.* New Delhi: Shakti Books.

Jain, Devaki, and Malini Chand. 1982. "Report on a Time Allocation Study. Its Methodological Implications." In *Technical Seminar on "Women's Work and Employment" from April 9– 11, 1982.* New Delhi.

Jenkins, Jean. 2013. "Organizing 'Spaces of Hope': Union Formation by Indian Garment Workers." *British Journal of Industrial Relations* 51 (3): 623–43.

Jennings, Ann. 1993. "Public or Private? Institutional Economics and Feminism." In *Beyond Economic Man: Feminist Theory and Economics*, edited by Marianne Ferber and Julie A. Nelson, 111–29. Chicago: University of Chicago Press.

Jeyaseelan, L., Shuba Kumar, Nithya Neelakantan, Abraham Peedicayil, Rajamohanam Pillai, and Nata Duvvury. 2007. "Physical Spousal Violence against Women in India: Some Risk Factors." *Journal of Biosocial Science* 39 (5): 657–70.

Jianakoplos, Nancy Ammon, and Alexandra Bernasek. 1998. "Are Women More Risk Averse?" *Economic Inquiry* 36 (4): 620–30.

Johnsson — Latham, Gerd. 2010. "Power, Privilege and Gender as Reflected in Poverty Analysis and Development Goals." In *The International Handbook of Gender and Poverty*, edited by Sylvia Chant, 41–46. Cheltenham, UK: Edward Elgar.

Johnston, David Cay. 2006. "New Rise in Numbers of Millionaires." *New York Times*, April 5.

Juliano, Dolores. 2004. *Excluidas Y Marginadas. Una Aproximación Antropológica.* Madrid: Ediciones Catedra.

Juster, Thomas, and Frank Stafford. 1985. *Time, Goods, and Well—being*. Ann Arbor, MI: University of Michigan Press.

_____. 1991. "The Allocation of Time: Empirical Findings, Behavioral Models, and Problems of Measurement." *Journal of Economic Literature* 29 (2): 471–522.

Kabeer, Naila. 1994. *Reversed Realities: Gender Hierarchies in Development Thought*. London and New York: Verso.

_____. 2000. *The Power to Choose: Bangladeshi Women and Labor Market Decisions in London and Dhaka*. London and New York: Verso.

_____. 2001. "Conflicts over Credit: Re—Evaluating the Empowerment Potential of Loans to Women in Rural Bangladesh." *World Development* 29 (1): 63–84.

_____. 2004. "Globalization, Labor Standards, and Women's Rights: Dilemmas of Collective (In)action in an Interdependent World." *Feminist Economics* 10 (1): 3–35.

Kabeer, Naila, and Simeen Mahmud. 2004. "Globalization, Gender and Poverty: Bangladeshi Women Workers in Export and Local Markets." *Journal of International Development* 16 (1): 93–109.

Kahn, Lawrence M. 2010. "Employment Protection Reforms, Employment and the Incidence of Temporary Jobs in Europe: 1996–2001." *Labour Economics* 17 (1): 1–15.

Kamas, Linda, Anne Preston, and Dandy Baum. 2008. "Altruism in Individual and Joint—Giving Decisions: What's Gender Got to Do With It?" *Feminist Economics* 14 (3): 23–50.

Kamler, Erin. 2014. "Trafficking and Coerced Prostitution in Thailand: Reconceptualizing International Law in the Age of Globalization." In *Contemporary Socio—Cultural and Political Perspectives in Thailand*, edited by Pranee Liamputtong, 363–79. The Netherlands: Springer.

Kan, Man Yee, Oriel Sullivan, and Jonathan Gershuny. 2011. "Gender Convergence in Domestic Work: Discerning the Effects of Interactional and Institutional Barriers from Large—Scale Data." *Sociology* 45 (2): 234–51.

Kanbur, Ravi. 2002. "Economics, Social Science and Development." *World Development* 30 (3): 477–86.

Kandiyoti, Deniz. 1988. "Bargaining with Patriarchy." *Gender & Society* 2 (3): 274–90.

Kapadia, Karin. 2002. *The Violence of Development. The Politics of Identity, Gender and Social Inequalities in India*. London and New York: Zed Books.

Karanikolos, Marina, Philipa Mladovsky, Jonathan Cylus, Sarah Thomson, Sanjay Basu, David Stuckler, Johan P. McKenbach, and Martin McKee. 2013. "Financial Crisis, Austerity, and Health in Europe." *The Lancet* 381 (9874): 1323–31.

Karim, Lamia. 2011. *Microfinance and Its Discontents: Women in Debt in Bangladesh*. University of Minnesota Press.

Kasante, Deborah, Matthew Lockwood, Jessica Vivian, and Ann Whitehead. 2001. "Gender and the Expansion of Non—traditional Agricultural Exports in Uganda." In *Shifting Burdens: Gender and Agrarian Change under Neo—Liberalism*, edited by Shahrashoub Razavi. Bloomfield, CT: Kumarian Press.

Katz, Elizabeth G. 1991. "Breaking the Myth of Harmony: Theoretical and Methodological

Guidelines to the Study of Rural Third World Households." *Review of Radical Political Economics* 23 (3–4): 37–56.

_____. 1995. "Gender and Trade within the Household: Observations from Rural Guatemala." *World Development* 23 (2): 327–42.

Keck, Margaret, and Kathryn Sikkink. 1998. *Activists beyond Borders: Advocacy Networks in International Politics.* Ithaca, NY: Cornell University Press.

Khan, Shahrukh R., and Jens Christiansen, eds. 2011. *Towards New Developmentalism: Market as Means rather than Master.* New York: Routledge.

Khatun, Fahmida, Debapriya Bhattacharya, Mustafizur Rahman, and Khondaker Golam Moazzem. 2008. *Gender and Trade Liberalization in Bangladesh: The Case of the Ready–Made Garments.* Dhaka: Centre for Policy Dialogue.

Kiefer, David, and Codrina Rada. 2014. "Profit Maximizing Goes Global: The Race to the Bottom." *Cambridge Journal of Economics.* doi: 10.1093/cje/beu040.

King, John E. 2013. "A Case for Pluralism in Economics." *Economic and Labour Relations Review* 24 (1): 17–31.

King, Mary C. 2008. "What Sustainability Should Mean." *Challenge* 51 (2): 27–39.

King, Richard, and Caroline Sweetman. 2010. *Gender Perspectives on the Global Economic Crisis.* Discussion Paper. Oxfam International.

Klasen, Stephan, and Janneke Pieters. 2013. *What Explains the Stagnation of Female Labor Force Participation in Urban India?* Discussion Paper No. 7597. IZA (Institute for the Study of Labor).

Klasen, Stephan, and Dana Schüler. 2011. "Reforming the Gender–Related Index (GDI) and the Gender Empowerment Measure (GEM): Some Specific Proposals." *Feminist Economics* 17 (1): 1–30.

Koenig, Michael A., Saifuddin Ahmed, Mian Bazle Hossain, and A. B. M. Khorshed Alam Mozumder. 2003. "Women's Status and Domestic Violence in Rural Bangladesh: Individual– and Community–Level Effects." *Demography* 40 (2): 269–88.

Koggel, Christine. 2003. "Globalization and Women's Paid Work: Expanding Freedom." *Feminist Economics. Special Issue: Amartya Sen's Work and Ideas* 9 (2 & 3): 163–83.

Kongar, Ebru. 2007. "Importing Equality or Exporting Jobs? Competition and Gender Wage and Employment Differentials in US Manufacturing." In *The Feminist Economics of Trade,* edited by Irene Van Staveren, Diane Elson, Caren Grown, and Nilüfer Çağatay. Oxon and New York: Routledge.

_____. 2008. "Is Deindustrialization Good for Women?" *Feminist Economics* (14) 1: 73–92.

Koopman, Jeanne. 1991. "Neoclassical Household Models and Models of Household Production: Problems in the Analysis of African Agricultural Households." *Review of Radical Political Economics* 23 (3 & 4): 148–73.

_____. 2009. "Globalization, Gender, and Poverty in the Senegal River Valley." *Feminist Economics* 15 (3): 253–86.

Kotz, David. 1995. "Lessons for a Future Socialism from the Soviet Collapse." *Review of Radical Political Economics* 27 (3): 1–11.

Krishnan, Suneeta, Corinne H. Rocca, Alan E. Hubbard, Kalyani Subbiah, Jeffrey Edmeades, and Nancy S. Padian. 2010. "Do Changes in Spousal Employment Status Lead to Domestic Violence? Insights from a Prospective Study in Bangalore, India." *Social Science & Medicine* 70 (1): 136–43.

Krugman, Paul. 2009. *The Return of Depression Economics and the Crisis of 2008*. New York: W.W. Norton and Co.

_____. 2012. *End This Depression Now*. New York and London: W.W. Norton and Co.

_____. 2013a. "What A Real External Bank Bailout Looks Like." *New York Times*, July 16.

_____. 2013b. "Another Bank Bailout." *New York Times*, July 16.

Kucera, David. 2002. "Core Labour Standards and Foreign Direct Investment." *International Labour Review* 141 (1–2): 31–69.

Kucera, David Charles, and Anne Chataignier. 2005. *Labour Developments in Dynamic East Asia: What Do the Data Show?* Working Paper No. 61. Geneva: Policy Integration Department, ILO.

Kucera, David, and Marco Principi. 2014. "Democracy and Foreign Direct Investment at the Industry Level: Evidence for US Multinationals." *Review of World Economics* 150 (3): 595–617.

Kucera, David Charles, and Sheba Tejani. 2014. "Feminization, Defeminization, and Structural Change in Manufacturing." *World Development* 64: 569–82.

Kuruvilla, Sarosh, and Aruna Ranganathan. 2010. "Globalisation and Outsourcing: Confronting New Human Resource Challenges in India's Business Process Outsourcing Industry." *Industrial Relations Journal* 41 (2): 136–53.

Kyrili, Katerina, and Matthew Martin. 2010. *The Impact of the Global Financial Crisis on the Budgets of Low–Income Countries*. Research Report for Oxfam. UK: Oxfam International. http://www.oxfam.org.uk/resources/policy/economic_crisis/down   loads/rr_gec_im–pactbudget_lics_200710.pdf.

Lamers, Patrick, Ric Hoefnagels, Martin Junginger, Carlo Hamelinck, and André Faaij. 2014. "Global Solid Biomass Trade for Energy by 2020: An Assessment of Potential Import Streams and Supply Costs to North–West Europe under Different Sustainability Constraints." *GCB Bioenergy*. DOI: 10.1111/gcbb.12162

Lastarria–Cornhiel, Susana. 1997. "Impact of Privatization on Gender and Property Rights in Africa." *World Development* 25 (8): 1317–33.

Laufer, Jacqueline. 1998. "Equal Opportunities and Employment Change in West European Economies." *Feminist Economics* 4 (1): 53–69.

Lazear, Edward. 2000. "Economic Imperialism." *The Quarterly Journal of Economics* 115 (1): 99–146.

League of Nations. 1938. *Statistics of the Gainfully Occupied Population: Definitions and Classifications Recommended by the Committees of Statistical Experts. Studies and Reports on Statistical Methods*. No.1. Geneva.

LeClair, M. S. 2002. "Fighting the Tide: Alternative Trade Organizations in the Era of Global Free Trade." *World Development* 30 (6): 949–58.

Leigh, Duane E. 1995. *Assisting Workers Displaced by Structural Change: An International Perspective*. Kalamzoo, MI: Upjohn Institute Press.

Lilly, Meredith B., Audrey Laporte, and Peter C. Coyte. 2007. "Labor Market Work and Home Care's Unpaid Caregivers: A Systematic Review of Labor Force Participation Rates, Predictors of Labor Market Withdrawal, and Hours of Work." *Milbank Quarterly* 85 (4): 641–90.

Lim, Joseph Y. 2000. "The Effects of the East Asian Crisis on the Employment of Women and Men: The Philippine Case." *World Development* 28 (7): 1285–306.

Lim, Linda. 1983. "Capitalism, Imperialism and Patriarchy: The Dilemma of Third World Women Workers in Multinational Factories." In *Women, Men and the International Division of Labor*, edited by June C. Nash and María Patricia Fernández–Kelly, 70–92. Albany, NY: State University of New York Press.

_____. 1990. "Women's Work in Export Factories: The Politics of a Cause." In *Persistent Inequalities: Women and World Development*, edited by Irene Tinker, 101-19. New York: Oxford University Press.

Lind, Amy. 1997. "Gender, Development and Urban Social Change: Women's Community Action in Global Cities." *World Development* 25 (8): 1205–23.

Liu, Jie–yu. 2007. "Gender Dynamics and Redundancy in Urban China." *Feminist Economics* 13 (3–4): 125–58.

Liu, Lan, Xiao–yuan Dong, and Xiaoying Zheng. 2010. "Parental Care and Married Women's Labor Supply in Urban China." *Feminist Economics* 16 (3): 169–92.

Liu, Minquan, Luodan Xu, and Liu Liu. 2004. "Wage–Related Labour Standards and FDI in China: Some Survey Findings From Guangdong Province." *Pacific Economic Review* 9 (3): 225–43.

Lloyd, Cynthia. 1975. *Sex, Discrimination and the Division of Labor*. New York: Columbia University Press.

Lloyd, Cynthia, and Beth Niemi. 1979. *Economics of Sex Differentials*. New York: Columbia University Press.

Locke, Richard, Fei Qin, and Alberto Brause. 2006. *Does Monitoring Improve Labor Standards? Lessons from Nike*. 24. Corporate Social Responsibility Initiative Working Paper. Cambridge, MA.

Longino, Helen. 1993. "Economics for Whom?" In *Beyond Economic Man: Feminist Theory and Economics*, edited by Julie A. Nelson and Mariane Ferber. Chicago: University of Chicago Press.

López, Ramón, and Sebastian J. Miller. 2008. "Chile: The Unbearable Burden of Inequality." *World Development* 36 (12): 2679–95.

López–Montaño, Cecilia. 2013. "Care Economy: A Way to Women's Autonomy and Political Leadership." Paper presented at the Different Perspectives on Economic Empowerment Conference, WPSP Institute for Women's Leadership in Latin America, Scripps College, USA, March 17, 2013.

Lora, Eduardo A. 2001. *Structural Reforms in Latin America: What Has Been Reformed and How to Measure It*. 466. Inter–American Development Bank Working Paper. Washington D.C.: Inter–American Development Bank.

Lorde, Audre. 1984. "The Master's Tools Will Never Dismantle the Master's House," pp. 94–

101 in Cherríe Moraga and Gloria Anzaldúa, eds. *This Bridge Called My Back: Writings by Radical Women of Color*, New York: Kitchen Table Press.

Lund—Thomsen, Peter, Khalid Nadvi, Anita Chan, Navjote Khara, and Hong Xue. 2012. "Labour in Global Value Chains: Work Conditions in Football Manufacturing in China, India and Pakistan." *Development and Change* 43 (6): 1211–37.

Lyberaki, Antigone. 2008. "Migrant Women, Care Work, and Women's Employment in Greece." *Feminist Economics* 17 (3): 101–31.

Mabsout, Ramzi, and Irene Van Staveren. 2010. "Disentangling Bargaining Power from Individual and Household Level to Institutions: Evidence on Women's Position in Ethiopia." *World Development* 38 (5): 783–96.

MacDonald, Martha. 1995. "Feminist Economics: From Theory to Research." *Canadian Journal of Economics* 28 (1): 159–75.

MacKintosh, Maureen. 1978. "Domestic Labor and the Household." In *Feminism and Materialism*, edited by Annette Kuhn and Annemarie Wolpe. London: Routledge.

Maes, Kenneth C., Craig Hadley, Fikru Tesfaye, and Selamawit Shifferaw. 2010. "Food Insecurity and Mental Health: Surprising Trends among Community Health Volunteers in Addis Ababa, Ethiopia during the 2008 Food Crisis." *Social Science & Medicine* 70 (9): 1450–57.

Mankiw, N. Gregory. 2012. *Principles of Macroeconomics*. Mason, OH: South—Western Cengage Learning.

Manser, Marilyn, and Murray Brown. 1980. "Marriage and Household Decision—Making: A Bargaining Analysis." *International Economic Review* 21 (1): 31–44.

Marchington, Mick, Damien Grimshaw, Jill Rubery, and Hugh Wilmott, eds. 2005. *Fragmenting Work, Blurring Organizational Boundaries and Disordering Hierarchies*. Oxford: Oxford University Press.

Marques, Joana S. 2014. *Between Emancipation and Reproduction*. UNRISD Occasional Paper No. 2. Geneva: UNRISD.

Martinez—Tablas, Angel. 2012. "La Crisis Del Euro: Interpretacion Contextual y Salidas." *Revista de Economia Crítica* 13: 5–29.

Marx, Karl. [1887] 1967. *Capital: A Critique of Political Economy*, Vol. 1. New York: International Publishers.

_____. 1904. "Preface." In *A Contribution to the Critique of Political Economy*. Chicago: Charles H. Kerr & Company.

Maurer—Fazio, Margaret, Thomas G. Rawski, and Wei Zhang. 1999. "Inequality in the Rewards for Holding up Half the Sky: Gender Wage Gaps in China's Urban Labour Market, 1988-1994." *China Journal* 41: 55–88.

Mayoux, Linda. 2000. *Micro—Finance and the Empowerment of Women: A Review of the Key Issues*. Geneva: International Labour Office.

McCloskey, Deirdre. 1996. "Love and Money: A Comment on the Markets Debate." *Feminist Economics* 2 (2): 137–40.

McCloskey, Donald N., Robert M. Solow, and Arjo Klamer. 1989. *The Consequences of Economic Rhetoric*. Cambridge University Press.

McCrate, Elaine. 1987. "Trade, Merger and Employment: Economic Theory on Marriage." *Review of Radical Political Economics* 19 (1): 73–89.

McElroy, Marjorie B., and Mary Jean Horney. 1981. "Nash – Bargained Household Decisions: Toward a Generalization of the Theory of Demand." International Economic Review 22 (2): 333–49.

McKay, Ailsa. 2001. "Rethinking Work and Income Maintenance Policy: Promoting Gender Equality through a Citizens' Basic Income." *Feminist Economics* 7 (1): 97–118.

McMichael, Philip. 2012. "The Land Grab and Corporate Food Regime Restructuring." *Journal of Peasant Studies* 39 (3–4): 681–701.

Mead, Margaret. 1958. *Male and Female: A Study of the Sexes in the Changing World.* New York: Mentor.

Melber, Henning. 2012. "No Future without Justice; Report of the Civil Society Reflection Group on Global Development Perspectives." Uppsala, Sweden: *Development Dialogue* 59.

Menon, Nidhiya, and Yana van der Meulen Rodgers. 2009. "International Trade and the Gender Wage Gap: New Evidence from India's Manufacturing Sector." *World Development* 37 (5): 965–81.

Mersland, Roy, and Reidar Oystein Strom. 2010. "Microfinance Mission Drift?" *World Development* 38 (1): 28–36.

Mesch, Debra J., Patrick M. Rooney, Kathryn S. Steinberg, and Brian Denton. 2006. "The Effects of Race, Gender, and Marital Status on Giving and Volunteering in Indiana." *Quarterly, Nonprofit and Voluntary Sector* 35 (4): 565–87.

Messier, John. 2005. "Dynamics of Poverty Trap and the Role of Credit." PhD. Dissertation. American University, Washington DC.

Mies, Maria. 1982. *The Lace Makers of Narsapur: Indian Housewives Produce for the World Market.* London: Zed Press.

Milanovic, Branko. 2012. "Global Inequality Recalculated and Updated: The Effect of New PPP Estimates on Global Inequality and 2005 Estimates." *The Journal of Economic Inequality* 10 (1): 1–18.

Milberg, William, and Matthew Amengual. 2008. *Economic Development and Working Conditions in Export Processing Zones: A Survey of Trends.* Geneva: International Labor Office.

Mill, John Stuart. [1848] 1965. *Principles of Political Economy with some of their Applications to Social Philosophy.* London: John W. Parker West Strand.

———. [1869] 1970. *The Subjection of Women.* Cambridge, MA: MIT Press.

Miller, Doug, Veasna Nuon, Charlene Aprill, and Ramon Certeza. 2008. "Business—as Usual?" *Governing the Supply Chain in Clothing—Post MFA Phase Out. The Case of Cambodia.* Discussion Paper No. 6. Global Union Research Network (GURN). http://www.gurn.info/papers/dp6.pdf.

Mills, David, and Richard. Ssewakiryanga. 2002. "That Beijing Thing: Challenging Transnational Feminisms in Kampala." *Gender, Place and Culture: A Journal of Feminist Geography* 9 (4): 385–98.

Mincer, Jacob. 1962. "Labor Force Participation of Married Women: A Study of Labor Supply."

In *Aspects of Labor Economics*, 63–106. Princeton, NJ: Princeton University Press.

Minnich, Elizabeth Karmarck. 1990. *Transforming Knowledge*. Philadelphia: Temple University Press.

Mishel, Lawrence. 2012. The *Wedges between Productivity and Median Compensation Growth*. Washington DC: Economic Policy Institute. http://www.epi.org/publication/ib330−producti vity−vs−compensation/.

Mishel, Lawrence, John Schmitt, and Heidi Shierholz. 2013. *Assessing The Job Polarization Explanation of Growing Wage Inequality*. Washington DC: Economic Policy Institute.

Mitra, Arup. 2005. "Women in the Urban Informal Sector: Perpetuation of Meagre Earnings." *Development and Change* 36 (2): 291–316.

Moghadam, Valentine M. 2001. "Women, Work, and Economic Restructuring: A Regional Overview." In *The Economics of Women and Work in the Middle East and North Africa (Research in Middle East Economics, Volume 4)*, edited by Jennifer Olmstead, 93–116. Emerald Group Publishing Limited.

Moghissi, Haideh. 1999. *Feminism and Islamic Fundamentalism: The Limits of Postmodern Analysis*. London: Zed Books.

Mohanty, Chandra. 1988. "Under Western Eyes: Feminist Scholarship and Colonial Discourses." *Feminist Review* 30: 61–88.

Molyneux, Maxine. 1979. "Beyond the Domestic Labour Debate." *New Left Review* 115: 3–28.

_____. 1985. "Mobilisation Without Emancipation? Women's Interests, the State and Revolution in Nicaragua." *Feminist Studies* 11: 227–54.

_____. 2006. "Mothers at the Service of the New Poverty Agenda." In *Gender and Social Policy in a Global Context*, edited by Shahra Razavi and Shireen Hassim, 43–68. Basingtoke, UK and New York: Palgrave Macmillan.

Molyneux, Maxine and Marilyn Thomson. 2011. "Cash Transfers, Gender Equity and Women's Empowerment in Peru, Ecuador and Bolivia." *Gender and Development* 19(2): 195−212..

Morrissey, Oliver, and Manop Udomkerdmongkol. 2012. "Governance, Private Investment and Foreign Direct Investment in Developing Countries." *World Development* 40 (3): 437–45.

Moser, Caroline. 1981. "Surviving in the Suburbios." *The IDS Bulletin* 12 (3): 1–11.

_____. 1989. "Gender Planning in the Third World: Meeting Practical and Strategic Gender Needs." *World Development* 17 (11): 1799–825.

Mosley, Layna. 2011. *Labor Rights and Multinational Production*. Cambridge, UK: Cambridge University Press.

Mukherjee, Sucharita Sinha. 2013. "Women's Empowerment and Gender Bias in the Birth and Survival of Girls in Urban India." *Feminist Economics* 19 (1): 1–28.

Mukhopadhyay, Maitrayee. 2004. "Mainstreaming Gender or 'Streaming' Gender Away: Feminists Marooned in the Development Business." *IDS Bulletin* 35 (4): 95–103.

_____. 2013. "Mainstreaming Gender or Reconstituting the Mainstream? Gender Knowledge in Development." *Journal of International Development* 26 (3): 356–67.

Mullan, Killian. 2010. "Valuing Parental Childcare in the United Kingdom." *Feminist Economics* 16 (3): 113–39.

Muturi, Nancy. 2006. "Gender Empowerment through ICTs: Potential and Challenges for

Women in the Caribbean." *Revista de Estudios Para El Desarrollo Social de La Comunicación* 3: 133–48.

Nash, June, and Helen Safa. 1985. *Women and Change in Latin America.* South Hadley, MA: Bergin and Garvey Publishers.

Nassar, Heba. 2007. *Addressing Gender and Trade within Human Rights Framework.* Working Paper. Cairo: Social Research Center, American University.

National Women's Law Center. 2014. *Fair Pay for Women Requires Increasing the Minimum Wage and Tipped Minimum Wage.* Available at, http://www.nwlc.org/resource/fair−pay−women−requires−increasing−minmum−wage−and−tipped−minimumwage#thirteen.

Naylor, Rosamond. 1994. "Culture and Agriculture: Employment Practices Affecting Women in Java's Rice Economy." *Economic Development and Cultural Change* 42 (3): 509–35.

Nayyar, Deepak. 2013. "The Millennium Development Goals Beyond 2015: Old Frame −works and New Constructs." *Journal of Human Development and Capabilities* 14 (3): 371–92.

Nelson, Julie A. 1992. "Gender, Metaphor, and the Definition of Economics." *Economics and Philosophy* 8 (1): 103–25.

_____. 1993. "The Study of Choice or the Study of Provisioning? Gender and the Definition of Economics." In *Beyond Economic Man: Feminist Theory and Economics,* edited by Marianne Ferber and Julie A. Nelson, 23–36. Chicago: University of Chicago Press.

_____. 1995. "Feminism and Economics." *The Journal of Economic Perspectives* 9 (2): 131–48.

_____. 1997. "Feminism, Ecology and the Philosophy of Economics." *Ecological Economics* 20 (2): 155–62.

_____. 2008. "Economists, Value Judgments, and Climate Change: A View from Feminist Economics." *Ecological Economics* 65 (3): 441–47.

_____. 2010. "Getting Past 'Rational Man/Emotional Woman': Comments on Research Programs in Happiness Economics and Interpersonal Relations." *International Review of Economics* 57 (2): 233–53.

_____. 2013. "Ethics and the Economist: What Climate Change Demands of Us." *Ecological Economics* 85: 145–54.

_____. 2014. "The Power of Stereotyping and Confirmation Bias to Overwhelm Accurate Assessment: The Case of Economics, Gender, and Risk Aversion." *Journal of Economic Methodology* 21 (3): 211–31.

_____. 2015. "Poisoning the Well, or How Economic Theory Damages Moral Imagination" In *Oxford Handbook on Professional Economic Ethics,* edited by George DeMartino and Deirdre McCloskey. Oxford University Press.

_____. Forthcoming. "Are Women Really More Risk−Averse than Men? A Re−Analysis of the Literature Using Expanded Methods." *Journal of Economic Surveys.*

Neumayer, Eric, and Indra de Soysa. 2006. "Globalization and the Right to Free Association and Collective Bargaining: An Empirical Analysis." *World Development* 34 (1): 31–49.

_____. 2007. "Globalisation, Women's Economic Rights and Forced Labour." *World Economy* 30 (10): 1510–35.

Neumayer, Eric, and Thomas Plumper. 2007. "The Gendered Nature of Natural Disasters: The Impact of Catastrophic Events on the Gender Gap in Life Expectancies, 1981–2002." *Annals of the Association of American Geographers* 9 (3): 551–66.

Ng, Cecilia, and Swasti Mitter. 2005. "Valuing Women's Voices: Call Center Workers in Malaysia and India." *Gender, Technology and Development* 9 (2): 209–33.

Ngai, Pun. 2007. "Gendering the Dormitory Labor System: Production, Reproduction, and Migrant Labor in South China." *Feminist Economics* 13 (3–4): 239–58.

Nino—Zarazua, M., A. Barrientos, S. Hickey, and D. Hulme. 2012. "Social Protection in Sub—Saharan Africa: Getting the Politics Right." *World Development* 40 (1): 163–76.

Nolan Garcia, Kimberly A. 2011. "Transnational Advocates and Labor Rights Enforcement in the North American Free Trade Agreement." *Latin American Politics and Society* 53 (2): 29 –60.

Nopo, Hugo. 2012. *New Century, Old Disparities: Gender and Ethnic Earnings Gaps in Latin America and the Caribbean.* Washington DC: The World Bank.

Nordhaus, William D. 2006. "Principles of National Accounting for Nonmarket Accounts." In *A New Architecture for the US National Accounts*, edited by Dale W. Jorgenson, J. Steven Landefeld, and William D. Nordhaus, 143–60. Chicago: University of Chicago Press.

North, Douglass. 1990. *Institutions, Institutional Change and Economic Performance.* Cambridge, MA: Cambridge University Press.

Nussbaum, Martha. 2000a. *Women and Human Development: The Capabilities Approach.* Cambridge: Cambridge University Press.

———. 2000b. "Women's Capabilities and Social Justice." *Journal of Human Development* 1 (2): 219–47.

———. 2003. "Capabilities as Fundamental Entitlements: Sen and Social Justice." *Feminist Economics* 9 (2–3): 33–59.

———. 2004. "Promoting Women's Capabilities." In *Global Tensions*, edited by Lourdes Beneria and Savitri Bisnath, 241–56. New York: Routledge.

———. 2011a. "Capabilities, Entitlements, Rights: Supplementation and Critique." *Journal of Human Development and Capabilities* 12 (1): 23–37.

———. 2011b. *Creating Capabilities: The Human Development Approach.* Cambridge, MA: Harvard University Press.

Nwagbara, Eucheria N. 2011. "The Story of Structural Adjustment Programme in Nigeria from the Perspective of the Organized Labor." *Australian Journal of Business and Management Research* 1 (7): 30–41.

Nzomo, Maria. 1995. "Women and Democratization Struggles in Africa: What Relevance to Postmodernist Discourse?" In *Feminism/Postmodernism/Development*, edited by Marianne H. Marchand and Jane L. Parpart, 131–41. London and New York: Routledge.

O'Hara, Sabine. 2009. "Feminist Ecological Economics Theory and Practice." In *Eco—Sufficiency and Global Justice*, edited by A. Salleh, 152–75. New York: Pluto Press.

OECD (Organization for Economic Co—operation and Development). 2004. *Employment Outlook: 2004.* Paris: Organization for Economic Cooperation and Development.

———. 2009. Data on Informal Employment and Self—Employment from *Is Informal Normal?*

Towards More and Better Jobs in Developing Countries. Paris: Organization for Economic Cooperation and Development. http://www.oecd.org/dataoecd/4/49/42863997.pdf.

_____. 2011. "Part−Time Employment." In *OECD Factbook 2011−2012: Economic, Environmental and Social Statistics.* Paris: Organization for Economic Cooperation and Development.

_____. 2013. *African Economic Outlook: Structural Transformation and Natural Resources.* Paris: OECD Publishing.

_____. 2014a. "Part Time Employment/Work." Paris: Organization for Economic Cooperation and Development. Available at, http://stats.oecd.org/glossary/detail.asp?ID=3046.

Olmsted, Jennifer C. 1997. "Telling Palestinian Women's Economic Stories." *Feminist Economics* 3 (2): 141−51.

Ong, Aiwa. 1987. *Spirits of Resistance and Capitalist Discipline: Women Factory Workers in Malaysia.* Albany, NY: State University of New York Press.

Oostendorp, Remco H. 2009. "Globalization and the Gender Wage Gap." *The World Bank Economic Review.* World Bank.

Ortiz, Isabel, and Matthew Cummins. 2011. *Global Inequality: Beyond the Bottom Billion. A Rapid Review of Income Distribution in 141 Countries.* UNICEF Social and Economic Working Paper. New York: UNICEF.

_____. 2013. "Austerity Measures in Developing Countries: Public Expenditure Trends and the Risks to Children and Women." *Feminist Economics* 19 (3): 55−81.

Ostrom, Elinor. 1990. *Governing the Commons: The Evolution of Institutions for Collective Action.* Cambridge, UK: Cambridge University Press.

Ostry, Jonathan D., Andrew Berg, and Charalambos G. Tsangarides. 2014. *Redistribution, Inequality and Growth.* IMF Staff Discussion Note, SDN/14/02, Washington, DC: International Monetary Fund.

Otobe, Naoko. 2008. *The Impact of Globalization and Macroeconomic Change on Employment in Mauritius: What Next in the Post−MFA Era?* Employment Working Paper No. 9. Geneva: Employment Policy Department, International Labour Office.

Özler, Şule. 2007. "Export−Led Industrialization and Gender Differences in Job Creation and Destruction: Micro Evidence from the Turkish Manufacturing Sector." In *The Feminist Economics of Trade,* edited by Irene Van Staveren, Caren Grown, Diane Elson, and Nilüfer Cağatay, 164−84. London and New York: Routledge.

Padhi, Kulamani. 2007. "Agricultural Labour in India: A Close Look." *Orissa Review.* 23−28.

Palma, Jose Gabriel. 2011. "Homogenous Middles vs. Heterogenous Tails, and the End of the 'Inverted−U': It's All about the Share of the Rich." *Development and Change* 42 (1): 87−153.

Panda, Pradeep, and Bina Agarwal. 2005. "Marital Violence, Human Development and Women's Property Status in India." *World Development* 33 (5): 823−50.

Park, Nowook. 2010. "Gender and Economic Policy Management in Korea." Paper presented at the UNDP Gender and Economic Policy Management Initiative Expert Workshop, Seoul, Korea, May 8−10.

Parmar, Aradhana. 2003. "Micro−Credit, Empowerment, and Agency: Re−evaluating the

Discourse." *Canadian Journal of Development Studies/Revue Canadienne D'étude Du Développement* 24 (3): 461–76.

Parpart, Jane L. 1995. "Deconstructing the Development 'Expert': Gender, Development and the 'Vulnerable Groups.'" In *Feminism/Postmodernism/Development*, edited by Marianne H. Marchand and Jane L. Parpart, 221–43. London and New York: Routledge.

Parpart, Jane L., and Marianne H. Marchand. 1995. "Exploding the Canon: An Introduction/Conclusion." In *Feminism/Postmodernism/Development*, edited by Marianne H. Marchand and Jane L. Parpart, 1–22. London and New York: Routledge.

Pastore, Francesco, and Alina Verashchagina. 2011. "When Does Transition Increase the Gender Wage Gap?" *Economics of Transition* 19 (2): 333–69.

Patel, Leila. 2012. "Poverty, Gender and Social Protection: Child Support Grants in Soweto, South Africa." *Journal of Policy Practice* 11 (1–2): 106–29.

Paul – Majumder, Pratima, and Anwara Begum. 2000. *The Gender Imbalances in the Export Oriented Garment Industry in Bangladesh*. Policy Research Working Paper No. 12. Washington DC: The World Bank.

Pearson, Ruth. 1995. "Male Bias and Women's Work in Mexico's Boarder Industries." In *Male Bias in the Development Process*, edited by Diane Elson, 2nd ed., 133–63. Manchester and New York: Manchester University Press.

——. 2005. "The Rise and Rise of Gender and Development." In *A Radical History of Development Studies: Individuals, Institutions and Ideologies*, edited by U. Kothari, 157–79. London: Zed Books. Pearson, Ruth, and Kyoko Kusakabe. 2012. "Who Cares? Gender, Reproduction, and Care Chains of Burmese Migrant Workers in Thailand." *Feminist Economics* 18(2): 149–75

Peet, Richard. 2011. "Inequality, Crisis and Austerity in Finance Capitalism." Cambridge *Journal of Regions, Economy and Society* 4 (3): 383–99.

Perez, Mamerto, Sergio Schlesinger, and Timothy A. Wise. 2008. *The Promise and the Perils of Agricultural Trade Liberalization: Lessons from Latin America*. Washington DC and Medford, MA: Washington Office on Latin America (WOLA) and Global Development and Environment Institute (GDAE). http://ase.tufts.edu/gdae/Pubs/rp/AgricWGReportJuly08.pdf.

Pérez, Marta. 2012. "Emergency Frames: Gender Violence and Immigration Status in Spain." *Feminist Economics* 18 (2): 265–90.

Perkins, Ellie, Edith Kuiper, Rayen Quiroga – Martinez, Terisa E. Turner, Leigh S. Brownhill, Mary Mellor, Zdravka Todorova, Maren A. Jochimsen, and Martha McMahon. 2005. "Introduction: Exploring Feminist Ecological Economics." *Feminist Economics* 11 (3): 107–50.

Perkins, Patricia Ellie. 1997. "Introduction: Women, Ecology, and Economics: New Models and Theories." *Ecological Economics* 20 (2): 105–6.

——. 2007. "Feminist Ecological Economics and Sustainability." *Journal of Bioeconomics* 9 (3): 227–44.

Permanyer, Inaki. 2013. "A Critical Assessment of UNDP's Gender Inequality Index." *Feminist Economics* 19 (2): 1–32.

Peterman, Amber, Julia Behrman, and Agnes Quisumbing. 2010. *A Review of Empirical*

Evidence on Gender Differences in Nonland Agricultural Inputs, Technology, and Services in Developing Countries. Working Paper No. 975. Washington DC: International Food Policy Research Institute (IFPRI).

Phelps, Charlotte D. 1972. "Is the Household Obsolete?" *The American Economic Review* 62 (1–2): 167–74.

Phillips, Anne. 2004. "Defending Equality of Outcome." *Journal of Political Philosophy* 12 (1): 1–19.

Picchio, Antonella. 1992. *Social Reproduction: The Political Economy of the Labour Market.* Cambridge: Cambridge University Press.

Pietila, Hilkka, and Jeanne Vickers. 1990. *Making Women Matter. The Role of the United Nations.* London: Zed Books.

Piketty, Thomas. 2014. *Capital in the Twenty–First Century.* Cambridge, MA: Harvard University Press.

Piketty, Thomas, and Emmanuel Saez. 2014. "Inequality in the Long Run." *Science* 344(6186): 838–42.

Piore, Michael. 2004. "Rethinking International Labor Standards." In *Labor and the Globalization of Production: Causes and Consequences of Industrial Upgrading,* edited by William Milberg. Basingstoke: Palgrave Macmillan.

Piras, Claudia, ed. 2004. *Women at Work: Challenges for Latin America.* Washington DC: Inter–American Development Bank.

Poch–de–Feliu, R. 2013. "Alemania en la gram desigualdad." In *La quinta Alemania. Un modelo hacia el Fracaso europeo,* edited by R. Poch–de–Felie, A. Guerrero, and C. Negrete, 15–144. Barcelona: Icaria.

Polanyi, Karl. 1944. *The Great Transformation: Economic and Political Origins of Our Time.* New York: Rinehart.

Polaski, Sandra. 2006. "Combining Global and Local Forces: The Case of Labor Rights in Cambodia." *World Development* 34 (5): 919–32.

Pollin, Robert. 2003. *Contours of Descent: U.S. Economic Fractures and the Landscape of Global Austerity.* London and New York: Verso Books.

Population Reference Bureau. 2011. *The World's Women and Girls 2011 Data Sheet.* Washington DC.

Porro, Noemi Miyasaka, and Joaquim Shiraishi Neto. 2014. "Coercive Harmony in Land Acquisition: The Gendered Impact of Corporate 'Responsibility' in the Brazilian Amazon." *Feminist Economics* 20 (1): 227–48.

Portes, Alejandro, Manual Castells, and Lauren Benton, eds. 1989. *The Informal Economy: Studies in Advanced and Less Developed Countries.* Baltimore, MD: Johns Hopkins University Press.

Power, Marilyn, and Sam Rosenberg. 1995. "Race, Class, and Occupational Mobility: Black and White Women in Service Work in the United States." *Feminist Economics* 1 (3): 40–59.

Power, Marilyn. 2004. "Social Provisioning as a Starting Point for Feminist Economics." *Feminist Economics* 10 (3): 3–19.

_____. 2009. "Global Climate Policy and Climate Justice: A Feminist Social Provisioning Approach." *Challenge* 52 (1): 47–66.

_____. 2013. "A Social Provisioning Approach to Gender and Economic Life." In *Handbook of Research on Gender and Economic Life*, edited by Deborah M. Figart and Tonia L. Warnecke, 7–17. Cheltenham, UK: Edward Elgar.

Pronk, Jan. 2012. "Addressing the Defaults of Globalization." In *Justice, Not Greed*, edited by Pamela Brubaker and Rogate Mshana, 17–30. Geneva: WCC Publications.

Prügl, Elisabeth. 1999. *The Global Construction of Gender: Home–Based Work in the Political Economy of the 20th Century.* New York: Columbia University Press.

Pujol, Michele A. 1992. *Feminism and Anti–Feminism in Early Economic Thought.* Aldershot, England: Edward Elgar.

Qian, Yingyi. 2003. "How Reform Worked in China." In *Search of Prosperity: Analytic Narratives on Economic Growth*, edited by Dani Rodrik. Princeton, NJ: Princeton University Press.

Quinlan, Michael. 2012. "The 'Pre–Invention'of Precarious Employment: The Changing World of Work in Context." *The Economic and Labour Relations Review* 23 (4): 3–24.

Quisumbing, Agnes and John Maluccio, 2000. *Intrahousehold Allocation and Gender Relations: New Empirical Evidence from Four Developing Countries.* Washington, DC: International Food Policy Research Institute.

Quisumbing, Agnes, Kelly Hallman, and Marie T. Ruel. 2003. "Maquiladoras and Market Mamas: Women's Work and Childcare in Guatemala City and Accra." *Journal of Development Studies* 43 (3): 420–55.

Radin, Margaret J. 1996. *Contested Commodities: The Trouble with Trade in Sex, Children, Body Parts, and Other Things.* Cambridge, MA: Harvard University Press.

Rai, Shirin. 2002. *Gender and Political Economy of Development: From Nationalism to Globalisation.* Cambridge: Polity Press.

Rajan, Ramkishen S., and Sadhana Srivastava. 2007. "Global Outsourcing of Services: Issues and Implications." *Harvard Asia Pacific Review* 9 (1): 39–40.

Ramírez, A. L., and P. Roses. 2005. *Conciliation of Work and Family Life: Costa Rica.* Conditions of Work and Employment Programme Working Paper. Geneva: ILO.

Ranis, Gustav, and Frances Stewart. 1999. "V–Goods and the Role of the Urban Informal Sector in Development." *Economic Development and Cultural Change* 47 (2): 259–88.

Rankin, Katherine. 2002. "Social Capital, Microfinance, and the Politics of Development." *Feminist Economics* 8 (1): 1–24.

Rao, Smriti, and Christina Parenti. 2012. "Understanding Human Trafficking Origin: A Cross–Country Empirical Analysis." *Feminist Economics* 18 (2): 231–63.

Raunikar, Ronald, Joseph Buongiorno, James A. Turner, and Shushuai Zhu. 2010. "Global Outlook for Wood and Forests with the Bioenergy Demand Implied by Scenarios of the Intergovernmental Panel on Climate Change." *Forest Policy and Economics* 12 (1): 48–56.

Raynolds, Laura T., Douglas R. Murray, and John Wilkinson, eds. 2007. *Fair Trade: The Challenges of Transforming Globalization.* New York and Abingdon, UK: Routledge.

Razavi, Shahra. 1999. "Export–Oriented Employment, Poverty and Gender: Contested

Accounts." *Development and Change* 30 (3): 653–83.

———. 2007. *The Political and Social Economy of Care in a Development Context: Conceptual Issues, Research Questions and Policy Options.* Gender and Development Programme Paper No. 3. Geneva: UNRISD.

———. 2012. "World Development Report: Gender Equality and Development – A Commentary." *Development and Change* 43 (1): 423–37.

Razavi, Shahrashoub, and Carol Miller. 1995. *From WID to GAD: Conceptual Shifts in the Women and Development Discourse.* Occasional Paper No. 1. Geneva: UNRISD.

Razavi, Shahra, and Silke Staab. 2012. *Global Variations in the Political and Social Economy of Care: Worlds Apart.* New York and Abingdon, UK: Routledge.

Razavi, Shahrashoub, Camila Arza, Elissa Braunstein, Sarah Cook, and Kristine Goulding. 2012. *Gendered Impacts of Globalization, Employment and Social Protection.* Geneva: UNRISD.

Reich, Michael, David Gordon, and Richard Edwards. 1980. "A Theory of Labor Market Segmentation." In *The Economics of Women and Work*, edited by Alice Amsden, 232–41. New York: St. Martin's Press.

Reich, Robert B. 2012. *Beyond Outrage: What Has Gone Wrong with Our Economy and Our Democracy and How to Fix It.* New York: Vintage.

Rey de Marulanda, Nohra. 2012. "Politicas Publicas Y Economia Del Cuidado." *IB Magazin de La Gestión Estadística: Numero Especial Sobre El Seminario Internacional*, 46–49.

Reynolds, Sarah. 2008. "Intergenerational Intra–Household Bargaining with an Application to Teen Mothers and Their Mothers in Salvador, Brazil." PhD. Dissertation. Cornell University.

Rice, Robert A. 2001. "Noble Goals and Challenging Terrain: Organic and Fair Trade Coffee Movements in the Global Marketplace." *Journal of Agricultural and Environmental Ethics* 14 (1): 39–66.

Rio, Coral Del, and Olga Alonso–Villar. 2012. "Occupational Segregation of Immigrant Women in Spain." *Feminist Economics* 18 (2): 91–124.

Ritzen, Jo, and Klaus F. Zimmermann. 2014. "A Vibrant European Labor Market with Full Employment." *IZA Journal of European Labor Studies* 3 (1): 1–24.

Roberts, Adrienne. 2012. "Financing Social Reproduction: The Gendered Relations of Debt and Mortgage Finance in 21st Century America." *New Political Economy* 8(1): 21–42.

Robeyns, Ingrid. 2000. "Is There a Feminist Economic Methodology?" Italian translation pub–lished as 'Esiste Una Metodologia Economica Feminista? In *Gli Studi Delle Donne in Italia: Una Guida Critica*, edited by Paola Di Cori and Donatella Barazzetti, 119–145. Roma: Carocci Editore.

———. 2003a. "The Capability Approach: An Interdisciplinary Introduction." Available at, http://www.ingridrobeyns.nl/. Accessed on August 30, 2014.

———. 2003b. "Sen's Capability Approach and Gender Inequality: Selecting Relevant Capabilities." *Feminist Economics* 9 (2–3): 61–92.

———. 2005. "The Capability Approach: A Theoretical Survey." *Journal of Human Development* 6 (1): 93–117.

Rochester, Colin, Angela Ellis Paine, and Steven Howlett. 2009. *Volunteering and Society in the 21st Century*. Basingstoke: Palgrave Macmillan.

Rodrik, Dani. 1996. "Labor Standards in International Trade: Do They Matter and What Do We Do about Them?" In *Emerging Agenda For Global Trade: High Stakes for Developing Countries*, edited by Robert Z. Lawrence, Dani Rodrik, and John Whalley, 35–80. Baltimore, MD: Johns Hopkins University Press.

Roldán, Martha. 1985. "Industrial Outworking, Struggles for the Reproduction of Working Class Families and Gender Subordination." In *Beyond Employment: Household, Gender and Subsistence*, 248–85. Oxford: Basil Blackwell.

Roncolato, Leann. 2014. "Essays on Economic Structure, Employment and Development". PhD. Dissertation. American University, Washington DC.

Roodman, David, and Jonathan Morduch. 2009. *The Impact of Microcredit on the Poor in Bangladesh: Revisiting the Evidence*. 174. CGD Working Paper. Washington DC: Center for Global Development.

Rosewarne, Stuart. 2012. "Temporary International Labor Migration and Development in South and Southeast Asia." *Feminist Economics* 18 (2): 63–90.

Rubery, Jill, and Damian Grimshaw. 2003. *The Organization of Employment: An International Perspective*. Basingstoke: Palgrave Macmillan.

———. 2011. "Gender and the Minimum Wage." In *Regulating for Decent Work. New Directions in Labour Market Regulation*, edited by Sangheon Lee and Deirdre McCann, 226–54. Geneva and Basingstoke: ILO and Palgrave Macmillan.

Rubery, Jill, Mark Smith, and Colette Fagan. 1998. "National Working–Time Regimes and Equal Opportunities." *Feminist Economics* 4 (1): 71–101.

Rubery, Jill, Mark Smith, Dominique Anxo, and Lennart Flood. 2001. "The Future European Labor Supply: The Critical Role of the Family." *Feminist Economics* 7 (3): 33–69.

Rugh, Jacob S., and Douglas S. Massey. 2010. "Racial Segregation and the American Foreclosure Crisis." *American Sociological Review* 75 (5): 629–51.

Sachs, Jeffrey. 1991. *The Economic Transformation of Eastern Europe: The Case of Poland*. Memphis, TN: P.K. Seidman Foundation.

Safa, Helen. 1986. "Runaway Shops and Female Employment: The Search for Cheap Labor." In *Women's Work*, edited by Eleanor Leacock and Helen Safa, 58–71. South Hadley, MA: Bergin and Garvey Publishers.

Saffioti, Heleieth. 1986. "Technological Change in Brazil: Its Effect on Men and Women in Two Firms." In *Women and Change in Latin America*, edited by June Nash and Helen Safa, 109–35. South Hadley, MA: Bergin and Garvey Publishers.

Salamon, Lester M., S. Wojciech Sokolowski, and Megan A. Haddock. 2011. "Measuring the Economic Value of Volunteer Work Globally: Concepts, Estimates, and a Roadmap to the Future." *Annals of Public and Cooperative Economics* 82 (3): 217–52.

Salzinger, Leslie. 2003. *Genders in Production: Making Workers in Mexico's Global Factories*. Berkeley: University of California Press.

Samarasinghe, Vidyamali. 1998. "The Feminization of Foreign Currency Earnings: Women's Labor in Sri Lanka." *Journal of Developing Areas* 32 (3): 303–26.

———. 2009. *Female Sex Trafficking in Asia: Resilience of Patriarchy in a Changing World*

London. New York: Routledge.

Sánchez López, Gabriela, and Daniela Jiménez Rodríguez. 2012. "Trayectorias Juveniles: Escolaridad, Empleo y Formación de Nuevos Hogares." In Pobreza, *Transferencias Condicionadas Y Sociedad*, edited by Mercedes González de la Rocha and Agustín Escobar Latapí. México, D.F.: Publicaciones de la Casa Chata, CIESAS.

Saunders, Kriemild. 2002. *Feminist Development Thought. Rethinking Modernity, Postcolonialism and Representation.* London and New York: Zed Books.

Sawhill, Isabel V. 1977. "Economic Perspectives on the Family." *Daedalus* 106 (2): 115–25.

Sayer, Liana C. 2005. "Gender, Time and Inequality: Trends in Women's and Men's Paid Work, Unpaid Work and Free Time." *Social Forces* 84 (1): 285–303.

Schandl, Heinz, and Jim West. 2010. "Resource Use and Resource Efficiency in the Asia–Pacific Region." *Global Environmental Change* 20 (4): 636–47.

Schneider, Cedric. 2011. "The Battle for Patent Rights in Plant Biotechnology: Evidence from Opposition Fillings." *The Journal of Technology Transfer* 36 (5): 565–79.

Schüberth, Helene, and Brigitte Young. 2011. "The Role of Gender in Governance of the Financial Sector." In *Questioning Financial Governance from a Feminist Perspective*, edited by Brigitte Young, Isabella Bakker, and Diane Elson, 132–54. Abingdon, UK and New York: Routledge.

Schuler, Dana. 2006. "The Uses and Misuses of the Gender–Related Development Index and Gender Empowerment Measure: A Review of the Literature." *Journal of Human Development* 7 (2): 161–81.

Schuler, Sidney Ruth, Syed M. Hashemi, and Shamsul Huda Badal. 1998. "Men's Violence against Women in Rural Bangladesh: Undermined or Exacerbated by Microcredit Programmes?" *Development in Practice* 8 (2): 148–57.

Scott, Joan W. 1986. "Gender: A Useful Category of Historical Analysis." *American Historical Review* 91 (5): 1053–75.

Seguino, Stephanie. 1997. "Gender Wage Inequality and Export–Led Growth in South Korea." *Journal of Development Studies* 34 (2): 102–32.

_____. 2000a. "The Effects of Structural Change and Economic Liberalisation on Gender Wage Differentials in South Korea and Taiwan." *Cambridge Journal of Economics* 24 (4): 437–59.

_____. 2000b. "Gender Inequality and Economic Growth: A Cross–Country Analysis." *World Development* 28 (7): 1211–30.

_____. 2000c. "Accounting for Gender in Asian Economic Growth." *Feminist Economics* 6 (3): 27–58.

_____. 2002. "Gender, Quality of Life, and Growth in Asia 1970–90." *The Pacific Review* 15 (2): 245–78.

_____. 2008. "Micro–Macro Linkages Between Gender, Development, and Growth: Implications for the Caribbean Region." *Journal of Eastern Caribbean Studies* 33(4): 8–42.

_____. 2012. "Macroeconomics, Human Development, and Distribution." *Journal of Human Development and Capabilities* 13 (1): 59–81.

Seguino, Stephanie, and Caren Grown. 2006. "Gender Equity and Globalization:

Macroeconomic Policy for Developing Countries." *Journal of International Development* 18 (8): 1081–104.

Seiz, Janet A. 1991. "The Bargaining Approach and Feminist Methodology." *Review of Radical Political Economics* 23 (1–2): 22–29.

Sen, Amartya. 1985. "Women, Technology and Sexual Divisions." *Trade and Development*, 195–223.

———. 1990a. "Gender and Cooperative Conflicts." In *Persistent Inequalities: Women and World Development*, edited by Irene Tinker, 195–223. New York: Oxford University Press.

———. 1990b. "More than 100 Million Women are Missing." *The New York Review of Books* 37.

———. 1992. "Missing Women." *British Medical Journal* 304.

———. 1999. *Development As Freedom.* New York: Knopf.

———. 2001. "The Many Faces of Gender Inequality." *Frontline: India's National Magazine* 18 (22), November 9.

Sen Amartya and Jean Drèze. 2013. *An Uncertain Glory: India and its Contradictions.* Princeton, NJ: Princeton University Press.

Sen, Gita. 2010. "Poor Households or Poor Women: Is There a Difference?" In *International Handbook of Gender and Poverty*, edited by Sylvia Chant, 101–4. Cheltenham, UK and Northampton, MA: Edward Elgar.

Sen, Gita, and Caren Grown. 1987. *Development, Crises, and Alternative Visions: Third World Women's Perspectives.* New York: Monthly Review Press.

Sender, John, Carlos Oya, and Christopher Cramer. 2006. "Women Working for Wages: Putting Flesh on the Bones of a Rural Labour Market Survey in Mozambique." *Journal of Southern African Studies* 32 (2): 313–34.

Sevilla–Sanz, Almudena, Jose Ignacio Gimenez–Nadal, and Cristina Fernandez. 2010. "Gender Roles and the Division of Unpaid Work in Spanish Households." *Feminist Economics* 16 (40): 137–84.

Sharp, Rhonda, and Ray Broomhill. 2002. "Budgeting for Equality: The Australian Experience." *Feminist Economics* 8 (1): 25–47.

Shiva, Vandana. 1988. *Staying Alive: Women, Ecology and Development.* London: Zed Books.

Shivakumar, Sujai. 1996. "Valuing women's work: Theoretical constraints in determining the worth of household and other non–market activity." In Workshop on Integrating Paid and Unpaid Work into National Policies, May 28–30, organized by UNDP, United Nations Statistical Division, UNIFEM, the Ministry of Foreign Affairs of the Republic of Korea, and the Women's Development Institute, Seoul.

Shlay, Anne B. 2006. "Low–Income Homeownership: American Dream or Delusion?" *Urban Studies* 43 (3): 511–31.

Simmons, Beth. 2009. *Mobilizing for Rights: International Law in Domestic Politics.* Cambridge: Cambridge University Press.

Simonazzi, Annamaria. 2009. "Care Regimes and National Employment Models." *Cambridge Journal of Economics* 33 (2): 211–32.

Singh, Ajit, and Ann Zammit. 2000. "International Capital Flows: Identifying the Gender

Dimension." *World Development* 28 (7): 1249–68.

_____. 2001. *The Global Labor Standards Controversy: Critical Issues for Developing Countries*. Geneva: South Centre.

_____. 2004. "Labour Standards and the 'Race to the Bottom': Rethinking Globalization and Workers' Rights from Developmental and Solidaristic Perspectives." *Oxford Review of Economic Policy* 20 (1): 85–104.

Sirimanne, Shamika. 2009. The Interactive Expert Panel. Written statement. UN Commission of the Status of Women, Fifty–third session, New York, 2–13 March.

Skidelsky, Robert, and Edward Skidelsky. 2012. *How Much Is Enough?: The Love of Money and the Case for the Good Life*. Harmondsworth, UK: Penguin.

Slater, Rachel, Rebecca Holmes, Nicola Jones, and Matseliso Mphale. 2010. "Conceptual and Practical Issues for Gender and Social Protection: Lessons from Lesotho." In *The International Handbook of Gender and Poverty*, edited by Sylvia Chant, 399–408. Cheltenham, UK and Northampton, MA: Edward Elgar.

Soros, George. 1998. *The Crisis of Global Capitalism: Open Society Endangered*. New York: Public Affairs Press.

South Centre. 2014. "SDGs: Economic Issues at National and Global Levels" South Views. No. 107, Available at, www.southcentre.int. Accessed on July 30, 2014.

Sparr, Pamela. 1994. *Mortgaging Women's Lives: Feminist Critiques of Structural Adjustment*. London and New Jersey: Zed Books.

Srinivasan, Sharada, and Arjun Singh Bedi. 2008. "Daughter Elimination in Tamil Nadu, India: A Tale of Two Ratios." *The Journal of Development Studies* 44 (7): 961–90.

Standing, Guy. 1989. "Global Feminization through Flexible Labor." *World Development* 17 (7): 1077–95.

_____. 1999. "Global Feminization through Flexible Labor: A Theme Revisited." *World Development* 27 (3): 583–602.

_____. 2011a. *The Precariat: The New Dangerous Class*. Bloomsbury Academic.

_____. 2011b. "Responding to the Crisis: Economic Stabilisation Grants." *Policy & Politics* 39 (1): 9–25.

Starr, Martha A. 2014. "Qualitative and Mixed–Methods Research in Economics: Surprising Growth, Promising Future." *Journal of Economic Surveys* 28 (2): 238–64.

Stern, Nicholas. 2011. "How Should We Think About the Economics of Climate Change?" Lecture for the Leontief Prize Medford, Global Development and Environment Institute. Available at, http://www.ase.tufts.edu/gdae/about_us/leontief/SternLecture.pdf. Accessed on Novemeber 6, 2011.

Stiglitz, Joseph. 2012. *The Price of Inequality: How Today's Divided Society Endangers Our Future*. New York and London: W.W. Norton and Co.

_____. 2013. "Inequality Is a Choice." *New York Times*, October 13.

Stolcke, Verena. 2012. "Homo Clonicus." In *Clones, Fakes and Posthumans: Cultures of Replication*, edited by P. Essed and G. Schwab, 25–43. Amsterdam and New York: Editions Rodopi.

Strassmann, Diana. 1993. "Not a Free Market: The Rhetoric of Disciplinary Authority in

Economics." In *Beyond Economic Man: Feminist Theory and Economics*, 54–68. Chicago: University of Chicago Press.

Strober, Myra H. 1984. "Towards a General Theory of Occupational Segregation: The Case of Public School Teaching." In *Sex Segregation in the Workplace: Trends, Explanations, Remedies*, edited by Barbara Reskin, 144–56. Washington DC: National Academy Press.

———. 1994. "Rethinking Economics through a Feminist Lens." *The American Economic Review* 84 (2): 143–47.

———. 2003. "The Application of Mainstream Economics Constructs to Education: A Feminist Analysis." In *Beyond Economic Man: Feminist Theory and Economics*, edited by Julie A. Nelson and Marianne Ferber, 135–56. Chicago: University of Chicago Press.

Sunden, Annika E, and Brian J Surette. 1998. "Gender Differences in the Allocation of Assets in Retirement Savings Plans." *American Economic Review*: 207–11.

Sweetman, Caroline. 2010. "A Woman and an Empty House Are Never Alone for Long: Autonomy, Control, Marriage and Microfinance in Women's Livelihoods in Addis Ababa, Ethiopia." In *The International Handbook of Gender and Poverty*, edited by Sylvia Chant, 575–80. Cheltenham, UK and Northampton, MA: Edward Elgar.

Takenoshita, Hirohisa. 2012. "Family, Labour Market Structures and the Dynamics of Self−Employment in Three Asian Countries: Gender Differences in Self−Employment Entry in Japan, Korea and Taiwan." *Comparative Social Research* 29: 85–112.

Taylor, Marcus. 2011. "'Freedom from Poverty Is Not for Free': Rural Development and the Microfinance Crisis in Andhra Pradesh, India." *Journal of Agrarian Change* 11 (4): 484–504.

———. 2012. "The Antinomies of 'Financial Inclusion': Debt, Distress and the Workings of Indian Microfinance." *Journal of Agrarian Change* 12 (4): 601–10.

Tejani, Sheba, and William Milberg. 2010. *Global Defeminization? Industrial Upgrading, Occupational Segmentation and Manufacturing Employment in Middle−Income Countries*. SCEPA Working Paper No. 2010–1. New York: New School for Social Research.

Tett, Gillian. 2007. *Fool's Gold: How Unrestrained Greed Corrupted a Dream, Shattered Global Markets and Unleashed a Catastrophe*. New York: Simon and Schuster.

Thomas, Duncan. 1990. "Intra−Household Resource Allocation: An Inferential Approach." *Journal of Human Resources* 25 (4): 635–64.

Tiano, Susan. 1994. *Patriarchy on the Line: Labor, Gender, and Ideology in the Mexican Maquila Industry*. Philadelphia: Temple University Press.

Tilly, Charles. 1995. "Globalization Threatens Labor's Rights." *International Labor and Working−Class History* 47 (spring): 1–23.

Tinker, Irene. 1990. "The Making of a Field: Advocates, Practitioners, and Scholars." In *Persistent Inequalities*, edited by Irene Tinker, 27–53. New York: Oxford University Press.

Touza, A. L., and O. L. Pineda. 2010. "Mujeres Hondurenas en Crisis: Estudio de Caso de los Impactos Economicos del Golpe de Estado y de la Crisis Internacional." Paper presented at the 19th Annual Conference of the International Association for Feminist Economics, Buenos Aires, 22–24 July.

Trzcinski, Eileen. 2000. "Family Policy in Germany: A Feminist Dilemma?" *Feminist Economics*

6 (1): 21–44.

Udayagiri, Mridula. 1995. "Challenging Modernization: Gender and Development, Postmodern Feminism and Activism." In *Feminism/Postmodernism/Development*, edited by Marianne H. Marchand and Jane L. Parpart, 159–77. London and New York: Routledge.

UN Department of Economic and Social Affairs (2010), Table 4c, p. 211.

UN Statistical Office/ECA/INSTRAW. 1991a. *Handbook on Compilation of Statistics on Women in the Informal Sector in Industry, Trade and Services in Africa.* Santo Domingo and New York: United Nations.

_____. 1991b. *Synthesis of Pilot Studies on Compilation of Statistics on Women in the Informal Sector in Industry, Trade and Services in African Countries.* Santo Domingo and New York: United Nations.

UN Women. 2013. *A Transformative Stand—alone Goal on Achieving Gender Equality, Women's Rights and Women's Empowerment: Imperatives and Key Components.* Position Paper. Available at, http://www.unwomen.org/lo/digital—library/publications/2013/7/post—2015—long—paper#sthash.FJADieaf.dpuf. Accessed on March 3,2014.

_____. 2014. Convention for the Elimination of All Forms of Discrimination Against Women, Women Watch. Available at, http://www.un.org/womenwatch/daw/cedaw/text/econvention. htm. Accessed on September 21, 2014.

UNCTAD (United Nations Conferences on Trade and Development). 2013. *World Investment Report.* Geneva: UNCTAD.

UNDP (United Nations Development Programme). 2010. *Human Development Report 2010. The Real Wealth of Nations: Pathways to Human Development.* New York: UNDP.

UNDP (United Nations Development Programme). 2011. *Human Development Report 2011. Sustainability and Equity: A Better Future for All.* New York: UNDP.

UNFPA (United Nations Population Fund). 2006. *A Passage of Hope: Women and International Migration, State of the World Population.* New York: UNFPA.

UNICEF (United Nations Children's Fund). 2008. *TransMONEE database.,* Florence: UNICEF Innocenti Research Centre, Florence. Available at, http://www.unicefirc.org/data—bases/transmonee/. Accessed on June 27, 2013.

UN Department of Economic and Social Affairs. 2010. The World's Women 2010. New York: United Nations. United Nations. 1989. *1989 World Survey on the Role of Women in Development.* Centre for Social Development and Humanitarian Affairs. United Nations Office at Vienna. Document ST/CSDHA/6. New York: United Nations.

_____. 1996. *Beijing Declaration and Platform for Action,* Report of the Fourth World Conference on Women, Beijing, September, 4–15 1995, UN Document No. A/CONF.177/20/REV.1. New York: United Nations.

_____. 2003. *Handbook on Nonprofit Institutions in the System of National Accounts.* New York: United Nations. United Nations Statistical Commission. 1983. Demographic and Social Statistics: Social *Indicators and Links among Social, Demographic and Related Economic and Environmental Statistics.* New York: United Nations.

_____. 1993. *Towards the 1993 SNA.* New York: United Nations.

_____. 2004. *Treatment of the Informal Sector in the 1993 SNA*, Advisory Expert Group on National Accounts Report, SNA/M2.04/12, New York: United Nations.

United Nations, European Communities, International Monetary Fund, Organization for Economic Cooperation and Development, and the World Bank. 2009. *System of National Accounts 2008*. New York: United Nations.

United States Bureau of Labor Statistics. 2010. *Volunteers by Annual Hours of Volunteer Activities and Selected Characteristics*. Washington DC.

_____. 2014. "News Release: The employment situation–Aug 2014." Available at, http://www.bls.gov/news.release/pdf/empsit.pdf. Accessed on Sept. 9, 2014.

Valiani, Salimah. 2011. *Rethinking Unequal Exchange: The Global Integration of Nursing Labour Markets*. Toronto: University of Toronto Press.

Van der Hoeven, Rolph. 2010. *Labour Markets Trends, Financial Globalization and the Current Crisis in Developing Countries*. New York: United Nations.

Van Staveren, Irene. 1997. "Focus Groups: Contributing to a Gender–Aware Methodology." *Feminist Economics* 3 (2): 131–35.

_____. 2008. "The Gender Bias of the Poverty Reduction Strategy Framework." *Review of International Political Economy* 15 (2): 289–313.

_____. 2010. "Post–Keynesianism Meets Feminist Economics." *Cambridge Journal of Economics* 34 (6): 1123–44.

_____. 2013. "To Measure is to Know? A Comparative Analysis of Gender Indices." *Review of Social Economy* 71 (3): 339–72.

Van Staveren, Irene, and Olasunbo Odebode. 2007. "Gender Norms as Asymmetric Institutions: A Case Study of Yoruba Women in Nigeria." *Journal of Economic Issues* 41 (4): 903–25.

Van Staveren, Irene, Diane Elson, Caren Grown, and Nilüfer Cağatay, eds. 2007. *The Feminist Economics of Trade*. Abingdon, UK and New York: Routledge.

Veblen, Thorstein. [1899] 1973. *The Theory of the Leisure Class*. Gutenberg: Oxford University Press.

Venn, Danielle. 2009. *Legislation, Collective Bargaining and Enforcement: Updating the OECD Employment Protection Indicators*. Paris: OECD.

Veras, Fabio, Rafael Perez Ribas, and Rafael Guerreiro Osório. 2010. "Evaluating the Impact of Brazil's Bolsa Familia: Cash Transfers Programs in Comparative Perspective." *Latin America Research Review* 45 (2): 173–90.

Veuthey, Sandra, and Julien–Francois Gerber. 2010. "Logging Conflicts in Southern Cameroon: A Feminist Ecological Economics Perspective." *Ecological Economics* 70 (2): 170–77.

Vickery, Claire. 1977. "The Time–Poor: A New Look at Poverty." *The Journal of Human Resources* 12 (1): 27–48.

Visser, Jelle. 2006. "Union Membership Statistics in 24 Countries." *Monthly Labour Review* 129: 38–49.

Vo, Phuong. H., Kate Penrose, and Jody Heymann. 2007. "Working to Exit Poverty While Caring for Children's Health and Development in Vietnam." *Community, Work and Family*

10: 179–99.

Vosko, Leah F. 2002. "Decent Work The Shifting Role of the ILO and the Struggle for Global Social Justice." *Global Social Policy* 2(1): 19–46.

Wade, Robert. 2011. "Market as Means Rather than a Master: The Crisis of Development and the Future Role of the State." In *Towards New Developmentalism*, edited by S. R. Khan and J. Christiansen, 22–46. New York: Routledge.

Walters, Bernard. 1995. "Engendering macroeconomics: A reconsideration of growth theory." *World Development* 23 (11): 1869–880.

Wanyama, Fredrick O. 2014. *Cooperatives and the Sustainable Development Goals: A Contribution to the Post—2015 Development Debate*. Geneva: ILO.

Waring, Marilyn. 1988. *If Women Counted: A New Feminist Economics*. San Francisco: Harper & Row.

Weldon, S. Laurel, and Mala Htun. 2013. "Feminist Mobilization and Progressive Policy Change: Why Governments Take Action to Combat Violence against Women." *Gender and Development* 21 (2): 231–47.

Werner, Marion. 2012. "Beyond Upgrading: Gendered Labor and the Restructuring of Firms in the Dominican Republic." *Economic Geography* 88 (4): 403–22.

Western, Bruce, and Jake Rosenfeld. 2011. "Unions, Norms, and the Rise in U.S. Wage Inequality." *American Sociological Review* 76 (4): 513–37.

WHO (World Health Organization). 2013. *Global and Regional Estimates of Violence against Women: Prevalence and Health Effects of Intimate Partner Violence and Non—Partner Sexual Violence*. Geneva: WHO. http://apps.who.int/iris/bitstream/10665/85239/1/97892415 64625_eng.pdf?ua=1

Wichterich, Christa. 2012. "The Other Financial Crisis: Growth and Crash of the Microfinance Sector in India." *Development* 55 (3): 406–12.

Williams, Mariama. 2001. *Imbalances, Inequities and the WTO Mantra*. DAWN Discussion Paper II on the WTO, Development Alternatives with Women for a New Era (DAWN). Manila: University of the Philippines.

_____. 2004. "Gender, the Doha Development Agenda, and the Post—Cancun Trade Negotiations." *Gender & Development* 12 (2): 73–81.

_____. 2007. "Gender Issues in the Multilateral Trading System. Irene van Staveren, Diane Elson, Caren Grown, and Nilufer Cagatay." In *The Feminist Economics of Trade*, edited by Irene Van Staveren, Caren Grown, and Nilufer Cağatay, 277–91. London and New York: Routledge.

Williamson, Oliver. 1985. *The Economic Institutions of Capitalism: Firms, Markets, Relational Contracting*. New York: Free Press.

Wisman, Jon. 2011. "Inequality, Social Respectability, Political Power and Environmental Devastation." *Journal of Economic Issues* 45 (4): 877–900.

Wolf, Diane L. 1992. *Factory Daughters: Gender, Household Dynamics, and Rural Industrialization in Java*. Berkeley: University of California Press.

Woo, Wing Thye, Stephen Parker, and Jeffrey Sachs, eds. 1997. *Economies in Transition: Comparing Asia and Eastern Europe*. Cambridge, MA: MIT Press.

Wood, Cynthia A. 1997. "The First World/Third Party Criterion: A Feminist Critique of Production Boundaries in Economics." *Feminist Economics* 3 (3): 47–68.

World Bank. 2001. *Engendering Development through Gender Equality in Rights, Resources, and Voice*. Washington DC: The World Bank.

_____. 2006. *Gender Equality as Smart Economics: A World Bank Group Gender Action Plan (Fiscal Years 2007–10)*. Washington DC: The World Bank.

_____. 2011. *World Development Report 2012: Gender Inequality and Development*. Washington DC: The World Bank.

_____. 2012. *World Development Report 2013: Jobs*. Washington DC: The World Bank.

_____. 2014a *Gender at Work: A Companion to the World Development Report on Jobs* Washington DC http://www.worldbank.org/content/dam/Worldbank/document/Gender/GenderAtWork_web.pdf.

_____. 2014b. *Voice and Agency: Empowering Women and Girls for Shared Prosperity*. Washington DC: The World Bank.

Wray, L. Randall. 2008. "A Minskyan Road to Financial Reform." In *The Handbook of the Political Economy of Financial Crises*, edited by Martin H. Wolfson and Gerald A. Epstein, 696–710. New York: Oxford University Press.

Wright, Angus Lindsay, and Wendy Wolford. 2003. *To Inherit the Earth: The Landless Movement and the Struggle for a New Brazil*. Oakland, CA: Food First Books.

Wymer Jr., Walter. 2011. "The Implications of Sex Differences on Volunteer Preferences." *Voluntas: International Journal of Voluntary and Nonprofit Organizations* 22 (4): 831–51.

Wymer Jr., Walter W., and Sridhar Samu. 2002. "Volunteer Service as Symbolic Consumption: Gender and Occupational Differences in Volunteering." *Journal of Marketing Management* 18 (9–10): 971–89.

Yokokawa, Nobuharu, Jayati Ghosh, and Bob Rowthorn. 2013. *Industrialization of China and India: Their Impacts on the World Economy*. Abingdon, UK and New York: Routledge.

Yoon, Jayoung. 2014. "Counting Care Work in Social Policy: Unpaid Child – and Eldercare in Korea." *Feminist Economics* 20(2): 65–89.

Young, Brigitte, Isabella Bakker, and Diane Elson. 2011. "Introduction." In *Questioning Financial Governance from a Feminist Perspective*, edited by Brigitte Young, Isabella Bakker, and Diane Elson, 1–10. Abingdon, UK and New York: Routledge.

Young, Kate. 1992. "Gender and Development." In *Gender and Development Reader*. Ottawa: Canadian Council for International Cooperation.

Yu, Xiaomin. 2008. "Impacts of Corporate Code of Conduct on Labor Standards: A Case Study of Reebok's Athletic Footwear Supplier Factory in China." *Journal of Business Ethics* 81 (3): 513–29.

Zacharias, Ajit, Rania Antonopoulos, and Thomas Masterson. 2012. *Why Time Deficit Matter: Implications for the Measurement of Poverty*. Research Project Report of LEVY Economics Institute of Bard College. Anandale–on–Hudson, NY: Levy Economics Institute. Available at, http://www.levyinstitute.org/files/download.php?file=rpr_08_12.pdf&pubid=1566. Accessed on June 21, 2014.

Zarsky, Lyuba. 2011. "Climate—Resilient Industrial Development Paths: Design Principles and Alternative Models." In *Towards New Developmentalism: Market as Means rather than Master*, edited by Shahrukh R. Khan and Jens Christiansen, 227–251. New York: Routledge.

Zein—Elabdin, Eiman. 1999. "Economic History of Sub—Saharan Africa." In *Elgar Companion to Feminist Economics*, edited by Janice Peterson and Margaret Lewis, 257–64. Cheltenham, UK: Edward Elgar Publishing.

Zein—Elabdin, Eiman, and S. Charusheela. 2004. "Introduction: Economics and Postcolonial Thought." In *Postcolonialism Meets Economics*, 1–18. London and New York: Routledge.

Zielenziger, David. 2012. "Chinese Contractors: Foxconn's Underage Worker Use Affects Sony, Google, Apple, Amazon, Nokia." *International Business Times*, October 17. Available at, http://www.ibtimes.com/chinese—contractors—foxconnsunderage—work-er—use—affects—sony—google—apple—amazon—nokia—847987.

INDEX

역자소개

이현옥

서강대학교 글로벌 한국학과 교수로 재직중이다. 코넬대학교에서 발전사회학 박사학위를 받았으며, 저자인 로데스 베네리아 교수의 지도를 받았다. 젠더화된 정치경제 구조변화에 대한 관심을 바탕으로 젠더 관점에서 이주, 발전, 돌봄노동, 사회적 경제에 대한 연구를 진행하고 있다.

이윤영

정치외교학과 문화인류학을 공부하고 젠더와 발전학 석사학위를 받았다. 해외 국제개발협력 현장에서 성평등 사업을 담당하여 일하고 있으며 보다 평등하고 포용적인 개발협력에 기여하고자 노력 중이다.

강소정

인류학과 행정학을 기반으로 거버넌스와 공공정책을 공부했다. 사회구조가 개인에게 미치는 힘과 개인이 사회에 만드는 변화에 관심이 크다. 현재 사회적기업의 일원이자, 청년정책 및 젠더 자문위원 등 다양하게 활동하고 있다.

허나영

아프리카, 아시아 대륙을 넘나들며 다양한 국가의 여성들과 일하면서 젠더와 발전을 공부하였고 여성의 노동에 관심이 많다. 현재는 라오스 젠더기반폭력 예방·대응 프로젝트 팀에서 일하며 분야를 넓혀가는 중이다.

나혜선

교육학과 국제학을 전공하고 교육공학을 조금 더 공부했다. 젠더분야 사업을 하는 CSO에서 개발협력 일을 시작했고, 지금은 공여기관에서 프로젝트 사업을 지원하는 일을 하며, 개발협력 생태계 어딘가에서 앞으로도 계속 일하고 있을 것 같다.

이하림

연세대학교 국제학과를 졸업했다. 대학교 재학 당시, 국제개발협력과 젠더에 대한 관심으로 NGO와 UN기구에서 경험을 쌓으며 민간 부문의 사회적 책임에 대한 고민을 하게 되었고, 현재는 ESG (Environmental, Social, and Governance) 경영 컨설턴트로 재직 중이다.

젠더 발전 지구화

초판발행	2024년 1월 30일
지은이	Lourdes Benería, Günseli Berik, and Maria S. Floro
옮긴이	이현옥 · 이윤영 · 강소정 · 허나영 · 나혜선 · 이하림
펴낸이	안종만 · 안상준
편 집	전채린 · 소다인
기획/마케팅	박세기
표지디자인	Ben Story
제 작	고철민 · 조영환
펴낸곳	(주) **박영사**
	서울특별시 금천구 가산디지털2로 53, 210호(가산동, 한라시그마밸리)
	등록 1959. 3. 11. 제300-1959-1호(倫)
전 화	02)733-6771
f a x	02)736-4818
e-mail	pys@pybook.co.kr
homepage	www.pybook.co.kr
ISBN	979-11-303-1788-5 93330

* 파본은 구입하신 곳에서 교환해 드립니다. 본서의 무단복제행위를 금합니다.

정 가	23,000원